내 안의 참 나와 주역사상

내 안의 참 나와 주역사상

초판 1쇄 발행 2022년 3월 1일

지은이 이현중
펴낸이 장길수
펴낸곳 지식과감성⁺
출판등록 제2012-000081호

교정 정은지
디자인 정슬기
편집 정윤솔
검수 양수진, 이현
마케팅 고은빛, 정연우

주소 서울시 금천구 벚꽃로298 대륭포스트타워6차 1212호
전화 070-4651-3730~4
팩스 070-4325-7006
이메일 ksbookup@naver.com
홈페이지 www.knsbookup.com

ISBN 979-11-392-0341-7(03150)
값 27,000원

- 이 책의 판권은 지은이에게 있습니다.
- 이 책 내용의 전부 또는 일부를 재사용하려면 반드시 지은이의 서면 동의를 받아야 합니다.
- 잘못된 책은 구입하신 곳에서 바꾸어 드립니다.

지식과감성⁺
홈페이지 바로가기

내 안의
참 나와
주역사상

이현중 지음

시작하는 말

삶은 고정되지 않아서 어떤 하나의 개념으로 나타낼 수 없을 뿐만 아니라 삶을 살아가는 나도 고정되지 않아서 무엇이라고 고정하여 나타낼 수 없다. 그러기에 노자는 "도를 아는 사람은 (도에 대하여) 말을 하지 않고, (도는 이것이다) 말을 하는 사람은 도를 알지 못한다."고 하였고, 선사禪師들은 "입을 열어 표현하면 (도와) 어긋나고, 입을 닫으면 (도를) 잃는다."고 하였다.

선禪, 도道는 하나의 개념일 뿐으로 실체를 가리키지 않는다. 그리고 언어와 문자를 사용하여 말할 수 없는 도를 말하고, 말할 수 없는 선禪을 말하며, 자신과 삶을 말하는 주체는 인간 자신이다. 바로 지부지知不知, 언불언言不言, 개구폐구開口閉口는 언어와 문자 자체의 문제가 아니라 인간의 문제이다.

공자는 "말을 해야 할 때 말을 하지 않으면 사람을 잃고, 말을 하지 말아야 할 때 말을 하면 말을 잃는다. 지혜로운 사람은 사람을 잃지도 않고, 말을 잃지도 않는다."라고 하여 언어와 문자가 때와 장소에 따라서 지혜롭게 사용되어야 함을 밝히고 있다. 그러면 도와 인간은 어떤 관계인가?

공자孔子는 "나의 도는 하나로 꿰어져 있다."고 하였고, 후대의 선사禪師들은 "만법이 하나로 돌아가니 그 하나는 어디로 돌아가는가?"라고 하였다. 이는 만법萬法의 근원인 도가 바로 인성人性, 본성本性, 자성自性과 둘이 아님을 뜻한다. 그러면 본성, 자성은 무엇인가?

본성, 자성, 불성을 비롯하여 인간의 근원을 나타내는 모든 개념은 그것을 문제로 삼는 지금 여기의 나를 나타낸다. 본성, 자성은 표면의 육신이나 마음이 아닌 나무의 뿌리와 같은 근원을 나타내는 개념으로 지금 여기 나의 실상實相을 나타내는 점에서 내 안의 참 나라고 할 수 있다. 그러면 내 안의 참 나는 고정된 존재인가?

내 안의 참 나는 고정된 물건과 같은 존재가 아니다. 그렇기 때문에 무아無我라고 말하기도 하고, 공空이라고 말한다. 그러나 지금 여기의 나는 허무虛無, 적멸寂滅이 아니기 때문에 자아自我라고 말한다. 이처럼 남과 구분되는 고정된 자아가 아니어서 무아이지만 절대무絕對無가 아니기 때문에 중도中道라고 말한다.

한국과 중국을 비롯한 동아시아에서는 고정된 실체적 세계관을 바탕으로 입자적 관점에서 세계를 이해하는 서양사상과 달리 변화하는 사태를 통하여 인간의 삶을 이해한다. 그것은 동아시아에서 역학易學이라는 변화의 세계관, 가치관, 인간관을 바탕으로 인간과 세계를 이해함을 뜻한다.

역학의 연구 주제인 역도易道는 변화의 원리를 제시하는 것이 아니라 도 자체가 고정됨이 없어서 천도天道와 지도地道 그리고 인도人道로 드러남을 뜻한다. 따라서 역도는 중도中道의 특성을 작용의 관점에서 나타낸 개념이다. 그러면 중도인 역도는 어떻게 나타내는가?

중도인 역도를 나타내는 범주는 시간과 공간이다. 중도인 역도를 어떤 범주를 중심으로 나타내느냐에 따라서 한국역학과 중국역학이 형성된다. 중도는 시간의 측면에서는 시간성이며, 공간의 측면에서 공간성이다.

한국역학은 시간성을 중심으로 역도를 나타내며, 중국역학은 공간성을 중심으로 역도를 나타낸다. 시간성 중심의 한국역학은 고조선사상을 통하여 파악할 수 있으며, 공간성 중심의 중국역학은 주역을 통하여 살펴볼 수 있다.

한국역학에서는 중도인 시간성이 매 순간 사건으로 화하여 물건으로 드러나 만물의 세계가 전개되지만 다시 물건이 변하여 사건으로 화하여 시간성으로 돌아가는 신도神道로 나타내고 있다. 그러면 한국역학의 특성은 무엇인가?

한국역학은 시간성을 중심으로 영원한 현재적 시간관에 의하여 세계를 이해한다. 한국역학의 관점에서는 인간과 세계의 구분이 없고, 인간과 사물의 구분이 없다. 다만 한국역학에서는 시간성이 시간화하여 물건으로 나타나는 변화의 세계관을 나타낸다.

한국역학 곧 고조선사상을 바탕으로 형성된 한국유학, 한국불교, 한국도가에서는 영원한 현재적 시간관, 변화의 세계관을 바탕으로 전개된다. 유불도儒佛道를 막론하고 한국사상은 매 순간 나투었다가 회향하는 변화의 연속으로서의 흐름에 기반을 두고 있다.

중국역학은 공간적 관점에서 물건을 중심으로 세계와 인간을 이해하고, 중도를 이해한다. 중국역학을 나타내는 전적인 주역에서는 물건적 관점에서 형이상의 도道와 형이하의 기器를 중심으로 세계를 이해하고, 형이상의 본성인 성性과 형이하의 물리적 생명인 명命을 중심으로 인간을 이해한다.

주역에서는 성과 명을 통하여 도와 합일을 추구한다. 그것은 주역에서 성명합일性命合一을 통하여 도기합일道器合一을 추구함을 뜻한다. 도기합일은 인간과 세계가 하나가 되는 천인합일天人合一이다. 주역을 바탕으로 형성된 중국사상에서도 현상에서 출발하여 근원을 찾아가는 역逆방향이 중심이다.

형이하의 세계에서 출발하여 학문을 통하여 수기修己를 하고, 천명天命을 자각하여 다른 사람을 행복하게 하는 안인安人, 안백성安百姓을 추구한 것은 중국유학의 특성이며, 시각始覺과 본각本覺을 합일合一하여 구경각究竟覺을 추구하고, 견성성불을 추구하는 중국불교 역시 근원을 찾아가는 역逆방향이 중심이며, 무위자연無爲自然의 도를 추구하는 중국도가도 역逆방향이 중심이다.

고조선사상은 시대에 따라서 다양한 한국사상으로 전개된다. 고조선사상이 19세기의 말기에 이르면 김항에 의하여 저작된 정역正易에서는 한국역학으로 나타난다. 정역에서는 도역의 생성을 통하여 시간성의 시간화와 시간의 시간성화를 나타내고 있다.

정역에서는 시간성을 바탕으로 인간의 삶을 억음존양抑陰尊陽의 심법心法으로 나타내고 있다. 억음존양의 심법은 성명합일, 천인합일이 바로 시간성이 현현顯現한 심법心法임을 나타낸다. 시간성이 매 순간 시간화하여 나타나는 현상이 억음존양의 심법이다.

억음존양의 심법은 현대 한국불교의 선지식인 대행선사大行禪師의 한마음사상에서도 나타난다. 대행선사는 영원한 현재적 관점에서 선불교를 한국화한 대행선을 제시하였다. 그는 영원한 현재를 한마음으로 나타내어 한마음의 나툼과 회향을 통하여 불교를 논하고, 인간의 삶을 논하며, 부처와 중생을 논한다. 그러면 한마음은 무엇인가?

고조선사상에서는 인간의 삶을 중심으로 시간성의 시간화와 시간의 시간성화를 홍익인간으로 나타내고 있다. 홍익인간은 인류가 하나의 본성을 바탕으로 다양한 삶을 살아감을 뜻한다. 그것은 인류가 함께 생존하고, 함께 발전하며, 함께 번영하는 삶을 의미한다.

그러나 홍익인간은 하나의 고정된 삶의 형태를 나타내는 것이 아니라 끊임이 다양하게 드러나는 측면에서 창조적이고, 끝없이 새로워지는 측면에서 진화적이다. 그것은 홍익인간이 창조와 진화를 넘어서 있으면서 창조와 진화로 드러나는 변화의 연속임을 뜻한다.

창조와 진화의 연속인 홍익인간은 한마음의 나툼과 회향이다. 고조선사상에서는 시간성을 흔님[桓因]으로 나타내고 있다. 따라서 한마음이 흔님이며, 시간성의 시간화와 시간의 시간성화는 한마음의 나툼과 회향이다. 한마음의 나툼과 회향이 홍익인간의 삶이며, 억음존양의 심법이다.

김항은 정역에서 시간성을 작용을 중심으로 나타내고 있는 중천건괘重天乾卦와 중지곤괘重地坤卦, 공간성을 작용을 중심으로 나타내고 있는 천지비괘天地否卦, 지천태괘地天泰卦, 산택손괘山澤損卦, 풍뢰익괘風雷益卦, 택산함괘澤山咸卦, 뇌풍항괘雷風恒卦, 수화기제괘水火旣濟卦, 화수미제괘火水未濟卦를 제시하였다.

이 책에서는 정역에서 제시한 여덟 괘에 한마음의 나툼과 회향이 순역임을 파악할 수 있는 풍택중부괘風澤中孚卦와 뇌산소과괘雷山小過卦를 더하여 열 개의 괘를 중심으로 주역과 십익을 살펴보고자 한다. 이는 한마음의 나툼과 회향을 바탕으로 억음존양抑陰尊陽의 심법이 주역과 십익에서 어떻게 나타나는지를 살펴보는 작업이다.

제1부에서는 지금까지 주역과 십익이 어떻게 이해되었는지 그리고

앞으로 어떻게 이해되어야 하는지를 살펴보고, 그리고 이어서 제2부에서는 천지비괘와 지천태괘를 통하여 두 차원에서 전개되는 인간의 삶이 어떻게 다른지를 살펴볼 것이다. 두 괘에서는 대인大人의 삶과 소인小人의 삶을 서로 다른 세계로 나타내고 있다.

소인과 대인의 삶은 스스로 우리 자신의 어떤 측면을 주체로 사느냐의 문제이다. 내 안의 나 아닌 나를 주체로 살아가는 사람은 대인이며, 표면의 나인 육신, 물리적 생명을 주체로 살아가는 사람은 소인이다.

제3부에서는 중천건괘와 중지곤괘를 통하여 대인과 소인의 주체가 되는 내 안의 나 아닌 나인 형이상의 본성과 표면의 형이하의 물리적 생명이 무엇인지를 고찰한다. 대인이 형이상의 본성을 주체로 살아가기 위해서는 내 안의 나인 성性과 물리적 생명인 명命을 합일合一해야 한다.

성명합일은 물리적 생명으로부터 출발하여 형이상의 성품과 하나가 되는 과정이며, 성명합일을 바탕으로 천인합일을 이루는 것이 마지막 과정이다. 이는 지말로부터 시작하여 근본인 본성을 찾아서 하나가 되고, 그 근원인 천도와 하나가 되는 역방향의 사건이다.

제4부에서는 성명합일, 천인합일이 믿음을 바탕으로 역방향에서 이루어짐을 나타내는 풍택중부괘와 뇌산소과괘에 대하여 고찰하고자 한다.

내 안의 나인 성性과 표면의 나인 명命을 중심으로 용심법을 나타내는 괘는 산택손괘와 풍뢰익괘이다. 제5부에서는 대인의 용심법이 무엇인지를 손익괘를 통하여 고찰할 것이다. 그리고 제6부에서는 손익괘를 통하여 이루어지는 용심법의 결과를 나타내는 택산함괘와 뇌풍항괘를 고찰할 것이다.

손익괘와 함항괘를 통하여 드러나는 성명합일과 심신합일을 시간적 측면에서 나타낸 괘가 기제괘와 미제괘이다. 그것은 두 괘가 합일이 미래적 사건인가 아니면 과거적 사건인가를 밝히고 있음을 뜻한다. 우리는 제7부에서 기제괘와 미제괘를 통하여 선천과 후천을 고찰할 것이다.

마지막으로 제8부에서는 주역과 십익에 나타난 중국사상의 특성이 무엇인지를 밝히고, 한국사상의 특성인 영원한 현재적 관점에서 삶을 어떻게 이해할 것인지를 고찰할 것이다.

영원한 현재적 삶은 고정된 삶이 있고, 고정된 세계가 있어서 세계의 근원인 물리物理나 원리인 도道를 찾아서 하나가 되는 앎의 문제가 아니라 매 순간 스스로 자신을 창조하고, 매 순간 스스로 진화하는 삶이다.

매 순간 지혜를 활용하여 다양한 지식으로 나타내고, 자비를 활용하여 다양한 마음을 쓰는 것이 삶이 영원한 현재적 삶이며, 홍익인간의 삶이고, 한국사상, 한국역학에서 제시하는 삶이다.

남과 구분되고, 세계와 구분되는 자신이 없기 때문에 자신의 삶을 위하여 남을 수단으로 사용하거나 세계를 소유할 필요가 없으며, 매 순간 부족함이 없는 완전함이 그대로 드러나는 것이 삶이기 때문에 무엇을 갖고자 욕심을 갖거나 무엇이 되고자 할 필요가 없다.

시간성의 시간화에 의하여 드러나는 변화의 세계는 완전함, 충만함의 다양한 드러남이다. 그러므로 영원한 현재적 관점에서 살아가는 삶은 그 어떤 것도 버리고 떠나거나 부정하지 않는 대긍정의 삶이다.

대긍정의 삶은 긍정과 부정의 극단을 넘어선 중도中道에도 얽매이지 않는 삶이다. 대긍정의 삶은 긍정과 부정을 모두 수용하면서도 양자의 어느 것에도 집착하지 않는다. 대긍정의 삶은 인간과 세계의 사물이 진실함을 인정하면서도 그것에 집착하여 소유하려고 하지 않는다.

영원한 현재의 삶, 대긍정의 삶, 홍익인간의 삶에는 한마음이 있다. 그것은 지금 여기의 나의 마음이지만 나와 남의 구분이 없어서 나의 마음이 아니기 때문에 한마음이라고 말한다. 한마음은 실체적인 것이 아니기 때문에 무심無心이라고 말할 수 있다.

그러나 무심은 고정되지 않아서 어느 한 순간에 일어나는 하나의 마음으로 나타난다. 그것은 비록 한 순간에 나타나는 마음이지만 삼세를 일관하기 때문에 일심一心이며, 한 순간에 나타난 마음이기 때문에 일심一心이다.

일심은 수많은 마음으로 나타나는 공심共心이다. 공심은 한 순간이라는 물리적 시간을 통하여 만물의 관점에서 나타내는 한마음이다. 그것은 수많은 마음이 그대로 일심임을 뜻한다. 이처럼 마음이 무심이면서 일심이고 공심임을 나타내는 개념이 한마음이다.

한마음을 통하여 지금 여기의 나를 이해하면 내 안의 나는 나와 남이 둘이 아니며, 나와 세계가 둘이 아니다. 그렇기 때문에 내 안의 나를 나 아닌 나로 나타내기도 하고, 내가 없음으로서의 무아無我로 나타내기도 하며, 사람다움으로서의 인성, 본성으로 나타내기도 하고, 참나로 나타내기도 한다. 그것은 현상의 측면에서 한국인이나 중국인, 일본인, 미국인, 유럽인을 구분하지만 내 안의 나의 측면에서 보면 사람은 하나임을 뜻한다.

인간과 세계가 고정되지 않아서 오로지 마음에 따라서 자유롭게 드러날 뿐이기 때문에 하나라고 하거나 둘이라고 하거나를 막론하고 아무런 문제가 없으며, 삶도 고정되지 않기 때문에 매 순간 다양하세 드러내는 창조의 과정, 매 순간 새롭게 드러내는 진화의 과정이 있을 뿐이다.

앎도, 지혜도, 자비도 모두 삶의 과정에서 드러났다가 사라질 뿐이며, 자유와 평등, 민주주의와 사회주의, 자본주의와 공산주의도 그저 인간의 마음에 의하여 구성된 개념일 뿐이다. 따라서 우리가 구성한 개념으로 자신을 옭아매어 고통스러워할 필요가 없다.

고정된 한국사상이 없기 때문에 고조선사상이 삼국사상으로 그리고 삼국사상이 고려사상, 조선사상으로 나타났다가 현대 한국사상으로 나타날 뿐이며, 고정된 중국사상이 없기 때문에 주역사상에서 십익사상으로 그리고 유불도 사상을 비롯한 다양한 사상으로 나타났다가 현대의 중국사상으로 나타날 뿐이다.

고정된 고조선이 없기 때문에 삼국으로 나누어졌다가 고려로 그리고 조선으로 나타났다가 대한민국과 북한으로 나타났을 뿐이다. 그러므로 앞으로 대한민국의 영토가 어떻게 될 것인가는 고정된 것이 아니라 우리 국민들이 어떤 마음으로 어떻게 나라를 경영하느냐에 따라서 변화한다.

고정되어 불변不變하는 사람, 민족, 국가, 세계, 자연, 사물은 없다. 그럼에도 불구하고 나와 남, 세계, 만물을 실체화하여 오로지 자신의 삶의 이로움을 위하여 남, 세계, 사물을 이용하는 것도 우리 자신의 마음이며, 고정된 실체가 없음을 알고, 매 순간 모두가 이로운 삶을 추구하는 것도 우리 자신의 마음이다.

정치도 대통령이나 정부의 각료와 같은 소수의 사람들에 의하여 이루어지는 것이 아니라 온 국민의 마음에 의하여 이루어진다. 온 국민의 마음이 하나이기 때문에 국민의 한 사람인 대통령을 선출하고, 각각의 전문적인 능력을 갖춘 사람을 선출하여 일정한 역할을 분담하여 온 국민이 함께 나라를 경영한다.

주역과 십익을 연원하여 형성된 인문人文 중심의 삶은 개체적 존재의 가치와 개체적 존재가 모여서 형성된 사회의 중요함을 파악하는 일이다. 그것은 더불어 살아감의 의미, 만물의 존재가 그대로 하나의 근원의 다양한 드러남임을 파악하는 일이 물건적 차원에서 인간과 세계의 관계를 나타내는 목적임을 뜻한다.

주역과 십익에서는 개체적 존재의 근원을 내 안의 나인 참 나로 파악한다. 그것을 십익에서는 본성, 인성을 의미하는 성性으로 나타내고, 개체적인 측면의 인간을 물리적 생명을 중심으로 명命으로 나타내어서 성명이 하나가 되는 성명합일性命合一로 제시하고 있다.

주역과 십익에서 밝히고 있는 성명합일을 통하여 개체적 존재의 가치와 개체와 개체가 모여서 형성된 사회의 의미를 파악할 수 있다. 성명합일을 통하여 추구하는 천인합일은 개체와 사회가 조화를 이루는 아름다운 세계이다.

그런데 성명합일, 천인합일을 물리적 시간의 관점에서 고정된 사건으로 이해하면 합일이 이미 이루어진 과거적 사건인가 아니면 장차 이루어야 할 미래적 사건인가의 문제가 발생한다. 성명합일이 이미 이루어진 과거적인 사건이라면 장차 이루어야 할 필요가 없고, 장차 이루어야 할 문제라면 이미 이루어진 과거적인 문제라고 할 수 없다.

성명합일과 천인합일이 이연已然과 미연未然의 문제임은 기제괘와 미제괘를 통하여 파악할 수 있다. 기제와 미제는 괘체卦體가 나타내는 본체本體가 아닌 효용爻用이 나타내는 작용作用의 측면에서 성명합일, 천인합일을 추구하기 때문에 발생한다. 물건적 관점에서 체용상體用相과 관련하여 발생하는 문제는 한국사상의 영원한 현재를 통하여 해소된다.

한국사상에서는 내 안의 나를 찾아서 하나가 되고, 세계와 하나가 되는 성명합일, 천인합일을 추구하지 않는다. 한국사상은 성명합일, 천인합일이 이루어지고, 천지인의 합일이 이미 이루어진 세계이자 인간과 세계, 형이상과 형이하로 구분하여 나타내기 이전의 세계를 출발점으로 삼아서 그것이 다양하게 드러나는 관점에 서 있다.

한국사상의 관점에서 보면 인류가 하나의 다양한 드러남일 뿐만 아니라 세계도 고정되지 않아서 끝없이 다양하게 드러날 뿐이다. 그러므로 매 순간의 삶, 모두가 함께하는 삶이 중요하다. 그것은 한국사상에서는 매 순간 다양하게 자신을 드러내고, 끝없이 새롭게 자신을 드러내는 창조적이고 진화적인 삶을 추구함을 뜻한다.

지금 여기의 나의 삶은 영원한 현재이다. 영원한 현재로서의 지금 여기의 나의 삶은 삶 그 자체가 되어 둘이 아니게 살아감이다. 흔님, 한마음이 스스로 드러나는 나툼의 측면에서는 삶은 함이 없는 무위無爲이고, 스스로 드러나는 자연이지만 회향回向의 측면에서는 하지 않음이 없는 유위有爲이고, 인연에 따라서 이루어지는 연기緣起이다.

중국사상에서는 지금 여기의 나를 통하여 드러나는 삶을 때로는 시간성의 시간화로서의 천도天道로 나타내어 무위자연無爲自然이라고 말하고, 때로는 물건적 관점에서 물건의 공간성화로서의 지도地道로 나타내어 수도修道, 인연에 따라서 이루어지는 순천휴명順天休命, 견성성불見性成佛의 유위有爲로 나타낸다.

그러나 한국사상에서 밝히고 있는 영원한 현재적 관점에서는 무위無爲와 유위有爲가 둘이 아니며, 자연自然과 인연因緣이 둘이 아니고, 천도天道와 지도地道가 둘이 아니며, 유학儒學과 불교佛敎가 둘이 아니고, 인간과 자연이 둘이 아니다. 삶은 그대로 한마음의 나툼이자 회향으로 매 순간 피어나는 아름다운 한 송이 꽃과 같아서 영원한 현재이다.

時空없는 한마음이 온 세상을 나투니	無位一點成圓滿
저마다 평등하여 둥근 원을 이루었네.	圓周上點有甚差
헛되이 분별하여 有無, 中을 말하지 말라.	無空道中無又有
소리개는 하늘을 날고, 물고기는 못에서 뛴다.	鳶飛戾天魚躍淵

2022년 1월 1일에 유성儒城의 향적산방香積山房에서

겸산謙山 이현중李鉉中이

삼가 쓰다.

목차

시작하는 말	4
제1부 정역의 원천原天과 주역사상의 천인합일	**19**
1. 중국사상의 연원인 주역周易과 십익十翼	31
2. 주역의 점占과 십익의 성명합일性命合一	56
3. 천인합일天人合一과 정역의 원천原天	66
제2부 정역의 선후천과 비태괘否泰卦의 인간의 삶	**77**
1. 천지비괘와 분열과 대립의 소인의 삶	88
2. 지천태괘와 소통과 화합의 대인의 삶	97
3. 인간의 삶과 선후천	103
제3부 정역의 시간성과 건곤괘乾坤卦의 성명性命	**113**
1. 중천건괘와 내 안의 나인 형이상의 본성[性]	127
2. 중지곤괘와 이상적인 삶[命]	145
3. 성명과 시간성	164
제4부 정역의 도역생성과 중부소과괘中孚小過卦의 순역順逆	**175**
1. 풍택중부괘風澤中孚卦와 성명합일의 믿음	185
2. 뇌산소과괘雷山小過卦와 순역	193
3. 순역과 도역생성	201

제5부 정역의 억음존양과 손익괘損益卦의 마음 씀 — 207
1. 억음抑陰과 산택손괘의 의식 놓아 버리기[放下着] — 216
2. 존양尊陽과 풍뢰익괘의 마음 지켜보기 — 226
3. 마음 씀과 억음존양抑陰尊陽의 심법心法 — 236

제6부 정역의 도역생성과 함항괘咸恒卦의 성명합일 — 247
1. 택산함괘와 심신합일 — 250
2. 뇌풍항괘와 성명합일 — 259
3. 도역생성과 성명합일 — 266

제7부 정역의 원천과 기제미제괘既濟未濟卦의 선후천 — 283
1. 수화기제괘와 과거화한 기器의 세계 — 287
2. 화수미제괘와 미래화한 도의 세계 — 295
3. 도기道器와 원천原天 — 300

제8부 주역사상과 중국사상 — 311
1. 형이상의 도道와 형이하의 기器 중심의 이원적二元的 세계관 — 315
2. 형이상의 본성[性]과 형이하의 생명[命]의 이원적二元的 인간관 — 329
3. 성명합일과 천인합일의 합일슴一의 삶 — 341
4. 도통道統과 벽이단사설闢異端邪說 — 348
5. 중국사상과 내 안의 나를 통한 한마음 계발 — 362

제1부

정역의 원천原天과 주역사상의 천인합일

1. 중국사상의 연원인 주역周易과 십익十翼

2. 주역의 점占과 십익의 성명합일性命合一

3. 천인합일天人合一과 정역의 원천原天

제1부

정역의 원천原天과 주역사상의 천인합일

 우리는 자신과 세계 그리고 삶에 대하여 끊임없이 사고하고, 그 결과를 언어와 문자를 통하여 나타낸다. 데카르트는 "나는 생각한다. 그러므로 나는 존재한다."[1]라고 하여 사고함이 바로 내가 존재함을 나타내는 징표라고 하였다.
 인간이 자신과 세계를 인식하고, 자각하여 그것을 나타내는 범주는 시간과 공간이다. 시간과 공간은 동서와 고금을 막론하고 인간의 모든 활동, 삶을 다양한 도구를 통하여 나타내는 범주이다. 그렇기 때문에 종교, 철학, 과학, 문화, 예술을 막론하고 시간과 공간이라는 범주를 통하여 세계를 내재화內在化하여 이해하고, 외재화外在化하여 나타낸다.
 인간이 시간과 공간이라는 범주에 의하여 세계와 인간의 진상, 실상, 도를 나타내는 도구는 다양하다. 인간은 언행을 통하여 삶과 세계를 나타내기도 하고, 문자, 수를 통하여 삶과 세계를 나타내기도 하며, 원방

---

1 데카르트『방법서설』32쪽, 김효명외,『근대과학의 철학적 조명』, 철학과현실사, 2006, 58쪽에서 재인용.

각圓方角과 같은 도형을 통하여 자신과 세계를 나타내기도 한다.

우리가 언어와 문자, 수를 비롯하여 다양한 도구를 통하여 시간과 공간이라는 범주에 의하여 인간과 세계를 나타냄은 인간과 세계를 대상화하여 둘로 나타냄이다. 그렇기 때문에 본래 둘이 아닌 세계를 둘로 나타내었음을 분명하게 아는 것이 필요하다.

인간이 언어와 문자를 비롯한 다양한 도구에 의하여 삶과 세계를 대상화하여 나타낸 까닭은 삶을 지혜롭고 효과적으로 살아갈 수 있도록 도움을 주기 위함이다. 그것은 마치 계룡산을 효과적으로 파악할 수 있도록 지도를 그려서 나타내는 것과 같다.

계룡산의 지도가 계룡산이 아니듯이 언어와 문자를 비롯한 다양한 도구를 통하여 나타낸 삶, 세계는 삶, 세계 자체가 아니다. 따라서 우리는 지도와 계룡산을 하나로 혼동하거나 더 나아가서 지도를 계룡산으로 착각해서는 안 된다.

노자老子는 "도를 아는 사람은 도에 대하여 말하지 않고, 도에 대하여 말하는 사람은 도를 모른다."[2]고 하여 언어와 문자를 통하여 나타내기 이전의 진상眞相은 언어와 문자를 통하여 나타낸 세계와 다름을 밝히고 있다.

선가禪家에서는 언어와 문자에 의하여 표현된 세계로부터 벗어나는 것이 필요함을 역설하였다. 그들은 자신들의 불교를 경전을 통하여 전하는 가르침인 교종敎宗과 달리 언어에 의하여 표방되기 이전의 민낯의 가르침(敎外別傳 不立文字 直指人心 見性成佛)[3]으로 내세웠다.

그들은 "입을 열어서 도를 말하는 순간 어긋나기 마련이고, 그렇다고

---

2 『도덕경道德經』, "知者不言 言者不知"
3 『사가어록四家語錄』(卍續藏 69, 1, 0001a05), "達摩大師西來 不立文字 直指人心 見性成佛 心心相印"

하여 말을 하지 않으면 도를 잃는다."⁴고 하여 극단적으로 언어와 문자를 경계한다. 그러면 언어와 문자 자체가 문제인가?

 선禪이라는 개념이나 도道, 실상實相, 중도中道 역시 문자일 뿐만 아니라 불립문자도 문자이다. 그리고 선가의 가르침 역시 부처의 가르침이다. 우리는 이를 통하여 언어와 문자 자체의 문제가 아니라 그것을 사용하는 사람의 문제임을 알 수 있다.

 언어와 문자는 아무런 문제가 없다. 단지 언어와 문자를 사용하는 사람의 문제일 뿐이다. 우리가 이 문제를 해결하기 위해서는 문제의 발단이 무엇인지를 파악하는 것이 중요하다.

 언어와 문자는 우리의 삶을 나타내는 하나의 도구일 뿐이다. 우리가 삶을 언어와 문자를 통하여 나타내는 순간 삶과 둘이 되어 아무리 정교하게 나타내어도 삶과 하나가 될 수 없다.

 그런데 사람들은 언어, 문자와 같은 도구를 통하여 나타낸 삶을 본래의 삶과 혼동하기 시작한다. 그리고 마침내 언어, 문자와 같은 도구를 통하여 나타낸 세계를 본래의 세계로 여기고, 본래의 세계가 없다고 여긴다. 그렇기 때문에 불가에서는 언어와 문자를 통하여 나타낸 세계가 실재하지 않는 환상의 세계라고 말한다.

 언어와 문자와 같은 도구를 통하여 그려진 세계를 실재의 세계로 착각하면서 살아가는 삶, 환상에 갇혀서 벗어나지 못하는 삶을 살아갈수록 삶 자체와 더욱 멀어지게 된다. 그렇기 때문에 환상으로부터 멀리

---

4 『선문염송禪門拈頌』(ABC, H0076 v5, p.753c16), "開口即錯 閉口即失."

떠나고자 하는 마음을 일으키는 것이 필요하다.[5] 그러면 우리는 어떻게 할 것인가?

언어와 문자를 비롯한 삶을 나타내는 어떤 도구도 나와 둘로 여기지 않아야 한다. 그것은 도구를 사용하는 일 자체도 삶임을 뜻한다. 우리가 삶의 과정에서 사용하는 다양한 도구를 삶과 따로 떼어내어 가치와 의미를 평가하는 것도 중요하지만 그것에 그치지 말고, 도구를 자유롭게 활용하여, 도구의 가치를 빛나게 하고, 삶을 풍요롭게 하는 것이 필요하다.

공자는 "말을 해야 할 때 말을 하지 않으면 사람을 잃고, 말을 하지 말아야 할 때 말을 하면 말을 잃는다. 지혜로운 사람은 사람도 잃지 않고, 말도 잃지 않는다."[6]라고 하여 말을 해야 할 때 말을 하고, 말을 하지 말아야 할 때 하지 않는 것이 지혜로운 사람임을 밝히고 있다. 이는 말을 자유롭게 활용하여 상대방을 이롭게 하는 동시에 말을 가치가 있게 사용함을 나타낸다. 그러면 인간이 언어를 통하여 자신을 어떻게 나타내는지 살펴보자.

사람들은 물건적 관점에서 형이상과 형이하를 구분하고, 양자를 연결하는 마음을 통하여 인간을 이해한다. 그것은 우리가 형이상의 본성, 인성과 형이하의 육신 그리고 양자를 연결하는 마음을 중심으로 인간을 분석하고 종합함을 뜻한다.

대부분의 많은 사람들은 육신을 자신으로 여기고 육신의 기능인 의

---

5 『대방광원각수다라요의경大方廣圓覺修多羅了儀經』 1권(ABC, K0400 v13, p.76b21-c04), "一切菩薩及末世衆生, 應當遠離一切幻化虛妄境界, 由堅執持遠離心故, 心如幻者亦復遠離, 遠離爲幻亦復遠離, 離遠離幻亦復遠離, 得無所離卽除諸幻. 譬如鑽火兩木相因, 火出木盡灰飛煙滅 ; 以幻修幻亦復如是, 諸幻雖盡不入斷滅"

6 『논어論語』 위령공衛靈公, "子曰 可與言而不與言失人 不可與言而與之言失言 知者不失人 亦不失言"

식을 마음으로 여긴다. 그러나 의식과 마음이 다를 뿐만 아니라 육신과 마음이 인간의 전부는 아니다. 인간은 육신과 더불어 마음이 있고, 육신과 성격이 다른 성품, 본성, 인성과 같은 다양한 개념으로 나타내는 측면이 있다.

본성, 자성이 육신, 마음과 다름은 나무의 뿌리에 비유하여 나타낼 수 있다. 나무의 뿌리는 줄기와 가지 그리고 모든 잎들의 근원이다. 그럼에도 불구하고 뿌리는 땅속에 묻혀 있기 때문에 육안을 통하여 지각이 되지 않는다. 그러므로 사람들은 땅속의 뿌리를 찾으려고 하지 않고, 뿌리가 없다고 여긴다. 그러면 인성, 본성이 사람인가?

뿌리와 같은 본성, 인성은 우리의 심층일 뿐으로 그것이 그대로 우리 자신은 아니다. 만약 나무의 뿌리만이 있고, 줄기와 잎이 없다면 나무라고 할 수 없다. 그럼에도 불구하고 우리가 "성품이 만법을 들이고 낸다."[7]고 말하고, "모든 것은 마음이 지어낸 것이다."[8]라고 말하기 때문에 그 말에 얽매이게 된다.

우리는 본성도 아니고, 마음도 아니며, 육신도 아니다. 단지 우리가 때로는 육신을 통하여 인간을 나타내고, 때로는 마음을 통하여 인간을 나타내며, 때로는 본성, 자성을 통하여 인간을 나타낼 뿐이다. 그러면 우리는 자신을 어떻게 이해할 것인가?

우리는 자신을 때에 따라서 본성, 마음, 육신의 어느 일면을 중심으로 이해하거나 양자를 중심으로 또는 셋을 중심으로 이해할 수 있다. 우리가 자신을 뿌리를 중심으로 나타내거나 마음을 중심으로 나타내고,

---

7 『육조대사법보단경六祖大師法寶壇經』(大正藏48, 1, 0349a12), "何期自性 本自淸淨 何期自性 本不生滅 何期自性 本自具足 何期自性 本無動搖 何期自性 能生萬法."
8 『대방광불화엄경大方廣佛華嚴經』19권(ABC, K0080 v8, p.541a15), "若人欲了知 三世一切佛 應觀法界性 一切唯心造."

육신을 중심으로 나타내는 것은 모두 우리 자신이다.

그리고 삶을 나타내는 언어와 문자, 수, 팔괘와 같은 도구들, 인간 자신과 세계를 나타내는 데 사용되는 시간과 공간이라는 범주, 유무有無, 중도中道, 실상實相이라는 개념들도 우리의 마음을 나타내는 수단일 뿐으로 고정된 실체가 아니다.

우리는 인간을 나타내는 도구인 언어나 언어를 통하여 나타낸 개념들을 소유하려고 하거나 개념들을 통하여 나타낸 이론체계를 절대화하려고 하지 않아야 한다. 그것은 언어나 그것을 사용하는 사람에도 얽매이지 않아야 하고, 사람이 나타낸 어떤 이념, 사상에도 얽매이지 않아야 함을 뜻한다.

지금부터 우리는 주역과 십익에서 인간을 어떤 관점에서, 어떤 도구를 통하여, 어떻게 나타내고 있는지를 고찰할 것이다. 이를 통하여 우리 자신이 어떤 존재이며, 어떻게 살아갈 것인지를 파악할 수 있을 것이다.

주역과 십익은 중국사상, 중국문화의 연원이다. 주역에서는 육효에 의하여 구성된 64가지의 중괘를 통하여 인도人道를 나타내고 있다.

하나의 중괘重卦는 삼효三爻에 의하여 구성된 팔괘를 중심으로 상하의 관계를 통하여 본체本體를 나타내고, 내외의 변화로 나타나는 육효六爻를 통하여 작용을 나타낸다.

중괘가 나타내는 내용을 언사로 나타낸 괘사卦辭는 물론 육효를 중심으로 그 의미를 언사를 통하여 나타낸 효사爻辭에서는 시대적 상황, 사회적 상황을 제시하여 상황에 알맞은 개인의 행위를 언급하고 있다. 그것은 괘효사의 내용이 천도를 나타내는 데 초점이 있는 것이 아니라 인도에 초점이 있음을 뜻한다.

괘효가 나타내는 의미를 언사를 통하여 밝힌 괘효사와 달리 괘효, 괘효사의 의미를 종합적으로 밝히고 있는 십익은 성명의 이치를 밝히고 있다.

십익에서는 현상의 세계, 물질의 세계, 육안에 의하여 드러나는 감각지각의 세계를 출발점으로 삼아서 근원으로서의 도, 본성을 찾아서 그것과 하나가 되고자 한다.

주역과 십익은 지금 여기의 나를 표면의 나인 물리적 생명을 중심으로 출발하여 그 이전의 심층의 나 곧 내 안의 나를 찾는다. 그리고 내 안의 나와 표층의 나가 본래 둘이 아님을 확인하는 성명합일을 추구한다.

성명합일은 심층의 나인 성性과 표층의 나인 명命이 둘이 아님을 확인하는 지적知的 작업이다. 설괘에서는 궁리窮理, 진성盡性, 지명至命의 세 단계를 통하여 표층에서 출발하여 심층의 나와 하나가 되는 합일合一의 과정을 나타내고 있다.

성명합일은 행의 문제가 아니라 앎의 문제이다. 왜냐하면 성과 명은 인간의 두 측면을 둘로 알거나 어느 하나의 측면만을 알았다가 본래 둘이 아님을 확인하는 앎의 문제일 뿐으로 사실의 문제가 아니기 때문이다. 십익에서는 "신을 통하여 미래를 알고, 지식으로 과거를 갈무리한다."[9]라고 하여 성명합일이 앎의 문제임을 분명하게 밝히고 있다.

그런데 앎은 설사 그것이 앎과 모름의 지부지知不知를 넘어서 무지無知의 차원을 지향한다고 할지라도 여전히 행行과 둘인 상태에서 이루어진다. 그것은 앎의 문제가 행을 수반하거나 행行과 하나가 되는 선지후행先知後行, 지행합일知行合一을 막론하고 행行 곧 실천과 둘의 상태에서 진행이 됨을 뜻한다. 그러면 주역의 괘효사와 십익은 어떤 차이가 있는가?

---

9 『주역周易』계사상편 제십일장, "神以知來코 知以藏往하나니"

형이상과 형이하, 성과 명, 지知와 행行을 구분하여 양자의 관계를 중심으로 이루어지는 사고는 십익에서 주로 나타난다. 왜냐하면 괘효와 괘효사의 관점과 십익의 관점이 서로 다르기 때문이다. 괘효사는 종시終始를 바탕으로 하는 시종始終의 사건이 중심이며, 십익은 사건을 대상화, 객관화한 물건의 세계가 중심이다.

괘효사에서 시간을 중심으로 사건의 관점에서 세계와 인간을 나타내고 있는 것과 달리 십익에서는 공간을 중심으로 물건의 관점에서 세계와 인간을 나타내고 있다. 이를 통하여 시대가 변화하면서 천도天道 중심의 세계관이 인간을 중심으로 인도화人道化하였음을 알 수 있다.

오늘날의 중국사상가들은 공자孔子에 이르러서 비로소 인문人文의 세계가 열렸다고 말한다.[10] 그것은 공자가 밝힌 인문이 중국사상의 특성임을 나타내는 동시에 인문 중심의 중국사상은 천도 중심의 전통을 계승하여 발전시킨 사상임을 뜻한다. 그러면 천도와 인도의 특성은 무엇인가?

인도의 관점에서 천도의 특성을 가장 잘 나타내고 있는 중국사상은 도가이다. 노자는 함이 없으면서도 하지 않음이 없는 무위이무불위無爲而無不爲[11]를 통하여 함이 없이 스스로 그러한 무위자연無爲自然을 주장한다. 그리고 사람은 천天을 본받고, 천天은 도道를 본받으며, 도는 자연自然을 본받는다고 하였다.[12]

천도를 중심으로 무위자연을 주장하는 도가에서는 인간을 중심으로 평천하平天下를 주장하고, 사덕四德을 주장하는 유가를 인위적人爲的

10　高懷民著, 숭실대동양철학연구실역, 『中國古代易學史』, 숭실대학교 출판부, 1990, 235-237쪽.
11　노자, 『도덕경道德經』 제37장, "道常無爲而無不爲"
12　노자, 『도덕경道德經』 제25장, "人法地, 地法天, 天法道, 道法自然."

이라고 철저하게 비판한다. 그와 달리 유가儒家에서는 중화中和를 이루어서 천지를 정위正位시키고, 만물을 기르는 평천하平天下[13]를 주장하면서 천명天命에 따라서 아름다운 삶을 살아감[14]을 제기한다.

중국불교에서는 모든 유위법은 무위법으로부터 나온다[15]고 하여 도가의 천도 중심의 무위자연을 따르는 측면이 있다. 그러면서도 도는 지부지知不知에 속하지 않는다고 말하고,[16] 자연과 인연을 넘어서 있으면서도 자연과 인연을 벗어나지 않는다고 말한다.[17]

그러나 한국사상에서는 천도의 무위자연과 인도의 유위적인 사덕의 실천을 둘로 보지 않는다. 고조선사상에서는 천도의 무위적 측면과 인도의 유위적 측면이 둘이 아님을 사건의 변화 곧 생성을 통하여 상징적으로 나타내고 있다.[18]

고조선사상은 천도 곧 시간성의 시간화와 시간의 시간성화를 통하여 영원한 현재를 나타내고 있다. 그것은 고조선사상이 천도와 지도, 인도로 구분하여 나타내기 이전의 세계이자 천도와 지도, 인도가 합일된 신도神道를 나타내고 있음을 뜻한다. 따라서 지도地道를 중심으로 인도를 전개하는 주역과 십익의 사상은 신도 중심의 고조선사상과 함께 살펴

---

13 자사,『중용中庸』제1장, "喜怒哀樂之未發 謂之中 發而皆中節 謂之和 中也者 天下之大本也 和也者 天下之達 道也 致中和 天地位焉 萬物育焉"

14 『주역周易』화천대유괘火天大有卦 대상大象, "象曰 火在天上이 大有이니 君子以하야 遏惡揚善하야 順天休命하나니라."

15 『금강반야바라밀경金剛般若波羅密經』1권(ABC, K0013 v5, p.979c21), "一切賢聖 皆以無爲法 而有差別"

16 『선문염송집禪門拈頌集』10권(ABC, K1505 v46, p.170a12-a15), "泉云 道不屬知不知 知是妄覺 不知是無記 若是眞達 不擬之道 猶如大虛 廓然虛豁 豈可强是非耶"

17 『대불정여래밀인수증요의제보살만행수릉엄경』2권(ABC, K0426 v13, p.802c19-c21), "當知如是 精覺妙明 非因非緣 亦非自然 非不自然 無非不非 無是非是 離一切相 卽一切法"

18 이현중,『고조선 철학』, 문진, 2019, 203-312쪽.

보는 것이 필요하다. 그러면 고조선사상과 주역, 십익을 어떻게 고찰할 것인가?

이 책에서는 한국역학과 한국불교의 관점에서 주역과 십익을 고찰하고자 한다. 구체적인 방법은 지도地道 중심의 주역, 십익의 세계관, 인간관은 신도神道, 천도天道 중심의 한국역학의 전적인 정역과 비교하여 고찰할 것[19]이며, 인도 중심의 주역, 십익의 성명원리는 한국불교의 대행선과 비교하여 고찰할 것[20]이다.

정역을 통하여 드러나는 신도적 세계관은 성리性理의 도道와 심법心法의 학學을 통하여 도학적道學的 인도로 드러난다. 그리고 심법의 학으로 드러나는 성리의 도가 나타내는 도학의 용심법用心法은 현대의 한국불교 가운데서 대행선大行禪을 통하여 잘 드러난다. 대행선사는 중국선을 한국화하여 영원한 현재적 관점에서 한마음의 나툼과 회향으로 밝히고, 일상의 생활 속에서 이루어지는 실천법으로서의 관법觀法을 제시하고 있다. 그러면 우리는 왜 주역과 십익을 고찰하는가?

현상적 관점에서 보면 우리나라와 중국, 일본, 미국을 비롯하여 세계의 각국은 자본주의와 공산주의, 자유주의와 사회주의, 개인주의 전체주의와 같은 온갖 이념에 매몰되어 인간의 존엄과 가치가 지켜지지 못하고 있다. 오늘날 인류에게 필요한 것은 생명의 보존을 위한 물리적 삶을 넘어 사람다운 삶의 방법이다.

삶의 방법은 우리 자신과 무관한 방법 자체의 문제가 아니라 우리 자신이 어떻게 살아가느냐의 문제이다. 그것은 우리가 어떤 마음으로 살아가느냐의 문제가 바로 삶의 방법임을 뜻한다. 지금부터 우리는 주역,

---

19　이현중, 『정역사상과 창조의 삶』, 지식과감성#, 2021, 69-260쪽.
20　이현중, 『한국사상과 인간성찰』, 지식과감성#, 2020, 129-443쪽.

십익을 통하여 육신을 중심으로 이루어지는 소인의 삶에서 벗어나서 본성, 인성이라는 내 안의 참 나를 주체로 하여 갈아가는 대인의 삶을 고찰할 것이다.

　대인의 삶은 육신을 중심으로 물리적인 생명의 보존이 중심이 되는 소인의 삶과 달리 모두가 함께하는 삶, 세계의 여러 나라들이 함께하는 평천하의 삶이다. 우리는 여기서 인류가 함께하는 삶을 육신을 중심으로 개체적인 내가 모여서 형성된 가정사회, 국가사회, 국가사회가 모여서 형성된 천하가 중심인 삶으로 오해할 수 있다.

　내 안의 참 나인 본성本性, 인성人性, 자성自性은 개체적 존재의 본성에 불과한 것이 아니라 나와 남, 나와 세계, 나와 사물 모두의 본성, 자성이다. 그렇기 때문에 내 안의 참 나는 내가 아닌 나라는 점에서 무아無我이다. 무아는 내가 없음이 아니라 모든 존재가 나 아님이 없음을 나타낸다.

　무아의 측면에서 내 안의 참 나는 공空하다. 공空은 내 안의 참 나가 있음과 없음의 어느 일면으로 고정되지 않을 뿐만 아니라 중도나 실상에도 고정되지 않음을 뜻한다. 중도中道로서의 내 안의 나는 무아에 머물지 않아서 매 순간 새로운 자아로 드러나지만 자아에도 머물지 않아서 무아로 돌아간다. 그러므로 내 안의 참 나는 중도도 아니며, 무아도 아니고, 자아도 아니지만 삼자를 벗어나지도 않는다.

　그 어떤 언어를 통해서도 나타낼 수 없는 지금 여기의 나를 물건적 관점에서 출발하여 표면의 나, 육신으로서의 나, 물질로서의 나를 벗어나서 무無, 공으로서의 나를 찾아가는 성명합일을 이루고, 다시 사물과 둘이 아닌 천인합일天人合一로 나아가며, 천인합일에서 다시 천인분생天人分生으로 나아가서 자유자재自由自在해야 한다.

1. 중국사상의 연원인 주역周易과 십익十翼

중국사상의 연원인 주역과 십익에서는 세계를 물질적 차원에서 형상을 중심으로 형이상과 형이하로 구분하여 각각 도道와 기器로 나타낸다. 그리고 도道와 기器를 중심으로 인간과 세계를 다양한 이치에 의하여 나타내는 이해理解와 그것을 다시 서로 결합하여 의미를 밝히는 설명說明을 통하여 이론 체계화한다.

주역과 십익의 현상으로 출발하여 만물의 근원을 찾아가는 방향은 과학을 비롯한 여러 학문과 인간의 활동이 추구하는 일반적인 방향이다. 우리도 주역과 십익의 인간과 세계를 접근하는 방향을 따라서 인간과 세계를 고찰하여 보자.

그러면 먼저 시공을 따라서 현상을 살펴보자. 우리가 현상을 분석하는 까닭은 현상과 근원을 구분하여 둘로 여기고, 현상을 중심으로 살아갈 때 발생하는 문제가 무엇인지를 살펴보는 과정이다.

2022년 연초年初 인류는 2019년 말에 중국의 무한武漢에서 발생한 코로나19가 세계에 확산되어 끊임없이 변형을 일으키면서 인류로 하여금 경제적인 어려움을 물론 사회, 정치, 종교, 교육을 비롯하여 삶 전체에서 이전과 다른 변화를 겪고 있다.

중국은 코로나19에 대한 투명한 정보를 제공하여 인류로 하여금 코로나19 사태로부터 벗어나도록 인류와 함께하기보다는 미국과 패권다툼을 벌이면서 세계의 많은 국가들과 끊임없이 분쟁을 일으키고 있어서 세계의 많은 국가들로부터 책임을 추궁당하고 있다.

광대한 영토와 14억의 인구를 통하여 세계의 제2대 강대국에 올라선 중국은 우리나라의 역사를 왜곡하고 자신들의 역사에 편입하는 국가사업을 하였을 뿐만 아니라 세계에 유행하는 한국문화를 자신들의 문화라고 강변하는 만행을 저지르고 있다.

일본은 우리나라를 36년 동안 식민지 통치를 하면서 우리의 문화와 역사, 사상을 말살하고자 온갖 사악한 행위를 저질러 왔으면서도 과거사에 대한 반성과 사과를 하지 않을 뿐만 아니라 오히려 식민지 통치를 통하여 우리나라를 발전시켰다는 궤변을 늘어놓고 있다. 그러면 이러한 현상이 우리나라의 주변 국가만 그러한가?

현대의 인류는 제1차 세계대전과 제2차 세계대전을 겪었으면서도 과거보다 더욱 강화된 유물론적 세계관, 가치관, 인간관에 빠져서 극도의 개인 이기주의, 국가 이기주의에 따라서 개인과 개인이 대립하고, 국가와 국가가 서로 투쟁하는 전쟁터 같은 삶을 살고 있다. 그러면 우리나라의 상황은 어떤가?

우리나라는 2022년 1월 10일 현재 하루에 4,000명대의 코로나19 확진자가 계속 나오면서 사회적 거리 두기 4단계를 실시하고 있다. 이는 지난해 연말에 높아진 백신 접종률을 바탕으로 한 달 동안 위드 코로나 정책을 시행하다가 사회적 거리 두기로 회귀한 결과이다.

코로나19로 인하여 많은 자영업자들이 경제적인 어려움을 겪고 있고, 국민들은 사회적 거리 두기로 인하여 심리적인 고통을 겪고 있다. 정부는 잇단 부동산정책 실패로 집값이 천정부지로 상승하는데도 막지 못하고 있다. 그 과정에서 일부의 정치인들과 법조인, 경제인들이 결탁하여 일어난 L.H.사태, 마장동사태는 국민들로 하여금 실망을 넘어 분노를 느끼게 한다.

그럼에도 불구하고 정부와 여당의 정치인들은 국민들의 안녕과 행복을 위하여 헌신하려는 자세는 보이지 않고, 오로지 한 푼의 가치도 없는 이념을 내세워 자신들의 무능과 독선을 가리고, 정권 재창출을 위하여 국민들을 자기편과 적으로 갈라치기를 하고 있다. 그러면 우리는 국내외의 복잡한 오늘날의 상황을 어떻게 타개할 수 있는가?

　우리 민족은 고조선 이래 개인의 자유와 사회의 평등을 조화롭게 실천하는 홍익인간의 정신으로 5천 년의 역사를 전개해 왔다. 우리 민족은 남의 나라를 침략하기보다는 함께 살아가기를 좋아하고, 평화를 사랑하는 민족이다.

　5천 년의 역사 속에서 외침을 받아 나라가 어려움에 처했을 때 국면을 타개하는 데 앞장선 것은 언제나 위정자爲政者들이 아닌 백성들이었다.

　가깝게는 IMF 사태를 조기에 극복한 것도 국민들이 하나로 힘을 모았기 때문이고, 오늘날 코로나19 사태를 당해서 K방역이라는 세계의 극찬을 받을 수 있었던 방역활동을 할 수 있었던 것도 역시 국민들이 마음을 하나로 모아서 정부와 함께한 덕분이다.

　오늘날의 우리나라는 불과 70여 년 전의 6.25의 잿더미 속에서 선진국에 올라서는 한강의 기적을 일으켰다. 지금 우리나라는 주변의 중국, 북한, 일본, 러시아가 인정하거나 그렇지 않거나를 막론하고 반도체를 비롯한 첨단 분야에서 세계를 선도할 뿐만 아니라 문화, 예술과 같은 정신적인 측면에서도 세계의 선진국이자 개도국이 따르고자 하는 모델이 되었다. 그러면 우리는 왜 오늘날의 우리 사회와 인류에 대하여 비판적 관점을 나타내는가?

　현상의 측면에서 보면 삶은 언제나 이것과 저것의 선택으로 나타나지 않을 수 없다. 그렇기 때문에 어떤 이념이나 종교, 사상을 선택하거나를 막론하고 그와 다른 측면에서 비판이 일어나지 않을 수 없다. 따라서 우리가 만약 현상만이 실재한다고 여기고 현상을 중심으로 살아갈 때 현상의 어떤 문제도 해결할 수 없다. 그러면 어떻게 해야 현상의 문제를 해결할 수 있는가?

우리는 언제나 자신과 인류, 세계, 우주에 대한 긍정을 바탕으로 발전적인 부정을 통하여 대안을 제시하는 대긍정大肯定의 관점에서 접근해야 한다.

현상을 대상으로 긍정과 부정을 분별하는 것은 육신의 기능인 의식이다. 따라서 현상의 다양한 문제를 해결하기 위해서는 먼저 문제의식을 갖는 우리 자신으로 돌아와서 현상을 비판하는 의식으로 드러나기 이전의 마음에 이르러야 한다. 그리고 다시 마음으로 드러나기 이전을 알아야 한다.

대긍정은 현상을 대상으로 그것을 분석하여 시비是非, 선악善惡을 논하는 것이 아니라 현상을 보는 나의 내면 곧 마음을 보고, 마음에 시비, 선악이 있는가를 살펴보며, 현상을 보는 나인 마음에서 다시 한 걸음 더 나아가서 마음으로 드러나기 이전을 출발점으로 삼는다.

현상을 보지만 현상에 얽매이지 않고, 현상과 더불어 현상을 보는 내 안의 나를 보고, 내 안의 나를 보는 나를 찾아서 나 아닌 나를 통하여 나와 세상을 함께 바라볼 때 비로소 긍정과 부정을 넘어선 대긍정에 설 수 있다.

대긍정은 내 안의 나 아닌 내가 그대로 온 우주이기에 한 자리의 드러남이 아님이 없어서 둘이 아닌 관점에서 자신과 인류, 세계에 대하여 접근하는 태도이다. 그렇기 때문에 대긍정의 관점에서 제시하는 모든 의견은 자비慈悲를 바탕으로 한 대안이 된다.

오늘날 우리나라는 비록 선진국에 진입했지만 여전히 내적으로 개혁해야 할 과제들이 쌓여 있을 뿐만 아니라 외적으로 인류사회에서 해야 할 역할들을 제대로 하지 못하고 있다. 우리나라가 갖고 있는 내적인 문제는 훈님, 환인, 하나님으로 표현된 나와 남이 둘이 아닌 일체의 차원을 주체로 하여 우리 사회를 경영하는 일이다.

우리 사회가 둘이 아닌 경계境界에서 경영되면 교육, 정치, 경제, 문화, 예술을 비롯한 모든 분야에서 산적한 문제들이 해소될 것이다. 내적인 문제가 해결되면 외적으로 자연스럽게 온 인류가 함께 살아가면서 함께 번영하는 아름다운 세상이 전개될 것이다.

우리는 달리는 말에 채찍을 가하듯이 오랜 역사 동안 꾸어 왔던 우리의 꿈을 실현시키고자 한다. 우리는 5천 년의 역사 동안 남의 나라가 겪지 못한 고통과 역경의 세월을 거쳐 왔다. 우리가 인고忍苦의 세월을 거쳐 온 것은 단순하게 물질문명의 측면에서 다른 나라의 부러움을 사는 강대국을 건설하고자 함이 아니다.

우리는 고조선의 홍익인간의 이념을 통하여 확인할 수 있듯이 5천 년의 역사 내내 인류가 하나가 되어 모두가 행복한 인류사회를 꿈꾸어 왔다. 그리고 그 꿈이 지금 비로소 이루어지기 시작하고 있다. 따라서 우리는 결코 현재의 상태에 만족하여 멈추어서는 안 된다.

우리나라가 이루어야 할 홍익인간의 꿈은 먼저 남과 북이 통일을 하고, 이어서 우리의 옛 영토인 고조선 지역을 회복하는 일로부터 시작해야 한다.

현재의 중국이 과거의 문화유산에 대하여 객관적이고 합리적인 연구를 통하여 얻어진 성과를 인류와 공유하고자 한다면 굳이 고조선, 고구려, 백제의 옛 영토에 있는 역사적 유물을 훼손하고, 동북공정과 같은 국가사업을 통하여 역사를 왜곡하는 일을 하지 않을 것이다.

고토故土의 회복은 고조선의 영토에 묻혀 있는 유물, 유적 그리고 암각화를 비롯하여 곳곳에 산재하는 여러 자료들을 조사하고 연구하여 인류의 선사문화, 선사역사, 선사사상을 정립함으로써 인류의 역사, 사상, 문화를 재정립하여 공유共有하는 출발점이다.

우리가 옛 영토를 회복해야 비로소 우리의 역사를 올바로 드러낼 수 있고, 올바른 역사를 통하여 그 가운데 담긴 역사정신으로 나타난 한국사상, 한국문화를 올바로 정립할 수 있다. 그러면 한국사상의 정립은 인류의 삶과 어떤 관계인가?

　한국사상, 한국문화의 정체성을 확립함은 모두가 행복한 아름다운 삶을 살기 위한 방법의 도출이다. 인류가 원하는 모두가 행복한 삶은 이곳을 떠난 천국이나 천당에서 찾아지는 것이 아니라 지금 여기의 우리 곧 인류가 하나가 되어 공영共榮하고, 공생共生하며, 공존共存하는 함께하는 삶을 살아갈 때 비로소 이루어진다. 그러면 한국사상의 정립과 중국사상의 고찰이 어떤 관련이 있는가?

　동북아 고대의 문화, 사상은 고조선으로부터 발원하였다. 그것은 고조선사상과 중국의 상고사상을 나타내는 주역과 십익의 사상을 비교하여 보아도 알 수 있다.

　오늘날 중국이 아무리 유물과 유적을 조작하여 과거의 사상, 문화를 조작하려고 하여도 사상은 조작할 수 없다. 천도天道, 신도神道 중심의 고조선사상에 바탕을 두고 형성된 것이 중국사상임은 주역과 십익을 비롯한 고대 전적에서 수많은 증거를 찾을 수 있다.[21]

　한국사상이 천도, 신도 중심의 사상임은 오늘날 우리 사회가 보여 주는 역동성을 통해서도 확인할 수 있다. 오늘날의 우리 사회는 세계의 어느 나라와도 달리 하루가 다르게 변화하는 역동성을 갖고 있다.

　우리나라의 사람들은 스스로 인식하지 못하고 있지만 남의 것을 배우거나 분석하여 이치를 발견하고 그것을 다시 적용하는 과정이 없이 필요하면 현재의 상태에서 그대로 새롭게 창조하고자 하는 열정을 갖고 있다.

21　이현중, 『고조선 철학』, 문진, 2019, 63-202쪽.

우리는 그동안 우리나라의 미래를 스스로 결정하지 못하고 외세에 의하여 결정될 수밖에 없었던 환경에서 살아왔다. 이제 우리는 한국인으로서의 우리 자신을 믿고, 한국이라는 우리가 세우고 경영하는 나라의 미래를 믿어야 한다.

우리가 스스로를 믿지 않고, 우리나라를 믿지 않으면 남이 우리를 믿을 수 없고, 남의 나라가 우리나라를 믿을 수 없다. 지금 우리는 내 안의 나 아닌 나가 온 우주와 하나가 되어 매 순간 새롭게 나타나는 나이고, 지금 우리의 나라는 온 우주가 하나가 되어 경영하는 국가이다. 그러면 우리는 어떻게 하나?

우리들은 한동안 남의 나라에게 통치를 받았고, 남의 나라로부터 원조를 받아서 가난을 해결하던 시절이 있었다. 그 과정에서 우리 자신의 눈으로 자신을 바라보기보다는 남의 눈으로 우리를 평가하는 방법에 길들여져 왔다. 그 결과 우리는 남으로부터 듣는 자신에 대한 온갖 참언과 비난, 부정에 시달려서 정작 우리 자신을 사랑하는 방법을 모르고 있다.

이제 우리는 지금 여기의 나를 떠나서 이상과 가치를 찾고, 지금 우리나라를 떠나서 이상적인 국가를 찾는 것을 멈추어야 한다. 지금 여기의 우리의 삶을 떠나서 다른 삶에서 행복을 찾는 것은 자신에게 포악暴惡하게 대하고, 자신을 버리는 자포자기自暴自棄이다.[22]

자포자기적인 삶의 태도는 자신을 떠나 남으로부터 이상을 찾고, 남의 나라에서 미래를 찾는 노예적인 삶의 태도이다. 우리가 어느 한 국가에서 미래를 찾고자 친중親中, 친북親北, 친일親日, 친미親美하거나

---

22 맹자孟子 이루장구상, "自暴者 不可與有言也 自棄者, 不可與有爲也. 言非禮義, 謂之自暴也, 吾身不能居仁由義, 謂之自棄也."

종교나 이념으로부터 이상理想을 찾기 위하여 시비是非, 정통과 이단을 나누어서 오로지 하나의 특정한 이념이나 사상에 매달려서 다른 이념이나 사상, 종교, 문화, 예술, 나라를 배척하는 것이 사대주의事大主義이다.

사대주의는 자신보다 강한 힘을 가진 존재의 노예가 되어 그를 따르는 비굴한 삶을 낳는다. 재산에 의한 힘인 재력財力이나 지식에 의한 힘인 지력智力, 지위에 의한 힘인 권력權力은 물론 종교적 측면의 신앙의 대상인 신에 대하여 갖는 노예적인 태도 역시 사대주의의 일종이다. 그러면 우리는 어떻게 사대주의를 극복할 수 있는가?

우리가 살면서 만나는 모든 문제의 답은 우리 자신에게 있다. 그것은 앞에서 언급한 국내외의 모든 일들이 우리와 무관하게 밖에서 일어나는 일로 생각하지만 사실은 우리의 마음의 문제임을 뜻한다.

사람들은 오늘날의 시대를 과학에 바탕을 둔 기술의 발달에 힘입어 산업이 비약적으로 발전하는 4차 산업혁명의 시대라고 말한다. 4차 산업혁명의 시대라는 개념에는 과학적 세계관에 바탕을 둔 산업 중심의 세계관이 담겨 있다.

과학의 세계관은 오로지 물질만이 존재하며, 정신이나 영혼과 같은 물질과 다른 요소는 육신의 한 부분인 뇌에 속하거나 몸에 속하는 하나의 기능에 불과하다고 여기는 유물론적 세계관, 인간관을 바탕으로 한다.

유물론적 세계관에 의하여 세계를 이해할 때 물리적 시간과 물리적 공간이 결합된 시공은 물질일 수밖에 없다. 그것은 과거와 미래 그리고 현재라는 시간의 세 양상이 존재하며, 이것과 저것으로 구분되는 입자적 존재로서의 물건이 존재할 뿐만 아니라 남과 구분되는 내가 있다는 사고를 낳는다.

그러나 그것은 육신의 기능인 의식에 의하여 인간을 이해하고, 세계를 이해한 결과일 뿐이다. 유물론적 관점에서 인과에 의하여 결합된 일종의 기계와 같은 자연을 중심으로 그 안에서 인간과 세계의 근원을 찾는 과학이나 그 밖에서 다른 세계의 다른 존재로서의 신을 추종하는 기독교적 사고는 모두 같은 차원이다.

 자연을 초월한 세계인 천국天國을 상정하고, 인간을 초월한 신神을 상정하여 천국의 신이 자연 안의 인간을 창조하고 지배한다는 종교적 사고나 형이상적 세계를 부정하고 신과 천국을 자연 안으로 끌어들여서 인간이 스스로 자연을 통제하고, 자신을 통제한다는 과학적 사고는 모두 의식에 의하여 세계를 이해한 결과일 뿐이다.

 세계는 고정되지 않기 때문에 우리가 어떤 차원에서 자신과 세계를 이해하느냐에 따라서 다양하게 드러날 뿐으로 그 어느 일면이 세계와 인간의 전부는 아니다.

 단지 우리가 어떤 차원에서 마음을 쓰느냐에 따라서 형이하의 물질과 형이상의 도 그리고 도와 물질을 넘어선 차원의 자유로운 경계境界가 나타난다.

 과학자들이 인간과 세계를 이해하는 도구는 마음이 아닌 육신의 기능인 의식이다. 육신의 기능인 의식에 의하여 인간을 이해하면 오로지 감각지각에 의하여 드러나는 물질적인 육신을 인간으로 생각하게 되고, 세계를 이해하면 실험과 관찰을 통하여 드러나는 유물론적 세계로서의 시공만이 드러날 뿐이다. 그러면 우리는 어떻게 사대주의를 극복할 수 있는가?

 우리가 유물론적 세계관, 인간관, 가치관에 빠져서 오로지 힘을 따르는 사대주의를 벗어나지 못하는 것은 내 안의 나 아닌 나를 발견하지 못했기 때문이다. 우리가 표면의 나인 육신을 자신으로 여기고, 육신의 기능인 의식이 중심이 되어 살아가면 언제나 힘이 강한 존재를 쫓아서 살아가는 노예적인 삶을 벗어나지 못한다. 그러면 우리는 어떻게 살아야 하는가?

주역에서는 자신이 세계의 중심이 되기보다는 나보다 힘이 강한 다른 존재에 매달리는 노예적인 삶을 소인의 삶으로 규정하고, 내면의 나 아닌 나를 찾아서 나 아닌 나를 주체로 살아가는 자유로운 사람을 대인으로 제시하고 있다.

은나라의 말기에서 주나라의 초기에 저작되었다고 여겨지는 주역과 주역에 대하여 사상적 측면에서 연구한 성과를 모은 십익은 중국사상의 연원인 동시에 동아시아가 공유해 왔던 동아시아문화의 원형이다.[23]

주역과 십익은 중국에서 형성되었지만 동아시아를 넘어서 인류가 공유하는 전적이다. 오늘날 우리가 주역사상을 연구함으로써 중국이 인류와 함께 공존하고, 공영하기 위해서는 어떻게 미래를 설정할 것인지, 더 나아가서 인류가 미래의 방향을 어떻게 설정할 것인지를 파악할 수 있다. 그러면 주역사상의 연구가 단지 중국과 인류의 미래와 관련이 있을 뿐인가?

만약 주역사상이 단지 중국의 미래와 관련이 있다거나 중국과 인류의 미래에 관련이 있다고 할지라도 우리나라와 직접적인 관련이 없다면 오늘날의 우리가 굳이 주역사상을 연구할 필요는 없다. 왜냐하면 중국이나 다른 나라에서 연구를 하여도 되기 때문이다. 그러면 한국인으

---

23 우리는 앞으로 주역과 십익을 함께 연구 대상으로 삼고자 한다. 주역은 64가지의 육효六爻에 의하여 구성된 중괘重卦와 각 괘를 설명하는 괘사卦辭 그리고 각 효를 설명하는 효사爻辭로 구성된다. 주역이 형성된 후에 이를 대상으로 작자, 시대, 의미, 내용, 체계, 구성방법과 같은 다양한 측면에서 주역을 설명하고 있는 열 편의 글이 십익十翼이다. 이 책에서 앞으로 주역과 십익을 함께 나타낼 때는 주역사상으로 부르고자 한다.

로서의 우리가 주역사상을 연구할 필요가 있는가?

첫째는 주역사상이 비록 중국에서 형성되었지만 인류가 공유해야 할 이치를 담고 있지 않다면 진리라고 할 수 없다. 그것은 내 안의 나 아닌 나 곧 우주의 근원, 신, 상제上帝, 비로자나불毗盧遮那佛과 같은 다양한 개념으로 나타내는 세계 자체가 주역사상으로 현현顯現하였음을 뜻한다. 따라서 주역사상은 중국만이 소유할 수 있는 사상이 아니라 온 인류가 공유해야 할 사상이다.

둘째는 비록 중국에서 형성된 주역사상이라고 하여도 지금 여기의 내가 어떻게 이해하느냐에 따라서 지금 여기의 나의 사상으로 드러난다. 그것은 주역사상이라는 실체가 있는 것이 아니라 지금 여기의 나를 통하여 다양하게 드러남을 뜻한다. 따라서 한국인으로서의 지금 여기의 우리가 주역사상을 연구하는 것은 곧 우리의 사상을 연구함이다.

셋째는 주역사상을 연원으로 하는 중국사상은 한국역학과 다르면서도 같은 측면이 있다. 한국역학은 한국사상의 연원이다. 역학易學은 동북아사회에서 탄생하고 발전한 독특한 학문이다. 선사시대에서 역사시대로 진입하면서 역학은 한국사상과 중국사상의 연원이 되어 각각 서로 다른 방향에서 발전해 왔다.

한국역학은 천도天道를 중심으로 발전하였고, 중국역학은 지도地道를 중심으로 발전해 왔다. 그렇기 때문에 한국사상은 천도가 중심이 되어 지도와 인도가 합일된 관점에서 각각 현상화하는 측면에 중심이 있는 것과 달리 중국사상은 지도가 중심이 되어 지노, 인도人道와 천도가 합일合一하는 측면에 중심이 있다.[24]

한국사상과 중국사상은 동일한 연원淵源인 역학을 바탕으로 형성되

---

24 이현중, 『고조선 철학』, 문진, 2019, 135-202쪽.

었기 때문에 주역사상의 연구를 통하여 양자의 동이점同異點과 관계가 밝혀진다. 주역사상의 연구는 지금 여기의 내가 어떤 존재인지를 파악하는 데 도움이 되는 것은 물론 한국사상의 특성을 파악하는 데도 필요하다. 그러면 주역사상은 무엇인가?

주역사상에서는 세계를 물건적 관점에서 둘로 나누어서 이론 체계화하였다. 십익十翼에서는 물건적 관점에서 형상을 중심으로 세계를 형이상形而上과 형이하形而下로 구분하여 양자를 각각 도道와 기器의 본말本末 관계로 규정하고 있다. 형이상과 형이하의 도道와 기器는 서로 다르지만 마치 뿌리와 가지 끝과 같아서 양자는 일체이면서도 서로 구분될 뿐이다.

형이하의 기器는 물질적인 세계를 나타내지만 형이상의 도道의 세계는 시공을 초월한 세계이다. 도道는 시간을 넘어서 영원하고, 공간을 넘어서 이곳과 저곳의 구분이 없는 세계이다.

그러나 시공을 초월한 도는 시공과 무관한 것이 아니라 시공으로 자신을 드러낸다. 도는 기器를 통하여 자신을 드러내기 때문에 기器는 도의 현현顯現이다.

도가 기로 드러나기 때문에 물리적 시간은 영원함의 드러남이며, 공간적인 세계 안에 존재한다고 생각되는 물건 역시 이것과 저것, 나와 남의 구분이 없는 일체의 드러남이다. 따라서 현상의 사물 곧 시간적 관점에서 일어나는 모든 사건과 공간적 관점에서 일어나는 만물이 모두 도의 드러남, 신의 드러남, 근원적 존재의 드러남이기 때문에 우리가 사는 세계를 떠나서 천국이나 천당이 없고, 우리를 떠나서 신神이나 상제上帝가 없다. 그러면 우리는 어떻게 살아야 하는가?

우리는 형이하의 관점에서 인간과 세계를 이해할 수도 있고, 형이상의 관점에서 인간과 세계를 이해할 수도 있다. 그것은 우리 자신이 본래 형이상과 형이하의 어느 일면에 얽매여 있는 존재가 아님을 뜻한다. 그렇기 때문에 형이상과 형이하의 어느 일면에 얽매임이 없이 자유로운 삶을 살아가면 된다.

일반적으로 대부분의 사람들은 육신에 얽매여서 형이하의 차원에서 의식을 통하여 자신과 남을 구분하고, 세계를 구분하여 함께 존재할 수 없고, 함께 살아갈 수 없는 대립과 투쟁의 삶을 살아간다.

일부의 사람들은 자신이 어떤 존재이고, 세계가 무엇인가를 알고자 하는 간절한 마음과 진실한 태도로 삶을 살아간다. 그들은 형이상의 도의 세계가 바로 인간의 인간다움으로서의 본성임을 알고 육신의 생사 生死를 넘어서고 나와 남의 분별을 넘어서 세계와 하나가 되어 만물과 하나가 되어 살아가는 지혜롭고 자비로운 삶을 살아간다.

그러나 형이하의 세계, 현상세계를 중심으로 유물론적 세계, 유물론적 인간에 갇혀서 사는 것도 자유롭지 못하며, 형이상의 세계, 도의 세계를 중심으로 근원적 세계, 천당, 천국, 정토에 사는 것도 여전히 하나의 세계에 갇혀서 사는 것이기 때문에 자유롭지 못하다. 그것은 무엇을 의미하는가?

주역과 십익에서는 물건적 관점에서 인간과 세계를 나타내어 형이상과 형이하를 구분하고, 도와 기, 성性과 명命, 천天과 인人으로 구분하여 양자를 하나로 하는 합일合一의 삶을 목적으로 한다. 이처럼 이분법적인 세계관, 인간관에서 출발하여 양자의 합일을 추구하면 반드시 도道, 성性, 천天에 얽매이는 결과를 낳는다.

우리는 형이하의 차원, 물질적인 육신만이 있거나 형이상의 본성만이 있지 않으며, 세계도 물질만으로 구성되거나 도만으로 구성되지 않는다. 따라서 우리는 양자의 어느 일면에도 걸림이 없이 자유롭게 살아야 한다. 그러면 우리가 자유롭게 살기 위해서는 어떻게 해야 하는가?

형이하의 현상에 갇혀 사는 것도 우리 자신의 선택이며, 형이상의 세계에 갇혀 사는 것도 우리의 선택이다. 그것은 삶과 세계가 모두 우리의 마음에 따라서 변화할 뿐으로 고정되지 않음을 뜻한다. 따라서 우리가 인간답게 살기 위해서는 마음대로 살아갈 수 있어야 한다. 우리가 마음대로 살기 위해서는 어떻게 해야 하는가?

우리의 마음은 시공의 한계가 없을 뿐만 아니라 형이상과 형이하의 구분도 없다. 그리고 고정되지 않아서 하나라거나 둘이라고 할 수 없다. 따라서 마음은 그저 마음대로 사용하면 된다. 그럼에도 불구하고 우리들은 마음을 마음대로 사용하지 못하고 있다.

우리가 자유롭게 살아가기 위해서는 우리의 마음을 계발하여 마음대로 쓸 수 있어야 한다. 세계를 형이상과 형이하로 구분하여 도와 기로 규정하는 것도 우리 자신이며, 천국과 지옥을 구분하여 지옥을 벗어나서 천국에 이르고자 하면서도 지옥에 갇히거나 천국에 갇혀서 자유롭지 못한 것도 우리의 마음이다.

그것은 우리의 마음이 미래를 창조하고 우리 자신을 진화시키며, 세계를 끊임없이 새롭게 변화시킴을 뜻한다. 그러면 우리는 왜 주역과 십익을 고찰하고자 하는가?

우리가 주역과 십익을 고찰하는 목적은 바로 마음을 마음대로 사용하는 방법이 무엇인지를 밝히고자 함이다. 그것은 주역과 십익을 통하여 마음 계발의 방법이 무엇인지를 제시하고자 함이다. 그러면 우리는 왜 주역, 십익과 더불어 정역과 대행선을 고찰하는가?

우리의 미래를 창조하면서 진화하는 자유로운 삶을 살아가기 위해서는 물건적 관점에서 인간과 세계를 도와 기, 성과 명, 천과 인으로 구분하여 양자의 합일合一을 추구하는 주역, 십익의 방법도 필요하다.

그러나 합일은 분생을 통하여 완성되고, 분생은 합일을 통하여 완성된다. 물건적 관점에서 합일을 추구하는 주역, 십익과 더불어 합일과 분생의 양면과 그 이전을 함께 나타내는 한국사상, 한국역학, 한국불교를 함께 고찰하는 것이 필요한 까닭이다. 그러면 주역, 십익의 합일과 한국역학의 합일이 서로 다른가?

합일과 분생은 변화를 두 측면에서 나타낸 개념이다. 그렇기 때문에 주역, 십익의 합일과 한국역학의 합일과 분생은 모두 변화를 나타낸다.

그러나 주역과 십익의 변화는 물건적 관점에서의 변화이다. 그것은 물리적 시간의 차원에서 인간과 세계의 변화를 나타내는 서적이 주역과 십익임을 뜻한다. 이러한 차원은 비록 사건적 관점에서 인간과 세계를 이해하여도 여전히 실체적으로 접근하기 때문에 한계를 갖는다. 그러면 어떻게 해야 하는가?

우리가 주역과 십익의 물건적 관점을 벗어나서 사건의 관점에서 접근하는 것은 옳다. 그러나 이와 더불어 사건에서 출발하여 근원인 도, 성을 찾아가는 역逆방향으로는 한계를 갖는다. 그렇기 때문에 시간성, 본성, 도의 차원에서 출발하는 순방향을 바탕으로 역방향의 지래知來, 수왕數往을 논하고, 수행, 수도를 논해야 한다. 그러면 그것은 어떻게 이루어지는가?

주역과 십익 자체는 물건적 관점에서 형이상과 형이하를 구분하여 도와 기, 성과 명, 천과 인으로 나타내고 그것을 바탕으로 순과 역의 두 방향을 구분하여 역방향이 중심이기 때문에 양자로 구분하여 나타내기 이전의 차원에서 출발하여야 한다.

시간성의 차원, 천도의 차원에서 출발하여 시간상의 사건으로 화하고, 공간상의 물건으로 나타났다가 다시 사건으로 돌아가서 시간성과 합하여 하나가 됨으로써 사라지는 생성生成을 중심으로 인간과 세계를 이해하는 사상은 한국사상이다.

그리고 한국사상의 연원인 고조선사상을 역학의 이론체계를 통하여 나타내고 있는 전적은 정역이다. 정역에서는 시간성, 원천, 원역을 중심으로 인간과 세계를 밝히고 있다. 따라서 주역과 십익의 내용을 이해하기 위해서는 한국역학의 전적인 정역에서 밝히고 있는 철학적 내용을 바탕으로 해야 한다.

지금부터는 주역과 십익의 내용이 무엇인지를 밝히고자 한다. 이를 위하여 먼저 주역과 십익이라는 전적이 언제 구성되고, 누구에 의하여 저작되었으며, 내용이 무엇인지를 살펴볼 것이다.

이어서 주역의 내용인 점과 성명합일, 천인합일이 무엇인지를 주역과 십익을 중심으로 살펴본 후에 천인합일의 세계가 무엇인지를 정역의 원천原天을 통하여 이해하고자 한다. 그리고 이를 바탕으로 우리가 마음을 계발하여 스스로 미래를 창조하면서 진화하는 자유로운 삶을 살아가는 방법이 무엇인지를 주역을 통하여 찾고자 한다.

어떤 사람들은 주역에 대한 우리의 접근 방법이 마땅하지 않다고 생각하고, 시비是非를 논하고자 할 수도 있다. 그러나 우리는 주역의 본질이 무엇이라고 규정하려는 의도가 전혀 없다.

단지 우리는 스스로 형이하의 차원에서 유물론적 인간관, 세계관에 갇히거나 형이상의 차원에서 본성론적 인간관, 세계관에 갇혀서 살아가기보다는 그 어떤 것에도 얽매임이 없는 자유로운 삶을 살아가기를 권할 뿐이다. 그러면 주역과 십익이라는 전적은 무엇인가?

예로부터 오늘에 이르기까지 오늘날 우리가 볼 수 있는 괘효卦爻와 괘효사卦爻辭로 구성된 주역과 주역에 대하여 다양한 측면에서 설명을 한 십익十翼이 하나로 결합된 전적[25]에 대하여 많은 사람들이 연구를 해왔고 지금 이 순간에도 많은 사람들이 연구를 하고 있다.

그런데 예와 지금을 막론하고 주역과 십익을 연구하는 사람들은 미래를 아는 문제를 중심으로 접근하고 있다. 그것은 우리가 주역을 미래에 대한 앎을 제공하는 텍스트로 이해하고 있음을 뜻한다. 그러면 그들은 왜 주역을 미래를 알 수 있는 텍스트로 여기는가?

괘가 구성되는 법칙과 괘가 나타내는 법칙 그리고 주역을 저작한 목적, 후세의 사람들이 주역을 어떻게 활용해야 하는가와 같은 주역과 관련된 사항들을 설명하고 있는 십익十翼에서는 주역의 내용을 다음과 같이 설명하고 있다.

> **낳고 낳음을 역易이라고 말하고, 상象을 이룸을 건乾이라고 말하며, 법칙을 본받음을 곤坤이라고 말하고, 수를 지극하게 하여 미래를 아는 것을 점占이라고 말하며, 변화에 통하는 것을 일이라고 말하고, 음陰과 양陽으로 구분하여 나타낼 수 없는 것을 신神이라고 말한다.**[26]

인용문의 내용을 보면 주역의 내용이 수를 운용하여 미래를 아는 점

---

25 오늘날 우리가 만날 수 있는 주역이라는 전적은 괘효와 괘효사 그리고 십익이 하나의 책으로 묶여 있다. 그러나 학계에서는 괘효와 괘효사만을 주역으로 부르고 주역에 대한 설명인 십익을 엄격하게 구분하여 이해한다. 왜냐하면 주역은 괘효에 대한 언사인 괘효사가 점사의 형식을 띠고 있지만 십익은 점사에 대하여 사상적 측면에서 그 의미를 논하고 있기 때문이다. 이 책에서도 주역과 십익을 구분하여 고찰할 것이다. 다만 우리는 주역과 십익을 함께 고찰함으로써 비록 두 전적의 표현은 다르지만 성명性命이라는 하나의 동일한 주제를 통하여 일관되게 이해할 수 있음을 파악할 수 있다.

26 『주역』 계사상편繫辭上篇 제오장第五章, "生生之謂易, 成象之謂乾, 效法之謂坤, 極數知來之謂占, 通變之謂事, 陰陽不測之謂神."

占과 그것을 바탕으로 변화의 현상을 이해하는 일인 점사占事임을 알 수 있다. 이때 지래知來가 이루어지지 않으면 변화에 통할 수 없기 때문에 지래知來의 문제가 근본적인 문제라고 하지 않을 수 없다.

그런데 미래를 아는 지래知來의 문제는 과거와 미래가 구분되는 관점에서 비로소 성립된다. 그것은 음陰과 양陽이라는 이것과 저것으로 구분하는 분별이 없는 세계를 나타내는 신神의 차원에서는 성립될 수 없음을 뜻한다.

인용문의 내용이 전개되기 전에 앞부분에서는 "한 번은 음으로 작용하고 한 번은 양으로 작용하는 것을 도라고 말한다."[27]고 하여 음양이라는 개념을 통하여 도道와 신을 논하고 그것을 바탕을 주역의 내용을 설명하고 있다.

음과 양은 인용문에서 논하고 있는 건괘乾卦와 곤괘坤卦를 통하여 이해할 수 있다. 우리가 인용문에서 볼 수 있듯이 도와 신을 설명하는 도구로 활용되고 있는 것이 바로 음양이다. 음양에 의하여 구분하여 나타내기 이전의 세계를 신이라고 하였다. 따라서 도는 신의 세계를 음과 양이라는 도구를 통하여 분별하여 나타낸 것이다. 그러면 음과 양으로 구분하여 나타낼 수 없는 신은 무엇인가?

그것은 세계 자체의 특성을 나타내는 개념이다. 세계라는 개념을 통하여 나타내기 이전의 세계는 이것과 저것으로 구분하여 나타낼 수 없다. 그렇기 때문에 이름을 지어서 나타낼 수 없음의 의미에서 무명無名으로 나타내기도 하고, 형상이 없음을 통하여 무상無相으로 나타내기도 하며, 언어를 통하여 표현할 수 없음을 통하여 무언無言으로 나타내기도 한다. 그러면 세계는 어떤 것인가?

---

27 『주역』 계사상편繫辭上篇 제오장第五章, "一陰一陽之謂道 繼之者善也 成之者性也."

인용문에서는 낳고 낳는다고 하였다. 그것은 끊임없이 새롭게 나타나기 때문에 일정한 형상을 가진 고정된 물건이 아님을 뜻한다. 우리는 일상적으로 남과 구분되는 내가 있고, 인간과 구분되는 자연이 있으며, 인간과 구분되는 사물이 있어서 그것이 때와 장소에 따라서 끊임없이 새롭게 나타난다고 이해한다.

　그러나 나는 남과의 관계 속에서 존재할 뿐만 아니라 세계 안의 나이고, 인류 안의 나이며, 우주 안의 나이기 때문에 남이 없고, 인류가 없으며, 세계가 없고, 우주가 없으면 존재할 수 없다. 또한 나 자신도 사고, 분별, 인식, 의지작용, 감각지각과 흙, 물, 바람, 불과 같은 요소들에 의하여 결합되었을 뿐으로 그것을 제외한 다른 것이 없다. 그러면 세계는 끊임없이 변화하는 사건의 연속인가?

　얼음이 녹고, 땅속에서 새싹이 솟아나며, 나무도 물을 빨아들여서 가지 끝에서 새싹들이 솟아나고 그것이 자라서 잎이 무성해진다. 그리고 한때 땅을 뒤덮고, 온 나무를 덮었던 무성한 나뭇잎들은 색깔이 노랗게 변하여 땅으로 떨어진다.

　하나의 물건이 생겨나서 일정한 기간 동안 모습을 유지하다가 변하여 사라지는 생주이멸生住異滅의 과정을 반복하는 것이 만물이다. 사람도 역시 태어나고 늙고 병들어서 죽는 생로병사의 과정을 반복한다. 그것을 주역에서는 역易, 변화變化로 나타내고 있다. 결국 주역에서는 세계를 변화의 연속으로 나타낸 것이다.

　역, 변화의 현상의 측면에서 보면 변화의 마디를 구분하여 과거와 미래 그리고 현재라는 세 마디로 나타내는 시간이 있다고 생각할 수 있다. 우리가 만약 시간의 세 양상이 없다고 한다면 주역에서 말하는 미래를 아는 지래知來를 추구하는 점占은 성립하지 않는다. 그러면 주역에서는 오로지 시간을 중심으로 세계를 이해하는가?

주역에서는 변화의 세계와 더불어 그것을 대상화, 물건화하여 나타낸 세계로서의 천지인天地人의 삼재三才[28]의 세계를 제기하고 있다. 그것은 주역에서 과거와 미래 그리고 현재라는 시간의 관점과 그것을 대상화, 물건화하여 나타낸 천지인의 삼재의 세계를 동시에 제시하고 있음을 뜻한다.

다만 주역에서는 시간적 측면에서 과거와 미래 그리고 현재를 중심으로 세계를 이해하기보다는 물건적 관점에서 천지인天地人 삼재三才를 중심으로 세계를 이해한다. 그것은 주역이 인간 자신을 중심으로 지래의 문제를 이해하였음을 뜻한다.

시간상의 지래의 문제를 공간적 관점에서 물건화하여 이해하면 그것을 문제로 삼는 개인의 측면에서는 그 사람에게 장차 일어날 길흉吉凶이라는 이해利害의 문제가 된다. 따라서 비록 미래를 아는 지래를 주제로 하였지만 주역은 사건 자체를 대상으로 하지 않고 그것이 지래를 알고자 하는 자신에게 이로운가 해로운가의 길흉을 중심으로 이해하였다.

주역이 물건적 관점에서 세계를 이해하였음은 비록 시간의 문제를 함께 제기하였을지라도 여전히 물리적 시간의 차원에서 이해하고 접근하였음을 뜻한다. 그러면 물리적 시간과 다른 종류의 시간이 있는가?

주역에서는 오로지 시공의 관점에서 세계를 접근하는 것이 아니라 형이상과 형이하의 두 차원을 구분하여 이해한다. 그러면 십익에서는 세계를 어떻게 구분하고 있는지 살펴보자.

---

28 『주역』, 계사하편 제십장, "易之爲書也 廣大悉備 有天道焉 有地道焉 有人道焉 兼三材而兩之 故六 六者非它也 三才之道也"

형이상을 도道라고 말하고, 형이하를 기器라고 말한다.[29]

  인용문의 내용을 보면 주역에서 세계를 형이상과 형이하로 구분하여 각각 도와 기로 나타내었음을 뜻한다. 그것은 변화 역시 도의 측면과 기의 측면에서 이해되어야 하며, 지래의 문제 역시 형이상과 형이하의 측면에서 이해할 수 있음을 뜻한다. 그러면 형이하의 측면과 형이상의 측면에서 지래는 무엇인가?

  형이하의 측면에서 지래는 과거와 미래 그리고 현재가 구분되는 물리적 시간의 차원에서의 문제이다. 그것은 시간은 오로지 과거에서 미래를 향하여 흐를 뿐으로 미래에서 과거를 향하여 흐를 수 없을 뿐만 아니라 인간과 시간은 별개의 존재여서 시간 안에서 인간이 살아간다는 실체적 시간관을 바탕으로 지래의 문제를 접근함을 뜻한다.

  형이하의 실체적 시간관에 의하면 사람 역시 남과 구분되는 내가 있으며, 태어나고 늙고 병들어 죽어야 하는 생사를 벗어날 수 없는 존재이다. 그리고 세계 역시 고정되어 일정한 법칙에 의하여 운행되는 기계적인 세계이다.

  우리가 형이하적 차원에서 자신과 세계를 이해하면 남과 구분되는 내가 있고, 나의 과거와 미래가 결정되어 있기 때문에 지금 여기서 아직 오지 않는 미래를 미리 알 수 있다. 그러면 미래를 아는 방법은 무엇인가?

  주역에서는 "수를 지극하게 하여 미래를 한다."[30]고 하였다. 이때 수를 지극하게 함은 수의 운용을 뜻한다. 이러한 수의 운용은 시간을 구

---

29 『주역』, 계사상편繫辭上篇 제십이장第十二章, "形而上者를 謂之道오 形而下者를 謂之器오."
30 『주역周易』, 계사상편繫辭上篇 제오장第五章, "極數知來之謂占이오 通變之謂事요."

분하고 이것과 저것을 구분하며, 이로움과 해로움을 구분하여 길과 흉을 산출함을 뜻한다.

그런데 수의 운용은 미래를 대상으로 할 수 없다. 왜냐하면 미래는 아직 오지 않아서 없기 때문에 수를 통하여 분석할 수 없기 때문이다. 그렇기 때문에 "신으로 미래를 알고, 지식으로 과거를 갈무리한다."[31]

과거와 미래를 대상으로 앎과 수에 의한 계량화를 통한 분석의 관계를 잘 드러내고 있는 부분은 설괘說卦이다. 설괘에서는 지래와 수왕에 대하여 다음과 같이 밝히고 있다.

> **지나간 것을 헤아림은 순順이며, 다가올 것을 아는 것은 역逆이다. 그러므로 역易은 역逆으로 헤아린다.**[32]

위의 내용을 보면 과거를 분석하여 수를 통하여 나타내는 계량화의 순방향과 미래를 아는 역방향을 구분하여 나타내고 있음을 알 수 있다. 그것은 물리적 시간의 차원에서 현재를 중심으로 과거와 미래를 이해하고자 하였음을 뜻한다.

그런데 주역의 관점에 대하여 역수逆數라고 하였다. 우리는 역수逆數를 역방향에서 지래를 한 후에 그것을 다시 순방향에서 수왕하여 지래와 수왕이 하나가 되도록 함으로 이해할 수 있다. 왜냐하면 앞에서 "신으로 미래를 알고, 지식으로 과거를 갈무리한다."고 하였기 때문이다.

신은 음과 양으로 구분하여 나타낼 수 없는 세계를 나타낸다. 음과 양이라는 분별을 통하여 나타낼 수 없는 세계는 형이상의 세계이다. 그

---

31 『주역周易』, 계사상편繫辭上篇 제십일장第十一章, "神以知來코 知以藏往하나니."
32 『주역周易』, 설괘편說卦篇 제삼장第三章, "數往者는 順하고 知來者는 逆하니 是故로 易은 逆數也라."

러면 물리적 시간의 차원에서 이해하는 형이상은 무엇인가?

그것은 물리적 현상 세계의 근원인 물리법칙이다. 이것과 저것으로 분석하여 나타낼 수 없는 신을 통하여 미래를 앎은 결국 물리적 법칙을 파악함을 뜻한다. 그렇다면 지식으로 과거를 갈무리함은 물리법칙에 의하여 과거 곧 드러난 현상을 분석하여 계량화함으로써 지식으로 설명함을 뜻한다. 그러면 지래와 길흉은 무엇인가?

형이하적 관점에서 미래를 아는 점이 세계의 과학적 이해라면 그 결과로 드러나는 길흉 역시 물리적 차원에서 이루어지는 이해일 수밖에 없다. 그것은 형이하적 차원에서 이루어지는 지래로서의 점占은 육신을 중심으로 특정한 개체적인 사람의 미래에 일어날 이해利害를 헤아려서 길흉을 판단하고, 특정한 집단이나 사회의 미래에 일어날 이해利害를 헤아려서 길흉을 판단하는 일임을 뜻한다. 그러면 형이상적 차원에서 이루어지는 지래는 무엇인가?

형이상적 차원에서 지래를 할 수 있는 신神이라는 개념은 곧 도를 가리킨다. 그러므로 지래는 과거와 미래 그리고 현재가 하나여서 구분할 수 없는 형이상의 세계인 도를 자각함을 뜻한다. 도의 자각은 음과 양을 분별하는 의식을 통해서 이루어지지 않음을 나타내는 개념이 신이다. 그러면 도의 자각이 어떻게 이루어지는가?

도의 자각을 나타내는 '신으로 미래를 앎'은 그것과 저것을 분별하는 의식의 차원을 넘어선 무아無我의 상태에서 일어나는 무심無心에 의하여 일어나는 도와의 감통感通이다. 십익에서는 고요하여 움식임이 없을 때 비로소 도와 감통함을 다음과 같이 밝히고 있다.

역易은 사고함이 없고, 함이 없어서 고요하여 움직임이 없을 때 비로소 느껴 통한다.[33]

우리의 마음이 일체의 현상에 끌려감이 없으면 사고하거나 사고의 내용을 나타내는 행위가 없게 된다. 이처럼 적연부동의 상태가 되면 저절로 세계와 하나가 되어 감통하게 된다. 이처럼 감통하는 것이 바로 "신神으로 미래를 앎"의 의미이다. 그러면 미래를 앎으로 그치는가?

적연부동寂然不動하여 세계와 감통感通한 결과를 일정한 목적에 의하여 마음을 내어서 나누고, 그것을 다시 일정한 수단에 의하여 나타낸 것을 지식知識이라고 한다. 이처럼 지식을 통하여 세계를 과거화하여 나타낸 것이 현상이다. 따라서 현상의 세계는 우리의 지식에 의하여 구성된 정보의 세계일 뿐으로 세계 그 자체는 아니다.

그러나 이때의 지식은 세계를 이롭게 하고 남들을 이롭게 하고자 하는 마음 곧 세계 자체의 자기표현인 동시에 사물의 자기표현이기 때문에 지혜와 자비의 드러남이다. 이처럼 과거화된 세계로서의 현상은 항상 새롭게 드러난다.

그것은 우리의 마음이 고정되지 않고 항상 변화하기 때문에 적연부동하여 감통한 내용을 매순간 끊임없이 다양하게 나타내기 때문에 현상의 세계가 고정되지 않음을 뜻한다. 현상의 세계가 고정되지 않고 변화하기 때문에 이로움과 해로움 역시 고정되지 않고 변화한다. 따라서 길흉을 점치고자 하는 사람도 항상 변화할 뿐만 아니라 이해利害와 길흉도 끊임없이 변화하여 고정된 이해, 길흉은 없다.

---

33 『주역周易』, 계사상편繫辭上篇 제십장第十章, "易은 无思也하며 无爲也하야 寂然不動이라가 感而遂通天下之故하나니."

그리고 설사 우리가 미래를 안다고 할지라도 미래를 변화시킬 수 없다면 미래를 아는 것이 우리의 삶에 어떤 도움도 될 수 없다. 그것은 우리가 미래를 알 수 있는 마음의 능력을 사용하기보다는 앎을 넘어서 미래를 새롭게 창조하여 우리의 삶을 끊임없이 진화시키는 삶을 살아야 함을 뜻한다. 그러면 진화는 무엇인가?

우리의 겉으로 드러난 육신 이전의 마음을 지켜보면 마음으로 드러나기 이전은 유有와 무無, 생生과 사死, 지知와 부지不知, 능能과 불능不能과 같은 그 어떤 분별과 무분별도 넘어서 있을 뿐만 아니라 일체라거나 둘이라는 것도 없다. 그것은 우리 자신이 시간상으로 영원할 뿐만 아니라 공간상으로 있지 않는 곳에 없어서 나 아님이 없음을 뜻한다.

온 세상과 내가 둘이 아닐 뿐만 아니라 온 세상의 모든 존재와 둘이 아니다. 우리가 그것을 알았다면 삶에서 실천으로 이어져야 비로소 앎이 완전하다고 할 수 있다. 그것은 도와의 감통이 앎의 문제라면 앎의 문제는 시작일 뿐으로 지식의 생산으로 나타나는 실천이 이어져야 함을 뜻한다. 그러면 삶 가운데의 실천은 무엇인가?

'신이지래'가 형이상의 도의 자각이라면 '지이장왕'은 현상에서 도의 실천이다. 그것은 도가 기로 드러남이 인간을 통하여 이루어짐을 뜻한다. 이처럼 인간을 통하여 드러나는 도가 바로 삶이다.

삶은 나 아닌 내가 온 세상의 모든 존재들과 소통하면서 서로가 서로를 이롭게 하고, 서로가 서로를 자신으로 살아가게 하며, 서로가 서로를 아름답게 하고, 서로가 서로를 자유롭게 하는 창조와 진화의 과정이다.

2. 주역의 점占과 십익의 성명합일性命合一

우리는 앞에서 미래를 아는 앎을 형이하의 측면에서 물리적 법칙을 아는 문제로 이해하거나 형이상의 관점에서 본성, 도를 아는 문제로 이해하거나를 막론하고 앎을 실천하지 않으면 앎이 불완전할 뿐만 아니라 앎이 앎일 수 없음을 살펴보았다. 그러면 지금부터는 미래를 앎을 단순하게 앎의 문제가 아니라 실천의 관점에서 어떻게 해야 할 것인지 살펴보자.

우리가 어떤 것을 알고자 함은 알고자 하는 대상인 지식, 정보가 있음을 전제로 한다. 그러나 우리가 알아야 할 대상으로서의 물리적 법칙이나 본성, 도라는 것은 없다. 만약 본성, 도라는 실체적인 것이 있다면 그것은 나와 본성, 도가 둘임을 뜻한다.

물리적인 법칙이나 본성, 도를 막론하고 그것이 우리의 대상으로 존재한다면 그것은 언제나 나와 둘이기 때문에 나일 수 없다. 나와 둘로 존재하는 본성, 도는 하나의 관계를 형성한다. 도와 육신의 관계는 내가 본성, 도를 소유하거나 내가 본성, 도의 소유물로 전락하는 주종의 관계만이 있을 뿐이다.

우리는 수많은 종교에서 신이라는 우리와 다른 존재를 내세워서 우리를 통제하고 지배하는 행태를 끊임없이 목격한다. 그럼에도 불구하고 우리는 삶 속에서 항상 자신이 스스로 신의 노예가 되고, 이념, 사상의 노예가 되어 그것을 무기로 하여 남을 지배하고 군림하려는 시도를 한다.

만약 지금 여기의 나를 떠나서 어떤 이념이나 종교, 사상, 문화, 예술, 그 어떤 것을 논하더라도 그것은 그릇된 것이다. 왜냐하면 지금 여기의 내가 없다면 종교, 사상, 문화 그 어떤 것도 나와 상관이 없기 때문이다.

어떤 이념이나 종교, 사상, 문화를 막론하고 모두 우리의 삶을 자유롭고 풍요롭게 하기 위하여 우리 스스로 창조한 것이다. 그것은 어떤 종류의 지식일지라도 마찬가지이다. 과학적 지식도 자연에서 발견한 것이 아니라 우리가 자연을 통하여 지식, 정보를 스스로 창조한 것이다. 심지어는 이미 존재한다고 여기는 자연 자체도 우리의 의식이 구성한 것일 뿐이다.

우리 자신도 일정한 모양이나 일정한 사유방식, 세계와 인간을 이해하는 관점이 고정되지 않는다. 매 순간 육신도 끊임없이 변화하고, 사유방식도 변화하며, 세계도 끊임없이 변화하기 때문에 그 어떤 것도 고정된 것이 없다. 그러면 이제는 주역과 십익을 통하여 앎, 지식의 관점에서 이해하는 것과 창조적 관점에서 창조하는 것이 어떤 차이가 있는지를 살펴보자.

주역은 64가지의 중괘重卦로 구성되어 있다. 중괘는 삼효三爻에 의하여 구성된 팔괘가 겹쳐서 형성된 괘라는 뜻이다. 이 64개의 중괘를 바탕으로 그것을 언어로 설명하는 괘사卦辭와 효사爻辭가 있고, 괘효사에 대하여 다시 언어로 설명하는 십익이 결합하여 오늘날 우리가 볼 수 있는 주역이라는 텍스트가 형성되었다. 따라서 우리가 주역을 이해하기 위해서는 중괘를 어떻게 이해하느냐가 중요한다. 그러면 64가지의 중괘는 어떤 관계인가?

학자들은 현재의 텍스트에서 나타내고 있는 64괘의 순서에 따라서 그 순서가 나타내는 의미를 파악하기 위하여 많은 연구들 하였다. 그리고 그 과정에서 64괘의 관계를 인과관계로 이해하기 위하여 많은 노력을 하였다.

그러나 인과 관계란 시간상의 선후관계로 나타나고, 그러한 선후관계를 통하여 논리적인 관계를 설명하려고 하다 보니 결국은 괘의 순서가 그대로 하나의 일정한 시점에 일어날 일을 예언하는 예언서로 이해하게 된다.

우리가 주역을 미래의 특정한 시간에 일어날 특정한 사건을 예언한 예언서로 이해할 때 그 책은 우리와 아무런 관련이 없다. 왜냐하면 특정한 사건이 일어나기 전에는 우리와 무관할 뿐만 아니라 그 사건이 지나간 후에도 우리의 삶과 무관하고, 특정한 사건이 일어나는 순간에는 우리가 그것을 어찌할 수 없기 때문에 설사 그 내용을 미리 알아도 우리와 무관하다.

우리가 형이하의 차원에서 물리적 시간을 따라서 나열된 사건의 연결로서의 인과관계로 이해할 때 주역은 일종의 과학적 서적이 되고, 그 내용은 물리적 법칙을 나타내는 서적이 된다. 만약 주역이 과학 서적이라면 그것은 오늘날에는 아무런 쓸모가 없는 서적이다. 오늘날의 과학은 주역의 64괘나 384효爻[34]로 나타낼 수 없는 수많은 지식과 정보를 확보하였다. 그러면 64괘의 관계를 어떻게 볼 것인가?

십익에서는 64괘의 내용이 중천건괘와 중지곤괘라는 두 괘에 집약되어 있다고 말한다.[35] 그것은 두 괘의 내용이 나머지 62괘에 분산되어 두 괘의 어느 일면을 중심으로 나타내고 있음을 뜻한다. 그러면 두 괘에 집약된 내용은 무엇인가?

십익에서는 인간의 형이상적 측면으로서의 성품과 형이하적 측면으로서의 물리적 생명을 함께 나타내는 성명性命으로 제시하고 있다. 그

---

34 하나의 중괘는 육효에 의하여 구성된다. 그렇기 때문에 64중괘에 의하여 구성된 주역은 모두 384효가 있다. 한 효爻를 일일一日로 이해하면 384일로 이 가운데서 4괘의 24효를 제외하면 일 년의 기수인 360일이 된다. 이 네 괘의 성격에 대하여는 다양한 의견이 있다.

35 『주역』 계사상편 제십이장, "乾坤其易之縕邪 乾坤成列, 而易立乎其中矣, 乾坤毁, 則无以見易, 易不可見, 則乾坤或幾乎息矣."

것은 우리 자신이 겉으로 드러난 육신을 통하여 나타내는 물리적 생명만이 있는 것이 아니라 깊은 곳에 생명의 근원인 형이상적 본성이 있음을 뜻한다. 그러면 먼저 64괘의 내용을 집약하여 나타내고 있는 중천건괘와 중지곤괘의 괘상卦象을 살펴보자.

우리가 두 괘의 형상을 보면 각각 하나의 직선 모양의 양효陽爻와 하나의 직선이 삼등분된 형상의 음효陰爻가 여섯 번 겹쳐져서 각각의 괘가 형성되었음을 볼 수 있다. 위의 두 괘는 구체적인 사물의 형상을 나타내지 않는다. 따라서 위의 두 괘는 형상이 없는 어떤 것 곧 형이상적 존재를 상징적으로 나타내는 일종의 상징체계라고 할 수 있다. 그러면 두 괘가 상징하는 것은 무엇인가?

우선 두 괘가 상징하는 내용을 유추하기 위해서는 동일한 효가 놓여 있는 서로 다른 위치가 무엇인지를 파악해야 한다. 십익에서는 "크게 종시終始를 밝히면 육위六位가 시위時位에 따라서 이루어진다."[36]고 하여 여섯 효가 나타내는 것이 서로 다른 시위임을 밝히고 있다.

우리가 하나의 효를 읽을 때는 아래로부터 위로 향하여 읽는다. 가장 아래의 효를 초효初爻, 그리고 두 번째 효를 이효二爻, 삼효三爻, 사효四爻, 오효五爻로 부르며, 가장 위의 효를 상효上爻라고 부른다.

그리고 괘를 읽을 때는 초효에서 삼효까지를 하괘下卦로 그리고 삼효

---

36 『주역』 중천건괘 단사, "大明終始 六位時成 時乘六龍 以御天"

에서 상효까지를 상괘上卦로 규정하여 상하 관계로 나타낸다. 이와 달리 효를 중심으로 이해할 때는 초효에서 삼효까지를 내괘內卦, 사효에서 상효까지를 외괘外卦로 읽는다. 이를 통하여 중괘의 관점에서 괘를 이해하는 것과 효의 관점에서 괘를 이해하는 두 방식이 서로 다름을 알 수 있다. 그러면 상하와 내외는 무엇을 나타내는가?

  우리는 상하 관계를 통하여 괘체卦體를 나타내고, 내외 관계를 통하여 효용爻用[37]을 나타낸다고 말한다. 그것은 본체와 작용이 각각 상하와 내외의 관계를 통하여 상징적으로 표현되고 있음을 뜻한다.

  설괘에서는 역의 내용을 설명하면서 시간상의 과거와 미래를 통하여 순順과 역逆으로 나타내고 있다. 순역의 관계를 괘체를 나타내는 상하 관계와 효용을 나타내는 내외 관계를 적용하여 이해하면 내외는 역방향이며, 상하는 순방향이다.

  그것은 하나의 중괘가 상징하는 내용이 순방향 곧 괘체의 관점에서는 상하의 변화를 상징하고, 역방향 곧 효용의 관점에서는 내외의 변화를 상징함을 알 수 있다. 다만 주역의 괘효사는 언제나 역逆방향 곧 효용의 관점에서 기술이 되고 있다. 그러면 먼저 위의 두 괘가 음양의 효를 통하여 상징하는 내용이 무엇인지 살펴보자.

  중천건괘과 중지곤괘의 여섯의 효가 나타내는 내용은 시위가 변화하여도 한결같은 어떤 것을 나타낸다. 그것은 시간을 통하여 변화하지 않는 어떤 것 곧 영원한 어떤 것이 시간의 흐름을 따라서 다양하게 드러

---

37 본체에 의하여 작용이 이루어지기 때문에 작용을 통하여 본체의 내용이 밝혀진다. 그러므로 육효의 변화를 통하여 괘체가 무엇인지 밝혀진다고 할 수 있다. 다만 하나의 중괘를 괘체와 효용의 두 측면에서 내괘와 외괘, 상괘와 하괘로 이해하는 것으로 보아 체용의 두 측면이 하나의 괘에 함께 표현되고 있음을 알 수 있다. 『대승기신론』에서는 체용상體用相의 구조를 통하여 일심一心을 중심으로 대승심大乘心을 논하고 있다.

나는 현상을 상징적으로 나타내고 있음을 뜻한다.

다만 두 괘의 차이는 건괘의 여섯 효가 나타내는 시위가 변화하여도 여전히 한결같은 어떤 것을 상징하는 것과 달리 중지곤괘는 셋으로 드러나는 어떤 것 곧 다양하게 드러나는 어떤 것을 상징한다. 그러면 그것이 무엇인가?

우리는 앞에서 십익에서 주역이 형이상의 도와 형이하의 기를 상징적으로 나타내고 있다고 규정하였음을 살펴보았다. 그렇다면 중천건괘는 형이상의 도를 상징적으로 나타내고, 중지곤괘는 형이하의 기를 나타냄을 알 수 있다. 그러면 주역은 도와 기를 어떤 관점에서 나타내고 있는가?

하나의 중괘는 천지인의 삼재가 모두 음양의 양지兩之 작용을 함을 나타내기 위하여 육효로 구성된다. 그렇기 때문에 육효가 천도天道인 음양陰陽 원리와 지도地道인 강유剛柔 원리 그리고 인도人道인 인의仁義 원리[38]를 나타낸다고 하였다. 그러면 지래라는 앎의 문제는 무엇인가?

그것은 인간의 문제이지 천도나 지도의 문제는 아니다. 그렇기 때문에 주역의 중심 내용을 지래의 점으로 규정한 것은 주역이 인도를 중심으로 구성되었음을 뜻한다. 주역이 인도가 중심임은 괘효사를 보면 알 수 있다. 그러면 인간에 있어서 도와 기는 무엇인가?

인간에 있어서 도는 시간적으로 생사라는 현상을 넘어서 있는 영원한 존재이면서 공간적으로 나와 남, 이것과 저것, 이곳과 저곳이라는 한계가 없는 존재는 본성이다. 따라서 중천건괘가 상징하는 내용은 인간의 본성임을 알 수 있다.

---

38 『주역』 설괘 제이장, "是以 立天之道曰陰與이오 立地之道曰柔與剛이오 立人之道曰仁與義니."

그리고 본성이라는 도를 담고 있는 그릇과 같은 존재는 몸이다. 그렇기 때문에 중지곤괘가 본성이라는 형이상의 도를 담고 있는 그릇과 같은 몸을 나타내고 있음을 알 수 있다. 다만 몸에 의하여 일어나는 다양한 현상은 언행이다. 따라서 중지곤괘는 다양한 언행으로 드러나기 이전의 생명을 상징적으로 나타냄을 알 수 있다. 이로부터 중천건괘와 중지곤괘가 상징하는 내용이 성명性命임을 알 수 있다. 그러면 주역과 십익에서는 성명을 통하여 인간이 살아가야 할 삶의 방법을 어떻게 나타내고 있는가?

주역과 십익은 역逆 방향에서 성명을 이해한다. 그것은 성명을 주체로 실천하는 문제 곧 우리의 일상의 삶을 나타내는 것이 아니라 우리가 삶을 살아가기 위하여 어떤 것을 목표로 해야 하는지, 우리가 지향해야 할 이상적인 삶은 무엇인지를 제시하는 것을 목적으로 하고 있음을 뜻한다.

주역을 저작한 목적, 내용 그리고 저작자, 주역을 이용하는 방법에 대하여 설명하고 있는 설괘說卦를 보면 "옛날에 성인이 주역을 지어서 장차 후세의 사람들로 하여금 성명의 이치에 순응하도록 하였다."[39]고 하여 옛날의 성인과 후세의 군자로 작자와 독자를 구분하여 나타내고 있다.

그것은 성명이라는 어떤 것이 있어서 성인이 먼저 그것을 깨달아서 주역이라는 저작을 통하여 나타내었기 때문에 후세의 군자라는 이상적인 인격체의 삶을 목표로 살아가는 사람들은 주역을 통하여 성명을 파악한다는 구조이다. 그러면 성명은 무엇인가?

우리는 성명에 대한 두 가지의 경우를 생각할 수 있다. 첫째는 괘효

---

39 『주역周易』설괘편說卦篇 제이장第二章, "昔者聖人之作易也는 將以順性命之理니."

와 괘효사를 통하여 상징적으로 나타내는 성명이 실체적인 존재인 경우이며, 둘째는 성명이 실체적인 존재가 아님에도 불구하고 대상화하여 실체적인 존재로 나타낸 경우이다.

앞의 경우에는 이것과 저것으로 구분하여 양자를 서로 달리 나타낼 수 있는 물건적 존재, 나와 무관한 독립된 존재로서의 성과 명이 있기 때문에 양자를 구분하여 괘효와 괘효사를 통하여 상징적으로 나타낼 수 있다.

만약 지금 여기의 나와 무관한 실체로서의 성과 명이 있다면 그것은 지금 여기의 내가 굳이 연구할 필요가 없다. 설사 우리가 성과 명을 연구할지라도 그것을 우리의 삶과 하나가 되는 과정이 필요하다.

뒤의 경우에는 성과 명이라는 실체적 존재가 있는 것이 아니라 지금 여기의 나를 방편상 성과 명으로 대상화하여 나타낸 것이다. 그렇기 때문에 우리가 주역과 십익에서 상징적으로 나타내고 있는 성과 명에 관한 내용을 지금 여기의 나의 삶과 하나가 되는 과정이 필요하다.

우리는 여기서 공자가 학문의 방법으로 제시한 박문약례博文約禮에 대하여 다시 생각하지 않을 수 없다.

군자가 글로부터 널리 배워서 예禮로 묶으면 또한 도에 어긋나지 않을 것이다.[40]

우리는 일반적으로 예禮를 형이하의 측면에서 형식적인 규범으로 이해한다. 그러나 형이상의 측면에서 예는 인간의 본성을 나타내는 사덕四德 가운데 하나이다. 그러므로 위의 내용은 형이상의 측면에서 도와

---

40 『논어』옹야雍也 27, "子曰 君子博學於文 約之以禮 亦可以弗畔矣夫"

관련하여 이해되어야 한다.

우리가 형이상의 차원에서 위의 내용을 이해하면 군자가 글을 통하여 파악한 지식은 일차적으로 의식에 의하여 저장된다. 그러나 단순하게 의식에 저장된 지식은 덕德이 아니다. 그렇기 때문에 공자는 의식에 의하여 지식으로 저장하고, 저장된 지식을 꺼내어 사용하는 것을 학문으로 여기지 않았다.

거리에서 듣고 거리에서 말하는 것은 덕德을 버리는 것이다.[41]

일차적으로 많은 문장을 통하여 습득한 지식은 반드시 예禮로 묶는 과정을 거쳐야 비로소 덕德으로 화化한다. 그러면 예로 묶는다는 것은 무엇인가?

우리가 학문을 통하여 습득한 지식의 근원은 인성, 본성이다. 그것은 주역와 십익을 통하여 성명을 나타낸 것도 본성의 작용이고, 지금 여기의 내가 그것을 읽고 이해하는 것도 본성의 작용임을 뜻한다. 따라서 박문博文을 한 후에는 반드시 본성으로 돌리는 과정, 본성과 일체화시키는 과정인 약례約禮를 거쳐야 한다.

약례約禮는 본래의 자리로 돌려놓음이라고 할 수 있다. 이처럼 본성이라는 근원으로 돌려놓을 때 비로소 지식이 덕德으로 변화한다. 우리는 여기서 지혜와 지식을 구분하지 않을 수 없다. 지혜는 실천을 통하여 끊임없이 새롭게 나타나기 때문에 지금 여기의 나를 통하여 매 순간 체험되고 경험되는 것이다.

그러나 지혜를 정지시켜서 나로부터 떼어내서 나타낸 것이 지식, 정

---

41 『논어』 양화陽貨 12, "子曰 道聽而塗說 德之棄也"

보이다. 지식으로서의 성명은 나와 하나가 되지 못하고, 단지 내가 소유하고 있는 정보, 지식일 뿐이다. 따라서 지식으로서의 성명性命은 일종의 물건과 같다.

우리는 이를 통하여 앎의 문제를 중심으로 주역을 접근할 것이 아니라 내가 삶의 주인이 되어 삶을 창조하는 주체적 관점에서 주역을 이해하는 것이 필요함을 알 수 있다. 그러면 구체적으로 우리가 주역을 어떻게 이해할 것인가?

우리가 주역의 주인이 되어 주역을 운용하는 방법은 괘체卦體의 관점에서 주역을 이해하는 것이다. 그것은 괘체卦體가 다른 것이 아니라 우리 자신의 본래면목本來面目을 나타내기 때문에 지금 여기의 나의 본래면목인 본성을 주체로 이루어지는 생명의 창조 현상을 중심으로 이해하는 방법이다.

지금 여기의 나를 나타내는 텍스트로서의 주역은 괘효와 언사를 통하여 성명性命을 나타내고 있다. 그러나 성명은 지금 여기의 나에 의하여 이루어지는 삶을 통하여 이해된다. 그렇기 때문에 삶 가운데서 실천을 통하여 이해하는 것이 바로 창조적인 관점에서 주역을 이해하는 것이다. 그러면 우리는 창조적인 관점에서 구체적으로 어떻게 주역을 이해하는가?

우리가 의식을 주체로 하여 형이하의 물질적인 차원에 얽매여서 주역을 이해하면 주周나라라는 특정한 시대의 특정한 장소에서 잠시 있었던 한 국가에 속했던 사람들이 구성한 하나의 물건으로의 책으로 여기게 된다.

그리고 주역에서 제시하고 있는 내용인 미래를 앎으로서의 점占은 단순한 지식으로서의 앎을 제시한 것이라고 여기게 된다. 지식으로서의 삶은 실천으로 이어지는 지혜와 달리 여전히 지금 여기의 나와 둘이다.

그러나 형이상의 도의 차원에서 발현된 마음을 통하여 이해하면 주역은 글자 그대로 두루 변화하여 항상 새롭게 드러나고 진화하여 무엇으로 규정할 수 없는 경지를 나타낸다.

우리가 내 안의 참 나가 주체가 되어 일어나는 작용인 마음을 통하여 주역을 읽고, 이해하고, 설명함이 그대로 매 순간 새롭게 창조하고, 끝없이 진화하는 삶이 바로 점사占事이다.

그러나 우리가 형이하와 형이상의 어떤 것에도 걸림이 없이 자유로운 한마음[42]을 통하여 주역을 이해하고, 성명을 이해하면 우리의 삶은 끊임없이 새롭게 창조하여 사람은 물론 모든 존재를 이롭게 하는 공생, 공존, 공영의 삶이 되고, 서로가 서로의 중심이 되고, 근본이 돼서 서로를 살리고, 서로를 더욱 완전하게 하는 진화의 삶을 살지만 살아감이 없어서 자유롭다.

3. 천인합일天人合一과 정역의 원천原天

우리는 주역사상을 통하여 앎[知]과 행行, 앎과 알지 못함, 형이상과 형이하, 길吉과 흉凶, 이로움과 해로움, 옳음과 그름 같은 분별을 중심으로 논의가 전개되고 있음을 볼 수 있다. 그것은 주역사상이 삶, 세계를 그것을 추구하는 우리 자신과 둘로 나타내어서 물건적 관점에서 접근하였음을 뜻한다.

우리가 삶과 세계를 자신과 둘로 나누어서 마치 우리와 마주 대하고 있는 우리와 무관한 물건처럼 나타내는 것은 우리 자신의 의식을 통하

---

42 (재)한마음선원,『한마음요전』, (재)한마음선원, 1993.

여 왜곡되지 않게 삶과 세계를 이해하고자 함이다.

우리가 삶과 세계를 우리와 나누어서 둘로 나타낼 때 장점은 우리 자신의 의식에 의하여 왜곡시키지 않고 삶과 세계 그 자체를 그대로 관조觀照할 수 있다는 점이다. 그럼에도 불구하고 여전히 단점이 있다. 본래 하나여서 구분할 수 없는 삶과 세계를 우리 자신과 떼어내어 둘로 나타내었을 때 양자가 하나일 때 겪는 반대의 현상을 경험하게 된다.

그것은 삶과 세계를 우리 자신과 따로 떼어놓고 이해할 때 양자의 관계를 스스로 설정하게 된다는 점이다. 우리가 삶과 세계를 자신과 둘로 이해하게 되면 필연적으로 삶, 세계와 자신을 주종主從의 관계로 곡해曲解하여 삶, 세계에 얽매인다.

우리가 삶과 세계를 우리 자신과 둘로 나누어서 접근할 때 삶을 앎과 행行이라는 둘로 나누어서 접근하게 된다. 우리가 만약 앎을 우리의 삶, 세계와 둘로 나누어서 이해하면 앎 역시 앎과 모름이라는 지지와 부지不知로 구분하여 이해하지 않을 수 없다. 그것은 앎과 우리가 하나가 된 지지의 상태와 우리와 둘인 부지不知의 상태로 구분하지 않을 수 없음을 뜻한다.

실천 역시 우리 자신과 하나가 되었을 때와 둘일 때의 구분을 하게 된다. 우리가 삶과 하나가 되었을 때 우리는 뭔가를 할 수 있는 능력을 가졌다고 말하고, 삶과 하나가 될 수 없을 때 우리는 자신이 뭔가를 할 수 있는 능력이 없다고 말한다. 결국 삶과 우리를 둘로 나누었을 때 삶을 실천의 측면에서 능능과 불능不能의 둘로 나타내지 않을 수 없다.

주역에서 제시하고 있는 미래를 알고, 그것을 지금 여기의 삶을 통하여 실천하는 점사占事는 앎과 우리 자신, 세계와 자신을 둘로 나누어서 나타낸 것이다. 그것은 우리가 시간과 둘로 되었을 때 비로소 우리와 무관하게 흘러가는 과거와 미래, 현재라는 물리적 시간을 말할 수 있으며, 물리적 시간을 전제로 할 때 비로소 현재의 관점에서 미래를 아는 점사占事의 문제가 성립됨을 뜻한다.

우리가 삶과 시간을 우리 자신과 둘로 나누어서 이해할 때 지부지知不知의 앎과 능불능能不能의 실천의 문제가 일어난다. 앎과 행을 하나로 하는 지행知行의 합일合一이 이루어져야 비로소 앎이 완전해지고, 행行이 완전해질 수 있다. 그러면 우리는 이 문제를 어떻게 해결할 수 있는가?

우리는 자신과 삶, 세계가 둘이 아님에도 불구하고 둘로 나누어서 나타내었기 때문에 양자를 하나로 하는 합일의 문제가 발생한다. 따라서 이 문제를 해결하기 위해서는 본래의 하나인 차원으로 돌아가서 삶을 때로는 앎으로 나타내고, 때로는 능함으로 나타내어 삶을 공유共有하고, 세계를 공유해야 한다. 그러면 앎과 행함을 하나로 하여 때와 장소에 따라서 다양하게 드러냄은 어떻게 이루어지는가?

우리가 우리의 미래를 스스로 창조하면서 살아가기 위해서는 두 가지의 요건이 충족되어야 한다. 그 첫째는 우리 자신이 육신과 의식의 차원에 머물러서는 결코 세계와 하나가 될 수 없다. 오로지 내 안의 나인 본성의 차원에 이르고, 다시 본성과 하나가 되어 온 우주의 본성과 하나가 되어야 한다.

주역의 내용을 사상적 관점에서 밝히고 있는 십익十翼에서는 주역에서는 궁리窮理, 진성盡性, 지명至命의 과정을 통하여 도달하는 성명합일을 이루어서 인간과 세계가 하나가 되는 천인합일天人合一을 이룸을 밝히고 있다. 이처럼 천지와 합일된 경계 곧 온 우주와 하나가 된 차원에 이르러야 비로소 자신의 삶을 끊임없이 새롭게 창조하면서 살아갈 수 있다.

두 번째는 비록 천인합일天人合一을 이루었을지라도 그 경지에 머물지 않고 한 걸음 더 나아가야 한다. 그것은 첫 번째에서 물건적 관점에서 온 세계와 합일合一을 하였을 때 그것에서 한 단계 더 나아가서 천도天道 자체의 관점에서 그것을 다양하게 드러내어 온 세상을 이롭게 하고자 하는 마음을 내야 함을 뜻한다.

온 세계와의 합일을 우리는 대인大人, 성인聖人, 부처를 이루었다고 말하기도 하고, 비로소 사람이 되었다고 하여 성인成人이라고 말하기도 한다. 그러나 사람다운 사람의 삶은 어른이 되었다고 하여 이루어지는 것은 아니다.

우리는 어른이 되어서도 오로지 자신의 이익만을 위하여 살아가는 소인小人의 삶을 알고 있다. 만약 우리가 성명합일을 통하여 천인합일을 이룰지라도 그러한 경계에 머물러 오로지 자신만의 자유로움에 빠져서 살아간다면 그를 낳고 길러 주었을 뿐만 아니라 천인합일에 이르도록 함께해 준 우주의 자비慈悲를 등지는 일이다.

어떤 사람이 참으로 물리적 생명을 벗어나서 본성에 이르고, 본성을 벗어나서 우주와 하나가 되었다면 그는 당연히 또 다른 자신으로서의 모든 존재를 위하여 그리고 자신과 일체인 우주를 위하여 삶을 살아갈 것이다.

우리는 이로부터 성명합일과 천인합일이 궁극적으로는 모든 존재의 이로움, 온 세상의 이로움을 위하여 이루어져야 함을 알 수 있다. 바로 우주와 함께할 수 있는 어른이 되고자 하는 까닭이 어른다운 삶, 모두와 함께하는 삶, 끊임없는 온 세계를 이롭게 하는 삶을 위함이다. 그렇기 때문에 반드시 온 세상을 이롭게 하는 삶을 살겠다는 뜻을 세우고, 그것을 실천하기 위하여 궁리, 진성, 지명이 시삭되어야 한다.

세 번째는 마음을 자유롭게 사용해야 한다. 그것은 온 세계를 이롭게 하고자 하는 마음을 갖고 인간다운 삶을 살아가더라도 그 삶에 얽매임이 없어야 함을 뜻한다. 우리가 자유로운 삶에도 얽매이지 않을 때 비로소 끊임없이 온 세상을 이롭게 하는 군자의 삶, 보살菩薩의 삶을 살아갈 수 있다. 그러면 온 세상을 이롭게 하는 삶은 어떻게 하는가?

　우리는 자신과 세계를 언어나 수數, 괘효卦爻와 같은 다양한 수단을 통하여 끊임없이 새롭게 나타낸다. 우리는 우리가 육신이라고 말하는 형이하적인 물질적인 측면만을 갖고 있거나 본성, 자성, 인성이라고 말하는 형이상의 시공을 초월한 영원한 측면만이 있는 것도 아니고, 형이상과 형이하의 양면을 포함하면서도 양면의 어느 것에도 속하지 않는 마음이라는 측면이 있다.

　그것은 우리 자신이 때와 장소에 따라서 다양하게 자신을 드러내면서 살아감을 뜻한다. 그렇기 때문에 우리가 마음을 중심으로 어떻게 사용하느냐에 따라서 세계 역시 고정되지 않고 드러난다.

　우리가 본성의 차원에서 세계를 보면 형이상의 세계가 드러나고, 육신의 차원에서 세계를 보면 오로지 물질적 세계만이 드러나며, 마음을 중심으로 세계를 보면 오로지 마음의 세계만이 드러난다. 따라서 자신과 삶, 세계를 구분하여 물리적 차원, 물질적 차원에서 살아가는 것도 우리 자신이며, 형이상의 차원에서 삶과 세계 그리고 자신을 하나로 하여 살아가는 것도 우리 자신이고, 마음을 중심으로 형이상과 형이하의 어느 것에도 걸림이 없이 자유롭게 살아가는 것도 우리 자신이다.

　우리가 마음을 중심으로 형이상의 차원에서 삶을 살아가면 형이상의 세계가 끊임없이 형이하의 세계로 드러나는 창조의 연속이자 진화의 연속인 삶을 살아간다. 그와 달리 우리의 마음을 오로지 물리적 차원에서 한정시켜서 물질적 세계를 중심으로 살아가면 나와 세계, 나와 삶이 둘이어서 항상 양자의 관계가 문제가 된다.

　우리가 마음을 어떻게 쓰느냐에 따라서 우리의 삶과 세계가 끊임없이 새롭게 창조되고, 창조되면서 진화된다. 따라서 미래의 길흉吉凶을 알아서 길吉을 향하여 살아가기보다는 나와 세계 그리고 삶이 하나인 본성의 차원에서 매 순간 일어날 모든 일들을 새롭게 창조하고 진화하는 삶이 필요하다. 그러면 우리는 어떻게 할 것인가?

주역사상에서는 형이상과 형이하를 구분하여 양자를 각각 도道와 기器로 나타내어서 기器의 차원에서 출발하여 도에 이르는 방향을 통하여 우리의 삶을 논하고 있다. 그렇기 때문에 비록 주역에서 앎을 바탕으로 그것을 지금 여기서 실천하는 점사占事를 논하고 있지만 사람들은 점사를 주목하지 않고 오로지 미래를 아는 점占에 주목할 뿐이다.

오늘날의 우리들은 과거와 비교할 수 없을 만큼 많은 양의 정보가 광범위하게 그리고 순식간에 생산되고 운용되는 자동화, 기계화, 일체화, 인공지능화의 시대에 살고 있다. 지금 우리는 앎과 실천을 나누고, 삶의 현장을 떠나서 산속이나 다른 공간에서 수도修道하면서 살아갈 수 있는 환경이 아니다.

우리가 좌선을 하거나 화두를 참구하는 간화선看話禪, 스승과 문답을 통하여 수행을 하는 조사선祖師禪 그리고 염불을 하거나 책을 읽고 그 내용을 연구하는 학문적 활동과 같은 일정한 시간을 오로지 하나의 일에 집중하는 방법을 사용하여 수행을 하면서 일상의 삶을 살아갈 수 없다. 그러면 우리는 어떻게 해야 하는가?

우리가 형이상과 형이하를 구분하고, 형이상적 본성과 형이하적 생명을 구분하여 성명으로 나타내는 것도 마음이며, 지래라는 앎의 문제도 마음의 문제이다. 그리고 성명합일도 역시 마음의 문제이다. 그렇기 때문에 성명합일, 천인합일은 일차적으로 마음계발, 영성계발, 마음공부라고 할 수 있다.

오늘날 우리에게 알맞은 수행, 수도는 바로 우리의 마음을 계발하여 자유롭게 살아가기 위하여 삶을 영위하면서 그대로 수행이 되고, 수도修道가 되며, 실천이 되고, 제도濟度가 되는 삶과 하나가 된 마음공부,

마음계발이어야 한다.

  우리가 마음공부, 마음계발이라고 말할 수 있는 것은 주역사상에서 밝히고 있듯이 형이상의 도와 형이하의 기로 구분하여 나타낼 수 있는 세계가 있고, 형이상의 생명인 성과 형이하의 물리적 생명인 명을 구분하여 나타낼 수 있는 내가 있음을 전제로 한다.

  그러나 고정되지 않아서 도가 끊임없이 새로운 기로 드러나고, 드러난 기는 찰나에 다시 도로 돌아감으로써 나타나도 나타남이 없고, 사라져도 다시 나타나기 때문에 사라짐이 없다면 도라고 하거나 기라고 할 것이 없다.

  마찬가지로 내 안의 나라고 할 수 있는 형이상의 생명으로서의 본성은 모든 존재와 둘이 아니기 때문에 나 아닌 나이며, 나 아닌 나도 고정되지 않아서 끊임없이 표면의 나로 나타나고, 표면의 나타난 나는 사라졌다가 다시 새로운 나로 나타나기 때문에 무아無我나 자아自我로 나타낼 수 없을 뿐만 아니라 그 어떤 것으로 규정할 수 없다.[43]

  우리는 주역사상이 주역사상일 수 있기 위해서는 지금 여기의 나와 대상으로 존재하는 세계라는 고정된 차원을 전제로 하는 점에서 장점과 한계를 갖고 있음을 알 수 있다. 그러면 지금부터 우리는 주역과 십익에서 성명합일을 통하여 이루어지는 천인합일을 어떤 방법을 통하여 어떤 과정을 거쳐서 이루는지를 살펴볼 것이다.

  우리는 그 과정을 통하여 주역과 십익이 나타내고 있는 특성이 무엇인지를 파악할 수 있을 뿐만 아니라 주역과 십익의 세계관, 인간관을 바

---

43 한국사상은 현상으로부터 출발하여 근원을 찾는 방향이 아니라 하나의 근원이 만물로 드러나는 측면에서 접근한다. 그렇기 때문에 세계를 변화의 가운데서 고정됨이 없이 끊임없는 창조와 진화의 연속으로 파악하는 것이 한국사상의 특성이다. 한국사상과 중국사상 그리고 과학의 차이에 대하여는 이현중의 『한국사상과 인간성찰』, 지식과감성#, 2020과 『정역사상과 창조의 삶』, 지식과감성#, 2021을 참고하기 바란다.

탕으로 형성된 중국사상의 특성이 무엇인지를 파악할 수 있을 것이다.

또한 이를 통하여 주역사상을 넘어서 한국사상이 왜 필요한지 그리고 한국사상과 중국사상이 어떤 관계인지, 궁극적으로 한국인으로서의 나는 어떻게 살아야 하는지 그 방향을 파악할 수 있을 것이다. 그러면 이러한 작업이 오로지 한국사상, 한국문화만을 내세우고자 함인가?

우리가 한국과 중국, 북한, 일본, 미국을 구분하는 것은 형이하의 현상적인 측면이다. 우리가 내 안의 나 아닌 나의 측면에서 인간과 세계를 보면 모두가 둘이 아니어서 그 어떤 분별과 가치상의 우열이 없다. 따라서 그 어떤 것도 배척하거나 오로지 수용할 대상이 없다. 그러면 우리가 앞으로 진행하는 작업은 어떤 성격을 갖는가?

우리가 앞으로 진행하고자 하는 작업은 주역과 십익을 통하여 중국사상, 중국문화가 부족하거나 그릇된 사상, 문화임을 밝혀서 배척하고자 하는 것이 아니라 물이 흐르다가 웅덩이를 만나면 자신의 몸으로 채우고, 더러운 물질을 만나면 자신이 깨끗하게 해서 함께 깨끗하게 하는 것과 같다.

우리는 내 안의 나 아닌 나를 중심으로 인류가 하나이고, 세계가 일체인 차원에서 주역과 십익을 연구함으로써 우리 자신을 새롭게 창조하여 진화시키는 동시에 주역과 십익의 사상을 현대화하여 인류가 공유할 수 있도록 제시하고자 한다.

우리는 주역과 십익이 갖는 장점과 한계를 분명하게 인식하여 장점은 살리는 동시에 한계를 극복할 수 있는 대안을 제시함으로써 주역과 십익에 관심을 갖는 오늘날의 한국인이나 중국인은 물론 온 인류에게 이로움을 줄 수 있도록 현대적 관점에서 재해석함으로써 현대에 알맞게 진화되고, 현대에 알맞게 창조된 중국사상을 밝히고자 한다. 그러면 주역사상의 한계는 어떻게 극복할 수 있는가?

주역과 십익에서 밝히고 있는 천인합일은 물건적 관점에서 세계를 인간과 천天으로 구분하여 나타낸 것이다. 그러나 물건적 세계는 사건을 대상으로 시간을 정지시켜서 분석한 결과이다. 그렇기 때문에 물건의 세계를 다시 사건으로 환원시켜야 한다.

물건적 세계에 시간하여 드러난 세계가 바로 선천과 후천이다. 천인天人이 둘인 세계, 성과 명이 둘인 세계는 선천이며, 성과 명, 천과 인의 구분이 없는 하나의 세계는 후천이다. 그러면 선천과 후천이 존재하는가?

인간과 세계를 시간적 관점에서 선천과 후천으로 구분하여 선천과 후천으로 드러나기 이전의 세계를 원천으로 제시하여 원천과 선후천의 관계를 통하여 세계와 인간을 나타내고 있는 전적은 김항金恒[44]의 정역正易[45]이다.

---

44 김항金恒은 1826년(丙戌) 10월 28일에 충남 논산군 양촌면 남산리南山里에서 김인로金鱗魯와 대구大邱 서씨徐氏의 장남으로 탄생하였다. 어렸을 때는 부친에게 수학하였으며, 36세(1861)에 연담 이 선생을 좇아서 수학하였다. 그는 서경과 역경을 중심으로 학문하였다. 54세가 되는 해(1879)에 정역팔괘도를 그었다. 그리고 56세(1881)에 정역의 서문을 저작하였으며, 59세(1884)에 정역의 상편인 십오일언을 저작하였고, 60세(1885)에 정역의 하편인 십일일언을 저작하여 영남출신의 문도들에 의하여 간행하였다. 62세(1887)에 논산군 부적면 부황리로 이주하여 후학들을 가르쳤다. 69세(1894)에는 동학란으로 논산군 두마면 향한리 계룡산 국사봉으로 잠시 피난하였으며, 73세(1898)인 11월 25일에 부황리에서 별세하였으며, 남산리 선영에 안장安葬되었다.

45 정역正易은 서문인 대역서大易序와 본문인 십오일언十五一言, 십일일언十一一言으로 구성된다. 본문은 언사言辭와 입도시立道詩, 무위시無位詩와 금화일송金火一頌에서 금화오송金火五頌에 이르는 계송偈頌으로 제시되고 있을 뿐만 아니라 간지도수干支度數, 천지도수天地度數와 같은 도수度數 그리고 팔괘八卦가 서로 연결되어 함께 언급되고 있다. 그리고 십일일언의 끝부분에는 금화정역도金火正易圖가 제시되어 있고, 십오일언의 끝부분에는 하도河圖와 낙서洛書, 복희팔괘도伏羲八卦圖, 문왕팔괘도文王八卦圖, 정역팔괘도正易八卦圖, 십간원도수十干原度數, 십이월이십사절기후도수十二月二十四節氣候度數가 제시되고 있다.

정역에서 밝히고 있는 선천과 후천의 근원인 원천原天은 시간성의 세계이다. 이 시간성은 시간의 존재근거이다. 시간성은 본성에 의하여 자신의 상태에서 벗어나서 시간으로 화하고, 다시 물건으로 나타난다.

그러나 나타난 물건은 다시 사건으로 돌아가서 시간성과 하나가 되어 사라지는 생성의 연속이다. 따라서 원천은 형이상과 형이하의 두 측면을 함께 나타내면 영원한 현재이다.

영원한 현재적 관점에서 보면 성性과 명命, 도道와 기器, 천天과 인人 역시 매 순간 나타났다가 사라지는 점에서 끝없는 창조의 연속이며, 동일한 모습의 반복이 아니라 항상 새롭게 나타났다가 사라지는 점에서는 끊임없는 진화의 연속이다.

주역과 십익에서 출발점으로 삼고 있는 물건적 세계는 현상의 세계이다. 그것은 주역과 십익이 근원의 세계인 시간성, 원천을 현상적 관점에서 장차 도달해야 할 미래적 세계로 설정하고, 그것과 하나가 되는 합일이라는 사건을 중심으로 인간과 세계를 이해하고 있음을 뜻한다. 따라서 주역사상은 정역에서 밝히고 있는 시간성, 원천原天[46]을 중심으로 이해되어야 한다. 그러면 시간성, 원천은 우리와 어떤 관계인가?

도를 비롯하여 신, 원천, 상제, 시간성과 같은 근원을 나타내는 어떤 개념이라도 지금 여기의 나와 무관한 세계를 나타내지 않는다. 바로 본성, 내 안의 나 아닌 나를 대상화하여 다양한 측면에서 나타낸 개념들이 도, 신, 원천, 시간성과 같은 개념임을 뜻한다.

시간성을 마음을 중심으로 나타내면 한마음이다. 과거와 미래 그리고 미래를 일관하는 마음이 한마음이며, 만물과 하나인 공체, 공식, 공생,

---

46   김항, 『정역』 선후천정윤도수先后天正閏度數, "先天은 體方用圓하니 二十七朔而閏이니라. 后天은 體圓用方하니 三百六旬而正이니라. 原天은 无量이니라."

공용의 공심이 한마음이고, 시간성과 시간을 일관하는 마음이 한마음이며, 영원한 현재의 마음이 한마음이다. 따라서 시간성, 원천의 관점에서 주역을 이해함은 한마음으로 주역을 이해함이다.

　한마음을 중심으로 선불교를 전개한 사람은 대행선사[47]이다. 우리는 그가 제시한 현대의 한국불교인 대행선大行禪[48]을 통하여 영원한 현재를 중심으로 전개되는 이상적인 삶이 무엇인지를 파악할 수 있다.

　대행선사는 한국역학, 한국사상에서 제시하고 있는 영원한 현재적 관점에서 불교를 이해하고, 삶을 이해한다. 그가 제시한 대행선사상의 핵심은 한마음이다. 그는 한마음의 나툼과 회향을 중심으로 세계관, 심성론, 실천론을 제시하고 있다.[49]

47　묘공당 대행(妙空堂 大行 1927-2012) 선사는 현대를 살다 간 선지식이다. 그는 14세 때 한암漢巖스님과 인연을 맺었으며, 24세 때 한암스님으로부터 청각靑覺이라는 법명을 받았다. 그 후 10여 년 동안 자성의 인도 아래 산천초목을 스승으로 삼아서 유무有無를 뛰어넘는 무애無礙의 수행을 통하여 진여의 관문을 뚫었다. 1960년부터 선사는 치악산 상원사 아래의 토굴에서 중생 제도의 뜻을 펼치기 시작하였다. 39세인 1965년에 하산하여 본격적으로 가르침을 펴기 시작하였다. 46세인 1972년에는 안양에 한마음선원을 건립하였다. 그 후 40여 년 동안 25개의 국내 지원과 해외 지원을 설립하여 중생을 교화하다가 2012년 세수 86세, 법랍 64세에 입적하였다. 대행선사의 생애와 연보의 구체적인 사항은 대행선연구원, 『한마음연구』 제2집, 2019를 참고하기 바라며, 선사의 불교에 대하여는 혜선, 『한마음과 대행선』, 운주사, 2013을 참고하기 바란다.

48　혜선, 『한마음과 대행선』, 운주사, 2013, 35-398쪽.

49　대행선사상의 중심에 있는 한마음은 시간성으로 이해할 수 있으며, 나툼과 회향은 분생과 합일로 이해할 수 있다. 이러한 점은 탄허선사의 선역회통사상禪易會通思想과 맞닿아 있다. 그것은 스승인 한암漢巖스님의 영향이라고 할 수 있다.

제2부

정역의 선후천과
비태괘否泰卦의 인간의 삶

1. 천지비괘와 분열과 대립의 소인의 삶

2. 지천태괘와 소통과 화합의 대인의 삶

3. 인간의 삶과 선후천

제2부

정역의 선후천과 비태괘否泰卦의 인간의 삶

　예로부터 사람들은 인간이 어떤 존재인가에 대하여 다양한 정의를 내려 왔다. 아리스토텔레스는 인간을 사회적 동물, 이성적 동물로 규정하였고, 유학자儒學者들은 천지와 만물 사이에서 가장 존귀한 존재라고 말하기도 하였다. 그러면 인간은 무엇이라고 규정할 수 있는가?
　우리가 인간을 사회적이나 이성적인 동물이라고 규정한다면 아무리 사회적이거나 이성적이라는 수식어가 첨가되어도 여전히 동물에서 벗어나지 못한다. 그렇다면 인간은 동물 더 나아가서 식물과 어떤 차이가 있는가?
　어떤 사람들은 사람을 어떤 존재라고 규정하기보다는 단지 매 순간 다양한 측면을 드러낼 뿐으로 무엇이라고 규정할 수 없다고 말하기도 한다. 이처럼 사람에 대하여 두 의견을 가질 수 있는 것은 한편으로는 물건적 관점에서 사람을 이해하고, 한편으로는 사건적 관점에서 사람을 이해하기 때문이다.
　우리가 자신을 물건적 관점에서 이해할 때 개체적 존재로 이해하거나 사회적 존재로 이해하거나를 막론하고 분석과 종합이 가능한 입자적粒子的 대상으로 이해한다. 그것은 우주를 분석하고, 다시 태양계를 분석하며, 지구를 분석하고, 어느 나라인가를 분석하며, 어느 지역의 누구인가를 분석하고 다시 혈연, 지연, 학연에 의하여 분석함으로써 비로소 시공의 특정한 시위를 통하여 사람을 드러내는 방법이다.

시간이 흐르면서 비록 다양하게 드러날지라도 변화하지 않는 어떤 것이 있음을 전제로 하는 물건적 관점, 입자적 관점에 설 때 비로소 인간과 인간이 모여서 가정이 형성되고, 가정과 가정이 모여서 국가가 되며, 국가와 국가가 모여서 천하, 인류가 된다고 할 수 있다.

우리가 상식적으로 생각해 보면 부모에 의하여 육신이 탄생하기 때문에 가정 사회로부터 탄생하고 성장하여 좀 더 큰 사회인 국가사회, 인류사회로 나간다고 생각할 수 있다. 우리가 물건적 관점에서 개인과 가정, 국가, 인류와 같은 사회를 중심으로 우리를 이해할 때 상위사회와 하위사회 간의 관계의 설정이 문제가 된다.

우리 사회에서 가정은 국가사회를 구성하는 기본 요소이면서 우리 자신을 낳고 길러 준 부모와 함께하는 사회이기 때문에 가장 신뢰할 수 있고, 그 어떤 사회로부터 벗어나더라도 항상 돌아갈 수 있는 든든한 사회로 여긴다.

그러나 가장 중요하고, 믿을 수 있는 그리고 가까운 사회이기 때문에 가장 상처를 크게 받을 수 있고, 가장 많은 상처를 받을 수 있는 사회도 또한 가정이다. 우리가 살아가면서 느끼는 가정사회의 이중성은 정도의 차이는 있지만 국가사회에서도 역시 느낀다.

우리는 가정, 국가, 인류의 구성원이면서도 개체적인 삶을 살아가기 때문에 개인적인 삶과 사회적인 삶이 충돌할 때 갈등을 갖지 않을 수 없다. 때로는 가정과 국가의 구성원으로서의 의미가 충동할 때도 있다. 부모에 대한 효孝와 국가에 대한 충忠이 충돌할 때 우리는 어떤 삶을 선택해야 하는가?

 만약 우리가 가정사회의 구성원으로서의 역할과 개인의 이해가 충돌을 일으키는 상황에 직면하면 어떤 선택을 하여도 상처를 받지 않을 수 없다. 주역과 십익에서는 물리적 생명을 중심으로 오로지 모두가 개인의 이익을 추구하여 서로가 충돌하는 사회와 본성을 주체로 하여 서로가 소통을 하면서 함께 살아가는 사회를 구분하여 나타내고 있다.

 우리가 만약 자신 이외의 어떤 다른 사람이나 외적인 조건에 무관하게 독립하여 스스로 존재할 수 있다면 오로지 개인의 이익만을 추구하면서 남과 소통하지 않고, 사회와 소통하지 않으면서 살아갈 수 있을 것이다.

 그러나 사람은 태어날 때부터 가정에서 부모로부터 태어나서 스스로 살아갈 수 있도록 성장한 후에 비로소 다른 사회로 진출하여 자신의 삶을 살아간다. 그것은 사람이 오로지 자신만의 삶이 아니라 어떤 사회의 구성원으로 살아가더라도 항상 남과 소통하면서 그리고 남의 도움을 받으면서 남과 함께 살아가지 않을 수 없음을 뜻한다. 그러면 인간은 어떻게 살아야 하는가?

 현상적 측면에서 인간의 삶은 크게 두 가지 형태로 구분할 수 있다. 그것은 오로지 자신의 이익을 위하여 살아가는 삶과 모든 존재의 공익共益을 위하여 살아가는 삶이다. 주역에서도 현상을 출발점으로 삼아서 인간의 삶을 두 양태로 구분하여 이해한다.

 우리는 천지비괘와 지천태괘를 통하여 두 양태의 삶의 차이를 이해할 수 있다. 천지비괘天地否卦에서는 사람과 사람이 소통하지 못하여 서로 막힌 사회를 나타내면서 사람의 길이 아니라고 하였다. 그와 달리 사람과 사람이 소통하고, 천지가 소통하며, 만물이 소통하는 사회를 지천태괘地天泰卦를 통하여 나타내고 있다. 그러면 비색否塞된 세계와 소통하는 세계의 차이는 무엇인가?

두 괘의 괘사를 보면 대소大小를 통하여 "소小가 가고 대大가 옴"과 "대大가 가고 소小가 옴"으로 구분하여 나타내고 있다. 천지비괘의 괘사에서는 "비否는 사람의 길이 아니기 때문에 군자의 바름이 이롭지 않다. 대大가 가고 소小가 온다."[50]고 하였고, 지천태괘의 괘사에서는 "태泰는 소小가 가고, 대大가 오니 길吉하고, 형통하다."[51]고 하였다. 그러면 두 괘의 특성을 나타내는 대소는 무엇인가?

두 괘의 단사彖辭에서는 대소를 각각 군자의 도와 소인의 도로 해석하고 있다. 대인의 도인 군자의 도가 자라고, 소인의 도가 사라지는 세계가 지천태의 세계이며, 소인의 도가 자라고, 군자의 도가 사라지는 세계가 천지비의 세계이다. 그것은 지천태괘가 군자의 도를 나타내고, 천지비괘가 소인의 도를 나타냄을 뜻한다. 그러면 소인의 도는 어떤가?

소인의 도를 나타내고 있는 천지비괘의 단사를 보면 천지가 서로 사귀지 않아서 만물이 불통하고, 상하가 사귀지 않아서 천하가 다스림이 없다고 하였다. 이는 천지와 만물이 소통하지 못함은 물론 인간 사회를 구성하는 상하가 서로 소통하지 못하여 질서를 가진 나라가 존재할 수 없음을 뜻한다. 그러면 군자의 도는 어떤가?

천지비괘가 나타내는 불통의 세계와 달리 지천태의 세계는 천지가 서로 사귀어 만물이 통하고, 상하가 서로 사귀어서 그 뜻이 같다고 하였다. 우리는 여기서 뜻이 서로 같아서 하나가 된 사회를 나라라는 사회로 이해하고 있음을 볼 수 있다. 그것은 주역의 괘효사에서 국가가 중심이 되어 인간의 삶을 이해하고 있음을 보여 준다.

---

50 『주역周易』 천지비괘天地否卦 괘사卦辭, "否之匪人, 不利, 君子貞, 大往小來."
51 『주역周易』 지천태괘地天泰卦 괘사卦辭, "泰 小往大來, 吉, 亨."

물론 그것이 주역이 오로지 인류 사회만을 말하고 있음을 뜻하지 않는다. 주역과 십익에서는 세계를 천지와 인간의 삼재三才로 규정하여 인도를 중심으로 역도易道를 논하고 있지만 인도를 논할 때는 반드시 천지를 함께 논한다. 그렇기 때문에 두 괘에서는 천지와 만물을 함께 논하고 있다. 그러면 천지와 인간은 어떤 관계인가?

중천건괘의 오효五爻에서는 성인과 군자라는 대인의 세계를 천지와 사시四時, 일월日月, 귀신鬼神과 함께하는 사람으로 나타내고 있다. 그것은 천지와 인간이 하나가 되는 천인합일天人合一을 가장 이상적인 삶인 군자의 도로 제시한 것이다. 그러면 효사에서는 천지와 인간의 관계를 어떻게 나타내고 있는가?

두 괘의 초효의 효사에서는 모두 띠 풀을 뽑아냄을 통하여 인간의 사회적 측면을 부각시키고 있다. 그것은 두 괘가 군자의 도와 소인의 도라는 서로 상반된 내용을 나타내고 있으면서도 두 괘의 초효의 효사爻辭가 모두 띠 풀을 뽑아냄으로 나타내고 있음을 통하여 알 수 있다.

소인의 도나 군자의 도 곧 소인의 삶이나 대인의 삶을 막론하고 개인적인 삶은 없다. 사람은 모두 개체적인 삶과 함께 사회적인 삶을 살고 있기 때문이다. 그렇기 때문에 두 괘의 초효의 효사는 모두 길吉을 나타내고 있다.

소인의 도가 자라고 군자의 도가 사라지는 것을 나타내는 천지비괘의 초효에서는 집단을 형성하여 개인의 이익만을 추구하는 소인의 삶을 띠로 나타내어 소인의 도 곧 소인의 삶을 제거함을 나타내고 있다. 그러면 왜 소인과 대인을 막론하고 무리를 지어서 사는가?

대인인 군자는 이익을 위하여 무리를 지은 것이 아니라 본래 모든 존재가 나와 남의 구분이 없는 일체이기 때문에 서로를 또 다른 나로 대한다. 그렇기 때문에 일부러 무리를 짓지 않아도 저절로 소통을 하면서 온 우주와 함께하기 때문에 무리가 아닌 무리를 지어서 산다고 할 수 있다.

그러나 소인은 육신과 의식을 자신으로 여기고, 개인의 생명의 연장을 위하여 남과의 경쟁에서 이길 수 있는 힘만을 추구한다. 그렇기 때문에 홀로 살아가기보다는 남과 함께하는 집단을 이루어서 집단의 힘을 이용하여 자신의 욕심을 채우고자 한다.

소인이 오로지 자신의 이익만을 추구하는 이기주의에 빠지게 되는 원인은 분별심이다. 그것은 육신과 육신의 기능인 의식을 자신으로 여기는 것으로부터 시작된다. 그렇기 때문에 형이하의 현상에 얽매여서 물건을 중심으로 자신을 이해하고, 세계를 이해하여 이것과 저것을 나누고 가치를 부여하여 물건을 소유하고자 하는 욕심이 온갖 이기주의를 낳는다. 그러면 소인이 갖는 자기중심의 이기주의에서 어떻게 벗어나는가?

우리는 이기주의를 가치상으로 그릇된 이념으로 여기는 것과 반대로 이타주의利他主義를 올바른 개념으로 생각하기 쉽다. 그러나 이기주의와 이타주의는 동일한 차원의 서로 다른 입장을 나타내는 개념일 뿐이다.

이타利他와 이기利己는 오로지 남과 나를 구분하여 둘로 보는 차원에서 제기된다. 그것은 우리가 의식을 통하여 나와 세계를 분별하여 가치상의 우열을 가함으로써 이해한 결과이다. 따라서 우리가 이기주의에서 벗어나기 위해서는 이타주의를 취하기보다는 이타주의마저도 넘어서야 한다. 그러면 이기주의와 이타주의를 어떻게 벗어나는가?

이기주의와 이타주의는 마음의 문제이다. 양자가 의식에 의하여 일어나는 분별이기 때문에 우리가 의식의 차원을 넘어서 마음의 차원에서 살아가면 된다. 그것은 의식을 놓아 버림으로써 마음에 이르고, 마음을 통하여 마음 이전의 내 안의 나에 이름을 뜻한다.

우리는 소인으로 살아가면서 갖는 개인 이기주의를 비롯하여 온갖 형태의 집단 이기주의를 벗어나기 위해서는 두 측면의 마음을 써야 한다. 그 하나는 육신과 육신의 기능인 의식을 자신으로 여기는 마음을 버려야 하며, 나머지 하나는 육신이라는 현상적인 나, 표층의 나로 드러나기 이전의 나, 내 안의 나를 자신으로 여겨야 한다.

천지비괘의 초효 효사에서는 내 안의 나를 참 나로 여기는 방법을 통하여 소인의 도로부터 벗어나는 방법을 취하고 있으며, 지천태괘의 초효 효사에서는 현상의 나, 육신의 나를 버리는 방법을 취하고 있다. 그러면 우리가 왜 일상적으로 우리가 자신으로 알고 있는 육신으로서의 나를 벗어나서 내 안의 심층에 있는 나, 나 아닌 나, 참 나를 찾아야 하는가?

우리는 여기서 지혜의 문제 곧 앎의 문제가 중요함을 알 수 있다. 일상의 우리가 알고 있는 마음 곧 의식과 육신으로 구성된 나는 실재하지 않는 환상의 나이다. 그것은 지금 여기의 내가 없음을 뜻하는 것이 아니라 우리 자신이 알고 있는 표층의 육신과 마음 이전의 나, 내 안의 내가 있음을 뜻한다.

십익에서는 백성들이 날마다 사용하면서도 도를 모른다고 말한다. 그것은 사람으로 살아가면서도 사람이 어떤 존재인지를 모르고 살아감을 뜻한다. 이처럼 자신이 어떤 존재인지를 모르고 살아가면 어떻게 살아야 하는지를 모른다. 그렇기 때문에 내 안의 나와 소통하지 않을 뿐만 아니라 남과 소통하지 못하고, 세계와 소통하지 않으면서 살아간다.

남과 소통하지 않는 삶, 세계와 소통하지 않는 삶은 자연스럽지 못한 삶, 자유롭지 못한 삶이다. 그것은 자신도 고통스러울 뿐만 아니라 남도 고통스럽게 만드는 삶이다. 그렇기 때문에 불교에서는 지수화풍地水火風의 네 요소에 의하여 구성된 육신과 수상행식受想行識의 네 요소에 의하여 구성된 의식의 양자가 만나서 형성된 고정되지 않는 나를 실체라고 여김을 전도견顚倒見으로 규정하고 있다.

　사람은 몸과 마음, 의식으로 구성된 것이 아니라 그 내면에 있는 심층의 내가 매 순간 다양하게 드러날 뿐이다. 그러므로 현상적인 남과 구분되는 내가 없고, 내가 없기 때문에 나의 생각, 나의 언행, 나의 삶이 없다.

　현상적 나, 겉으로 드러나는 나, 표층의 나만을 나로 여기는 삶이 대립과 갈등으로 이어지는 고통의 삶을 낳기 때문에 전도견에 의하여 지속되는 소인의 삶을 벗어나야 한다. 육신과 의식을 자신으로 여기는 전도견과 달리 내 안의 나, 내 안의 참 나, 본성을 자신으로 여기는 태도를 정견正見이라고 말한다.

　인간 자신에 대한 올바른 견해를 바탕으로 삶을 살아가는 사람이 대인이다. 그리고 대인의 삶을 추구하는 사람이 군자이다. 그렇기 때문에 지천태괘에서는 대인의 삶을 나타내고, 군자의 삶을 밝히고 있다.

　대인의 삶은 남과 함께하고, 천지와 함께하며, 사물과 함께하는 삶이다. 함께하는 삶은 소통하는 삶이며, 자유와 평등의 삶이고, 조화와 균형을 이루는 삶이며, 지혜로운 삶이다. 그럼에도 불구하고 대부분의 사람들은 군자, 대인의 삶과 소인의 삶을 선택하라고 하면 어렵지만 한때의 노력을 통하여 영원히 자유로운 삶을 추구하기보다는 아무런 노력이 없이 고통의 삶을 계속 살아가기를 선택한다. 과연 우리는 남과 무관하게 나 자신의 삶을 살아갈 수 있을까?

　우리 자신은 형이하의 육신이나 마음 그리고 형이상의 본성 어느 측면을 막론하고 남과 구분하여 나타낼 수 있는 나라는 것은 없다. 그렇기 때문에 우리는 필연적으로 남과 함께 살아갈 수밖에 없고, 남과 함께 살아갈 때 행복할 수 있다.

　그러나 사람들은 남과 함께 행복할 수 있는 삶의 길은 어렵고, 나만의 행복을 추구하는 삶의 길을 걷는 것이 쉬울 것처럼 느낄 뿐만 아니라 그것을 바른 삶의 길로 생각한다. 그것은 우리가 자신과 삶 그리고 세계에 대하여 시간과 노력을 투자하여 살펴보지 않은 결과이다.

우리는 비록 표현을 하지 않지만 자신을 소중하게 여기지 않는 사람은 없다. 그럼에도 불구하고 정작 자신이 가장 자신을 무시하고 버린다. 사람들은 삶을 살아가면서 세상에서 가장 소중한 자신에 대하여 깊이 생각하지 않고, 죽음에 이르기까지 오로지 재물이나 명예, 권력과 같은 이차적인 것들에 마음을 모두 바친다.

우리는 자신과 삶에 대하여 많은 시간과 노력을 투자하여 스스로 마음을 계발하여 자신을 발전시키고 삶을 발전시켜야 한다. 그것은 자신이 삶의 주인이 되고, 세계의 주인이 되어 주체적인 삶을 살아감을 뜻한다.

주역에서는 자신이 삶의 주인이 되지 못하고 육신의 노예가 되고, 물질의 노예가 되어 삶과 세계에 갇혀서 사는 사람을 소인이라고 부른다. 그것은 그가 육신으로는 아무리 많은 세월을 살았어도 여전히 아직은 지혜가 자라고 자비가 자라야 할 정신적인 아이라는 의미이다.

소인과 달리 사람으로서의 자신이 어떤 존재인가를 알고, 어떻게 살아야 하는가를 알아서 삶의 주인이 되어 세계와 하나가 되어 살아가는 사람을 대인이라고 한다. 그의 육신은 비록 작지만 그의 삶은 공간적으로는 천지와 함께하고, 만물과 함께하며, 시간적으로는 과거와 미래를 일관하여 영원하게 한다. 그러면 소인과 대인이 따로 있는가?

주역에서는 형이하의 측면에서 우리 자신을 이해하고 물리적 생명을 중심으로 삶을 살아가는 사람을 소인이라고 하고, 형이상의 측면에서 자신을 이해하여 본성이 자신임을 알고, 본성을 주체로 삶을 살아가는 사람을 대인, 군자로 규정하고 있다.

대인의 삶이 소통의 삶인 것과 달리 소인의 삶은 불통不通의 삶이며, 대인의 삶이 화합의 삶인 것과 달리 소인의 삶은 대립과 갈등, 투쟁의 삶이다. 그렇기 때문에 소인의 삶은 고통의 삶이어서 그의 세계를 비색否塞된 세계라고 말하고, 대인의 삶은 언제나 즐겁고 근심, 걱정, 두려움이 없는 삶이어서 그의 세계를 태평한 세계라고 말한다. 그러면 주역에서는 대인의 삶과 소인의 삶을 어떻게 나타내고 있는가?

소인의 세계와 대인의 세계는 주역의 천지비괘와 지천태괘에서 나타내고 있다. 그러면 지금부터는 대인의 삶과 소인의 삶이 어떻게 다른지를 천지비괘와 지천태괘를 중심으로 살펴보자. 소인의 삶에 대하여 나타내고 있는 괘는 천지비괘이다. 괘사에서는 "천지비괘가 나타내는 비否의 세계, 서로 막혀서 소통이 되지 않는 세계는 사람의 세계가 아니다."[52]라고 하였다.

천지비天地否는 천과 지가 각각 제 자리인 위와 아래에 있어서 서로 작용을 하지 않으며, 인간의 측면에서는 육신과 본성이 서로 막혀서 소통이 되지 못한 상태이다. 일상의 사람들이 오로지 육신을 자신으로 여기고 살아가는 세계가 바로 천지비의 세계이다.

괘사에서 밝히고 있는 대大와 소小는 각각 대인의 길과 소인의 길을 나타낸다. 천지비괘의 괘사에서 "대인이 가고 소인이 온다."고 함은 소인의 삶이 천지에 가득 차서 대인의 삶을 찾아보기 힘든 세계를 나타낸다. 그렇기 때문에 오로지 서로의 마음을 계발하여 서로의 삶의 차원을 높이는 과정이 필요하다.

천지비괘와 달리 대인의 삶을 나타내고 있는 괘가 지천태괘이다. 지천태괘는 천이 아래로 가고, 지가 위로 올라가서 서로 작용하는 상태를

---

52 『주역』 천지비괘天地否卦 괘사卦辭, "否之匪人 不利君子貞 大往小來"

나타낸다. 그렇기 때문에 소인의 삶이 사라지고 대인이 삶이 중심이 된 세계를 나타낸다.

인간의 관점에서는 지천태괘는 본성을 주체로 살아가는 대인의 삶을 나타낸다. 단사彖辭에서는 "안으로는 양이고 밖으로는 음이며, 안으로 강건하고 밖으로는 화순하며, 안으로는 군자이고 밖으로는 소인이다. 군자의 도가 자라고 소인의 도가 사라진다."[53]고 하였다.

그러면 지금부터는 천지비괘와 지천태괘를 통하여 인간의 삶의 두 양상에 대하여 살펴보고자 한다. 먼저 천지비괘를 통하여 육신을 중심으로 의식의 차원에서 살아가는 소인의 삶을 살펴보고, 지천태괘를 통하여 내 안의 나인 본성을 중심으로 마음의 차원에서 살아가는 대인의 삶을 살펴본 후에 마지막으로 정역의 선후천을 통하여 양자의 관계에 대하여 살펴볼 것이다.

1. 천지비괘와 분열과 대립의 소인의 삶

대부분의 사람들은 사람으로서의 자신이 어떤 존재인지 그리고 어떻게 사는 것이 인간다운 삶인지에 대하여 고민하지 않고 살아간다. 아무리 사람의 본성이 본유하고 고유할지라도 내 안의 참 나인 본성을 모를 뿐만 아니라 본성을 주체로 살아가고자 하는 시도를 하지 않기 때문에 마치 천지가 비록 있을지라도 서로 작용을 하지 못하여 천天도 천天으로 존재하지 못하고, 지地도 지地로 존재하지 않음과 같다.

---

53 『주역』, 지천태괘地天泰卦 단사彖辭, "彖曰 泰小往大來吉亨은 則是天地交而萬物이 通也며 上下交而其志同也라. 內陽而外陰하며 內健而外順하며 內君子而外小人하니 君子道長하고 小人道消也라."

소통은 생명 현상이다. 따라서 소통하지 않는 천지와 인간은 죽은 세상과 같다. 천지비괘의 괘사에서는 "비否는 사람의 길이 아니다."라고 하여 그 점을 분명하게 밝히고 있다. 천지비의 상태에서는 아무리 군자의 삶을 살고자 하여도 군자의 바름이 이롭지 않다고 하였다. 왜냐하면 대인의 도가 사라지고, 소인의 도가 가득하기 때문이다.

그것은 사람들이 자신의 본성을 주체로 살아가려는 시도를 하지 않고 오로지 육신을 자신으로 여기고 의식에 의하여 살아가는 삶을 나타낸다. 단사彖辭에서는 "천지가 서로 사귀지 않아서 만물이 통하지 않으며, 상하가 서로 사귀지 않아서 천하에 국가사회가 없다. 음陰이 안이고, 밖은 양陽이며, 안은 유柔이고, 밖은 강剛이며, 안은 소인이고, 밖은 군자이다. 소인의 도가 자라고 군자의 도가 사라진다."[54]고 하였다.

천지비괘는 천과 지, 음과 양, 강과 유, 군자와 소인이 서로 나누어져서 각각 제 자리를 지키고 있을 뿐으로 소통을 하지 않아서 갈등이 일어나는 세계를 나타낸다. 이러한 세계는 오로지 고통과 투쟁이 있을 뿐으로 화합和合과 공존共存의 삶은 없다. 그러면 천지비괘가 나타내는 소인의 세계는 실재하는 것인가?

만약 소인의 세계, 소인의 도가 가득 차고, 군자의 도, 대인의 도가 소멸된 세계가 있다고 한다면 우리가 그 어떤 노력을 해도 아무런 변화가 없을 것이다. 그것은 우리가 천지비天地否와 지천태地天泰를 이해할 때 두 괘가 나타내는 실재의 세계가 있다고 여겨서는 안 됨을 뜻한다.

천지비괘가 나타내는 내용은 바로 대상에서 밝히고 있는 지금 여기의 나의 삶의 상태를 나타낸 것이라고 할 수 있다. 대상大象에서는 "군

---

54 『주역周易』천지비괘天地否卦 단사彖辭, "彖曰 否之匪人, 不利, 君子貞, 大往小來.則是天地不交而萬物不通也, 上下不交而天下无邦也. 內陰而外陽, 內柔而外剛, 內小人而外君子, 小人道長, 君子道消也."

자가 검소한 덕德으로 어려움을 피할 뿐으로 영예榮譽와 봉록封祿을 추구하는 것은 옳지 않다."⁵⁵고 하였다.

대상은 천지비괘의 괘사에서 언급되고 있는 내용을 다시 나타내고 있다. 괘사에서는 온 우주의 모든 존재와 함께 살아가는 대아적大我的 삶이 가고 오로지 육신의 물리적 생명의 현상 곧 본능本能에 따라서 살아가는 소아적小我的 삶의 세계가 왔음을 제기하면서 그것은 사람의 길이 아님을 밝히고 있다. 이러한 때에 사람은 욕심을 부려서 부유富裕와 명예名譽를 추구하지 말고 오로지 덕德을 닦으면서 검소한 생활을 해야 한다.

우리는 천지비괘의 괘상, 괘사, 단사, 대상을 통하여 삶을 살아가면서 반드시 자신을 돌아보고, 자신의 삶의 방향과 방법에 대하여 성찰해야 함을 알 수 있다.

우리 자신에 대한 성찰을 통하여 지금 여기의 내가 알고 있는 소아적小我的 나로 살아가지 않고, 내 안의 나를 발견하여 그 나 아닌 나, 참 나, 대아적大我的 나를 주체로 살아갈 수 있다. 그러면 천지비괘의 효사에서는 소인의 삶을 어떻게 나타내고 있는가?

초효初爻의 효사爻辭에서는 "초육初六은 띠를 뽑아내는데 그 뿌리로 함이다. 바르면 길吉하고 형통하다."⁵⁶고 하였다. 띠를 제거함은 하나의 무리를 제거함이다. 당연히 겉으로 드러난 띠를 제거하기 위해서는 땅 속의 뿌리를 제거해야 한꺼번에 제거된다. 그러면 띠를 제거함은 무엇을 상징하는가?

띠를 제거함은 소인의 삶, 분별의식을 통하여 이익에 따라서 부화뇌

---

55 『주역周易』 천지비괘天地否卦 대상大象, "象曰 天地不交否, 君子以儉德辟難, 不可榮以祿."
56 『주역周易』 천지비괘天地否卦 초육初六 효사爻辭, "初六, 拔茅茹, 以其彙, 貞吉, 亨."

동附和雷同하는 삶을 제거함을 뜻한다. 그렇기 때문에 띠의 뿌리를 제거함은 육신과 육신의 기능인 의식을 마음으로 여기고, 의식과 육신을 자신으로 여기는 마음을 버림을 뜻한다.

일상의 우리가 자신으로 여기는 의식과 육신을 벗어나기 위해서는 학문學問을 통하여 내 안의 나를 발견해야 한다. 이러한 학문은 글을 배우고 익히는 일이 아니라 글을 배우고 익히는 육신과 마음 이전의 나 아닌 나를 찾는 수기修己, 수도修道이다.

수도, 수기를 통하여 만나는 내 안의 나는 일상의 내가 아니기 때문에 나 아닌 나이며, 나와 남이 없는 하나이기 때문에 나 아닌 나이다.

내 안의 나는 나와 남의 구분이 없고, 나와 세계의 구분이 없으며, 나와 사물의 구분이 없기 때문에 대아적大我的인 나이다. 맹자는 대아적인 나를 육신을 나타내는 소체小體와 구분하여 대체大體라고 하였다. 그리고 사람은 본래 누구나 같지만 소체를 따르면 소인이 되고, 대체를 따르면 대인이 된다고 하였다.

대아를 주체로 살아가는 사람을 군자라고 말하고, 군자의 삶을 군자의 도라고 말한다. 대아가 주체가 되어 살아가는 군자의 삶은 길吉하고 형통亨通하다. 그렇기 때문에 초효의 소상小象에서는 "띠를 뽑음에 바름이 길하다는 것은 뜻이 군자의 도에 있음이다."[57]라고 하였다.

자신의 표면만을 알고 내면의 심층을 모르는 사람들은 육신을 자신으로 여기고 육신의 기능인 의식에 의하여 나와 남을 구분하고, 나와 세계를 구분하며, 나와 천지를 구분하여 서로가 소통하지 못함으로써 서로가 대립하면서 갈등과 투쟁의 세계를 연출演出한다.

육신과 의식을 자신으로 여기고 살아가는 소인의 삶의 특징은 무리

---

57 『주역周易』천지비괘天地否卦 초육初六 소상小象, "象曰, 拔茅貞吉, 志在君也."

를 지음에 있다. 그것은 소인이 육신을 중심으로 형성되는 혈연, 지연, 학연과 같은 인연에 매달려서 패거리를 만들어서 집단의 이익을 추구하는 집단 이기주의에 의하여 살아가기 때문에 서로 소통하는 사회인 국가가 형성되지 못함을 뜻한다.

소인의 무리는 서로가 소통하는 자유로운 사회가 아니라 오로지 이익에 의하여 모이고 흩어지는 이익 집단이다. 그렇기 때문에 소인의 삶을 제거하기 위해서는 패거리 의식, 집단 이기주의를 제거해야 한다고 하였다. 그러면 패거리 의식에 의하여 형성되는 집단 이기주의를 제거하기 위해서는 어떻게 해야 하는가?

우리가 육신을 자신으로 여기고 육신의 기능인 의식에 의하여 이것과 저것을 나누어서 가치를 부여하여 실재하지 않는 나를 실체화하고, 세계와 사물을 실체화하여 소유하고자 집착하는 욕심을 버려야 한다.

욕심을 버림을 유학儒學에서는 "소아적 자신을 극복하여 대아의 자기로 돌아감(克己復禮爲仁)"[58]이라고 말하며, 불교에서는 "놓아 버림(放下著)"으로 말하고, 기독교에서 "주님에게 맡김"이라고 말한다.

그런데 극기克己, 방하착放下著, 구방심求放心이 모두 마음의 문제이기 때문에 방편상의 다양한 방법을 이용하게 된다. 이때 주체와 객체가 모두 자신이기 때문에 혼동을 일으킬 수 있다.

만약 우리가 무無의 측면에서 치우쳐서 그냥 놓아 버리라고 하거나 무욕無欲, 무심無心만을 주장하면 방편이 없어서 허무에 빠질 수 있다.

그러나 유有의 측면에서 하느님이나 부처, 관세음보살과 같은 대상을 설정하여 나와 둘인 상태에서 놓으면 하느님이나 부처, 관세음보살

---

58 『논어』 안연顔淵, "顔淵問仁 子曰 克己復禮爲仁 一日克己復禮 天下歸仁焉 爲仁由己 而由人乎哉 顔淵曰 請問其目 子曰 非禮勿視 非禮勿聽 非禮勿言 非禮勿動 顔淵曰 回雖不敏 請事斯語矣"

에 얽매여 노예와 같은 상태에 빠지게 된다. 그렇다고 하여 유무有無를 넘어선 중도中道라는 실체적 존재를 설정하면 여전히 중도라는 대상에 얽매일 수 있다. 그러면 우리는 어떻게 해야 하는가?

이 문제는 나와 대상적 존재인 하느님이나 부처, 관세음보살을 설정하였기 때문에 발생한다. 따라서 우리가 본성이라는 내 안의 나, 참 나, 대아大我를 자신으로 여기고, 그 자리에 마음을 집중하여 놓아 버려야 한다.

그러나 놓아 버리는 나도 잊고, 놓아 버리는 대상도 잊으며, 놓아 버림 자체도 잊어버려서 그 어떤 것에도 얽매임이 없어서 자유로워야 한다. 그것은 항상 놓아 버리지만 놓아 버림이 없음을 뜻한다.

우리가 초효의 소상에서 "뜻이 군자에 있다."고 말한 것을 지금 여기의 나를 중심으로 이해하면 내 안의 나, 참 나, 내면의 나인 본성을 주체로 살아가고자 뜻을 세움을 뜻한다. 따라서 매 순간 삶의 과정에서 만나는 모든 사건과 물건을 내 안의 나에게 놓아 버리고 살아가는 것이 필요하다.

이효二爻는 초효와 비교하여 소인의 삶과 대인의 삶을 분명하게 알기 때문에 극단적인 소인의 삶에서는 벗어난 상태라고 할 수 있다. 그러나 스스로 마음을 계발하여 소인의 삶에서 벗어난 것이 아니라 단지 대인大人의 도를 수용하여 그 뜻에 따르고자 할 뿐으로 여전히 소인의 삶을 벗어난 것은 아니다. 그럼에도 불구하고 뜻을 실천하고자 하기 때문에 길吉하다. 따라서 초효와 이효를 막론하고 아직은 집단에 의하여 형성된 이익, 곧 힘의 노예가 되어 살아가는 삶을 벗어난 것은 아니다.

이효의 효사에서는 "육이六二는 포용하여 따름으로 소인은 길吉하고,

대인大人은 비색否塞하여도 형통하다."⁵⁹고 하였다. 소인이 대인의 삶을 수용하여 군자의 삶에 뜻을 두고, 그 뜻을 따르기 때문에 길吉하다. 그러나 아직은 소인의 삶을 벗어난 것이 아니기 때문에 대인의 입장에서 보면 비색否塞해야 형통하다고 하였다.

　삼효는 내괘內卦의 끝을 나타내는 효爻이다. 삼효는 소인의 도가 가장 극단적으로 기승을 부리는 때이다. 따라서 삼효는 초효와 함께 천지비天地否의 상태를 가장 잘 나타내는 효라고 할 수 있다. 삼효의 효사에서는 "부끄러움을 안음이다."⁶⁰라고 하였다. 그것은 아직 소인의 도를 벗어나지 못하였음을 뜻한다.

　그러나 삼효가 갖는 시의時義는 소인의 도가 끝나는 시위라는 점이다. 삼효는 대인의 도, 군자의 도가 나타나기 시작하는 때를 나타내는 사효四爻와 함께 소인의 도가 끝나고 군자의 도가 시작되는 종시終始의 변화變化를 나타낸다.

　삼효가 나타내는 소인의 도가 극단으로 치닫는 상황에서는 대인의 도, 군자의 도를 따르는 것이 더욱 어렵다. 온 세상의 거의 모든 사람들이 소인의 삶을 살아가는 상황에서 홀로 대아大我를 주체로 살아가는 것은 수많은 고난과 역경을 안고 살아가는 삶이다.

　내괘가 소인의 도가 중심이 되어 살아가는 삶을 나타내는 것과 달리 외괘인 사효四爻는 대인의 도, 군자의 도가 중심이 되어 살아감을 나타낸다. 그렇기 때문에 사효에서 비로소 소인의 도가 사라지기 시작한다.

　사효四爻는 드디어 대인의 도, 군자의 도가 나타나기 시작하면서 비로소 소인의 도가 소멸하기 시작함을 나타낸다. 사효의 효사에서는 "천

59　『주역周易』천지비괘天地否卦 육이六二 효사爻辭, "六二, 包承, 小人吉, 大人否, 亨."
60　『주역周易』천지비괘天地否卦 육삼六三 효사爻辭, "六三, 包羞."

명天命이 있기 때문에 허물이 없다. 무리가 복을 받는다."[61]고 하였다. 그러면 천명이 무엇인가?

사효에 이르면 때로는 이효에서 이미 발견한 내 안의 나를 주체로 살아가기도 하지만 때로는 여전히 육신의 욕망을 따라서 살아간다. 그렇기 때문에 내 안의 나 아닌 나와 하나가 되어 살아가는 삶을 마땅히 살아가야 할 삶으로 느끼게 된다.

내 안의 나 아닌 나와 하나가 되어 살아가는 삶을 지금 여기의 내가 해야 할 일로 느낄 때 그것을 천명이라고 말한다. 천명은 천天이라는 나와 다른 실체적 존재가 있어서 나에게 내려 준 명령을 가리키지 않는다.

그런데 내 안의 내가 참 나이면서도 나가 아닌 나임을 깨달았을 때 물리적 생명이 중심이 된 소아가 아닌 대아를 주체로 살아가는 삶이 바로 우주적 사명, 역사적 사명이라고 느끼는 것은 아직은 내 안의 나와 하나가 아닌 둘의 상태임을 뜻한다.

비록 사효에서 내 안의 나를 주체로 살아가지만 여전히 때로는 소인의 삶을 따라가기도 하기 때문에 허물이 없다고 말하고, 대인의 삶을 살고자 하는 뜻을 세우고 그들의 삶을 추구하는 소인들이 복을 받을 것이라고 하였다.

우리의 마음속에서 비로소 소인의 도가 멈춤을 나타내는 효爻가 오효五爻이다. 오효의 효사에서는 "비색됨이 멈춤이다. 대인이 길하니 거의 망할까 망할까 하여 뽕나무 뿌리에 단단하게 묶음이다."[62]라고 하였다. 이는 우리가 더 이상 소인의 도에 대하여 관심을 갖지 않기 때문에 대립과 갈등의 상태는 멈추었음을 나타낸다.

---

61 『주역周易』 천지비괘天地否卦 구사九四 효사爻辭, "九四, 有命无咎, 疇離祉."
62 『주역周易』 천지비괘天地否卦 구오九五 효사爻辭, "九五, 休否, 大人吉, 其亡其亡, 繫于苞桑."

그러나 우리가 소인의 도에 관심을 갖지 않는다고 하여 그것이 대인의 도를 완전하게 실천하는 삶을 살아가고 있음을 뜻하지 않는다. 그렇기 때문에 대인의 삶이 길하다고 말하였을 뿐만 아니라 있는 것 같으면서도 없는 것 같아서 거의 사라질 것 같은 상태이기 때문에 뽕나무 뿌리에 단단하게 묶은 것처럼 하라고 하였다. 그러면 뽕나무 뿌리에 단단하게 뿌리를 묶는 것은 무엇을 나타내는가?

우리가 대인의 도를 실천하기 위해서는 내 안의 나, 참 나와 끊임없이 소통하여 본래의 나, 참 나와 하나가 되어야 한다. 그것을 뽕나무 뿌리로 단단하게 묶는다고 하였다. 이처럼 묶는 과정이 바로 수행, 수도, 수기이다.

오효의 시위는 내 안의 나 아닌 나와 하나가 된 상태를 나타낸다. 그럼에도 불구하고 천지비괘의 오효의 효사에서 수기修己를 중심으로 언급한 까닭은 상효에 이르러서 비로소 수기修己와 안인安人이 하나가 되어 대인으로서의 삶이 완전하게 실천되기 때문이다.

내 안의 나, 참 나를 발견하여 그 나와 하나가 되는 수기, 수도, 수행을 끊임없이 진행하면 비로소 비색된 세계가 사라지기 시작하면서 지천태의 세계가 나타난다. 이처럼 천지비天地否의 세계가 기울어지면서 지천태의 세계가 나타나기 시작함을 나타내는 효가 상효上爻이다.

상효의 효사에서는 "상구上九는 비색된 세계가 기울어짐이다. 처음에는 비색하지만 뒤에는 기뻐한다."[63]고 하였다. 효사를 보면 비색된 세계와 태평한 세계를 선후로 구분하여 각각 희비喜悲로 나타내고 있다.

비색된 세계가 끝없이 이어질 것 같지만 때가 되면 반드시 서로 만나서 소통하고 화합하는 시대가 열린다. 소상小象에서는 "비색된 세계가

---

63 『주역周易』 천지비괘天地否卦 상구上九 효사爻辭, "上九, 傾否, 先否後喜."

끝나는 즉 기울어지니 어찌 오래 가겠는가!"[64]라고 하였다.

우리는 천지비괘를 통하여 소인의 비색된 세계, 고통과 간난의 세계, 슬픔과 비통의 세계가 고정되어 항상恒常하지 않아서 반드시 천지와 만물이 형통亨通하는 세계, 소통과 공감의 기쁨이 가득한 세계, 화합과 평화의 세계가 반드시 돌아옴을 알 수 있다.

2. 지천태괘와 소통과 화합의 대인의 삶

시간과 공간, 사건과 물건의 세계가 하나가 되어 소통하고 공감하는 크게 평안한 세계를 나타내는 괘가 지천태괘地天泰卦이다. 지천태괘地天泰卦의 단사彖辭에서는 괘사卦辭인 "태泰는 소소가 가고, 대大가 오니 길吉하고, 형통하다."[65]에 대하여 "천지가 서로 사귀어서 만물이 통하고, 상하가 사귀어서 그 뜻이 통하며, 안은 양陽이고 밖은 음陰이며, 안은 강건하고 밖은 화순하고, 안은 군자이고 밖은 소인이어서 군자의 도가 자라고 소인의 도가 사라진다."[66]고 하였다.

천지와 상하, 내외, 건순, 군자와 소인이 소통하여 공감하는 세계를 나타내는 괘가 지천태괘이다. 지천태의 세계는 소인의 세계가 아니라 대인의 세계이고, 군자의 세계이다. 그러면 대인과 군자는 어떤 관계인가?

대인은 성인과 군자를 가리킨다. 성인과 군자는 본성이 하나일 뿐만

---

64 『주역周易』 천지비괘天地否卦 상구上九 소상小象, "象曰, 否終則傾, 何可長也"
65 『주역周易』 지천태괘地天泰卦 괘사卦辭, "泰 小往大來, 吉, 亨."
66 『주역周易』 지천태괘地天泰卦 단사彖辭, "彖曰 泰小往大來吉亨 則是天地交而萬物通也, 上下交而其志同也. 內陽而外陰, 內健而外順, 內君子而外小人, 君子道長, 小人道消也."

아니라 덕도 같다. 다만 성인과 군자의 역할이 서로 다르다. 성인은 지혜를 중심으로 인류의 미래를 제시하는 존재이며, 군자는 자비를 주체로 하여 성인이 밝힌 삶을 실천하는 존재이다.

군자의 삶은 여러 측면에서 나타낼 수 있다. 주역과 십익에서는 국가사회적 측면에서 국가사회를 경영하는 문제를 중심으로 나타내고 있다. 천지비괘의 대상에서는 "천지가 서로 사귐이 태泰이다. 후后가 천지의 도를 재성財成하고, 천지의 마땅함을 보상輔相하여 백성들을 돕는다."[67] 고 하여 국가사회를 중심으로 나타내고 있다.

군자는 천하를 다스리는 왕이 되어 천지의 도를 마름질하여 완성하고, 천지의 마땅함을 도와서 백성들로 하여금 편안한 삶을 살도록 돕는다. 이처럼 지천태괘는 사람과 사람이 서로 소통하고 화합하여 함께 살아가는 대인의 삶을 나타낸다. 그러면 각 효의 효사에서는 대인의 삶을 어떻게 나타내고 있는지 살펴보자.

초효의 효사에서는 천지비괘의 효사와 같이 "초구는 띠를 뽑아내는 데 무리로서 한다."[68]고 하였다. 두 괘의 초효의 효사는 같지만 그 의미는 서로 다르다. 왜냐하면 천지비괘의 초효의 효사는 소인의 삶을 나타내고, 지천태괘의 초효의 효사는 대인의 삶을 나타내기 때문이다. 그러면 대인의 도의 관점에서 띠를 뽑아냄은 무엇을 뜻하는가?

대인의 도의 관점에서 띠를 뽑아냄은 대인의 도에 뜻을 세운 군자가 소인의 삶을 버림을 뜻한다. 우리는 여기서 지천태괘의 초효에서 소인의 도를 버림의 뜻을 나타내고, 천지비괘의 초효의 효사에서 대인의 도에 뜻을 둠을 나타내는 효가 같음을 주목할 필요가 있다.

---

67 『주역周易』 지천태괘地天泰卦 대상大象, "象曰 天地交泰, 后以財成天地之道, 輔相天地之宜, 以左右民."
68 『주역周易』 지천대괘地天泰卦 초구初九 효사爻辭, "初九, 拔茅茹, 以其彙, 征吉."

소인의 삶을 버리는 것과 대인의 삶에 뜻을 두는 것은 둘이 아니다. 그것은 대인의 삶과 소인의 삶은 사람 자체의 본성에 있는 것이 아니라 본성을 나타내는 삶의 방식에 차이가 있음을 뜻한다. 그러면 양자를 어떻게 이해할 것인가?

　대인의 도를 추구함은 분별하여 육신을 자신으로 여기는 의식을 벗어나서 내 안의 나, 참 나를 자신으로 여김을 뜻한다. 이는 천지비天地否에서 의식을 벗어나고자 하는 소극적인 측면에서 군자의 도, 대인의 도가 드러나고 있는 것과 달리 지천태地天泰에서는 적극적으로 대인의 도를 드러내고 있음을 뜻한다.

　효사의 뒷부분에서는 "정征이라도 길吉하다."고 하였다. 그것은 소인의 도를 버리고, 대인의 도를 추구하는 사람들과 함께하여도 길吉함을 뜻한다. 소인과 대인이 모두 사회적 삶을 살아가지만 오로지 자신의 이익을 위하여 집단을 형성하는 소인의 삶과 서로를 내 안의 내가 나타난 또 다른 나로 대하는 대인의 사회적 삶은 서로 다르다.

　이효에서는 대인의 도, 군자의 도가 비로소 세상에서 드러나기 시작함을 나타내고 있다. 그것은 대인의 삶에 뜻을 세웠지만 아직은 실천을 하지 않는 상태의 초효와 달리 이효는 대인의 도를 실천하기 시작함을 나타낸다.

　이효의 효사에서는 "거침을 포용하고, 바다를 걸어서 건너는 데 사용하며, 멀리까지 남김이 없으니, 벗이 없어도 중도中道를 행함에 숭상함을 받는다."[69]라고 하였다.

　포황包荒은 소인을 포용함을 뜻하며, 바다를 건넘은 육신을 자신으로

---

69 『주역周易』 지천태괘地天泰卦 구이九二 효사爻辭, "九二, 包荒, 用馮河, 不遐遺, 朋亡, 得尙于中行."

여기는 마음을 버리고 본성과 하나가 되어 내 안의 나, 참 나인 본성을 주체로 살아가는 삶을 뜻한다. 그리고 멀리까지 남김이 없음은 다른 사람으로 하여금 자신의 본성, 참 나를 발견하여 하나가 되는 삶을 살도록 안내하는 일에 한 사람도 남김이 없음을 뜻한다.

마지막 부분은 비록 함께하는 사람이 없지만 본성을 주체로 살아가는 대인의 삶은 언제나 숭상을 받음을 밝히고 있다.

육신을 자신으로 여기고 의식에 의한 분별을 통하여 오로지 자신의 이익을 추구하는 삶을 살아가는 소인의 삶을 버리고 본성을 주체로 하여 온 우주의 모든 존재와 하나가 되어 살아가는 대인은 대부분의 소인의 삶을 살아가는 사람들과 함께하기에 많은 어려움을 겪지 않을 수 없다.

그러나 기울어지지 않는 평평함은 없고, 돌아오지 않는 감은 없다. 본래 사람의 본성이 주체이기 때문에 비록 한때는 어려울지라도 반드시 본래의 자신을 회복하여 인간다운 삶을 살아갈 것이다. 그러므로 어려운 상황에서도 바름을 유지하면 허물이 없을 것이다.

삼효의 효사에서는 "기울어지지 않는 평평함은 없고, 돌아오지 않는 감은 없다. 어려워도 바름을 지키면 허물이 없고, 근심하지 않아도 믿음이 있으면 먹음에 복이 있다."[70]고 하였다. 대인의 삶은 현실에 안주하지 않고 자신을 돌아보아 본래의 자신으로 살아가기 때문에 비록 부귀와 영달은 없어도 물리적 생명을 유지하는 데는 아무런 문제가 없다.

그것은 삼효의 시위가 비록 대인의 삶을 살아가고 있지만 내괘는 여전히 소인의 도가 온 천하에 가득한 때이기 때문에 삼효에 이르러서 극

---

70 『주역周易』 지천태괘地天泰卦 구삼九三 효사爻辭, "九三, 无平不陂, 无往不復, 艱貞无咎, 勿恤其孚, 于食有福."

단을 이루다가 외괘의 시작인 사효에 이르러서 비로소 소인의 도가 사라지고, 군자의 도가 더 자라는 때가 시작됨을 뜻한다.

사효는 내괘內卦가 변하여 외괘外卦로 화化하는 시위이다. 대인의 삶에 뜻을 둔 사람은 오로지 뜻을 이루기 위하여 끊임없이 달려간다. 그렇기 때문에 이웃들과 함께하지 못하고 외로운 삶을 살아가지만 굳이 경계하지 않아도 항상 믿음을 갖고 있다.

사효의 효사에서는 "새가 훨훨 날아가니 그 이웃과 무리를 짓지 않는다. 경계하지 않아도 믿음이 있다."[71]고 하였다. 새가 이웃과 함께하지 않고 홀로 날아가는 것은 모두 실다움을 잃어버렸기 때문이다. 그것은 사람들이 자신을 찾지 못하고 살아감을 뜻한다. 그럼에도 불구하고 대인의 삶에 뜻을 둔 사람은 진심으로 간절하게 원하기 때문에 굳이 계율을 통하여 지키지 않아도 저절로 믿음을 갖고 있다.

오효는 대인의 삶이 비로소 다른 사람과 공유되기 시작하는 때를 나타낸다. 오효의 효사에서는 "제을帝乙이 여동생을 시집보내니 복이 있고 크게 길吉하다."[72]고 하였다. 이 부분은 개체적 관점과 국가사회의 관점에서 정치적 사건으로 이해할 수 있다.

먼저 개체적 관점에서 오효의 내용을 살펴보자. 제을帝乙은 내 안의 나, 참 나, 본성을 나 아닌 나의 관점에서 나타낸다. 본성은 지금 여기의 나의 본성일 뿐만 아니라 온 우주의 모든 존재의 본성이다.

그리고 귀매歸妹는 여자가 자신의 본래의 자리로 돌아감, 본래의 집으로 돌아감을 의미한다. 따라서 제을帝乙이 누이동생을 시집을 보냈다는 것은 나 아닌 나에 의하여 내 안의 나와 표면의 나가 하나가 되었

---

71 『주역周易』지천태괘地天泰卦 육사六四 효사爻辭, "六四, 翩翩, 不富, 以其鄰不戒以孚."
72 『주역周易』지천태괘地天泰卦 육오六五 효사爻辭, "六五, 帝乙歸妹, 以祉元吉."

음을 나타낸다. 그렇기 때문에 복을 받아서 크게 길하다고 표현하였다. 소상에서는 이에 대하여 중심에서 행함을 원하기 때문[73]이라고 하였다.

우리가 진심眞心으로 육신이 중심이 되어 이루어지는 대립과 갈등의 소인의 삶을 버리고자 하면 본성의 작용에 의하여 의식과 다른 마음을 느끼게 된다. 그것은 육신을 구성하는 수많은 의식들이 하나로 뭉치기 시작함을 뜻한다.

의식이 하나의 마음으로 뭉치게 되면 남과 나를 구분하여 오로지 자신 안에 갇혀 있던 사고에서 벗어난다. 그것은 소인이 스스로 견고한 성을 쌓아서 다른 사람, 세계, 사물과 격리시켜서 자신을 가두었음을 아는 순간 본래 자신과 남을 가로막는 성이 없었음을 알게 됨을 뜻한다.

국가 사회적 관점에서 오효는 대인의 삶을 나타낸다. 오효가 나타내는 대인의 삶은 한 개인의 삶이 점차 사회적으로 확장되어 함께하는 사람들이 늘어난다. 제을이 누이동생을 시집보냄은 개체적인 측면에서는 본래의 집으로 돌아감이지만 동시에 사회적 측면에서는 하나의 새로운 가정사회를 세워서 삶을 확장하는 일이다.

비록 오효에서 대인의 삶이 공유共有되기 시작하지만 여전히 소인의 도 곧 소인의 삶을 살아가는 무리들이 있다. 그렇기 때문에 상효의 효사에서는 소인의 도가 완전하게 사라지고 오로지 군자의 도, 대인의 도가 실천되어야 함을 밝히고 있다.

상효의 효사에서는 "성城이 밖을 둘러싼 해자垓字에 물이 마른 상태로 돌아온다. 군사軍師를 쓰지 말라고 자신의 읍에게 명령을 내린다. 바르더라도 인색하다."[74]고 하였다. 비록 성주가 아무리 성을 쌓아서 밖

---

73 『주역周易』 지천태괘地天泰卦 육오六五 소상小象, "象曰, 以祉元吉, 中以行願也."
74 『주역周易』 지천태괘地天泰卦 상육上六 효사爻辭, "上六, 城復于隍, 勿用師, 自邑告命, 貞吝."

의 군대와 대치할 필요가 없음을 알고 성을 보호하는 해자垓子의 물을 빼 버리고 군사를 일으켜서 싸우지 말라고 성안의 마을에 명을 내릴지라도 여전히 밖에서 군대가 기다리고 있기 때문에 싸움을 피하기는 어렵다. 그러면 이것이 무엇을 의미하는가?

상효에서 성을 견고하게 쌓아서 다른 군대와 대치하는 전쟁 상태를 통하여 성안과 밖을 철저하게 구분하여 나타낸 것은 대인의 삶이 소인의 삶과 공존할 수 없음을 나타낸다. 아무리 성안에서 전쟁을 하고자 하지 않더라도 밖에서 군대를 동원하여 전쟁을 일으키면 피할 수 없듯이 대인의 도를 견지하더라도 소인의 도가 남아 있는 한 함께할 수 없다.

우리는 앞에서 천지비괘를 통하여 소인의 삶이 의식에 의하여 자신과 남을 구분하고, 사람과 세계를 구분하며, 선과 악, 옳음과 그름과 같은 온갖 분별에 의하여 가치를 부여하고 집착함으로써 대립과 갈등의 삶, 투쟁의 삶이 있을 뿐으로 함께하는 삶이 없음을 살펴보았다.

3. 인간의 삶과 선후천

우리는 지천태괘와 천지비괘를 통하여 상하, 천지, 내외가 서로 소통하고 화합하여 공존하는 세계와 상하, 천지, 내외가 서로 나누어지고 소통하지 않아서 분열과 갈등 속에서 투쟁하는 삶이 있음을 살펴보았다.

그런데 서로가 서로를 인정하지 못하고 소통이 되지 않아서 비색否塞된 세계는 군자의 도가 사라지고 소인의 도가 점차 자라나는 세계이며, 서로가 사귀면서 소통하고 한마음이 되어 화합하면서 살아가는 세계는 군자의 도가 중심이 되어 자라나면서 소인의 도가 소멸되는 세계이다. 그러면 군자의 도와 소인의 도는 어떤 관계인가?

우리가 먼저 생각해야 할 부분은 군자의 도와 소인의 도를 말할 때의 도라는 개념이 무엇을 의미하는가이다. 도라는 개념에는 '길'이라는 의미와 더불어 '말하다.'의 의미도 있고, '과정', '방법'의 의미도 있다. 이와 더불어 추상적인 측면에서 시공을 초월한 형이상적 존재를 가리키는 '도'의 의미도 있다. 그러면 여기서 말하는 군자의 도와 소인의 도는 무엇인가?

군자의 도는 군자의 삶의 방식, 삶의 방법을 가리키고, 소인의 도는 소인의 삶의 방식, 삶의 방법을 가리킨다. 그렇기 때문에 소인의 도는 소인의 삶의 길을 나타내고, 군자의 도는 군자의 삶의 길을 나타낸다. 그러면 군자의 삶의 길과 소인의 삶의 길은 무엇인가?

군자의 도는 본성이라는 인간의 가장 깊은 곳에 있는 측면을 중심으로 살아가는 삶의 방법을 나타내고, 소인의 도는 우리의 가장 겉으로 드러난 측면을 중심으로 살아가는 삶의 방법을 나타낸다. 그렇기 때문에 군자의 삶의 길이나 소인의 삶의 길을 막론하고 모두 우리의 삶의 방법일 뿐이다. 그러면 우리는 어떻게 살아가야 하는가?

지천태괘와 천지비괘를 통하여 살펴보면 소인이 살아가는 삶의 방법은 자신도 고통스러울 뿐만 아니라 다른 사람들도 고통스럽다. 공자가 밝히고 있는 것처럼 소인의 삶은 항상 근심, 걱정, 두려움 속에서 살아가기 때문에[75] 편안하지 못할 뿐만 아니라 주변의 모든 사람들에게 고통을 안겨 준다.[76]

군자의 삶은 자신도 근심, 걱정, 두려움이 없는 편안한 삶[77]을 살아갈 뿐만 아니라 남들로 하여금 언제나 편안하게 해 준다. 그렇기 때문에 소

---

75 『논어』 술이, "子曰 君子坦蕩蕩, 小人長戚戚."
76 『논어』 위정, "子曰 君子周而不比, 小人比而不周."
77 『논어』 헌문, "子曰 君子道者三, 我無能焉, 仁者不憂, 知者不惑, 勇者不懼."

인의 삶을 선택하지 말고 군자의 삶을 선택하는 것은 반드시 필요하다.

그러나 근본적인 측면에서 보면 사람다운 사람 곧 충분하게 성장한 사람이 바로 어른(成人)으로서의 군자이다. 그렇기 때문에 아직 충분하게 성장하지 못한 어린이와 같은 소인의 삶을 살아가는 것은 지혜롭지 못한 삶이다. 그러면 우리가 대인의 삶을 살아가기 위해서는 어떻게 살아야 하는가?

대립과 갈등의 삶, 사람과 사람이 함께할 수 없는 투쟁의 삶, 고통의 삶인 소인의 삶과 소통과 화합의 삶, 공존, 공영의 삶으로서의 대인의 삶은 둘이 아니다. 그것은 대인과 소인이 따로 존재하는 것이 아니라 각자가 스스로 선택한 삶일 뿐임을 뜻한다.

소인이 겉으로 드러난 수많은 말과 행동에 얽매여서 오로지 그것만이 실재할 뿐으로 다른 것은 없다고 착각하고 살아가기 때문에 소인의 삶이 이루어진다. 그와 달리 대인은 겉으로 드러나는 수많은 언행은 단지 겉으로 드러난 다양함일 뿐으로 우리의 내면에 있는 하나가 다양하게 드러나기 때문에 그 하나를 중심으로 살아가는 삶이다.

그것은 대인이 형이상의 도道를 중심으로 살아가는 것과 달리 소인이 형이하의 기器를 중심으로 삶을 살아감을 뜻한다. 그러면 본래 세계 자체가 형이상의 도道와 형이하의 기器가 구분되어 있는가?

그렇지 않다. 우리 자신과 세계에 형이상과 형이하의 구분이 없기 때문에 우리가 양자를 구분하여 도道와 기器로 나타냄으로서 마치 서로 다른 것인 것처럼 여길 뿐이다. 주역에서는 "형이상적 존재를 일러 도라고 말하고, 형이하적 존재를 일러 기라고 말한다."[78]고 하여 인간이

---

78 『주역周易』 계사상편繫辭上篇 제십이장第十二章, "是故로 形而上者를 謂之道요 形而下者를 謂之器요."

스스로 도와 기를 구분하여 말한(謂之) 것임을 밝히고 있다.

도와 기의 관계 역시 하나이면서도 둘의 관계이다. 기는 그릇을 뜻한다. 그릇은 그 안에 담는 내용물인 도에 따라서 모양과 재질, 색깔이 결정된다. 따라서 도는 근본根本이며, 기器는 지말支末이다.

그러나 지말이 없는 근본은 없다. 그릇이 없다면 내용물을 담을 수 없듯이 도는 기로 드러나기 때문에 기가 없으면 도는 존재할 수 없다. 그럼에도 불구하고 기가 도는 아니기 때문에 도와 기를 구분하지 않을 수 없다.

우리는 소인과 대인의 관계에 대한 두 괘의 단사를 통하여 이러한 양자의 관계를 할 수 있다. 두 괘의 단사에서는 소인과 대인의 도를 말하면서 상하, 내외, 음양 관계를 통하여 나타내고 있다. 상하, 내외, 음양은 비록 둘로 구분하여 나타내지만 양자의 어느 하나가 없으면 나머지 하나가 존재할 수 없다. 그러므로 비록 양자를 구분하여 나타내지만 양자는 하나이다.

그리고 대인의 삶, 군자의 삶을 논하면서 상하가 서로 소통함을 밝히고, 안으로는 군자이고, 밖으로는 소인이며, 안으로는 양이고, 밖으로는 음이라고 하였으며, 소인의 삶을 나타내면서는 그와 반대로 상하가 서로 소통하지 못하여 막혀 있으며, 안으로는 음이고, 밖으로는 양이며, 안으로는 소인이고, 밖으로는 군자라고 하였다. 그러면 양자는 어떤 관계인가?

군자, 대인의 삶은 본성이 주체가 되고, 소인의 삶은 육신이 중심이 되는 삶이다. 따라서 양자의 관계를 파악하기 위해서는 본성과 육신의 관계를 살펴봐야 한다. 본성과 육신은 어느 하나를 선택하고 나머지를 버려야 할 관계가 아니다. 우리는 육신도 필요할 뿐만 아니라 육신을 넘어서 마음이 있고, 그 마음 이전의 마음으로서의 본성도 필요하다.

만약 어느 한 측면이 없으면 우리는 산 사람이라고 말할 수 없다.

도와 기 역시 어느 하나가 없다면 세계라고 할 수 없다. 왜냐하면 본래 둘의 구분이 없는 것을 우리가 편의상 둘로 나누어서 서로 다르게 나타낸 것에 불과하기 때문이다. 따라서 양자는 선택의 문제이면서 동시에 나머지 하나도 함께하는 관계이다.

우리는 이로부터 어떤 것을 나누어서 둘로 나타낸다고 할 때 어떤 것이라는 물건적 관점에서 세계를 대하고, 우리 자신을 접근하는 방법 자체에 대하여 고려할 필요가 있다. 우리가 자신과 세계를 물건이 아님에도 불구하고 물건처럼 대하여 분석하고 합일하는 분합分合은 우리 마음에 의하여 이루어지는 것일 뿐으로 세계 자체의 문제가 아니다.

물건은 우리가 사진을 찍었을 때 나타나는 모습처럼 시간을 정지시킨 상태이다. 그것은 본래 끊임없이 움직이고 있는 사물을 정지시켜서 카메라에 담아서 나타내었음을 뜻한다. 사물은 본래 고정되지 않아서 끊임없이 변화한다. 따라서 시간을 정지시켜서 나타낸 물건적 세계는 우리의 마음에 의하여 나타낸 세계일 뿐으로 세계 자체는 아니다.

우리는 자신과 세계를 보고 그것을 물건화하여 수와 괘효, 언어와 같은 수단을 통하여 끊임없이 물건으로 나타낸다. 그렇기 때문에 물건의 세계를 실재로 여길 뿐만 아니라 더 나아가서 오로지 물건적 세계만이 실재한다고 여기는 것은 커다란 잘못이다.

그것은 마치 자신이 만든 감옥監獄에 자신이 갇혀 있으면서도 그것이 삼옥監獄인 줄도 모르고 그 안에서 이것도 민들고 지깃도 만들어서 끊임없이 속으면서 살아가는 것과 같다. 따라서 우리는 수, 언어, 괘효와 같은 수단에 의하여 우리 자신이 구성한 허구적인 삶, 세계 그리고 나를 실재하는 것으로 착각해서는 안 된다. 그러면 왜 소인의 삶과 대인의 삶이 서로 다른가?

대인의 삶과 소인의 삶은 사람이 서로 다르기 때문에 일어나는 현상이 아니다. 그것은 맹자가 말한 것과 같이 사람은 같지만 스스로 육신을 자신으로 여기고 살아가느냐 아니면 겉으로 드러나는 육신과 달리 내면의 깊은 곳에 있는 내 안의 나, 참 나인 본성을 주체로 살아가느냐의 차이에 있다.

맹자는 제자인 공도자公都子가 "사람은 똑같은데 혹은 대인이 되고, 혹은 소인이 되는 것은 무엇 때문입니까?"[79]라고 묻자 다음과 같이 말하였다.

대체를 쫓으면 대인이 되고, 소체를 쫓으면 소인이 된다.[80]

맹자의 대답에 대하여 공도자는 다시 "사람은 똑같은데 혹은 대체를 쫓고, 혹은 소체를 쫓는 것은 무엇 때문입니까?"[81]라고 묻는다. 이에 대하여 맹자는 다음과 같이 말한다.

귀, 눈과 같은 기관은 생각하지 않기 때문에 사물에 가려진다. 사물과 사물이 만나면 끌려갈 뿐이다. 마음이라는 기관은 생각한다. 생각하면 얻고, 생각하지 않으면 얻지 못한다. 이것은 하늘이 나에게 부여한 것이다.[82]

---

79 『맹자』고자장구상, "公都子問曰 鈞是人也 或爲大人 或爲小人 何也"
80 『맹자』고자장구상, "孟子曰 從其大體爲大人 從其小體爲小人"
81 『맹자』고자장구상, "曰 鈞是人也, 或從其大體, 或從其小體, 何也?"
82 『맹자』고자장구상, "曰 耳目之官不思, 而蔽於物. 物交物. 則引之而已矣. 心之官則思, 思則得之, 不思則不得也. 此天之所與我者."

맹자는 사람을 이목耳目과 심心으로 구분하여 나타낸 후에 양자를 구분하는 기준을 사려가 가능한가 아니면 불가능한가로 제시하고 있다. 그것은 우리 자신을 육신과 마음으로 구분하여 나타내고 있음을 뜻한다.

그러나 이 부분에서 육신과 마음을 구분하여 이해하려는 것이 아니라 대체를 나타내려는 것이다. 그것은 맹자가 마음을 통하여 사려를 함으로써 얻을 수 있음을 논하고 있음을 보면 알 수 있다.

대체가 마음의 사려를 통하여 도달할 수 있는 경계를 나타낸다면 소체는 생각하지 않고, 지각에 의하여 얻을 수 있는 것임을 뜻한다. 그러면 대체와 소체는 어떤 관계인가?

맹자는 "큰 것을 먼저 세우면 작은 것이 빼앗을 수 없다. 이를 일러 대인이라고 한다."[83]고 하였다. 우리는 앞의 내용을 통하여 대체는 고유하고, 본유한 것으로 소체와 양립이 불가능하며, 사려할 수 있는 마음을 통하여 얻을 수 있고, 이목의 감각지각을 통하여 얻을 수 없음을 알 수 있다. 그러면 대체는 무엇인가?

일단 대체는 마음이 아니고 이목과 같은 육신도 아님을 알 수 있다. 왜냐하면 마음의 사고를 통하여 얻을 수 있고, 사고할 수 없는 이목을 통하여 얻을 수 없다고 하였기 때문이다. 이때 맹자는 사물과 사물의 만남을 말하고 있다. 그는 밖의 사물과 우리 자신의 육신이 모두 물질이기 때문에 양자가 서로 만나면 밖의 사물에 끌려서 하나가 됨을 밝히고 있다.

그리고 대체는 사물에 의하여 가려져서 드러나지 않는다고 하였다. 이처럼 마음도 아닐 뿐만 아니라 육신도 아니며, 사물이 아니면서 하늘이 나에게 부여한 것은 바로 본성인 내 안의 나이다. 따라서 대체는 내 안의 나인 참 나를 가리킴을 알 수 있다.

---

83 『맹자』 고자장구상, "先立乎其大者, 則其小者不能奪也. 此爲大人而已矣."

우리는 맹자가 밝힌 것처럼 스스로 마음을 어디에 두느냐에 따라서 대인과 소인이라는 두 갈래의 삶으로 나누어짐을 알 수 있다. 천지비괘에서 밝히고 있는 것과 같이 우리가 육신을 자신으로 여기고 살아가면 마치 스스로 견고한 성을 쌓고 그 안에서 살아가는 것과 같다. 그는 자신을 보호한다고 생각하지만 사실은 적을 막고 있는 것이 아니라 자신을 성안에 가두고 있다.

그러나 지천태괘에서 밝히고 있는 것과 같이 우리의 내면에 있는 내 안의 나로서의 본성은 나와 남이 일체일 뿐만 아니라 나와 세계가 하나이다. 그렇기 때문에 시간상으로는 영원할 뿐만 아니라 공간상으로 일체여서 내가 아님이 없기 때문에 그 어떤 것에도 걸림이 없다.

맹자는 먼저 대체를 세워야 비로소 소체가 그것을 빼앗지 못한다고 하였다. 그것은 일상의 사람들이 소체를 중심으로 살아가는 소인의 길을 쫓기 때문에 대체를 쫓기 위해서는 반드시 마음을 일으키는 발심이 있어야 함을 뜻한다.

맹자는 마음속에서 대체를 쫓아서 대인의 삶을 살고자 하는 뜻을 세우는 입지立志를 논하고 있다. 십익에서는 "하늘이 도와주는 것은 따르는 자이며, 사람이 도와주는 것은 믿는 자이다. 믿음을 딛고 따를 것을 생각하고, 또한 현자를 숭상한다."[84]고 하였다. 그것은 천리天理를 밝힌 성인의 가르침을 믿고, 가르침을 통하여 천리를 따르고자 하는 뜻을 세움을 나타낸다. 그러면 대체와 소체가 다른가?

대인과 소인, 대체와 소체는 모두 인간인 우리 자신을 물건적 관점에서 대상으로 하여 분석하여 나타낸 것이다. 대체는 내 안의 나, 참 나,

---

84 『주역』계사상편繫辭上篇 제12장, "易曰 自天祐之 吉无不利 子曰 祐者助也 天之所助者順也 人之所助者信也 履信思乎順 又以尙賢也 是以自天祐之 吉无不利也"

나 아닌 나라면 소체는 육신이다. 그러므로 대체와 소체가 둘이 아닐 뿐만 아니라 대인과 소인 역시 둘이 아니다. 그러면 우리는 대인의 삶과 소인의 삶을 어떻게 이해해야 하는가?

　여기서 우리는 정역의 관점에서 이 문제를 접근할 필요가 있다. 그것은 물건적 관점을 시간적 관점으로 관점을 전환해야 할 필요가 있음을 뜻한다.

　정역에서는 인간과 세계를 시간상에서 선천과 후천의 사건을 통하여 이해한다. 그러면 선천과 후천의 관점에서 대인과 소인의 삶은 어떻게 이해할 수 있는가?

　선천과 후천은 물리적 시간의 세계를 선후의 둘로 나타낸 것이다. 그렇기 때문에 선천과 후천은 시간을 나타내는 단위인 역수를 통하여 나타낸다. 선천은 역수曆數로 나타내면 음역陰曆과 양력陽曆이 둘로 나누어져서 작용한다. 이때 음양의 역이 모두 윤역閏曆이다. 윤역閏曆은 글자 그대로 시생하여 생장하는 역曆이다.

　소인의 삶은 선천先天적인 삶이다. 그것은 소인의 삶이 윤역閏曆처럼 시생하여 성장하는 삶임을 뜻한다. 선천은 내 안의 나와 표면의 나가 둘로 나누어져서 각각 생장하는 때라고 할 수 있다. 그렇기 때문에 소인의 삶은 표면의 나인 육신이 성장하는 것과 동시에 내면의 내 안의 나 역시 성장하게 된다.

　음양의 윤역이 성장하여 하나가 된 세계가 후천後天이다. 그것은 음역과 양력이 하나가 된 역으로서의 정역正曆의 시대이다. 이 성역은 음역과 양력이 하나가 된 측면에서 보면 중정역中正曆이다. 후천의 시대는 내 안의 나인 본성, 자성과 표면의 나인 의식이 하나가 된 세계이다.

　내 안의 나인 본성을 참 나로 여기고 본성을 주체로 살아가는 사람은 대인이다. 대인의 삶은 내 안의 나인 본성을 주체로 물리적 생명과 하나가 되어 살아간다. 그러면 선천과 후천은 어떤 관계인가?

선천과 후천은 하나의 본체인 원천原天의 드러남이다. 원천은 시간성을 물리적 시간인 선후천과 구분하여 나타내는 개념이다. 따라서 원천은 선천과 후천의 근원이다. 이처럼 시간성인 원천이 드러난 원천의 현현顯現으로서의 선천과 후천은 형이상의 시간성이 배제된 과거와 미래라는 물리적 시간과는 다르다.

원천의 관점에서 보면 선천이 변하여 후천으로 화하고, 후천이 변하여 선천으로 화한다. 선천이 후천으로 변화하는 관점을 주역과 십익에서는 역逆방향으로 나타내고, 후천이 선천으로 변화하는 관점을 주역과 십익에서는 순順방향으로 나타내었다. 선천에서 후천으로 변화하는 관점에서 보면 소인의 삶이 변하여 대인의 삶으로 화하며, 후천이 선천으로 드러나는 관점에서 보면 대인의 삶이 변하여 소인의 삶으로 나타난다.[85] 따라서 대인의 삶과 소인의 삶은 둘이 아니다. 그러면 어떻게 할 것인가?

천지비와 지천태를 통하여 나타낸 소통의 경계와 비색否塞의 경계는 각각 생명의 세계와 죽음의 세계와 같다. 서로가 서로의 생명 활동을 자유롭게 하는 소통의 경계와 생명 활동이 억압된 죽음과 같은 경계는 선택이 가능한 두 요소가 아니라 반드시 나아가야 할 길이다. 따라서 인간이 인간다운 삶을 살기 위해서는 천지비의 죽음과 같은 경계를 벗어나서 지천태의 자유로운 삶을 살고자 하는 뜻을 세워야 한다.

---

85 이현중, 『정역사상과 창조의 삶』, 지식과감성#, 2021.

제3부

정역의 시간성과 건곤괘乾坤卦의 성명性命

---

1. 중천건괘와 내 안의 나인 형이상의 본성[性]

2. 중지곤괘와 이상적인 삶[命]

3. 성명과 시간성

제3부

정역의 시간성과 건곤괘乾坤卦의 성명性命

　우리는 앞에서 주역에서 세계를 대大와 소小로 나누어서 대大를 주체로 살아가는 사람의 삶을 대인大人의 도道로 그리고 소小를 주체로 살아가는 사람의 삶을 소인小人의 도道로 구분하여 나타내었음을 살펴보았다. 그러면 대大와 소小는 무엇인가?
　계사에서는 세계를 형상을 중심으로 구분하여 형이상의 세계와 형이하의 세계로 나누어서 양자를 도道와 기器로 규정하였다. 도와 기는 근본과 지말의 본말관계이다. 그것은 양자가 일체이면서도 구분되는 관계임을 뜻한다. 그러면 도와 기를 인간의 관점에서는 어떻게 이해할 것인가?
　우리는 양자의 관계를 나타낼 때 도를 출발점으로 삼아서 기로 드러나는 관점과 기를 출발점으로 삼아서 도를 드러내는 관점에서 양자를 나타낼 수 있다. 설괘에서는 앞의 관점을 순順으로 그리고 뒤의 관점을 역逆으로 나타내고 있다.
　순의 방향은 근원인 도가 현상의 사물로 드러나는 변화이며, 역의 방향은 현상의 사물로부터 근원을 찾아서 하나가 되는 변화이다. 순방향은 존재론적 변화를 나타내며, 역방향은 당위론적, 인식론적 변화를 나타낸다. 그러면 대와 소는 무엇인가?

대와 소는 물건적 관점에서 나타낸 순방향의 변화와 역방향의 변화이다. 그것은 대인이 도를 근원으로 이루어지는 현상에 중심을 두고 살아가는 존재라면 소인은 현상으로부터 근원인 도를 찾아가는 방향에 중심을 두고 살아가는 존재임을 뜻한다. 그러면 순과 역이 하나의 중괘에서는 어떻게 반영되었는가?

형이상의 도는 사물에 있어서는 사물의 근원이다. 그렇기 때문에 십익에서는 도가 사물의 성품임을 밝히고 있다. 사람 역시 형이상과 형이하의 두 측면에서 구분하여 나타낼 수 있다. 사람의 형이상의 근원은 사람다움으로서의 성품, 본성이며, 형이하의 측면은 육신이다.

그런데 다양한 형상을 가진 육신으로 드러나는 공통적인 요소는 물리적인 생명이다. 이 물리적 생명을 십익에서는 명命으로 규정하고 있다. 따라서 인간은 형이상의 본성과 형이하의 물리적 생명의 성명性命으로 나타낼 수 있다.

설괘에서는 대인의 도를 형이상의 본성을 나타내는 성과 성을 주체로 하여 드러나는 물리적 생명인 명을 통하여 나타내는 것이 주역임을 밝히고 있다. 그러면 성명이 주역의 괘효에서는 어떻게 나타나는가?

우리가 도와 기를 순과 역의 두 방향에서 나타낼 수 있듯이 육효에 의하여 구성되는 모든 중괘도 순역에 의하여 성명을 상징적으로 나타내고 있다. 64괘 가운데서 성과 명을 중심으로 구성된 괘는 중천건괘와 중지곤괘이다. 그렇기 때문에 계사에서는 "64괘의 내용이 건곤괘에 집약되어 있다"[86]고 하였다. 그러면 중천건괘와 중지곤괘가 나타내는

---

86 『주역』 계사상편繫辭上篇 제십이장, "乾坤其易之縕邪 乾坤成列 而易立乎其中矣 乾坤毀 則无以見易 易不可見 則乾坤或幾乎息矣"

성명원리, 성명의 이치는 무엇인가?

  우리가 건곤괘를 통하여 성명의 이치를 고찰하기 위해서는 고려해야 할 두 가지 점이 있다. 그 하나는 주역이 성명, 성명의 이치라는 인도를 밝히고 있지만 그것을 실체적 관점에서 물건적 존재로 여기는 것이 아니라 변화의 관점에서 나타내고 있다는 점이다.

  주역은 주나라의 시대에 형성된 역에 관한 전적이라는 의미도 있지만 두루 변화하여 고정되지 않는 변화라는 의미로 있다. 따라서 우리는 성명, 성명의 이치를 실체적 관점에서 하나의 물건적 존재로 접근하는 것이 아니라 변화의 사태, 사건의 관점에서 접근해야 한다. 그러면 성명, 성명의 이치를 사건의 관점에서 접근함은 무엇을 의미하는가?

  성명이라는 물건적 존재를 대상으로 분석과 종합을 통하여 그 의미를 밝히는 것이 아니라 성에서 시작하여 명에서 끝나는 변화와 명에서 시작하여 성에서 완성되는 사건의 변화를 통하여 성명, 성명의 이치를 파악하는 방법이다.

  두 번째는 우리가 주역을 사건의 관점에서 변화를 중심으로 접근하는 방법은 현상에 대한 분석과 종합이 아니라 현상을 대하는 우리 자신을 중심으로 분석과 종합하는 방법이다. 이러한 방법은 우리가 주역을 과학이나 의사과학의 관점에서 미래를 예측하는 도구인 점서로 여기지 않고 인간 자신을 대상으로 하는 인문학의 관점에서 접근하는 방법이다.

  2022년의 우리들은 지난 2019년 12월에 시작된 코로나19의 팬데믹으로 우리의 생활에 영향을 미치는 정치, 경제, 안보를 비롯하여 문화, 교육, 종교 등의 삶의 전반에서 겪어 보지 못했던 변화를 경험하고 있다.

  격변의 시대를 살아가는 우리들은 변화를 삶에 유리한 방향으로 활용하는 적극적인 태도가 바람직함을 안다. 그럼에도 불구하고 우리는 변화를 거부하고, 고통스러워하면서 자신이 아닌 다른 사람이나 정부, 사회가 문제를 해결해 주기를 바라는 소극적인 태도에 안주하기 쉽다.

끊임없이 일어나는 삶의 변화를 낯설어하고, 피하고자 하며, 남에 의하여 변화가 멈추기를 바라는 소극적인 태도는 육신을 자신으로 여기고, 육신을 통하여 얻을 수 있는 세계가 실재하는 모든 것이라고 여기고 살아가는 소인의 삶이다.

그러나 대인은 우리가 겪고 있는 코로나19 팬데믹을 실재하는 것으로 인정하지 않는다. 그것은 그가 안팎의 변화가 모두 내 안의 나 아닌 나에 의하여 이루어짐을 알기 때문에 오로지 그 자리로 하여금 새롭게 창조하도록 맡기면서 함께할 뿐이다.

우리가 동일한 격변의 현상에 대하여 서로 다른 태도를 취하는 까닭은 현상에 대한 서로 다른 인식 때문이다. 그것은 현상과 우리를 둘로 보지 않는 태도와 둘로 보는 태도이다. 자연, 세계, 현상과 나를 둘로 보지 않는 것은 대인의 삶의 태도이며, 둘로 보는 것은 소인의 삶의 태도이다.

소인은 코로나19 사태를 우리와 둘로 보아 스스로 통제가 불가능한 문제로 인식하기 때문에 코로나 블루, 코로나 레드라는 유행어가 보여주는 것처럼 미래에 대한 불안한 마음[87]을 갖지 않을 수 없다.

우리는 예로부터 미래에 대한 불안을 달래기 위하여 여러 가지의 수단을 통하여 占을 쳐 왔다. 오늘날 우리 사회에서 섬의 넥스트로 활용

---

87 코로나19로 인한 두려움에 관하여는 문정화, 김수진, 성기옥, 「코로나19 두려움과 영향요인에 대한 탐색적 연구」, 『사회과학연구』 32(1), 2021, 285-307을 참고하기 바라며, 그 인문적 치유가능성에 대하여는 최윤경, 「역병疫病 '코로나19' - 그 의미, 감성, 그리고 인문치유 -」, 『동서인문』 (14), 2020, 131-155쪽을 참고하기 바란다.

되고 있는 전형적인 전적은 『주역』이다. 우리가 주역의 괘효사를 보면 미래의 길흉을 나타내는 점사占辭로 이루어져 있기 때문에 『주역』을 점서占書로 인식하는 것이 타당해 보이기도 한다. 그러면 미래라는 시간과 길흉吉凶이라는 사건이 우리와 독립된 객관적 실체일까?

 바람에 깃발이 펄럭이는 것을 보면서 한 사람은 "사람이 분다."고 말하고, 한 사람은 "깃발이 펄럭인다."고 말하며, 어떤 사람은 "마음이 움직인다."고 말한다.[88] 그것은 현상이 고정된 것이 아니라 사람에 따라서 다양하게 인식됨을 뜻한다.

 현상에 대한 다양한 인식은 다양한 삶의 태도로 나타나고, 그것이 결국은 서로 다른 삶의 결과를 낳는다. 따라서 우리가 주역을 통하여 행하는 占이 단순하게 현상의 결과를 나타내는 길흉을 미리 파악하는 것에 그친다면 큰 의미가 없다.

 오히려 우리가 길흉을 판단하는 것에서 나아가서 결과를 변화시키고, 새롭게 창조할 수 있을 때 비로소 점을 치는 행위가 의미를 갖는다. 그것은 우리가 만약 형이하의 현상을 중심으로 현상에 매달리면 고통스런 삶이 되지만 형이상의 도를 중심으로 현상을 끊임없이 새롭게 창조하는 삶을 살아가면 언제나 즐겁고 근심, 걱정, 두려움이 없는 삶을 살아감을 뜻한다. 그러면 우리는 어떻게 해야 하는가?

 우리가 소인의 삶에서 벗어나서 대인의 삶을 살아가기 위해서는 세계와 우리 자신을 지금 여기의 나를 중심으로 이해하여야 한다. 그것은 주역과 십익에서 제시하고 있는 형이상의 도와 형이하의 기器를 지금 여기의 나를 중심으로 일체화시켜서 이해하여야 함을 뜻한다.

---

88 『무문관無門關』(大正藏 48, 1, 0296c18), "六祖因風颺刹幡 有二僧對論 一云幡動 一云風動 往復曾未契理 祖云 不是風動不是幡動 仁者心動 二僧悚然."

도와 기를 지금 여기의 나와 일체화시키는 문제는 시간성을 중심으로 그것이 시간화하고, 다시 시간성화하는 영원한 현재적 관점에서 지금 여기의 나를 이해하는 방법이다. 그것은 주역에서 취하고 있는 방법이 아니라 한국고유사상인 고조선사상에서 취하고 있는 방법이다.[89] 그러면 우리는 고조선사상과 주역을 어떻게 비교하여 고찰할 수 있는가?

고조선사상을 역학적易學的 관점에서 이론체계화하여 나타내고 있는 전적은 김항金恒에 의하여 저작된 정역正易이다. 정역에서는 시간성을 중심으로 영원한 현재적 관점에서 인간을 나타내고 있다. 그것은 지금 여기의 나를 중심으로 자신과 세계를 이해함을 뜻한다.[90] 따라서 우리는 정역사상을 바탕으로 주역을 연구함으로써 한국사상과 중국사상의 특성을 파악할 수 있다.

오늘날 우리가 볼 수 있는 주역은 은나라 말기에서 주나라 초기에 저작되었다는 괘효와 괘효사 그리고 괘효사의 내용을 설명한 십익으로 구성된다. 학자들은 괘효, 괘효사와 십익의 저작 시기가 다를 뿐만 아니라 괘효사는 점서占書이며, 십익은 공자와 그의 제자들이 괘효사의 사상적 의미를 제시한 글들이기 때문에 양자를 엄격하게 구분하고 있다.

그런데 괘효와 괘효사를 저작하고, 십익을 저작한 주체도 인간이며, 양자를 주역과 십익으로 구분하고, 그 성격을 점서와 사상서로 규정하는 것도 인간이다. 그것은 역도, 변화의 도는 인간이 괘효와 괘효사, 십익을 저작함에 상관이 없이 영원함을 의미하는 동시에 역도, 변화의 도가 인간에 의하여 괘효, 괘효사, 십익이 저작됨으로써 드러나는 누 측면이 있음을 뜻한다.

---

89 이현중,『고조선 철학』, 문진, 2019.
90 이현중,『정역사상과 창조의 삶』, 지식과감성#, 2021.

주역에서는 인간의 육신에 의하여 이루어지는 괘효, 괘효사, 십익의 저작과 같은 현상과 현상으로 드러나기 이전의 현상을 넘어선 근원으로서의 형이상적 세계, 시공을 초월한 세계로서의 본성을 논하고 있다.

그것은 우리가 일반적으로 자신으로 여기고 있는 육신을 넘어서 근저에 마음이 있고, 마음의 근저에 본성이 있어서 그것이 생명의 다양한 현상으로 드러나면서 주역과 십익이 저작되었음을 뜻한다. 그러면 본성이란 무엇인가?

중천건괘重天乾卦의 육효六爻 효사爻辭를 보면 각각 초효를 잠룡潛龍으로, 이효를 현룡見龍으로, 삼효를 군자君子로, 사효를 약룡躍龍으로, 오효를 비룡飛龍으로, 그리고 상효를 항룡亢龍으로 나타내고 있다. 우리는 이를 통하여 잠, 현, 군자, 약, 비, 항의 차이는 있지만 모두 용龍을 나타내고 있음을 알 수 있다. 그것은 여섯 효가 모두 때에 따라서 잠, 현, 군자, 약, 비, 항으로 다르게 나타나는 용을 상징하고 있음을 뜻한다.

그런데 삼효의 효사에서 군자라는 개념을 통하여 용의 성격을 드러내고 있다. 삼효는 내괘의 마지막 효이다. 그것은 삼효에서 변하여 사효로 화함으로써 내괘에서 외괘로의 변화가 이루어짐을 나타낸다. 이를 통하여 용이 때에 따라서 다양하게 드러나는 인간의 변화하는 측면과 다른 변함이 없이 항상함을 나타냄을 알 수 있다.

인간의 때에 따라서 변화하지 않고 항상하는 측면을 우리는 인간다움으로서의 인성人性이라고 한다. 인간다움은 남과 여라는 육신의 차이를 넘어서 있다. 그것은 인간다움이 시간의 흐름에 따라서 변화하는 것이 아니라 시간의 흐름을 넘어서 있음을 뜻한다. 이처럼 인간다움, 본성, 성품을 때에 따라서 다양하게 드러나는 변화를 통하여 상징적으로 나타내는 것이 중천건괘의 육효이다. 그러면 중천건괘는 왜 본성을 육효를 통하여 여섯으로 나타내었는가?

육효의 구성은 천지인天地人의 삼재적三才的 구조에 의하여 음양의 양지兩之작용을 나타내기 위함이다. 그것은 하나의 중괘重卦를 상괘上卦와 하괘下卦로 나타내고, 내괘內卦와 외괘外卦로 구분하여 이해하는 것을 통해서도 알 수 있다. 중천건괘의 경우 상괘도 건괘이며, 하괘도 건괘이지만 수뢰둔괘水雷屯卦의 경우에는 상괘는 감괘坎卦이고, 하괘는 진괘震卦인 것과 같이 일부의 중괘 외에는 대부분의 중괘의 상하괘가 서로 다르다.

하나의 중괘를 상효에서 초효를 향하여 상괘와 하괘의 변화로 이해하는 것은 괘체卦體의 관점이고, 초효에서 상효를 향하여 내괘에서 외괘의 변화를 중심으로 이해하는 것은 효용爻用의 관점이다. 이처럼 괘체는 상하를 통하여 위에서 아래로 작용하는 천도天道의 작용을 나타내고, 효용은 내외를 통하여 아래에서 위를 향하는 지도地道의 작용을 나타낸다.

천도와 지도는 원형리정元亨利貞의 네 단계의 변화가 기본이 되어 상징적으로 표현된다.[91] 중천건괘와 중지곤괘의 괘사卦辭에서 원형이정을 나타내고 있음은 이를 보여 준다. 이 원형이정은 원元에서 형亨을 향하는 변화와 형亨에서 리利를 향하는 변화, 그리고 리利에서 정貞을 향하는 변화의 세 단계로 나타낼 수 있다.

괘사를 나타나는 원형이정을 생장성의 세 과정으로 나타낸 것이 효사爻辭라고 할 수 있다. 다만 각 단계를 음양의 두 단계로 다시 구분하여 나타냄으로써 육효가 나타내는 여섯 단계가 된다. 그렇기 때문에 십

---

91 64가지의 중괘 가운데서 64괘의 내용을 집약적으로 나타내고 있는 중천건괘와 중지곤괘에서 원형이정이 모두 나타나고 그 밖의 62괘에서는 전부나 일부가 드러나고 있다. 그것은 64괘가 각각 서로 다른 관점에서 성명을 나타내고 있음을 보여 준다.

익에서는 삼재의 양지 작용을 나타내기 위하여 육효가 구성되었다[92]고 말한다. 그러면 여섯 효를 세 단계로 구분하는 까닭은 무엇인가?

우리가 여섯 단계나 네 단계 그리고 세 과정으로 시간을 통하여 사건을 구분하는 까닭은 그 과정에서 인간이 해야 할 역할, 일을 나타내기 위함이다. 중건천괘의 육효 효사를 보면 초효의 경우에 "물속에 엎드려 있는 용이니 쓰지 말라."[93]라고 하였다. 잠용이라는 때에 대한 판단과 그에 따른 시의성時義性에 적합한 행동이 "쓰지 않음"임을 제시한 것이다.

인간의 본성을 상징하는 용이 물속에 잠겨 있다는 것은 마치 아이가 잉태한 상태와 같다. 그렇기 때문에 어머니의 보호를 받으면서 배 속에서 건강하게 자궁 밖으로 나올 수 있도록 무럭무럭 자라는 것이 필요하다. 그것을 나타내는 것이 "쓰지 말라."는 효사의 내용이다. 이처럼 육효는 때가 갖는 의미인 시의성時義性[94]을 나타내는 내용이 앞에 나타나고 이어서 그것에 상응하는 인간이 해야 할 일을 나타내고 있다.

그런데 중천건괘가 나타내는 인간이 해야 할 일은 본성의 관점이고, 육신의 관점 곧 본성이 주체가 되어 일어나는 생명 현상의 측면에서 인간이 해야 할 일로서의 명命을 나타내는 것은 중지곤괘重地坤卦이다.

중지곤괘의 육효가 나타내는 내용은 중천건괘가 나타내는 본성이 시간에 따라서 나타나는 생명현상이다. 이때 중지곤괘의 효사가 나타내는 생명현상은 인간의 삶으로 나타난다. 인간의 삶을 중심으로 매 순간의 생명 현상을 이해하면 현상으로 드러나는 모든 언행은 시의성에 알

---

92 『주역周易』계사하편繫辭下篇 제십장第十章, "易之爲書也 廣大悉備 有天道焉 有地道焉 有人道焉 兼三材而兩之故六 六者非它也, 三才之道也"
93 『주역周易』중천건괘重天乾卦 초효初爻, "初九 潛龍勿用"
94 시간이 갖는 의미로서의 시의성에 대하여는 이현중의 『역경철학』, 문예출판사, 2014를 참고하기 바란다.

맞게 이루어져야 할 역할의 표현이다.

그런데 시의성에 알맞은 역할은 사회적 측면에서는 사회적 사명이 되고, 역사적 측면에서는 인류사적 사명, 우주사적 사명이 된다. 그것을 시간을 나타내는 천天과 결합하여 인류사적 사명, 우주사적 사명으로서의 천명天命으로 나타낸다.

본성을 주체로 이루어지는 물리적 생명 현상이 갖는 의미로서의 역사적 사명, 사회적 사명을 나타내는 것이 중지곤괘이다. 그것은 중지곤괘가 본성이 시공을 통하여 드러나는 생명 현상을 인간의 육신의 운용을 중심으로 나타낸 것임을 뜻한다.

중지곤괘의 육효 효사를 보면 각각 리상履霜, 직방대直方大, 함장가정含章可貞, 괄낭括囊, 황상黃裳, 용전우야龍戰于野로 나타내고 있다. 초효의 서리를 밟음은 머지않아서 얼음이 옴을 뜻한다. 그렇기 때문에 "서리를 밟으면 단단한 얼음이 얼 때가 온다."[95]고 하였다. 이효는 "곧고 방정하고 크다."[96]고 하여 본성이 드러난 관점에서 육신의 운용에 대하여 "익히지 않아도 이롭지 않음이 없다."[97]고 하였다.

중지곤괘가 본성을 주체로 살아가는 군자가 때에 따라서 해야 할 역할로서의 천명, 사명을 밝히고 있음은 괘사를 통해서도 확인할 수 있다. 중지곤괘의 괘사에서는 "군자가 가야 할 바를 둠이 이롭다."[98]고 하여 해야 할 역할을 하는 것이 이롭다고 하였다. 그리고 이어서 "앞서면 미혹되고, 뒤로 하면 주체를 얻어서 이롭다."[99]고 하여 군자의 역할 곧

---

95 『주역周易』 중지곤괘重地坤卦 초효初爻, "初六 履霜 堅冰至."
96 『주역周易』 중지곤괘重地坤卦 이효二爻, "六二, 直方大"
97 『주역周易』 중지곤괘重地坤卦 이효二爻, "不習无不利."
98 『주역周易』 중지곤괘重地坤卦 괘사卦辭, "坤 元亨利牝馬之貞 君子有攸往"
99 『주역周易』 중지곤괘重地坤卦 괘사卦辭, "先迷, 後得主, 利"

사명을 어떻게 실천해야 하는지를 밝히고 있다.

중지곤괘의 육효는 중천건괘의 효사와 마찬가지로 초효와 이효의 첫 단계와 삼효와 사효의 두 번째 단계 그리고 오효와 상효의 세 번째 과정을 통하여 인간이 해야 할 일을 나타내고 있다. 설괘에서는 주역의 내용을 성명의 이치로 밝히고 그 과정을 궁리, 진성, 지명으로 나타내고 있다.

옛날에 성인이 역易을 지을 때에 장차 성명性命의 이치에 순응하게 하고자 하였다.[100]
도덕道德에 화순和順하여 의義롭게 다스린다. 이치를 궁구하고, 성품을 다하여 명命에 이른다.[101]

위의 인용문에서는 주역의 내용을 한마디로 나타내어 성명, 성명의 이치로 나타내고 있다. 그리고 사람이 하는 일은 천지의 본성인 도덕성道德性에 화순하여 의롭게 살아가고자 하는 뜻을 세우는 것과 세운 뜻을 실천하는 궁리窮理, 진성盡性, 지명至命을 함께 나타내고 있다.

천지의 본성인 도덕성道德性에 화순하여 의롭게 살아가고자 하는 뜻을 세우고 살아가는 사람이 대인인 군자이다. 군자는 세 단계의 내면의 심층을 향하는 과정을 거쳐서 자신의 삶의 길을 찾게 된다. 그것을 나타내는 부분이 궁리, 진성, 지명이다.

궁리, 진성, 지명의 세 단계는 물리적 시간의 차원에서는 인과因果관계를 형성하는 사건들이다. 그것은 궁리에 이어서 진성이 이루어지

---

100 『주역』 설괘說卦 제이장第二章, "昔者聖人之作易也는 將以順性命之理니."
101 『주역』 설괘說卦 제이장第一章, "和順於道德而理於義하며 窮理盡性하야 以至於命하니라"

고, 진성이 이루어진 후에 비로소 지명이 이루어짐을 뜻한다. 그러면 궁리와 진성, 지명이 무엇인가?

궁리는 성명의 이치를 궁구함을 뜻한다. 이때 성명, 성명의 이치는 그것을 연구하는 주체인 군자와 연구의 대상인 성명의 이치가 둘인 상태이다. 그것은 군자가 물리적 생명의 차원에서 물리적 시간의 변화를 따라서 다양하게 드러나지만 변화하지 않는 하나의 근원을 찾는 것을 뜻한다.

맹자는 "마음을 다하면 성품을 알고, 성품을 알면 하늘을 안다"[102]고 하였다. 이는 마음으로 드러나기 이전을 통하여 성품을 알게 됨을 뜻한다. 따라서 성명의 이치, 성명을 발견한 상태를 나타내는 것이 궁리라고 할 수 있다.

진성은 성품을 다함의 뜻이다. 그것은 성명, 성명의 이치와 그것을 궁구하는 주체가 하나가 된 상태, 합일의 상태를 나타낸다. 이처럼 군자가 자신의 본래면목인 내면의 나와 하나가 된 상태가 될 때 비로소 성품이 작용을 하게 된다.

군자가 마음과 육신을 통하여 다양하게 드러나는 현상의 이면에 있는 변화하지 않는 자신과 하나가 된 상태는 나도 없고, 성품도 없는 상태이다. 이처럼 나도 없고, 성품도 없는 상태에 이르면 비로소 때와 장소에 따라서 다양하게 자신을 드러내게 된다.

지명至命은 진성이 표면의 나와 내 안의 나와 하나가 됨을 나타낸 것과 달리 지명은 내 안의 나, 본상과 세계의 본성이 둘이 아님을 안 경지이다. 그것은 내 안의 나가 바로 나 아닌 나임을 자각한 경지라고 할

---

102 『맹자』 진심장구상, "孟子曰 盡其心者 知其性也 知其性 則知天矣 存其心 養其性 所以事天也 殀壽不貳 修身以俟之 所以立命也"

수 있다.

 지명에 이르면 내 안의 나도 없고, 세계도 없고, 사물도 없는 경지에서 비로소 물리적 생명을 통하여 모든 존재를 이롭게 하는 삶을 살아간다. 따라서 이때의 명命은 물리적 생명이 아니라 함께 살아가는 공체共體의 측면에서 삶의 의미를 나타낸 것이다.

 그러나 지명은 천지의 본성인 도덕성이 그대로 자신의 성명임을 알고 성명에 따라서 살아가야 함을 자각한 상태일 뿐으로 그것을 실천함을 뜻하지 않는다. 그렇기 때문에 반드시 앎과 더불어 그것을 실천을 강조하지 않을 수 없다. 그러면 궁리, 진성, 지명이 육효 중괘에서는 어떻게 표현되고 있는가?

 중천건괘와 중지곤괘를 막론하고 초효와 이효는 궁리의 단계를 나타내며, 삼효와 사효는 진성의 단계를 나타내고, 오효와 상효는 지명의 단계를 나타낸다. 그렇기 때문에 우리가 중천건괘와 중지곤괘를 고찰할 때 궁리, 진성, 지명의 세 단계 곧 생장성의 과정을 중심으로 성명을 살펴볼 필요가 있다.

 그것은 인간으로서의 우리 자신이 물리적 시간의 흐름을 따라서 다양하게 드러나는 측면과 변화의 현상 가운데서 변화하지 않는 측면이 있음을 바탕으로 양자를 각각 물리적 시간과 물건을 통하여 나타낸 것이 중천건괘와 중지곤괘임을 뜻한다.

 중천건괘에서는 물리적 시간을 중심으로 사건의 변화를 통하여 우리 자신을 변화하는 사건과 변화하지 않는 측면을 중심으로 나타내고 있고, 중지곤괘에서는 물건적 관점에서 개체적 존재인 각각이 모여서 형성된 사회를 중심으로 어떻게 변화하는지를 나타내고 있다. 그러면 지금부터는 형이상과 형이하를 지금 여기의 나를 통하여 나타낸 성명性命이 무엇인지를 중천건괘와 중지곤괘를 중심으로 살펴보자.

1. 중천건괘와 내 안의 나인 형이상의 본성[性]

중천건괘의 괘사와 효사에서는 인간을 물리적 시간의 관점에서 사건을 통하여 나타내고 있다. 중천건괘의 괘사에서 "건乾은 원元하고, 형亨하고, 이利하며, 정貞한다."[103]고 하였다.

'건乾'은 시간의 추이를 나타내는 왼쪽 부분과 시간의 추이에 따라서 나타나는 물건의 변화를 나타내는 오른쪽 부분으로 구성되어 있다.

왼쪽 부분은 태양을 나타내는 일日이 중간에 있고, 상하에 십十이 놓여 있어서 햇살이 뻗어나가는 형상을 나타내고 있다. 따라서 왼쪽 부분의 내용은 시간의 흐름을 나타낸다고 할 수 있다. 오른쪽 부분은 땅속으로부터 생명이 올라오는 것을 형상화한 을乙 위에 덮개와 같은 역할을 하는 땅을 나타내는 인人이 결합하여 시간의 흐름을 나타나는 물건의 변화를 나타낸다. 그러면 건이라는 개념은 무엇을 나타내는가?

건은 시간의 흐름을 따라서 나타나는 변화의 현상 이면에 있는 변화하지 않는 특성을 나타낸다. 그것은 변화의 현상의 이면에 전제되는 부동不動의 동인動因이라고 할 수 있고, 시간의 측면에서는 시간의 존재근거인 시간성이라고 할 수 있다.

시간성은 물리적 시간의 존재근거인 형이상적 존재이다. 그러나 시간성은 끊임없이 시간으로 자신을 드러내기 때문에 고정된 실체적 존재가 아니다. 그것은 시간성이 물리적 시간이 갖는 속성이 아님을 뜻한다.[104] 그러면 원형이정은 무엇인가?

원형이정은 시간성의 시간화 작용을 나타내는 개념이다. 그것은 시

---

103 『주역』 중천건괘 괘사, "乾은 元하고, 亨하고, 利하고, 貞하니라."
104 시간성과 시간성의 본성에 의하여 이루어지는 시간에 대하여는 이현중의 『정역철학』, 학고방, 2016을 참고하기 바란다.

간성이 시간화하는 과정을 시간의 흐름에 따라서 나타나는 시초와 종말의 과정을 거치는 사건의 네 단계로 나타낸 것이 원형이정元亨利貞의 사상四象임을 뜻한다.

원형이정을 두 단계의 변화 곧 내괘內卦와 외괘外卦가 나타내는 선천과 후천의 변화를 통하여 이해한 것은 중천건괘의 단사彖辭이다. 중천건괘의 단사에서는 원형이정을 다음과 같이 나타내고 있다.

> 크구나, 건원乾元이여! 만물萬物이 자료로 삼아서 비로소 시작되니 이에 천天을 거느린다. 구름이 흐르고 비가 내리면 온갖 물건이 형체를 흘린다. 종시終始를 크게 밝히면 육위가 때에 따라서 이루어진다. 시간성이 육용六龍을 타고 천天을 어거한다. 건도乾道가 변화하면 각각 성명이 바르게 되어 대화大和를 보합保合하니 이에 이롭고 바르다. 온갖 사물 가운데서 근원이 드러나니 만국이 모두 편안하다.[105]

우리는 위의 내용을 통하여 원형이정을 원형과 이정으로 두 부분으로 이해하였음을 볼 수 있다. '대재건원大哉乾元'에서 '품물유형品物流形'까지는 원형에 대하여 설명한 부분이며, '보합대화保合太和'에서 '만국함녕萬國咸寧'까지는 이정에 관한 설명이라고 할 수 있다. 그러면 단사에서 원형이정을 원형과 이정으로 구분하여 나타낸 까닭이 무엇인가?

우리는 원형과 이정을 구분하는 중간에서 육효의 괘가 나타내는 내용에 대하여 언급하고 있음을 주목할 필요가 있다. 원형과 이정의 중간

---

105 『주역』 중천건괘 단사, "彖曰 大哉乾元 萬物資始, 乃統天. 雲行雨施, 品物流形. 大明終始, 六位時成, 時乘六龍以御天. 乾道變化, 各正性命, 保合太和, 乃利貞. 首出庶物, 萬國咸寧."

부분에서는 먼저 '종시를 크게 밝혀서 그것을 시종의 사건으로 나타냄으로써 여섯의 시위를 나타내는 효가 형성된다.'고 하였다. 그것은 육효의 중괘가 종시원리를 바탕으로 그것을 시종의 시위를 통하여 나타내었음을 뜻한다. 그러면 종시원리는 무엇인가?

종시는 종말에서 다시 시초로 이어지는 천도의 그침이 없어 항구한 작용을 나타낸다. 이 종시의 변화는 마치 열매를 씨로 뿌리는 현상과 같다. 이처럼 씨를 심었을 때 비로소 싹이 트기 시작하여 꽃이 피고 열매가 맺어지는 현상으로 나타난다. 그러면 이처럼 종시와 시종의 관계를 단사에서는 어떻게 나타내었는가?

종시와 시종은 시간성의 시간화를 나타내는 개념들이다. 시간성의 시간화를 나타내는 개념이 종시이며, 시간이 시간성으로 귀체, 귀공하는 시간의 시간성화를 나타내는 개념이 시종이다. 단사에서는 종시에 근거하여 시종이 이루어짐을 시간성이 육룡을 타고 시간의 세계인 천天을 운용한다고 하였다. 그러면 종시와 시종은 무엇인가?

사람들은 변화를 말하면 시초에서 종말에 이르는 현상적 차원의 변화, 물리적 시간의 흐름에 따라서 드러나는 물건적 변화만을 생각한다. 그러나 종말은 다시 새로운 시초로 변화한다. 그것은 시초에서 종말을 향하는 시간의 시간성화가 종말을 바탕으로 시초가 시작되는 시간성의 시간화를 바탕으로 전개됨을 뜻한다.

시간성의 시간화를 나타내는 종시변화는 괘체卦體를 통하여 드러난다. 이와 달리 시간의 시간성화를 나타내는 시종의 변화는 효용爻用을 통하여 드러난다. 주역의 중괘는 괘체가 중심이 아니라 효용이 중심이다. 그렇기 때문에 하나의 중괘에서는 초효에서 삼효에 이르는 내괘에서 사효에서 상효에 이르는 외괘로의 변화를 통하여 표현되고 있다.

단사에서는 내괘의 끝인 삼효에서 외괘의 초효인 사효에 이어지는 변화를 중심으로 건도의 변화로 규정하고 있다. 그것은 선천의 종말이 다시 후천의 시초로 변화하는 변화이다. 이처럼 선천에서 후천으로의 변화를 물건적 관점에서 나타낸 것이 '각정성명各正性命'이다.

원형이 변화하여 드러난 이정의 세계를 나타내는 '각정성명'은 사효에서 상효에 이르는 외괘가 나타내는 후천의 세계이며, 지천태괘가 나타내는 대인의 세계이고, 큰 조화를 이루면서 하나가 되어 이롭고 바른 세계이며, 마침내 뭇 사물 가운데서 근원이 밝혀짐으로써 비로소 만국이 모두 편안한 세계이다.

우리는 여기서 괘사를 설명하고 있는 단사에서의 성명에 관한 기술이 효사에서 언급되는 궁리, 진성, 지명의 방향과 서로 다름을 알 수 있다. 그것은 단사의 내용이 건도가 변하여 성으로 화하여 명으로 나타나는 순방향인 것은 명으로부터 시작하여 성에 이르러서 천명에 도달하는 역방향의 궁리, 진성, 지명과 다음을 뜻한다. 그러면 건도의 변화원리를 어떻게 나타내고 있는가?

중천건괘의 괘사에서 선천에서 후천으로서의 변화를 통하여 천도인 시간성, 역수원리를 나타내고 있는 것과 달리 육효의 효사에서는 천도인 시간성의 원리를 인도의 관점에서 나타내고 있다. 그것은 중천건괘의 육효를 구성하는 각 효를 용구用九로 규정하면서도 본체를 나타내는 도수度數를 밝히지 않고 있음을 통하여 중천건괘가 본체인 천도를 나타내고 있는 것이 아니라 용구 곧 작용을 나타내고 있음을 알 수 있다.

중지곤괘 역시 육효를 구성하는 효를 용육用六으로 규정하여 본체도수를 나타내지 않고 있다. 그것은 중지곤괘가 지도를 밝히고자 한 것이 아니라 작용을 나타내고 있음을 뜻한다. 그러면 중천건괘와 중지곤괘에서 무엇을 밝히고 있는가?

중천건괘와 중지곤괘에서는 천지의 도를 밝히는 것이 아니라 인도를 밝히고 있다. 인도를 밝히기 위해서 천도와 지도를 근거로 하지 않을 수 없다. 그렇기 때문에 천도를 나타내는 체십용구體十用九와 지도를 나타내는 체오용육體五用六의 본체도수인 십오十五를 나타내지 않고, 용구用九용육用六을 밝히고 있을 뿐이다. 그러면 중천건괘와 중지곤괘에서 육효를 통하여 밝히고자 하는 내용은 무엇인가?

중천건괘와 중지곤괘에서 밝히고자 하는 내용은 중천건괘의 단사에서 밝히고 있는 것과 같이 성명性命이다. 다만 단사에서는 괘사의 내용은 순방향에서 성명을 나타내는 것과 달리 효사에서는 역방향에서 성명을 밝히고 있다.

괘사는 시간성이 변하여 시간으로 화하고, 물건으로 나타나는 존재론적 사건의 관점에서 성명을 나타낸다. 그것이 중천건괘의 단사에서 언급한 "건도변화 각정성명"이다. 이와 달리 중천건괘의 효사에서는 물리적 생명을 출발점으로 삼아서 성으로 돌아가서 천명 곧 천도와 하나가 되는 궁리, 진성, 지명을 통하여 성명을 밝히고 있다.

그러면 지금부터는 중천건괘의 육효를 초효와 이효, 삼효와 사효, 오효와 상효의 세 단계로 나누어서 각각 궁리, 진성, 지명을 중심으로 인간의 성명이 무엇인지 살펴보자.

1) 내 안의 나를 찾아가는 궁리窮理

중천건괘의 초효의 효사를 보면 "물에 잠긴 용龍이니 쓰지 말라."[106]고 하였다. 용龍은 중천건괘라는 개념이 나타내듯이 천상天上의 존재이

---

106 『주역周易』 중천건괘重天乾卦 초효初爻, "潛龍 勿用"

다. 용은 하늘을 날면서 풍운조화風雲造化를 부리는 신비로운 동물이다.

그런데 용이 물에 잠겨 있다는 것은 비록 용이지만 아직은 하늘은 날면서 용의 역할을 할 수 없는 상태임을 뜻한다. 그것은 인간의 관점에서는 비록 모든 사람이 본성을 갖고 있지만 아직은 본성이 있는 것도 모르고 오로지 육신을 자신으로 여기고 살아가는 상태를 나타낸다. 따라서 어린아이가 세상에 나아가서 천하를 다스릴 수 없듯이 반드시 성장하는 과정을 거쳐야 한다. 그러면 쓰지 말라는 것은 무엇을 의미하는가?

사람들은 모두 본성을 갖고 있을 뿐만 아니라 그것은 육신의 생사와 상관이 없이 영원하다. 그러나 태어나면서부터 본성이 있음을 알고 쓸 수 있는 것이 아니라 고유하고 본유한 본성을 발견하는 과정이 필요하다.

우리는 일반적으로 육신을 자신으로 여기고 육신의 기능인 의식을 자신으로 여긴다. 그렇기 때문에 본성은 내 안 깊은 곳에 있는 또 다른 나라고 표현할 수 있다. 이처럼 내 안의 나를 찾아가는 과정을 설괘에서는 궁리窮理라고 하였다.

궁리의 리理는 성명의 이치이다. 그러므로 궁리는 성명의 이치를 궁구함이다. 성명의 이치를 궁구함은 마음을 통하여 이루어진다. 왜냐하면 내 안의 나는 물질이 아니라 몸과 마음을 넘어서는 영원한 존재이기 때문에 오로지 작용인 마음을 통하여 느낄 수 있기 때문이다. 따라서 마음을 어떻게 쓸 것인가는 중요한 문제이다. 그러면 마음을 어떻게 써야 하는가?

십익에서는 마음이 밖으로 달려가서 사물에 집착하지 말고 내면을 향하여 지켜볼 것을 다음과 같이 주문하고 있다.

용의 덕을 가지고 숨어 있음을 나타낸다. 세상과 바꾸지 않으며, 이름을 이루고자 하지 않고, 세상으로부터 숨어 있으면서도 근심

하지 않으며, 옳음을 보지 못하여도 근신하지 않아서 즐거우면 행하고 근심스러우면 어겨서 확고하여 뽑아 버릴 수 없음이 물속에 잠긴 용이다.[107]

인용문의 내용을 보면 육신과 관련하여 안팎에서 일어나는 현상에 대하여 마음이 끌려가지 않고, 굳건하게 자신의 중심을 지키고 있어서 어떤 외적인 힘으로도 무너뜨릴 수 없는 상태를 가리킴을 알 수 있다. 그것은 "완성된 성품을 보존하고 보존함이 도의道義의 문門이다."[108]라는 의미와 같다.

그러나 자신의 내면을 살펴서 내 안의 나를 지켜보는 노력이 필요하다. 그것은 마치 닭이 알에서 병아리가 깨어나도록 항상 따뜻하게 품어주는 것과 같다. 이처럼 일상의 삶을 살아가면서 글을 쓰거나 읽을 때 글을 쓰는 이것이 무엇인가? 책을 읽는 이것이 무엇인가를 놓치지 않고 살다 보면 내 안의 나를 경험하는 때가 온다. 그것을 나타내는 것이 이효二爻의 효사爻辭이다.

중천건괘의 이효에서는 "나타난 용龍이 밭에 있다. 대인大人을 보는 것이 이롭다."[109]고 하였다. 그것은 물속에 잠겨 있던 용이 땅 위에 나타났음을 나타낸다. 물속에 있던 용이 땅에 나타났음은 잉태했던 아이가 어머니의 자궁 밖으로 나오는 것과 같다. 그러면 아이가 출산하였다는 것은 무엇을 상징하는가?

---

107 『주역周易』 중천건괘重天乾卦 문언文言, "初九日 潛龍勿用은 何謂也오 子日 龍德而隱者也니 不易乎世하며 不成乎名하야 遯世无悶하며 不見是而无悶하야 樂則行之하고 憂則違之하야 確乎其不可拔이 潛龍也라."
108 『주역』 계사상편繫辭上篇 제칠장第七章, "天地設位어든 而易이 行乎其中矣니 成性存存이 道義之門이라."
109 『주역』 중천건괘重天乾卦 이효二爻, "九二 見龍在田 利見大人"

육신을 자신으로 여기고 살다가 다른 사람의 가르침에 의하여 본성이라는 내 안의 나, 참 나가 있음을 믿고 삶을 살다 보면 어느 때인가는 본성이 자신임을 알게 된다. 그것은 맹자가 말한 "성품을 앎[知性]"[110]으로 마치 육신으로서의 내가 죽고, 본성으로서의 내가 다시 태어난 것과 같다.

밭에 나타난 용은 바로 군자의 마음에서 드러난 본성을 가리킨다. 그러나 본성을 알았음에도 불구하고 여전히 육신을 자신으로 여기는 습관이 남아 있기 때문에 드러난 본성과 하나가 되는 과정이 필요하다. 대인을 보는 것이 이롭다는 것은 본성과 하나가 되어 살아가는 대인의 삶을 사는 것이 이로움을 뜻한다.

대인을 봄은 대인의 삶을 살 수 있도록 학문을 통하여 본성과 하나가 되는 과정을 거치는 일이다. 그것은 학문을 통하여 덕을 기르는 것과 같다. 그렇기 때문에 십익十翼에서는 이효二爻에 대하여 학문을 중심으로 다음과 같이 밝히고 있다.

> 배움을 통하여 모으고, 물어서 변별하며, 너그러움으로 거처하고, 인仁으로 행한다.[111]

인용문의 내용을 보면 학문을 통하여 남에게 배우고 그것을 다시 남에게 묻는 것이 아니라 자신 곧 내 안의 나에게 물어서 내 안의 나와 하나가 되는 것을 논하고 있다. 내 안의 나와 하나가 되기 위해서는 안팎의 모든 것을 내 안의 나로 수렴하는 포용력이 있어야 한다.

---

110 『맹자』진심장구하盡心章句上, "盡其心者 知其性也 知其性則知天矣."
111 『주역』중천건괘重天乾卦 구이九二 문언文言, "君子 學以聚之하고 問以辨之하며 寬以居之하고 仁以行之하나니 易曰 見龍在田利見大人이라하니 君德也라."

그것은 마치 안팎에서 일어나는 모든 일을 용광로에 던져서 녹여서 새롭게 만드는 것과 같다. 본성이라는 용광로에 던져서 녹여서 하나로 만든 결과가 인仁이다. 인은 본성을 체득하였을 때 나타나는 사덕四德 가운데 하나이다. 따라서 인으로 행함은 본성을 주체로 살아감을 뜻한다.

2) 내 안의 나와 하나가 되는 진성盡性

초효와 이효를 통하여 겉으로 드러난 육신이 아닌 내 안의 내가 있음을 발견하는 과정을 살펴보았다. 그러면 이어서 발견한 내 안의 나, 참 나인 본성과 하나가 되는 과정이 무엇인지 살펴보자.

그것은 마치 출생한 어린아이를 기르는 것과 같다. 비록 어린아이가 사람의 형태를 갖추고 있지만 어른으로 성장하지 않으면 다른 사람과 함께 세상을 이롭게 하는 삶을 살아갈 수 없다. 그렇기 때문에 성장의 과정이 필요하다. 그러면 삼효의 효사에서는 어떻게 말하고 있는가?

중천건괘의 삼효 효사에서는 "군자가 종일 부지런하고 부지런하여 저녁에는 슬픈 듯하면 위태롭지만 허물이 없다."[112]고 하였다. 그러면 군자가 종일 힘쓰면서도 하루가 지나가면 저녁에는 오히려 부족하게 여기고 반성을 하는 까닭이 무엇인가?

삼효는 소인의 삶을 벗어나기 위하여 내 안의 나를 찾아서 하나가 되고자 하는 과정을 나타내는 내괘의 끝이다. 삼효에서는 표면의 나인 본능, 자아가 내 안의 나와 가장 강하게 반발한다. 그렇기 때문에 종일 안팎에서 일어나는 모든 일들을 내 안의 나에게 돌려서 오랜 과거의 습관

---

112 『주역』 중천건괘重天乾卦 삼효三爻, "九三 君子 終日乾乾 夕惕若 厲 无咎"

을 녹이는 과정을 끊임없이 해야 한다. 그러면 과거의 습관은 무엇인가?

일상의 사람들이 의식에 의하여 이것과 저것을 나누고, 선과 악과 같은 가치를 부여하여, 악은 버리고 선을 소유하려고 집착하기 때문에 갈등과 대립 속에서 고통이 계속된다.

고통으로 가득 찬 삶에서 벗어나기 위해서는 의식에서 벗어나야 한다. 이처럼 의식에 의하여 분별하고, 소유하고자 집착하는 생활이 바로 소인의 삶이다. 소인의 삶을 벗어나기 위하여 종일 노력하고, 잠을 자면서도 노력해야 한다.

삼효에서 가장 인간의 삶이 적나라하게 드러난다. 그렇기 때문에 중천건괘의 다섯 효의 효사에서 용을 언급하고 있는 것과 달리 삼효에서는 유일하게 군자를 언급하고 있다. 그러면 삼효는 어떤 시위時位인가?

삼효는 내괘의 끝으로 외괘가 시작되는 사효와 더불어 소인의 삶이 끝나고, 대인의 삶이 시작되는 종시終始변화를 나타내는 효이다. 그것은 표면의 내가 중심이 되어 살았던 삶에서 내 안의 나가 중심이 되어 살아가는 삶으로의 변화이다. 그러면 삼효의 시위에서 군자는 어떻게 해야 하는가?

십익에서는 군자가 학문을 통하여 본성과 하나가 되기 위하여 진덕수업進德修業해야 함을 다음과 같이 밝히고 있다.

군자는 진덕수업을 해야 한다. 덕을 향상시키는 방법은 진실한 믿음이고, 사업을 닦는 방법은 말씀을 닦아서 성誠을 세우는 것이다.[113]

---

113 『주역』 중천건괘重天乾卦 구삼九三 문언文言, "九三曰 君子終日乾乾夕惕若厲无咎는 何謂也오 子曰 君子 進德修業하나니 忠信 所以進德이오 修辭立其誠이 所以居業也라."

인용문을 보면 군자는 진덕수업을 해야 함을 알 수 있다. 이때 덕을 향상시키는 진덕은 인위적인 행위가 아니라 본래 갖고 있는 고유한 본성을 진실하게 믿음으로부터 시작된다. 이 믿음을 바탕으로 할 때 비로소 성인이 자신의 본성을 주체로 하여 밝힌 성명의 이치에 관한 말씀을 통하여 진실함을 마음의 중심으로 세울 수 있다.

 그것은 삼효가 이효에서 발견한 본성을 자신과 일치시켜서 살아가는 과정을 나타내고 있음을 뜻한다. 육신이 자신이 아니라 내 안의 나인 본성이 나임을 믿고 자신에 대하여 거짓이 없는 진실함인 성誠으로 대할 때 비로소 육신을 통하여 일어나는 분별의식에 의하여 온갖 욕망과 집착에 의한 고통이 사라지기 시작한다. 그러면 충신忠信에 의하여 거짓이 없는 진실함인 성誠을 세운 다음에는 어떻게 할 것인가?

 사효는 외괘外卦가 시작되는 효이다. 그것은 내괘內卦가 상징하는 육신을 자신으로 여기는 소인의 삶이 끝나고 본성이라는 대체大體, 대아大我를 자신으로 여기고 살아가는 삶이 시작됨을 뜻한다.

 우리는 삼효와 사효를 통하여 주역에서 나타내는 변화는 인간의 삶의 변화라는 점에서 인도人道가 주역의 내용임을 알 수 있다. 그러면 사효에서는 소인의 삶이 끝나고 대인의 삶이 시작됨을 어떻게 나타내고 있는가?

 중천건괘의 사효 효사에는 자신의 본성에 대한 진실한 믿음을 바탕으로 거짓이 없는 진실함을 세워 그것을 주체로 살아감을 "혹은 뛰어오르고 혹은 연못에 있으나 허물이 없다."[114]고 하였다.

 뛰어오름은 용이 하늘에서 나는 연습을 하기 위하여 하늘을 향하여 날아오름을 나타내며, 연못에 있음은 아직은 완전하게 날아가는 용이

---

114 『주역』 중천건괘重天乾卦 구사九四, "九四 或躍在淵 无咎."

아니기 때문에 때로는 연못에서 쉬고 있음을 나타낸다. 그것은 사람이 일상의 삶을 통하여 만나는 일들을 자신의 본성을 주체로 해결하면서 점차 본래의 자신과 하나가 되어 감을 뜻한다.

사효에 처한 사람의 삶은 육신에 의하여 일어나는 의식을 통하여 살아가는 삶과는 다르기 때문에 허물이 없다고 하였다. 십익에서는 사효의 허물이 없음을 다음과 같이 밝히고 있다.

> **위로 오르거나 아래로 내려옴이 항상하지 않음은 사특함을 위함이 아니며, 나아가고 물러감이 항상하지 않음은 무리를 벗어나는 것이 아니다. 군자가 진덕수업을 하는 것은 때에 미치기 위함이다. 그렇기 때문에 허물이 없다.**[115]

인용문의 내용을 보면 군자의 진퇴進退, 상하上下가 일정하지 않음은 사효가 나타내는 시의성時義性에 맞도록 행하기 때문임을 알 수 있다. 군자는 개체적 관점에서 삶을 살아가지 않기 때문에 살아도 삶이 없어서 그 어떤 행위를 하여도 허물이 없다.

3) 내 안의 나로 살아가는 이상적 삶인 지명至命

사람이 본유하고 고유한 본성을 발견하여 하나가 됨으로써 이르는 경계를 나타내는 것이 오효와 상효이다. 그것은 설괘說卦에서 밝히고

---

115 『주역』 중천건괘重天乾卦 구사九四 문언文言, "九四日 或躍在淵无咎는 何謂也오 子曰 上下无常이 非爲邪也며 進退无恒이 非離群也라 君子進德修業은 欲及時也니 故로 无咎니라."

있는 것처럼 비로소 육신을 통하여 이루어지는 물리적 생명의 현상으로 드러나는 삶을 어떻게 살 것인가를 알게 됨을 뜻한다. 그러면 중천건괘의 오효에서는 어떻게 언급하고 있는지 살펴보자.

중천건괘의 오효에서는 "나는 용龍이 하늘에 있으니 대인大人을 나타내는 것이 이롭다."[116]고 하였다. 오효의 시위는 용龍이 성장하여 하늘을 날면서 풍운조화를 이루어 용龍으로서의 역할을 해야 할 때이다. 그렇기 때문에 대인을 드러냄이 이롭다고 하였다. 그러면 하늘을 나는 용은 무엇을 나타내는가?

내 안의 나, 참 나인 본성과 하나가 되어 마음과 육신을 하나로 살아가는 사람이 대인이다. 그렇기 때문에 "하늘을 나는 용은 대인을 이룸이다."[117]라고 하였다. 대인은 육신이 아닌 본성이라는 대체, 대아를 주체로 살아가는 존재이다. 이에 대하여 십익에서는 다음과 같이 밝히고 있다.

대저 대인은 천지와 그 덕을 합하며, 일월과 그 밝음을 합하고, 사시四時와 더불어 그 차례를 합하며, 귀신鬼神과 길흉吉凶을 합하여, 천天보다 먼저 하여도 천天이 어기지 않고, 천天보다 뒤에 하여도 천시天時를 받든다. 천天도 또한 어기지 않으니 하물며 사람이며, 귀신에 있어서랴![118]

---

116 『주역』 중천건괘重天乾卦 구오九五 효사爻辭, "九五 飛龍在天, 利見大人."
117 『주역』 중천건괘重天乾卦 구오九五 소상小象, "飛龍在天은 大人造也일새오."
118 『주역周易』 중천건괘重天乾卦 구오九五 문언文言, "夫大人者는 與天地合其德하며 與日月合其明하며 與四時合其序하며 與鬼神合其吉凶하야 先天而天弗違하며 後天而奉天時하나니 天且弗違온 而況於人乎며 況於鬼神乎여."

인용문은 대인이 천지, 일월, 사시, 귀신과 하나가 된 존재임을 나타내고 있다. 그것은 세계와 일체가 되어 개체적 존재로서의 내가 없는 사람이 대인임을 뜻한다. 그렇기 때문에 대인은 천보다 먼저 말을 하거나 천보다 뒤에 실천을 하여도 천시天時를 어기지 않는다.

사람이 육신을 자신으로 여기는 소인에서 본성을 자신으로 여기는 대인이 되었다면 당연히 대인의 삶을 살아야 한다. 만약 대인이 되었음에도 불구하고 여전히 소인의 삶을 살아가면 당연히 후회하지 않을 수 없다. 그러면 대인의 삶을 살아가기 위해서는 어떻게 해야 하는가?

대인은 소인과 상대적인 존재이다. 만약 소인이 없다면 대인이 없으며, 대인이 없다면 소인이 없다. 그렇기 때문에 대인의 삶은 소인과 더불어 살아가는 삶이다. 그렇다면 대인의 삶을 살기 위하여 어떻게 할 것인가?

상효上爻의 효사爻辭는 대인의 삶이 무엇인지를 파악한 것에 그치지 않고 대인의 삶을 살아가기 위하여 무엇을 할 것인지를 밝히고 있다. 대인의 삶은 소인의 삶과 둘이 아니다. 그렇기 때문에 대인의 삶을 살아가기 위해서는 대인에 얽매이지 않고 소인과 함께 삶을 살아야 한다. 그러면 상효의 효사에서는 어떻게 표현하고 있는가?

중천건괘의 상효 효사에서는 "과항한 용龍이다."[119]라고 하였다. 대인이 진정한 의미의 대인의 삶을 살아가기 위해서는 대인의 삶마저도 넘어서야 한다. 군자는 대인의 삶을 살아가지만 내 안의 나, 참 나는 나 아닌 나이기 때문에 대인과 소인을 구분하는 마음이 없다. 따라서 스스로를 대인이라고 생각하고 대인의 삶에 머물지 않는다. 그러면 군자는 어떻게 해야 하는가?

---

119 『주역周易』 중천건괘重天乾卦 상구上九 효사爻辭, "上九, 亢龍"

우리는 여기서 지명至命을 생각할 필요가 있다. 지명至命은 천명天命에 이름을 나타낸다. 천명天命은 인격적 존재인 천天이 인간에게 내려주는 명령이 아니다. 천은 시간의 세계를 나타내고, 명은 역할, 사명을 나타낸다. 그러므로 천명은 역사적 사명을 가리킨다.

군자는 상효에 이르면 비로소 지혜가 완전하게 열려서 자신의 본성과 천天의 본성이 둘이 아니게 자각自覺하여 물리적 생명 현상으로 나타나는 삶의 의미, 가치를 자각하게 된다. 그것은 군자가 본성의 자각을 통하여 천도天道를 천명天命으로 자각함을 뜻한다. 그러면 천도와 천명은 무엇인가?

우리가 상효의 효사에서 밝히고 있는 천명의 내용이 무엇인지를 파악하기 위해서는 문언에서 제시하고 있는 내용을 참고로 하지 않을 수 없다.

> '항亢'의 말이 됨이 나아갈 줄을 알고, 물러갈 줄을 모르며, 보존할 생존할 줄만 말고 사망을 모르며, 얻음을 알고 잃음을 모름을 뜻한다. 오직 성인뿐이로구나, 진퇴존망進退存亡을 알고, 그 바름을 잃지 않음은 오직 성인뿐이다.[120]

인용문에서는 상효 효사의 '항용亢龍'의 '항亢'의 뜻을 설명하고 있다. 진퇴존망의 때를 알고, 그때에 알맞게 행동하는 존재가 성인이라고 하였다. 우리는 이를 통하여 성인이 시의성時義性을 자각하여 시의성에 맞게 실천하는 시중時中의 삶을 사는 존재임을 알 수 있다.

그런데 시의성은 시간성을 시간의 측면에서 나타내는 개념이다. 그것

---

[120] 『주역周易』 중천건괘重天乾卦 상효上爻 문언文言, "亢之爲言也 知進而不知退 知存而不知亡 知得而不知喪 其唯聖人乎 知進退存亡 而不失其正者 其唯聖人乎"

은 시간성 곧 천도가 매 순간의 시간에 있어서 시간의 의미로서의 시의성이 됨을 뜻한다. 그렇기 때문에 군자가 시의성을 자각하면 천명을 자각하게 된다. 그러면 천명은 무엇인가?

정도正道로 크게 형통함은 천도天道이다.[121]
정도正道로 크게 형통함은 천명天命이다.[122]

대형이정을 천도로 규정하고 있는 지택임괘地澤臨卦는 군자에 의하여 자각된 천도天道를 나타내는 괘이다. 그것은 기수朞數의 변화를 통하여 천도天道의 변화를 상징적으로 나타내는 괘가 지택임괘地澤臨卦임을 뜻한다. 괘사의 뒷부분에서는 "팔월八月에 이르면 흉凶한 일이 있을 것이다."[123]라고 하여 이 점을 밝히고 있다.

모든 중괘는 내괘에서 외괘로의 변화 원리를 나타낸다. 중천건괘의 단사에서는 "건도가 변화함으로써 비로소 성명이 바르게 된다"[124]고 하여 천도의 변화원리를 바탕으로 인도人道가 성립됨을 밝히고 있다.

천도는 역수의 변화를 통하여 나타내는 역수원리이다. 『논어』에서는 "천天의 역수曆數가 네 몸에 있으니 진실로 그 중中을 잡으라. 사해四海가 곤궁困窮하면 천록天祿이 영원히 끊어질 것이다."[125]라고 하여 이 점

---

121 『주역』 지택임괘 단사, "彖曰 臨, 剛浸而長, 說而順, 剛中而應. 大亨以正, 天之道也. 至于八月有凶 消不久也."
122 『주역』 천뢰무망괘 단사, "彖曰 无妄, 剛自外來而爲主於內, 動而健, 剛中而應, 大亨以正, 天之命也. 其匪正有眚, 不利有攸往, 无妄之往, 何之矣 天命不祐 行矣哉"
123 『주역』 지택임괘 괘사, "至于八月有凶"
124 『주역』 중천건괘 단사, "乾道變化 各正性命"
125 『논어』 요왈편堯曰篇, "堯曰 咨爾舜 天之曆數在爾躬 允執其中 四海困窮 天祿永終 舜亦以命禹"

을 밝히고 있다.

한국역학의 전적인 『정역』에서는 "역도는 역수원리이다."[126]라고 하여 천도를 중심으로 역도를 밝히고 있다. 역수는 일 년의 기수朞數를 구성하는 수數이다. 그러면 천도는 무엇인가?

우리는 여기서 천도와 역수의 구성 법칙을 구분해서 이해해야 한다. 그것은 역수의 구성 법칙은 형이하의 시간의 운행법칙을 나타내지만 천도天道의 내용인 역수원리는 시간성時間性의 원리이기 때문이다.

시간성의 원리는 형이상의 존재원리이다. 시간성은 형이하적 존재인 물리적 시간의 존재 근거를 나타내는 개념이다. 그렇기 때문에 우리가 『주역』과 십익에서 시時라는 개념을 만나면 반드시 문맥에 따라서 형이하적 차원에서 물리적 시간으로 이해할 것인지 아니면 형이상의 차원에서 시간성으로 이해할 것인지를 판단해야 한다. 그러면 시간성의 원리는 무엇인가?

『정역』에서는 천도를 원역原曆을 본체로 하여 윤역閏曆이 시생하고, 윤역이 생장하여, 정역正曆으로 장성하는 변화를 통하여 나타내고 있다. 천도의 변화를 나타내는 사역의 변화에 의하면 정역의 세계가 후천의 세계이다.

정역正曆은 음력과 양력이 하나가 된 음양의 합덕역인 동시에 중정역이다. 따라서 『정역』에서 밝히고 있는 '대형이정'은 '정역으로 크게 형통하는 후천세계'를 가리킨다. 그것은 주역의 지천태괘에서 밝히고 있는 천지, 만물, 인간이 서로 소통하고 하나가 되어 살아가는 세계이다.

대인은 천도를 자각하고, 천도에 순응하는 삶을 살아간다. 그것은 대인이 천도를 천명으로 자각하여 실천함을 뜻한다. 그러므로 천뢰무망

---

126 김항, 『정역』 대역서, "易者曆也"

괘天雷无妄卦에서는 '대형이정'을 천명天命으로 규정하고 있다. 천뢰무망괘는 성인이 밝힌 역수원리가 천하에서 행해짐을 나타내는 괘이다.

천뢰무망괘의 대상에서는 "천하에 우레가 운행하여 사물이 더불어 망령됨이 없다. 선왕先王이 이를 자각하여 시의성時義性에 알맞게 만물을 기른다."[127]라고 하였다. 이는 천도의 변화원리를 주체적으로 자각하여 천하로 하여금 정역이 형통하는 세계가 되도록 하는 것이 대인의 역사적 사명, 사회적 사명인 천명임을 뜻한다.

군자가 오효에서 본성과 하나가 되어 본래의 인간으로서의 대인 곧 성인成人이 되면 비로소 인간다운 삶이 무엇인지를 알게 된다. 상효에서는 대인의 삶이 무엇인지를 밝히고 있다.

군자가 상효에서 비로소 천도天道를 천명天命으로 자각하여 대인의 삶의 길을 자각한다. 대인의 삶은 소인과 하나가 되는 삶, 음양이 하나가 된 세계, 천지와 만물이 소통하는 세계의 구현이다. 그러면 대인은 어떻게 살아야 하는가?

대인은 천도를 나타내는 상효에 이르러서도 천도와 하나가 되어 머물지 않고 다시 초효로 내려가서 소인과 소통하는 삶을 살아간다. 따라서 상효에서 과항過亢한 용龍은 천명을 자각한 군자를 뜻한다.

천명을 자각한 군자는 반드시 실천을 하지 않을 수 없다. 그렇기 때문에 만약 군자가 상효의 위에 머물면 "후회함이 있다."[128]고 하였다. 그것은 군자의 관점에서 보면 상효의 시위가 나타내는 경지에 이르면 비록 대인의 덕을 갖추고, 천덕天德과 하나가 되었지만 그 상태에 머물지 않아야 함을 뜻한다.

---

127 『주역』 천뢰무망괘 대상大象, "象曰 天下雷行 物與无妄 先王以茂對時育萬物"
128 『주역』 중천건괘重天乾卦 上九 爻辭, "有悔."

군자는 천덕天德과 하나가 되었지만 스스로 대인이라는 마음이 없다. 군자가 상효에 이르면 나와 남, 나와 세계를 분별하고, 소인과 대인을 구분하는 마음이 없어서 일체로 여기기 때문에 대인의 삶에 머무르지 않고 소인과 하나가 되어 소인을 삶을 살면서 소인으로 하여금 자신과 같이 변화하도록 이끌어 준다. 그것은 상효를 통하여 군자가 대인의 삶, 대인의 역할에 안주하지 않고 다시 초효가 상징하는 잠룡潛龍으로 변화하여 소인과 함께함을 뜻한다.

2. 중지곤괘와 이상적인 삶[命]

우리는 앞에서 중천건괘를 통하여 사람이 초효가 나타내는 시초에서 상효가 나타내는 종말에 이르기까지 물리적 시간의 변화를 통하여 드러나는 사건의 관점에서 궁리窮理, 진성盡性, 지명至命을 통하여 본성과 하나가 되어 천명天命을 자각自覺함을 살펴보았다.

그런데 중천건괘의 상효에서는 비룡飛龍의 위치에 머물지 않고 다시 잠룡潛龍으로 내려가야 함을 밝히고 있다. 그것은 주역에서 비록 본성을 주체로 살아가는 대인의 삶과 육신을 주체로 살아가는 소인의 삶을 구분하였지만 대인은 스스로 대인의 위치에 머물지 않고 소인과 함께 살아야 함을 뜻한다.

대인은 사덕四德을 갖추었을 때 비로소 소인과 더불어 천하를 제도하는 삶을 살아감을 자신의 역사적 사명이자 사회적 사명으로 자각한다. 역사적 사명과 사회적 사명은 성인과 군자의 삶을 나타내지만 한마디로 나타내면 대인의 천명天命이다.

중천건괘에서 사람의 성품을 발견하여 하나가 되고, 다시 천도를 천명으로 자각함으로써 비로소 대인의 삶이 무엇인지를 파악하게 됨을 살펴보았다. 그러면 다음에 문제가 되는 것은 천지와 덕을 함께하고, 일월과 밝음을 함께하며, 사시와 차례를 함께하고, 귀신과 길흉을 함께하는 대인의 삶이 현상적 측면에서 구체적으로 어떻게 전개되는지를 살펴보아야 한다.

천명이 물리적 생명을 통하여 어떻게 실천되는지를 나타내는 괘가 중지곤괘이다. 그것은 중천건괘의 상효에서 밝힌 것처럼 군자가 물리적 생명을 형이상적 차원에서 이해함으로써 비로소 자신의 존재근거, 삶의 의미를 자각하였기 때문에 중지곤괘는 중천건괘의 상효의 효사에서 출발하여 천명을 자각한 군자의 삶이 어떻게 전개되는지를 밝히고 있음을 뜻한다.

그런데 중천건괘와 중지곤괘를 막론하고 논의의 출발점은 형상을 가진 물건의 세계이다. 그렇기 때문에 중천건괘에서 물건적 존재로서의 인간의 물리적 생명을 출발점으로 삼았듯이 중지곤괘에서도 물건적 관점에서 인간의 물리적 생명을 출발점으로 삼아서 물리적 생명들이 모여서 하나가 된 사회를 중심으로 천명을 실천하는 삶에 대하여 밝히고 있다.

중지곤괘의 괘사에서는 중천건괘의 상효를 통하여 제시된 천명을 자각한 군자의 삶이 국가사회적 측면에서 어떻게 전개되어야 하는지를 밝히고 있다. 중지곤괘의 괘사에서는 "군자는 가야 할 길이 있다. 앞서면 미혹되고, 뒤따르면 주체를 얻어서 이롭다."[129]고 하였다.

---

129 『주역』 중지곤괘重地坤卦 괘사卦辭, "坤 元亨利牝馬之貞 君子有攸往 先迷, 後得主, 利"

군자가 가야 할 길은 내 안의 나, 참 나인 본성을 주체로 살아감이다. 그것은 모든 존재가 내가 아님이 없기 때문에 모든 존재와 더불어 살아가는 삶이다. 지천태괘에서 밝힌 대인의 삶, 천지와 만물이 소통하는 삶, 만물이 함께하는 삶이며, 지택임괘와 천뢰무망괘에서 제시하고 있는 정도正道로 형통하는 삶이다. 그러면 군자가 대형이정의 삶을 어떻게 사는가?

괘사의 다음 부분에서는 천명을 자각한 군자가 어떻게 살아야 하는지 그 방법을 나타내고 있다. 군자가 선후해야 할 것은 삶의 주체에 관한 문제이다. 우리는 여기서 논의의 출발점이 무엇인가를 생각하지 않을 수 없다. 주역과 십익의 논의의 출발점은 형이하의 현상이며, 물리적 생명을 가진 인간이다. 그러면 선先함은 무엇인가?

군자가 선先함은 육신을 자신으로 여기고 물리적 생명의 보존을 최우선의 가치로 여기는 것을 뜻한다. 그와 달리 후後함은 물리적 생명을 뒤로하고 천명天命을 실천하는 삶을 우선으로 함을 뜻한다.

천명을 실천하는 군자의 삶은 본성이 주체가 되어 이루어진다. 그렇기 때문에 괘사에서는 이어서 '뒤로하면 주체를 얻어서 이롭다'고 하였다. 그러면 천도와 본성 그리고 천명은 어떤 관계인가?

우리가 우주적 차원에서 말하면 천도이지만 개체적 차원에서 보면 본성이다. 그러므로 천도와 본성이 둘이 아니다. 그렇기 때문에 개체적 인간의 측면에서 보면 본성을 자각함으로써 천도를 자각하게 된다.

그리고 천도를 자각할 때 우주의 모든 존재와 하나가 되어 사는 삶이 자신의 본래의 삶임을 알게 된다. 따라서 군자가 본성을 자각하는 동시에 천도를 천명으로 자각하게 된다. 그러면 군자가 천명을 실천하는 삶은 어떻게 이루어지는가?

우리는 중지곤괘의 괘사의 앞부분에서 "곤坤은 원元하고, 형亨하고,

이利하고, 빈마牝馬의 정貞이다"[130]라고 하였음을 주목할 필요가 있다. 중천건괘의 괘사가 '원형이정元亨利貞'인 것과 비교하면 끝부분의 '빈마지정牝馬之貞'이 다르다.

중천건괘의 효사에서 육효를 용龍으로 나타내고, 그리고 성인과 군자를 나타내는 대인을 언급하고 있는 것과 달리 중지곤괘의 괘사에서는 빈마牝馬를 언급하고 이어서 군자를 언급하고 있다.

주역과 십익이 물건적 관점에서 접근하기 때문에 이것과 저것을 구분하여 나타내는 분별이 중심이다. 그러므로 천과 지를 구분하고, 용과 호랑이를 구분하며, 성인과 군자를 구분하여 "천天에 근본을 둔 사람은 형이상의 세계와 친하고, 지地에 근본을 둔 사람은 형이하의 세계와 친하다. 각각 그 종류를 쫒는다."[131]고 하였다.

천天에 속하는 성인은 형이상의 도道와 친하며, 지地에 속하는 군자는 형이하의 기器와 친하다. 그것은 중천건괘에서 밝히고 있는 형이상의 본성을 주체로 도를 밝히는 역사적 사명을 가진 성인과 중지곤괘에서 밝히고 있는 형이상의 본성을 주체로 천명을 실천하는 사회적 사명을 가진 군자의 천명이 서로 다름을 뜻한다.

대인을 나타낼 때 언급되는 용龍이 하늘을 나는 종류인 것과 달리 군자를 나타낼 때 언급하는 빈마牝馬는 땅을 달리는 동물이다. 성인과 군자를 막론하고 본성을 주체로 살아가지만 성인이 본성과 천도를 밝히는 역사적 사명을 실천하는 존재인 것과 달리 군자는 물리적 생명의 세계인 사회를 통하여 성인이 밝힌 삶을 실천하는 존재이다.

---

130 『주역』 중지곤괘 괘사, "坤, 元, 亨, 利牝馬之貞."
131 『주역』 중천건괘 구오九五 문언文言, "九五曰 飛龍在天 利見大人 何謂也 子曰 同聲相應, 同氣相求, 水流濕, 火就燥, 雲從龍, 風從虎, 聖人作而萬物覩, 本乎天者親上, 本乎地者親下, 則各從其類也."

중천건괘에서 밝히고 있는 성인과 중지곤괘에서 밝히고 있는 군자의 차이는 단사를 통해서 더욱 분명하게 확인할 수 있다.

단상에서 말하였다. 지극하다 곤원坤元이여. 만물萬物이 바탕으로 시생하니 이에 천을 따라서 잇는다. 곤坤의 후덕함이 만물을 실으니 덕德이 무강하다. 광대함을 머금고 확충하니 온갖 사물이 모두 형통하다. 암말은 땅을 달리는 종류이다. 땅을 가는데 막힘이 없다. 유순하여 이롭고 바르다. 군자의 갈 것이 있음은 앞서면 길을 잃고, 뒤서면 따르기 때문에 항상함을 얻음이다.[132]

중지곤괘의 괘사에서는 이어서 동서남북의 사방을 언급하고 있다. 그것은 군자에 의하여 천명의 실천이 공간적 사회를 중심으로 전개됨을 뜻한다. 군자의 삶은 사람과 사람이 모여서 형성된, 가정, 국가, 천하를 중심으로 전개된다.

중지곤괘가 천天을 순승順承하듯이 군자의 삶은 성인의 도를 계승繼承하는 삶이다. 군자의 성인의 도를 계승함은 괘사의 뒷부분에서 밝히고 있는 '앞서면 미혹되고, 뒤따르면 주체를 얻어서 이롭다'는 의미이다. 그러면 주체를 얻음, 항상함을 얻음은 무엇인가?

주체는 인간의 고유하고, 본유한 성품을 얻음이다. 이때 얻음은 방편상의 말일 뿐으로 내 안의 나인 본성은 얻거나 잃을 수 있는 실체적 존재가 아니다. 결국 본성, 주체를 얻음은 앎의 문제라고 할 수 있다.

일상의 사람들은 본성이 주체임에도 불구하고 육신을 자신으로 여기고 육신의 기능인 의식에 의하여 육신의 능能과 불능不能, 의식의 지知

---

132 『주역』중지곤괘 단사, "彖曰 至哉坤元, 萬物資生, 乃順承天. 坤厚載物, 德合无疆, 含弘光大, 品物咸亨. 牝馬地類, 行地无疆, 柔順利貞. 君子攸行, 先迷失道, 後順得常."

와 부지不知에 얽매어 벗어나지 못하고 고통스럽게 살아간다. 이것이 바로 소인의 미혹된 삶이다.

그러나 우리가 대인을 만나서 그의 가르침을 통하여 육신의 언행으로 드러나기 이전의 마음을 알고, 마음으로 드러나기 이전의 시공을 넘어선 본성이 있음을 알아서 본성을 근원으로 살겠다는 뜻을 세우고, 본성에 모든 것을 맡기면서 본성을 중심으로 살아가는 삶을 살아갈 때 비로소 주체, 주인, 중심을 얻어서 이롭다.

군자가 가야 할 길인 군자의 도道는 단순하게 깨달음을 통하여 이루어야 할 그리고 완성해야 할 인위적人爲的인 일이 아니라 일상의 삶의 과정이 그대로 목적이자 과정이고 방법이다.

군자의 도는 앎의 문제 곧 이상적인 삶으로서의 천명에 대한 자각에서 그치는 것이 아니라 삶에서 실천되어야 한다. 앎이 실천으로 이어지지 않으면 올바른 앎이라고 할 수 없고, 그와 반대로 앎이 없는 실천을 올바른 실천이라고 할 수 없다. 그러면 미래를 예측하는 점占은 무엇인가?

산뢰이괘山雷頤卦의 초구효 효사에서는 "너의 신령스런 거북을 버리고 나를 향하여 턱을 늘어뜨리니 흉하다."[133]고 하였다. 주역이 형성된 주나라의 초기에는 거북을 이용하여 점을 치던 은나라의 풍습이 계속되었다. 주역의 저자는 인간이 모두 갖고 있는 본유하고 고유한 지혜의 원천으로서의 본성을 나타내기 위해서는 당시의 풍습인 거북점을 소통의 매개로 활용하였다. 영귀靈龜는 바로 인간의 본성을 상징적으로 나타낸다. 그러면 나머지 부분은 어떤 의미인가?

산뢰이괘는 턱을 이용하여 음식을 먹음으로써 물리적 생명을 기르는 것을 나타내고 있다. 상괘인 간괘艮卦는 멈추어 있음을 상징하고, 하괘

---

133 『주역』산뢰이괘山雷頤卦 初爻, "初九, 舍爾靈龜, 觀我朶頤, 凶."

下卦인 진괘震卦가 움직임을 나타낸다. 이는 우리가 턱을 상하로 움직여서 입 안의 음식을 씹어 소화시켜서 생명을 유지하는 현상을 통하여 성명원리를 상징적으로 나타내고 있다.[134]

인간이 스스로의 지혜의 원천인 본성이 있음을 모르고 오로지 육신이 자신이라고 여기고 남에게 지식, 정보를 구걸하는 행위인 점占을 치는 것을 '나를 향하여 턱을 늘어뜨리고 있으니 흉하다.'고 하였다. 따라서 주역의 저자는 미래가 결정되어 있고, 남과 구분되는 내가 있어서 점占을 통하여 남에게 지식을 얻음을 추구하지 않고 사람마다 본유하고 고유한 지혜의 원천으로서의 본성을 주체로 하여 길吉하고 이로운 삶을 살기를 바랐음을 알 수 있다. 그러면 지금부터 중지곤괘의 육효 효사가 나타내는 이상적 삶이 무엇인지 살펴보자.

1) 궁리와 이상적인 삶

중지곤괘의 초효 효사에서는 "서리를 밟으면 단단한 얼음이 얼 때가 온다."[135]고 하였다. 그것은 중천건괘의 초효 효사가 나타내듯이 마음이 육신이나 세상에서 일어나는 현상에 대하여 끌려가지 않고 언제나 내 안을 향하고 있으면 반드시 서리가 온 후에는 겨울이 되어 단단한 얼음이 얼듯이 확고하여 그 어떤 역경에도 흔들림이 없게 됨을 뜻한다.

내면의 나 아닌 나를 향하여 마음을 집중執中하여 언제나 내 안의 나를 놓치지 않으면 내 안의 내가 마치 잉태한 어린아이가 밖으로 나오

---

134 『주역』산뢰이괘山雷頤卦 彖辭, "頤, 貞吉, 養正則吉也. 觀頤, 觀其所養也, 自求口實, 觀其自養也. 天地養萬物, 聖人養賢以及萬民, 頤之時大矣哉"
135 『주역』중지곤괘重地坤卦 初爻, "初六 履霜 堅冰至."

듯이 내 안의 나, 참 나를 알게 될 때가 옴을 다음과 같이 밝히고 있다.

선善을 쌓는 집안에는 반드시 더하여지는 경사가 있고, 불선不善을 쌓는 집안에는 반드시 더하여지는 재앙이 있다. 신하가 임금을 시해弑害하고, 자식이 부모를 시해弑害하는 일은 하루아침 저녁에 이루어지는 일이 아니다. 그 유래하는 것이 점진적이다. 분별을 일찍이 하지 못하였기 때문이다.[136]

아이의 출산은 순간에 이루어지는 것이 아니라 남녀가 서로 만나서 부부가 되고, 사랑을 하여 일정한 시간 동안 어머니의 배 속에서 영양을 공급받으며 성장해야 비로소 사람의 모양을 갖추어서 자궁 밖으로 나올 수 있다. 마찬가지로 내 안의 참 나인 본성에 대한 궁리窮理의 과정을 거치지 않으면 결코 자각의 순간이 오지 않는다. 그렇기 때문에 시작할 때부터 본성에 대한 믿음을 딛고서 궁리의 과정이 끊임없이 이어질 때 비로소 잉태와 출산이 가능함을 나타낸다. 그러면 이효에서는 어떻게 말하는가?

처음으로 물이 얼기 시작할 때는 어렵지만 한번 얼기 시작하면 저절로 단단하게 얼게 된다. 그것을 이효 효사에서는 "곧고 방정하고 크다."[137]고 하였다. "곧고[直], 바르고[方], 크다[大]." 가운데서 중지곤괘를 나타내는 개념은 오로지 방방 하나이다. "곧고 큼"은 중천건괘에서 나타내는 본성을 가리키는 개념이다.

---

136 『주역』 중지곤괘重地坤卦 初六 文言, "積善之家는 必有餘慶하고 積不善之家는 必有餘殃하나니 臣弑其君하며 子弑其父는 非一朝一夕之故라 其所由來者漸矣니 由辯之不早辯也라 易曰 履霜堅氷至라하니 盖言順也라."
137 『주역』 중지곤괘重地坤卦 六二 爻辭, "六二, 直方大"

곧음[直]은 본성 곧 내 안의 나, 참 나가 시간상으로 영원함을 나타내고, 큼[大]은 내 안의 나, 참 나인 본성이 공간적으로 있지 않는 곳이 없어서 이것이라고 하거나 저것으로 구분할 수 없는 일체적인 특성을 나타낸다. 이러한 본성을 현상적 측면에서 나타낸 것이 방정方正하다는 개념이다. 그것은 본성이 그대로 드러난 것이 물리적 생명 현상임을 뜻한다.

사람의 육신을 통하여 드러나는 물리적 생명의 모든 현상이 본성의 드러남이기 때문에 인위적으로 무엇인가를 하지 않아도 이루어진다.

본성을 발견하고, 본성과 하나가 되고자 하지만 본래 하나이기 때문에 발견해도 발견하는 것이 아니며, 하나가 되어도 하나가 됨이 아니다. 그렇기 때문에 중지곤괘 이효 효사에서 "익히지 않아도 이롭지 않음이 없다."[138]고 하였다. 그러면 "익히지 않아도 이롭지 않음이 없음"이 무엇인가?

중지곤괘의 문언에서는 이효에 대하여 중천건괘의 이효를 나타내는 직直과 중지곤괘의 이효를 나타내는 방方을 중심으로 다음과 같이 논하고 있다.

> 직直은 바름이고, 방方은 의義이다. 군자가 경敬으로 안을 바르게 하고, 의義로 밖을 방정하게 한다. 경의敬義가 세워짐으로써 덕이 외롭지 않다. 곧고, 방정하고, 크기 때문에 익히지 않아도 이롭다는 것은 그 행하는 것을 의심하지 않음을 뜻한다.[139]

---

138 『주역』 중지곤괘重地坤卦 六二 爻辭, "不習无不利."
139 『주역』 중지곤괘重地坤卦 六二 文言, "直은 其正也오 方은 其義니 君子 敬以直內하고 義以方外하야 敬義立而德不孤하나니 直方大不習无不利는 則不疑其所行也라."

인용문의 내용을 보면 사람을 내외內外로 구분하여 언급하고 있음을 볼 수 있다. 이때 안팎은 육신을 중심으로 안은 마음을 가리키고, 밖은 육신과 만물을 가리킨다. 군자가 경敬으로 안을 바르게 함은 본성을 지키는 일이며, 의義를 통하여 밖을 방정하게 곧 바르게 하는 것은 물리적 생명 현상 곧 삶을 바르게 함을 뜻한다.

경敬은 집중하여 움직임이 없음을 뜻한다. 그렇기 때문에 "경으로 안을 곧게 함"은 진실한 믿음을 바탕으로 항상 마음을 본성에 집중하여 변함이 없음을 나타낸다.

우리가 마음이 본성을 향하여 초점이 맞추어져 있어서 중심이 세워졌을 때 비로소 육신을 중심으로 살아가는 모든 일들이 바르게 된다. 그것은 본성을 주체로 우리의 삶을 살아감을 뜻한다.

2) 진성과 이상적인 삶

궁리窮理의 과정을 통하여 발견한 본성을 주체로 그것과 하나가 되는 과정은 삼효와 사효를 나타내고 있음은 중천건괘를 고찰하는 과정에서 밝힌 것과 같다. 형이하의 관점에서 물리적 생명현상을 중심으로 인간의 삶을 나타내고 있는 중지곤괘의 삼효와 사효는 어린아이를 잉태하여 낳은 초효, 이효의 궁리 과정을 거치면서 일어나는 삶의 변화를 나타낸다.

삼효는 내괘의 끝으로 물리적 생명을 중심으로 이루어지는 삶의 끝부분이다. 그리고 사효는 외괘의 시작으로 형이상적 생명으로서의 내 안의 나 곧 참 나인 본성을 주체로 이루어지는 삶이 시작됨을 나타내는 효이다. 그렇기 때문에 삼효와 사효를 통하여 소인의 삶에서 대인의 삶으로 삶의 변화가 이루어진다. 그러면 중지곤괘의 삼효에서는 삶을 어떻게 나타내고 있는가?

내괘의 끝을 나타내는 삼효에서는 아직은 본성을 주체로 살아가는 삶을 남과 더불어 할 수 있는 때가 아님을 나타내고 있다. 그렇기 때문에 "빛남을 머금음이 가히 바르다."[140]고 하였다.

삼효는 비록 본성을 발견하였지만 본성과 하나가 되어 그것을 주체로 살아갈 수 있는 때가 아니다. 그렇다고 하여 삶을 살아가지 않을 수는 없다. 따라서 삶을 살아갈 때는 자신이 중심이 되어 살아가기보다는 본성과 하나가 되는 일에 충실해야 한다. 그렇기 때문에 "혹 왕사에 종사하더라도 이룸이 없고 끝은 있다."[141]고 하였다.

왕사王事는 천하의 왕이 되어 천하를 평정하는 일을 가리킨다. 그것은 대인이 할 일이기 때문에 비록 그 일에 참여를 하더라도 자신이 주관할 수 없다. 그렇기 때문에 문언文言에서는 삼효를 처도妻道, 신도臣道에 비유하여 다음과 같이 밝히고 있다.

> **음陰이 비록 아름다움이 있으나 머금고 있으니 혹 왕사王事에 종사하여도 감히 이룸이 없다. 그것이 지도地道이며, 처도妻道이고, 신도臣道이니 지도地道는 이룸이 없고, 대신하여 일을 마침이 있을 뿐이다.**[142]

인용문에서는 아내와 남편의 삶, 군주와 신하의 삶, 하늘의 도외 땅

---

140 『주역』 중지곤괘重地坤卦 六三 爻辭, "六三 含章可貞"
141 『주역』 중지곤괘重地坤卦 六三 爻辭, "或從王事, 无成有終."
142 『주역』 중지곤괘重地坤卦 六三 文言, "陰雖有美나 含之하야 以從王事하야 弗敢成也니 地道也며 妻道也며 臣道也니 地道는 无成而代有終也니라."

의 도를 구분하여 나타내고 있다. 그것은 일체를 구분하여 둘로 나타내었기 때문에 하나의 서로 다른 표현이다. 따라서 양자가 가치상의 우열을 갖지 않는다.

그러나 천도와 지도, 군도와 신도, 부도와 처도를 강조하여 근본과 지말의 관계로 이해하게 되면 양자가 마치 별개의 것인 것처럼 오해하게 된다.

사실 이 부분을 비롯하여 천지가 본래 둘이 아님에도 불구하고 양자를 구분하여 나타내고, 형이상과 형이하의 도와 기를 구분하여 양자를 근본과 지말로 나타내었기 때문에 이후에 중국사상, 중국문화에서는 양자의 가치상의 우열을 중심으로 중화中華와 이적夷狄을 논하고, 정통과 이단을 논하는 이분법적인 사고를 바탕으로 전개된다.

오늘날 우리는 형이하의 차원에서 유물론적 세계관을 중심으로 오로지 다름을 중심으로 각자를 존중하는 자유 그리고 전체 안의 평등을 강조하는 것에 대하여 형이상의 차원에서 본성을 논하고 깨달음을 논하며, 도의 세계를 논하고, 천국, 천당을 논하지만 여전히 분별의식에 빠져 있는 것은 같다.

형이하의 현상에 얽매여 있는 대부분의 사람들은 물질[俗]의 노예이고, 형이상의 세계에 빠져 있는 사람들은 신神, 도道, 깨달음, 지혜, 부처와 같은 거룩함[聖]의 노예라는 차이가 있지만 양자가 모두 노예 상태인 것은 같다. 그러면 우리가 본성과 하나가 되어 살아가는 삶을 사효는 어떻게 나타내고 있는가?

중지곤괘의 사효 효사에서는 "주머니를 묶으면 허물도 없으며, 명예도 없다."[143]고 하였다. 중천건괘의 사효 효사에서 밝힌 것과 같이 용이

---

143 『주역』중지곤괘重地坤卦 六四 爻辭, "六四 括囊, 无咎 无譽."

용의 역할을 하기 위하여 때로는 세상에서 실천을 하기도 하지만 아직은 대인이 되는 과정이기 때문에 본성을 주체로 일상의 삶에서 활용할 뿐으로 세상을 다스리는 일을 할 때가 아님[括囊]을 나타낸다. 그러면 문언에서는 어떻게 나타내고 있는가?

문언에서는 천지의 변화를 통하여 사효에 처한 군자가 해야 할 일을 밝히고 있는데 그 내용은 다음과 같다.

> **천지가 변화하면 초목이 번창하고, 천지가 폐쇄하면 현인이 숨는다. 역易에서 말하기를 "주머니를 묶으면 허물도 없고, 명예도 없다."고 한 것은 대개 삼감을 말한다.**[144]

인용문에서 천지의 변화는 사효의 위치가 내괘가 가리키는 삶에서 외괘가 나타내는 삶으로 변화가 이루어지는 때임을 나타낸다. 천지가 봄에서 여름으로 바뀌면 초목이 번창하게 된다. 이처럼 사람이 소인의 삶에서 대인의 삶으로 변화함으로써 사람다운 삶이 시작됨을 나타내는 효가 사효이다.

사효가 나타내는 변화 이전의 삶은 뒷부분에서 나타내고 있다. 그것은 "천지가 폐하면 현인이 숨는다."는 말이다. 천지가 서로 교통하지 않아서 작용을 하지 못하는 때는 바로 내괘가 나타내는 때이다. 그것은 비록 사람마다 본성을 갖고 있지만 오로지 육신을 자신으로 여기고 살아가기 때문에 본성과 소통이 되지 않음을 뜻한다. 그렇기 때문에 겉으로 드러난 내가 아닌 내 안의 나를 찾아서 사람으로 살아가고자 하는 현인賢人은 세상을 자신을 드러내지 않고 오로지 내면을 향하여 내 안

---

144 『주역』 중지곤괘重地坤卦 六四 文言, "天地變化하면 草木이 蕃하고 天地閉하면 賢人이 隱하나니 易曰 括囊无咎无譽라 하니 盖言謹也라."

의 나와 소통을 한다.

3) 지명과 이상적인 삶

본성을 발견하여 본성과 하나가 되는 삶을 나타내는 것이 중지곤괘의 오효이다. 중지곤괘의 오효에서는 "누런 치마를 입었으니 크게 길하다."[145]고 하였다. 누런 치마를 입었다는 것은 관복官服을 입고 관청에서 왕사王事를 행하는 것을 뜻한다. 그것은 대인이 해야 할 일인 도제천하道濟天下를 실천하기 때문에 크게 길吉하다고 하였다.

우리는 주역을 비롯하여 삼경과 사서의 여러 전적들이 기器를 중심으로 인人을 이해함을 본다. 『논어』에서는 자신을 출발점으로 삼아서 남을 이해하고, 그것을 바탕으로 인간을 이해한다. 공자가 이상적인 사람의 삶을 나타내는 군자의 도를 수기修己와 안인安人, 안백성安百姓[146]으로 구분하여 나타낸 것을 보면 이 점을 분명하게 알 수 있다.

주역에서도 형이하의 차원에서 육신을 중심으로 나를 출발점으로 삼아서 내 안으로 들어가서 내 안의 나를 발견하고, 그것과 하나가 되어, 남의 참 나와 하나가 되고, 세계의 진상인 도와 하나가 되는 과정을 거치게 된다. 그것이 대학에서 격물格物, 치지致知, 성의誠意, 정심正心,

---

145 『주역』 중지곤괘重地坤卦 六五 爻辭, "六五 黃裳, 元吉."
146 『논어』 헌문憲問, "子路問 君子 子曰 脩己以敬 曰如斯而已乎 曰脩己以安人 曰如斯而已乎 曰脩己以安百姓 脩己以安百姓 堯舜其猶病諸"

수신修身, 제가濟家, 치국治國, 평천하平天下[147]를 통하여 천하天下를 중심으로 제시하고 있는 대인의 도이다.

그러나 인간은 천하의 구성원일 뿐만 아니라 국가의 일원이고, 인류의 구성원이며, 동시에 태양계의 구성원이자 은하계의 구성원이고, 우주의 구성원이다. 따라서 이상적인 삶으로서의 함께하는 삶은 온 우주와 더불어 살아가는 삶이다.

우리는 여기서 지명至命의 명命이라는 개념에 대하여 다시 살펴볼 필요가 있다. 내괘가 표상하는 육신 중심의 삶의 차원에서 보면 명命은 물리적 생명현상을 가리킨다.

그러나 외괘가 가리키는 본성을 주체로 하는 삶은 형이상적 본성이 그대로 드러나는 물리적 생명인 점에서 그대로 온 천하, 온 우주와 더불어 살아가는 이상적인 삶을 나타낸다.

그럼에도 불구하고 주역에서는 국가와 국가가 모여서 형성된 천하 곧 인류사회가 중심이다. 그렇기 때문에 주역사상의 내용이 비록 대인의 도이지만 여전히 인간의 세계에 한정된 인도人道가 중심이 되었다고 하지 않을 수 없다.

역사적 사명, 사회적 사명, 천명은 형이상과 형이하의 두 측면을 막론하고 인간과 둘이 아니다. 왜냐하면 형이상의 본성이 형이하의 물리적 생명 현상으로 나타나기 때문에 양자가 둘이 아니어서 일체이기 때문이다. 따라서 우리는 천명, 역사적 사명, 사회적 사명을 막론하고 형이하적 측면에서 역사나 사회, 천天이라는 실제석 존새가 우리에게 부과

---

147 『대학』 경일장, "古之欲明明德於天下者 先治其國 欲治其國者 先齊其家 欲齊其家者 先修其身 欲修其身者 先正其心 欲正其心者 先誠其意 欲誠其意者 先致其知 致知在格物, 物格而后知至 知至而后意誠 意誠而后心正 心正而后身修 身修而后家齊 家齊而后國治 國治而后天下平 自天子以至於庶人 壹是皆以修身爲本 其本亂而末治者否矣 其所厚者薄 而其所薄者厚 未之有也"

한 명령이라는 의미로 이해되어서는 안 된다. 그러면 관복을 입었음은 무엇을 의미하는가?

중지곤괘의 오효 문언에서는 오효가 상징하는 내용을 사지四肢와 사업事業을 통하여 다음과 같이 나타내고 있다.

> **마음 가운데서 이치에 통하여 바른 위치에서 본체에 거처한다. 아름다움이 그 가운데 있으니 사지四肢로 뻗어 나가고 사업에 펴지니 아름다움의 지극함이다.**[148]

인용문은 내외의 두 관점에서 오효의 내용을 밝히고 있음을 알 수 있다. 황중통리黃中通理는 마음 가운데서 성명의 이치와 통함을 나타내고 있다. 성명의 이치에 통함은 성명과 마음이 하나가 되었음을 뜻한다. 그것은 본래 하나였지만 몰랐다가 발견하여 하나가 됨으로써 비로소 때로는 본성과 하나가 되어 고요하게 있다가 때로는 육신을 통하여 나타나고 천하에 나타낼 수 있음을 뜻한다.

다음의 정위거체正位居體는 마음 가운데서 성명의 이치와 하나가 되었기 때문에 자신이 있어야 할 바른 위치에서 거처함을 나타낸다. 본성을 주체로 함이 바로 바른 위치에 자신의 본체를 설정함이다.

본성을 주체로 하면 비로소 밖으로 사지와 천하에 그 작용이 드러난다. 그것이 사지와 사업에 창발創發한다는 다음의 내용이다. 본성이 사지를 통하여 행주좌와行住坐臥 어묵동정語默動靜의 언행으로 드러나고, 사회적 측면에서는 천하를 도로 제도하는 도제천하道濟天下의 사업으로 드러난다. 그것이 아름다운 가운데서 지극함이라고 하였다.

---

148 『주역』 중지곤괘重地坤卦 六五 文言, "君子는 黃中通理하야 正位居體하야 美在其中而暢於四支하며 發於事業하나니 美之至也일새라."

우리는 중천건괘의 상효에서 비록 대인의 삶을 살아갈 수 있어도 대인의 삶에 얽매이지 말고 자신을 버리고 소인과 하나가 되어 살아감이 필요함을 밝히고 있음을 살펴보았다. 그것은 상효에서 천도를 천명으로 자각하였다면 반드시 초효로 내려가서 실천하는 것이 필요함을 나타낸다.

우리는 여기서도 주역사상의 특징을 발견하게 된다. 천명이라는 개념이 시공을 중심으로 인간세계, 천하에 집중되어 있다. 그렇기 때문에 삼계三界를 대상으로 하지 않고, 오로지 인간세계를 대상으로 하고 있는 점에서 불교의 비판의 대상이 될 수 있다. 그러면 중지곤괘의 상효에서는 그것을 어떻게 나타내고 있는가?

중지곤괘의 상효에는 "용이 들판에서 싸운다."[149]고 하여 상효의 시의성이 갖는 현상적 의미로서의 천명天命을 분명하게 밝히고 있다. 용은 본래 하늘을 나는 영물靈物이기 때문에 하늘에서 싸워야지 들판에서 싸워서는 안 된다. 하늘을 나는 용이 들판에서 싸우기 위해서는 잠룡潛龍으로 물속에 내려와야 한다.

용이 들판에서 싸운 결과를 나타내는 말이 "그 피가 검고 누렇다."이다. 용이 싸워서 검고 누런 피를 모두 흘리면 그 용은 죽을 수밖에 없다. 그러면 검고 누런 피는 무엇을 나타내는가?

"그 피가 검고 누렇다."[150]는 것은 천지의 본성인 도덕성 곧 천天의 본성과 지地의 본성이다. 천지의 도를 군자가 자각하면 천명을 자각하게 되고, 천명을 자각하면 결코 역사적 사명, 우주사적 사명에 대하여 의심하지 않게 된다. 문언에서는 상효의 효사가 나타내는 의미에 대하여

---

149 『주역』 중지곤괘重地坤卦 上六 爻辭, "上六, 龍戰于野"
150 『주역』 중지곤괘重地坤卦 上六 爻辭, "其血玄黃."

음양의 관계를 통하여 다음과 같이 밝히고 있다.

> 음陰이 양陽을 의심하면 반드시 싸우게 된다. 왜냐하면 양陽이 없다고 의심하기 때문이다. 그러므로 용이라고 칭하지만 오히려 아직 그 무리를 벗어나지 못하였다. 그러므로 피를 언급하였다. 대저 현황玄黃이라고 하는 것은 천지의 하나가 됨으로 천현天玄이면서 지황地黃이다.[151]

우리는 여기서 용과 이무기의 관계를 음양을 통하여 설명하고 있음을 볼 수 있다. 그것은 사람의 측면에서는 아직 본성을 발견하여 그것을 주체로 살아가지 못하는 소인과 본성을 주체로 살아가는 대인과의 관계를 나타내는 것과 같다.

만약 중천건괘의 상효에서 나타내는 대인이 스스로를 소인과 구분하여 대인으로 여기고, 오로지 대인의 위치에 머물고자 하면 그 사람은 아직도 여전히 소인임을 뜻한다. 왜냐하면 소인과 상대적인 존재로서의 대인은 여전히 분별에 얽매여 있는 사람이기 때문이다.

인용문에서 음陰은 바로 자신을 스스로 대인으로 여기고 오로지 대인에 머물고자 하는 사람을 가리킨다. 그는 스스로를 대인으로 여기기 때문에 여전히 대인과 소인이라는 분별에서 자유롭지 못한 소인이다.

그것을 나타내는 부분이 "양陽이 없다고 의심하면 반드시 싸우게 된다."는 말이다. 본성의 차원에서 보면 음과 양의 구분이 없다. 그러나 현상의 차원에서 보면 분명하게 음과 양이 존재한다. 그렇기 때문에 오

---

151 『주역』 중지곤괘重地坤卦 상육上六 문언文言, "陰疑於陽하면 必戰하나니 爲其嫌於无陽也라 故로 稱龍焉하고 猶未離其類也라 故로 稱血焉하니 夫玄黃者는 天地之雜也니 天玄而地黃하니라."

로지 본성의 차원에 머물러서 음과 양의 분별이 없다고 여기는 사람 역시 소인이라고 하였다.

　대인의 대인다움, 대인의 본성은 천지의 본성인 도덕성이다. 그것을 나타내는 것이 천현이지황天玄而地黃이다. 천현天玄은 지금 여기의 나의 본성, 내 안의 나, 참 나를 나타내고, 지황은 온 세계의 모든 존재들과 함께하는 삶으로서의 명命을 가리킨다. 따라서 천형이지황은 지금 여기의 나와 본성이 그대로 천지의 본성과 하나임을 나타낸다. 그럼에도 불구하고 소인과 하나가 되어 살아가는 삶을 배척하고 대인의 위치에 머물려고 하면 인간다움을 상실하게 됨을 나타낸다. 그러면 우리가 이 부분을 어떻게 이해할 것인가?

　중지곤괘의 상효는 천명天命을 나타내는 효이다. 그 효사에서 용이 들판에서 싸운다고 말한 것은 용이 오로지 하늘을 날고자 하지 말고, 땅으로 다시 내려와서 땅의 생명체들과 함께하는 삶을 살아야 함을 나타낸다.

　음이 양이 없다고 의심한다는 것은 오로지 음양이 하나인 줄만 알고 현상에서 음과 양이 둘로 나누어져서 나타남을 모름을 뜻한다. 그것은 음을 음으로 대하고, 양을 양으로 대함이 음양이 둘이 아닌 하나의 차원에서 음양을 대함임을 뜻한다.

　우리가 내 안의 나 아닌 나 곧 본성의 차원에서 보면 음과 양이 둘이 아니다. 그러나 현상의 차원에서는 소인의 삶과 대인의 삶이 구분되지 않을 수 없다. 그렇기 때문에 어떤 사람이 현상을 보고 오로지 분별이 없는 하나라고만 말하면 그는 허무虛無에 빠져 있다.

　우리는 이 부분을 통하여 상효에 치중하여 음양이 없는 무無의 세계, 도道의 세계, 천天의 세계에 머물러서도 안 되며, 그렇다고 하여 초효의 상태에 머물러서 오로지 음양만이 있다고 여겨서도 안 됨을 알 수 있다.

　초효와 상효의 어느 일면에 머물지 않음은 곧 초효에서 상효에 이르는 작용과 상효에서 초효에 이르는 본체의 어느 일면에도 얽매임이 없음을 뜻한다. 본체의 측면에서는 현상의 분별이 없기 때문에 현상을 나타내는 유有에 대하여 무無라고 하지만 작용의 측면에서는 본체의 무無와 달리 다양한 사물로 드러나는 유有이다.

3. 성명과 시간성

　우리는 앞에서 중천건괘가 상징적으로 나타내고 있는 인간의 형이상적 측면인 본성과 형이하적 측면인 물리적 생명의 생명 현상을 중심으로 이상적인 삶이 무엇인지를 살펴보았다. 그러면 형이상적인 성性과 이상적인 삶을 나타내는 명命은 어떤 관계인가?

　우리는 양자의 관계를 살펴보기 이전에 명命이라는 개념의 의미를 먼저 살펴보지 않을 수 없다. 명命은 목숨 곧 물리적인 생명을 나타낸다. 그것이 변하여 추상적인 사명, 역할의 의미를 갖게 되었다. 따라서 명命은 물리적 생명을 나타내는 동시에 이상적 삶, 사명, 역할을 뜻함을 알 수 있다. 그러면 중천건괘와 중지곤괘가 나타내는 성과 명은 무엇이며, 어떤 관계인가?

　중천건괘가 형이상적 본성을 나타내고, 중지곤괘가 역사적 사명, 사회적 사명인 천명天命을 나타냄은 앞에서 살펴보았다. 그리고 본성을 주체로 하여 삶을 살아갈 때 물리적 생명에 의하여 나타나는 삶과 하나가 되어 이상적인 삶으로서의 대인의 삶이 이루어짐을 살펴보았다.

　본성을 주체로 살아가는 대인의 삶은 본성과 물리적 생명을 하나가 되는 성명합일性命合一을 통하여 역사와 함께하고, 사회와 함께하는 삶, 인류와 함께하는 삶을 살아간다. 그것이 바로 나와 천지가 하나가 되고, 사시四時와 하나가 되며, 일월日月과 하나가 되어 살아가는 역사적인 삶이며, 우주사적인 삶이다. 그러면 천인합일天人合一은 무엇인가?

우리는 성명합일을 통하여 천인합일을 이룬다고 말한다. 그렇다면 양자가 어떤 관계인가의 문제가 발생한다. 그것은 또한 성명합일, 천인합일이 모두 갖고 있는 공통적인 문제이기도 하다. 그 문제는 다른 것이 아니라 성명합일이 본래 이루어진 것인가 아니면 인간 자신에 의하여 이루어지는 것인가의 문제이다.

만약 본래 성과 명이 하나가 아니라면 설사 우리가 수기修己, 수양修養, 수행修行, 수련修練과 같은 다양한 개념으로 나타내는 수도修道를 통하여 성명합일이라는 결과를 얻었을지라도 수도를 하지 않으면 다시 잃어버릴 수 있어서 영원한 것이 아니다. 근본적인 문제는 본래 성명이 둘이라면 아무리 인위적인 행위를 통하여 합일을 하고자 하여도 합일을 할 수 없다.

또한 본래 성과 명이 둘이라면 굳이 어려운 과정을 통하여 성명을 합일을 하려고 할 필요가 없이 그냥 그대로 살아가야 한다. 그러면 성명은 본래 하나인가?

만약 본래 성명이 하나라면 굳이 수도修道를 통하여 성명합일性命合一을 할 필요가 없다. 그렇지만 일상의 사람들의 삶의 행태를 보면 성명이 합일된 대인의 삶, 성인의 삶, 지혜로운 삶, 자비로운 삶을 살지 못하고 있다. 그러면 성과 명은 하나인가, 아니면 둘인가?

성과 명이 하나인가 둘인가의 문제는 동서의 모든 철학자, 사상가들이 해결하고자 하는 근본적인 문제라고 할 수 있다. 그것은 성명합일이 이미 이루어진 존재론적 사건인가 아니면 장차 이루어야 할 인식론적 사건, 당위론적 사건인가의 문제임을 뜻한다.

그런데 존재와 인식, 존재와 당위의 문제는 인간이 스스로 구분하고 합하는 분합分合의 문제이다. 그것은 인간이 의식에 의하여 존재와 당위를 나누고, 자연과 인간을 나누어서 이해할 뿐으로 세계 자체는 분합의 문제가 없음에도 불구하고 본래 실재하지 않는 것을 실재하는 것처럼 착각할 뿐임을 뜻한다.

우리는 존재와 당위, 자연과 인간을 철저하게 구분하는 이분법적인 세계관, 인간관에 바탕을 둔 사상이 서양철학, 과학이며, 그와 달리 천인합일을 바탕으로 일원론적 세계관, 인간관, 가치관을 갖고 있는 것이 동양철학, 동양학이라고 말한다.

그러나 분합分合은 의식에 의하여 이루어진다. 의식은 우리가 남과 구분할 수 있는 물리적 존재로서의 육신의 기능을 나타내는 개념이다. 그것은 분생分生과 합일合一을 본질로 하는 점에서 분생과 합일을 넘어선 마음과 다르다. 따라서 분합을 문제로 동서를 구분하기보다는 문제를 제기하는 주체가 의식인가, 마음인가, 본성인가, 그 너머인가를 문제로 삼아야 한다.

우리는 과학적 관점에서 오로지 물질적 존재인 육신만을 인간으로 규정하기도 하고, 데카르트와 같이 정신/영혼과 물질/육신이라는 서로 다른 실체에 의하여 구성된 존재로 나타내기도 한다.

그러나 동북아 사상에서는 육신, 마음과 다른 차원의 본성을 구분하여 육신, 마음과 본성을 중심으로 인간을 논하기도 하고, 육신과 마음, 본성의 세 측면을 중심으로 인간을 이해하기도 하며, 양자 또는 삼자의 구분이 오로지 마음에 의하여 구분되기 때문에 마음이라고 말하기도 한다. 그러면 인간은 하나, 양자, 삼자의 구성요소만으로 이해할 수 있는가?

우리가 시간적 측면에서 사건의 변화를 중심으로 우리 자신을 이해하면 본성과 마음, 육신이 고정되지 않고 끊임없이 변화한다고 말할 수 있으며, 공간적 측면에서 물건화하여 나타내면 본성과 마음, 육신의 셋을 요소로 하여 구성된 어떤 것이라고 말할 수 있다.

그리고 육신이나 마음 또는 본성 가운데 어느 하나만이 진정한 의미의 인간이라고 주장할 수도 있다. 그러나 주장을 하는 나는 셋을 다 포함하면서도 셋의 어느 것도 아닐 때 비로소 위의 같이 다양하게 나를 나타낼 수 있다. 그러면 우리는 도와 기, 성과 명, 응연應然의 합일과 이연已然의 합일[152]을 어떻게 이해할 것인가?

이제 우리는 성과 명이 하나인가 둘인가의 문제, 인간과 세계는 하나인가 둘인가의 문제, 성명합일과 천인합일은 이연已然의 문제인가 아니면 응연應然의 문제인가, 존재론적 합일인가 아니면 인식론적 합일, 당위론적 합일인가 하는 문제들이 모두 세계 자체의 문제이거나 인간 자신의 문제가 아니라 의식, 마음과 관련되어 있음을 알 수 있다.

우리는 지금 여기의 나의 형이상적 측면을 내 안의 나라고 말하고, 나 아닌 나라고 말하며, 육신이라고 말하는 우리의 가장 표층의 나를 표면의 나라고 하였다. 그것은 비록 우리가 육신을 중심으로 그 안의 마음을 발견하고, 그리고 다시 마음으로부터 한 발자국 더 나아가서 본성이라는 형이상적 측면을 찾았지만 그것은 본래 둘이 아님을 뜻한다.

우리가 육신 곧 형이하의 기器를 중심으로 우리 자신을 찾아가면 표면의 나는 가짜의 나, 환상의 나, 실재하지 않는 내가 되고, 내 안의 나는 참 나, 영원하고 온 우주와 둘이 아니어서 있지 않은 곳이 없는 내

---

152 응연의 합일과 이연의 합일은 합일이라는 사건을 물리적 시간의 관점에서 나타내는 개념이다. 응연의 합일은 미래적 관점에서 합일을 나타내고, 이연의 합일은 과거의 관점에서 합일을 나타낸다.

가 된다.

그러나 내면의 나와 표면의 내가 다르지 않을 뿐만 아니라 내 안의 나와 표면의 나라는 고정된 실체적 존재, 물건적 존재가 없다. 그것은 본성, 형이상의 나, 참 나를 비롯하여 표면의 나, 육신, 형이하의 생명, 성性과 명命을 구분하여 나타내고, 다시 그것을 합하여 하나로 만드는 성명합일, 성명합일에 의한 천인합일이 모두 우리가 스스로 갖는 자신과 세계에 대한 견해일 뿐임을 뜻한다. 그러면 서로가 소통하는 사회와 불통不通의 사회, 소인과 대인의 사회라는 견해는 어떻게 발생하는가?

지천태괘가 나타내는 사회, 세계는 내 안의 나, 형이상의 본성을 주체로 이루어지는 삶을 나타낸다. 그리고 천지비괘가 나타내는 사회, 세계는 표면의 나 곧 일상의 사람들이 남과 구분되는 자신으로 여기는 육신과 의식을 주체로 이루어지는 삶을 나타낸다. 그러면 내 안의 나를 중심으로 이루어지는 대인의 삶과 육신과 의식을 중심으로 이루어지는 소인의 삶은 어떤 관계인가?

불교에서는 육신과 의식을 자신의 몸과 마음으로 여기는 견해를 전도견顚倒見이라고 하고, 내 안의 나, 불성, 본성이라는 대아大我를 주체로 여기는 견해를 정견正見이라고 말한다. 원각경圓覺經에서는 지수화풍이라는 네 요소가 잠시 결합하여 매 순간 다양하게 나타나는 육신을 자신의 몸으로 여기고, 밖의 사물이 의식에 반영되어 나타났다가 사라지는 것을 자신의 마음으로 여기는 것을 무명無明에 의한 전도견顚倒見[153]으로 밝히고 있다.

보적경寶積經에서는 "성현들은 세간을 벗어나는 견해를 갖는다. 이

---

153 『대방광원각수다라요의경大方廣圓覺修多羅了儀經』 1권(ABC, K0400 v13, p.75c10-c14), "一切衆生 從無始來 種種顚倒 猶如迷人四方易處 妄認四大爲自身相 六塵緣影爲自心相 譬彼病目 見空中花 及第二月."

러한 견해에는 나라는 견해가 일어나지도 않고 유정有情이라는 견해가 일어나지도 않으며, 목숨이라는 견해가 일어나지도 않고, 보특가라라는 견해가 일어나지도 않으며, 아주 없다는 견해도 일어나지 않고, 항상하다는 견해도 일어나지 않으며, 있다는 견해도 일어나지 않고, 없다는 견해도 일어나지 않으며, 착하다는 견해도 일어나지 않고, 착하지 않다는 견해도 일어나지 않으며, 나아가 열반涅槃이라는 견해까지도 일어나지 않느니라. 사리자여, 만일 모든 보살이 이런 견해를 멀리 여의면 이것을 곧 보살의 정견正見이라고 한다."[154]고 하였다.

  우리가 정견, 전도견과 같이 서로 반대의 가치가 부가된 주장이나 개념을 갖게 되면 양자는 함께할 수 없는 모순矛盾 관계를 형성한다. 그것은 전도견과 정견이 모두가 옳을 수 없고, 양자 가운데 어느 하나만이 옳은 주장임을 뜻한다.

  전도견에 의하여 살아가는 소인의 삶, 사회는 고통의 세계이며, 정견에 의하여 살아가는 대인의 삶, 사회, 세계는 길吉하여 이롭지 않음이 없는 세계이다. 그러면 정견과 전도견과 같이 대인의 삶과 소인의 삶이 양립이 불가능한 모순 관계인가?

  성과 명은 우리 자신을 구분하여[分] 개념을 통하여 달리 나타낸 것[別]에 불과하다. 그렇기 때문에 본성을 중심으로 나를 나타내는 정견과 육신을 중심으로 나를 나타내는 전도견의 양자가 갖는 모순 관계는 없다. 그러면 대인과 소인, 부처와 중생 그리고 그들의 세계를 나타내는 정견과 전도견은 어떻게 발생한 것인가?

---

154 『대보적경』 53권(ABC, K0022 v6, p.429c11-c17), "衆賢聖出世間見 如是見者 非我見起 非有情見起 非命者見起 非數取者見起 非斷見起 非常見起 非有見起 非無有見起 非善見起 非不善見起 乃至非涅槃見起 舍利子 若諸菩薩遠離此見 是則名爲菩薩正見"

우리가 양자가 발행하는 원인을 찾는 것은 그 문제를 해결하기 위함이다. 우리가 세계에 대하여 서로 다른 견해인 정견과 전도견을 가질 수 있다는 것은 세계 자체의 문제가 아니라 세계를 바라보는 우리 자신의 문제임을 뜻한다.

우리가 정견을 말하는 것은 원각圓覺이라고도 말하는 본성, 자성의 작용에 의하여 세계를 이해하는 것이며, 전도견은 육신을 중심으로 무명無明에 의하여 세계를 이해하는 것이다.[155] 따라서 정견과 전도견은 우리 자신과 세계에 대하여 지혜를 활용하느냐 아니면 지혜를 활용하지 않느냐의 차이이다. 그러면 원각과 무명이 둘인가?

우리는 여기서 형이상과 형이하, 도道와 기器를 말하고, 성과 명을 말하는 그 자리에 과연 성과 명이 있고, 도와 기가 있으며, 형이상과 형이하가 있는가를 자신에게 물어야 한다.

성과 명을 말하는 그 자리에는 성과 명이 없기 때문에 성性으로 말하고, 명命으로 말할 수 있다. 그러면 도대체 성과 명을 말하는 그것이 무엇인가?

우리가 실재한다고 여기는 모든 사물은 마음이 지어낸 것에 불과하다.[156] 그것은 마음이 실체적인 물건들을 만든다는 것이 아니라 사물이라는 실체가 없음에도 불구하고 우리의 마음이 스스로 분별하여 이것

---

155 『대방광원각수다라요의경』 1권(ABC, K0400 v13, p.75c06-c14), "無上法王有大陁羅尼門 名爲圓覺 流出一切淸淨眞如菩提涅槃及波羅蜜教授菩薩 一切如來本起因地 皆依圓照淸淨覺相 永斷無明方成佛道 云何無明 善男子 一切衆生從無始來 種種顚倒 猶如迷人四方易處 妄認四大爲自身相 六塵緣影爲自心相 譬彼病目見空中花及第二月"

156 『대반야바라밀다경』 568권(ABC, K0001 v4, p.1015c18-1016a01), "於一切法心爲前導 若善知心悉解衆法 種種世法皆由心造 心不自見種種過失 若善若惡皆由心起 心性速轉如旋火輪 飄忽不停如風野馬 如水瀑起 如火能燒 作如是觀令念不動 令心隨已不隨心行 若能伏心則伏衆法."

과 저것이라는 물건과 만물이 존재하는 공간을 구성함을 뜻한다. 그러면 우리는 우리 자신과 세계를 어떻게 이해할 것인가?

우리는 여기서 정역의 관점에서 이 문제를 접근할 필요가 있다. 물건의 세계는 시간을 대상화하여 나타난 사건을 다시 객관화하여 나타낸 결과이다. 그렇기 때문에 물건적 차원에서 발생하는 모든 문제는 시간성時間性이라는 근원에서 이해하면 해소된다. 그러면 시간성의 차원에서 양자를 어떻게 이해할 것인가?

정역에서는 시간성의 세계, 사건의 세계, 물건의 세계를 영원한 현재로 나타내고 있다. 이때 영원한 현재는 영원이 나타난 지금이며, 지금을 대상화하여 분석한 여기의 나를 나타낸다. 그것은 시간과 공간이라는 범주를 통하여 대상화하여 분석함으로써 나로 드러남을 뜻한다.

영원한 현재로서의 지금 여기의 나는 고정되지 않는다. 다만 매 순간 다양하게 드러나고, 매 순간 새롭게 드러날 뿐이다. 그렇기 때문에 도와 기, 성과 명, 천과 인이라는 고정된 물건적 세계도 없고, 성명합일, 천인합일과 같은 고정된 사건도 없다. 그러면 영원한 현재는 있는가?

영원한 현재는 인간과 세계가 고정됨이 없이 항상 다양하게 드러나고, 항상 새롭게 나타남을 뜻한다. 따라서 영원한 현재는 고정된 실체가 아니다. 그러면 도와 기, 형이상과 형이하, 사건과 물건, 성과 명을 구분하고 하나로 하는 마음이라는 것이 있는가?

마음을 중심으로 영원한 현재적 관점에서 양자를 이해하면 도와 기, 성과 명, 이연이 합일과 응연의 합일이 모두 매 순간이 고정됨이 없이 나타났다가 사라져서 나타나도 나타남이 없고, 사라져도 허무가 아닌 마음의 표현일 뿐이다.

우리가 성과 명, 대인과 소인, 소통하는 사회와 불통不通의 사회를 논하는 것은 세계 자체의 문제가 아니라 우리 자신의 세계와 인간에 대한 다양한 견해를 일으키는 마음으로부터 발생한다. 따라서 우리는 마음의 노예가 되어 끌려다니지 말고, 마음의 주인이 되어 마음을 다스려야 한다.

　마음을 다스리는 사람은 대인, 성인, 부처이며, 마음을 다스리지 못하고 끌려다니는 사람은 소인, 속인, 중생이다. 마음을 다스림은 마음과 하나가 되어 자유자재한 삶을 살아감이다. 이러한 사람을 우리는 대인, 성인, 부처라고 말하고, 마음과 둘이 되어 마음에 끌려다니고, 밖의 사물에 끌려다니는 사람을 우리는 소인, 속인, 중생이라고 말한다.

　대인과 소인의 삶은 마음을 중심으로 우리 자신을 나타낸 것일 뿐이다. 대인과 소인의 삶이 서로 다른 것이 아니라 우리 자신이 어떻게 마음을 사용하느냐의 용심用心에 있음을 나타내기 위하여 마음을 중심으로 대체와 소체, 본성과 육신을 나타낸 것이다.

　맹자는 내 안의 나 아닌 나를 대체大體로 규정하여 내 안의 나를 중심으로 살아가는 사람이 대인이며, 이목구비耳目口鼻와 같은 육신을 소체小體로 규정하여 표면의 나인 육신을 중심으로 내외의 온갖 것들에 끌려다니면서 고통의 삶을 살아가는 사람을 소인이라고 하였다. 그러면 양자가 둘인가?

　대체와 소체는 모두 우리 자신의 한 면을 나타낸 것에 불과하다. 그렇기 때문에 우리가 소인으로부터 벗어나기 위하여 소체小體인 물리적 생명, 형이하의 생명을 버릴 필요도 없으며, 대인이 되기 위하여 대체大體인 내 안의 나, 참 나, 자성, 불성을 찾을 필요도 없다. 우리는 버리거나 찾는 두 극단을 떠나는 것을 중도적中道的 관점이라고 말한다.

　그러나 대체와 소체, 진아眞我와 가아假我, 무아無我와 자아自我를 벗어난 중도 역시 하나의 개념일 뿐으로 실체적인 것이 아니다. 그것은 우리의 삶이 본래 매 순간 끊임없이 새로운 자아로 드러나지만 찰나에 나타났다가 찰나에 사라지기 때문에 있다거나 없다고 할 수 없어서 본래 중도라는 개념도 필요가 없음을 뜻한다.

우리는 단지 육신을 나로 여기는 마음을 버리고, 내 안의 나 아닌 나를 자신으로 여기는 마음을 쓰는 것이 필요할 뿐이다. 그것은 육신을 자신으로 여기는 그릇된 견해인 전도견顚倒見을 버리고, 내 안의 나를 참 나로 여기는 정견正見을 바탕으로 마음을 쓰는 것이 중요함을 나타낸다.

그러나 내 안의 나는 나 아닌 나이다. 그러므로 표면의 나와 비교하여 소체와 다른 대체, 가아假我와 다른 진아眞我로 규정하는 것은 상관이 없다. 그러나 만약 가아假我를 버리고 진아眞我를 찾는다면 올바른 태도는 아니다. 왜냐하면 가아에 얽매이는 사람과 마찬가지로 진아眞我에 얽매이면 여전히 자유롭지 못한 사람이기 때문이다.

전도견과 정견 역시 상대적인 견해일 뿐으로 절대적인 것은 없다. 그렇다고 하여 정사正邪를 넘어서 중도견中道見이라는 것이 있는 것은 아니다. 만약 양자를 넘어선 실체적인 견해가 있다면 그것도 역시 하나의 견해에 얽매여 있기 때문이다.

우리는 마음과 육신을 둘로 보지 않을 뿐만 아니라 마음과 내 안의 참 나, 나 아닌 나를 둘로 보지 않아야 한다. 이러한 하나의 마음, 한결같은 마음, 매 순간 다양한 마음으로 드러나는 하나의 마음으로서의 한마음에 의하여 살아갈 뿐이다.

한마음의 다양한 측면, 창조적 측면, 진화적인 측면을 나타내는 개념이 시간성이다. 시간성은 인간과 세계를 구분하여 나타내기 이전의 세계를 변화성을 중심으로 나타낸 개념이라고 할 수 있다. 따라서 시간성의 차원에서 보면 세계는 끊임없이 다양하고, 끝없이 새로운 변화, 흐름일 뿐이어서 둘이나 하나, 같음과 다름, 옳음과 그름, 선과 악이라는 분별이 없다. 그러면 어떻게 할 것인가?

중천건괘를 통하여 나와 남이 둘이 아님을 아는 지혜를 바탕으로 현상에 얽매이는 소인의 삶을 벗어나고자 하는 염리심厭離心을 가져야 하며, 중지곤괘를 통하여 나와 남이 둘이 아니게 대하는 자비심慈悲心을 가져야 한다.

염리심에 의하여 현상에 대한 집착을 버리게 된다. 그러나 염리심도 하나의 집착의 대상이 되어서는 안 된다. 자비심에 의한 실천을 통하여 염리심에 대한 집착마저도 벗어나게 된다.

제4부

정역의 도역생성과
중부소과괘中孚小過卦의 순역順逆

1. 풍택중부괘風澤中孚卦와 성명합일의 믿음

2. 뇌산소과괘雷山小過卦와 순역

3. 순역과 도역생성

제4부

정역의 도역생성과 중부소과괘中孚小過卦의 순역順逆

　우리는 앞에서 천비괘와 지천태괘를 통하여 인간과 만물 그리고 세계가 소통하여 공존共存하는 대인의 세계와 인간과 사물, 세계가 소통을 하지 못하여 대립하고 갈등하는 소인의 세계가 서로 다름을 살펴보았다.
　그리고 대인의 삶은 표면의 나인 물질로서의 육신이 갖는 물리적 생명으로 출발하여 물리적 생명을 벗어나서 내 안의 나인 형이상의 본성을 발견하여 하나가 되는 궁리窮理, 진성盡性, 지명至命의 과정을 통하여 전개됨을 살펴보았다.
　궁리, 진성, 지명은 형이하의 물리적 생명으로부터 출발하여 형이상의 본성을 찾아서 하나가 되는 성명합일性命合一의 과정이다. 이는 인간을 형이하의 물리적 생명과 형이상의 본성으로 구분하여 양자를 각각 소체小體, 소아小我와 대체大體, 대아大我로 규정하여 양자의 관계를 통하여 대인의 삶을 살펴본 것이다.
　우리가 물리적 생명의 상태에서 출발하여 궁리, 진성, 지명의 세 단계를 통하여 성명합일을 고찰함은 물리적 사건의 변화를 통하여 물건적 차원에서 이루어지는 성性과 명命의 합일合一을 고찰하였음을 뜻한다. 그러면 양자의 관계를 주역과 십익에서는 어떻게 나타내고 있는가?

계사상편에서는 물건적 관점에서 세계를 형이상과 형이하로 구분하여 양자를 각각 도道와 기器로 나타내고 있다.

형이상의 존재를 도道라고 말하고, 형이하적 존재를 기器라고 말한다.[157]

주역과 십익에서 세계를 도와 기로 구분하여 나타낸 까닭은 인간이 어떤 존재이며, 인간이 어떤 삶을 살아야 하는지를 밝히기 위함이다. 그렇기 때문에 "옛날에 성인聖人이 역易을 지음은 장차 후세의 군자君子로 하여금 성명性命의 이치에 순응하도록 하기 위함이다."[158]라고 하여 이상적 인격체인 군자의 삶이 성명의 이치에 순응하는 삶임을 밝히고 있다.

인간이 어떤 존재인가를 밝히기 위해서는 기器의 구조, 곧 현상의 구조를 밝히지 않을 수 없다. 십익에서는 인간이 살아가는 세계를 시간과 공간을 중심으로 구분하여 시간의 세계인 천天과 공간의 세계인 지地 그리고 인간의 세계인 인人으로 구분하여 나타내고 있다.[159]

도가 드러난 기器의 세계를 천지인의 삼재의 구조를 통하여 설명하였음은 도 역시 삼재三才의 도道임을 뜻한다. 그렇기 때문에 형이상의 도 역시 천도天道와 지도地道, 인도人道로 구분하여 나타내고 있다.

---

157 『주역』 계사상편繫辭上篇 제십이장, "形而上者를 謂之道오 形而下者를 謂之器오."
158 『주역』 설괘 제이장, "昔者聖人之作易也 將以順性命之理"
159 『주역』 계사하편 제십장, "易之爲書也, 廣大悉備, 有天道焉, 有地道焉, 有人道焉. 兼三材而兩之, 故六, 六者非它也, 三才之道也"

그리고 천도의 내용을 음양陰陽을 통하여 나타내고, 지도의 내용을 강유剛柔를 통하여 나타내며, 인도의 내용을 인의仁義를 통하여 나타내고 있다.[160] 그러면 도와 기의 관계는 무엇인가?

주역과 십익에서는 도와 기器의 관계를 물건적 상하上下를 통하여 나타내기도 하고, 사건적 왕래往來를 통하여 나타내기도 한다. 설괘에서는 물리적 시간의 관점에서 과거와 미래의 두 방향을 중심으로 순順과 역逆으로 나타내고 있다.

지나간 과거를 수를 통하여 헤아림은 순順이며, 다가올 미래를 아는 것은 역逆이다. 그러므로 역易은 역逆으로 헤아림이다.[161]

우리는 도와 기를 물리적 시간의 관점에서 미래와 과거를 통하여 이해할 수 있다. 우리가 물리적 시간의 관점에서 도道와 기器를 이해하면 도道는 장차 우리가 합일해야 할 대상인 점에서 미래이며, 기器는 합일한 도가 분생分生한 점에서 과거이다. 그러므로 우리가 현재의 관점에서 미래의 도를 향하는 것이 역逆방향이며, 미래의 도의 관점에서 과거의 기器를 향하는 것은 순방향이다. 그러면 주역은 어떤 관점인가?

역易이 역逆으로 헤아린다는 것은 우리가 역방향에서 출발하여 도와 합일함으로써 그것을 바탕으로 과거를 헤아려야 함을 나타낸다. 그것은 역易이 단순하게 지래 곧 앎을 통하여 도와 합일하는 것에서 그치지 않고, 그것을 바탕으로 현상을 다양한 지식을 통하여 설명해야 함을 알 수 있다. 그러면 역의 지래知來와 순의 수왕數往은 무엇인가?

---

160 『주역』 설괘 제이장, "是以 立天之道曰陰與陽 立地之道曰柔與剛 立人之道曰仁與義"
161 『주역』 설괘 제삼장, "數往者順, 知來者逆, 是故易逆數也."

계사상편에서는 "신神으로 미래를 알고, 지식으로 과거를 갈무리한다."[162]라고 하여 지래知來를 바탕으로 수왕數往이 이루어짐을 밝히고 있다. '신으로 미래를 앎'은 음陰과 양陽이라는 범주를 통하여 천도와 지도, 인도로 구분하여 나타내기 이전의 차원[神]과 감통感通함이 미래를 앎임을 뜻한다.

음과 양으로 구분하여 나타낼 수 없는 세계를 나타내는 신은 음양이 합덕되어 음양으로 구분하여 나타낼 수 없는 세계이다.[163] 그것은 지금 여기의 나와 하나가 되었을 때 비로소 느껴서 통하는 감통을 통하여 드러날 뿐이다. 계사상편에서는 "역易은 생각함이 없고, 행위 함이 없어서 고요하여 움직임이 없을 때 느껴 마침내 통하니 천하의 지극한 신神이 아니면 그 누가 능히 여기에 참여하겠는가?"[164]라고 하여 이 점을 밝히고 있다. 그러면 '지식으로 과거를 갈무리함'은 무엇인가?

'지식으로 과거를 갈무리함'은 음양으로 구분할 수 없는 신의 세계를 음양에 의하여 분별하여 지식으로 나타낸 것이 과거의 세계임을 뜻한다. 설괘에서는 물리적 시간을 중심으로 신의 세계를 수로 분별하여 나타냄을 수왕數往으로 나타내고 있다. 이때 지식으로 과거를 갈무리하는 수단은 수數와 도상圖象, 괘효卦爻와 언사를 비롯하여 다양하다. 그러면 물건적 관점에서 순과 역은 무엇인가?

우리가 현재를 중심으로 미래와 과거를 물건적 관점에서 공간화하여 나타내면 미래는 상上으로 그리고 과거는 하下로 나타내어 상하上下 관계로 나타낼 수 있다. 그것은 시간적 관점에서 생장성의 세 난계로

---

162 『주역』 계사상편 제십일장, "神以知來, 如以藏往"
163 『주역』 계사상편 제오장, "陰陽不測之謂神"
164 『주역』 계사상편 제십장, "易无思也, 无爲也, 寂然不動, 感而遂通天下之故. 非天下之至神, 其孰能與於此"

구분한 사건을 대상화하여 상중하로 나타낼 수 있음을 뜻한다.

상중하의 세 층차를 물건화하여 나타내면 주역과 십익의 세계관이 된다. 주역과 십익에서는 물건적 관점에서 세계를 천지인天地人의 삼재를 통하여 나타내고 있다. 그러면 물건적 관점에서 순역은 무엇인가?

날아가는 새가 남긴 소리가 위로 올라감은 마땅하지 않으며, 아래로 내려옴은 마땅하니 크게 길吉하다. 위로 올라감은 역逆이고, 아래로 내려옴은 순順이다.[165]

우리는 이 부분을 인간의 관점에서 이해할 수도 있고, 도의 관점에서 이해할 수도 있다. 도와 기의 관계를 중심으로 순역을 이해하면 도와 기는 상하의 관계를 통하여 나타낼 수 있다. 그것은 형이상의 도에서 출발하여 형이하의 기를 향하는 방향이 순順이며, 형이하의 기器로부터 출발하여 형이상의 도를 향하는 것이 역逆임을 뜻한다.

우리가 삼재의 도를 중심으로 순과 역을 이해하면 천도와 지도의 관계를 나타내는 개념으로 이해할 수 있다. 지산겸괘地山謙卦의 단사에서는 물건적 상하의 구조를 통하여 천도와 지도의 관계를 다음과 같이 나타내고 있다.

천도天道는 아래로 건너가서 빛나 밝으며, 지도地道는 낮은 곳에서 위로 작용한다.[166]

---

165 『주역』 뇌산소과괘 단사, "飛鳥遺之音, 不宜上, 宜下, 大吉 上逆而下順也."
166 『주역』 지산겸괘 단사, "天道下濟而光明, 地道卑而上行. 天道虧盈而益謙, 地道變盈而流謙, 鬼神害盈而福謙, 人道惡盈而好謙. 謙尊而光, 卑而不可踰, 君子之終也."

인용문을 통하여 우리는 천도天道는 순順방향으로 작용하고, 지도地道는 역逆방향으로 작용함을 알 수 있다. 이때 천도와 지도를 구분하여 나타내고, 도와 기를 구분하여 나타낸 존재는 인간이다. 따라서 순역은 인간을 중심으로 이해하지 않을 수 없다.

 인간을 중심으로 위의 내용을 이해하면 군자와 성인이 밝힌 도道의 관계를 나타낸다. 이때 성인의 도는 성인의 도에 대한 말씀을 나타낸다. 뇌산소과괘雷山小過卦 괘사卦辭의 날아가는 새가 남긴 소리[飛鳥遺之音]는 성인이 밝힌 도를 상징하는 개념이다. 그러면 날아가는 새가 남긴 소리가 위로 올라감은 무엇을 의미하는가?

 날아가는 새가 남긴 소리가 위로 올라감은 성인의 도에 관한 말이 군자에 의하여 수용되지 않고 둘의 상태에 놓여 있음을 나타낸다. 그리고 날아가는 새가 남긴 소리가 아래로 내려옴은 군자에 의하여 수용되어 군자와 하나가 되는 합일合一을 나타낸다. 그러면 뇌산소과괘雷山小過卦는 무엇을 나타내고 있는가?

 순역은 도와 기의 관계를 나타낸다. 형이상의 도와 형이하의 기는 인간에 있어서 성性과 명命이다. 뇌산소과괘에서는 순역을 통하여 인간의 성과 명의 관계를 나타내고 있다.

 소과괘의 괘사에서는 순順방향을 강조하고 있다. 그러나 그것은 형이상의 성性의 관점에서 물리적 생명을 향하는 방향이 아니라 물리적 생명에서 출발하여 형이상의 성과 합일함으로써 천명과 합일하는 역방향이 중심이다.

 소과괘의 관점은 중천건괘의 육효 효사에서 대인의 삶을 궁리, 진성, 지명의 세 단계를 통하여 물리적 생명으로부터 출발하여 그것이 형이상의 본성과 하나가 되는 성명합일을 나타내고 있는 것과 같다. 그러면 우리가 순과 역을 구분하는 것이 어떤 의미를 갖는가?

세계를 대상으로 형이상과 형이하를 구분하여 양자를 도와 기로 달리 나타내고, 다시 양자의 관계를 순과 역을 통하여 나타내는 것은 인간에 의하여 이루어지는 현상이다. 그러면 도와 기, 순과 역을 분별하여 나타냄이 단순히 인간의 행위에 그치는가?

　인간은 개체적 측면에서 육신을 중심으로 나타내는 개념이다. 그러나 인간은 육신의 측면만이 있는 것이 아니라 형이상의 본성을 갖고 있다. 그렇기 때문에 성性만을 중심으로 인간을 나타내거나 형이하의 생명을 중심으로 인간을 나타내는 것은 완전하게 인간을 나타낸 것이라고 할 수 없다.

　우리가 인간을 형이상과 형이하의 두 측면에서 성과 명으로 구분하여 나타내고, 양자를 다시 순과 역의 두 방향에서 나타내어 궁리, 진성, 지명의 세 단계를 통하여 성명합일을 추구하는 것은 인간의 전모를 드러내기에 부족하다.

　만약 우리가 성명합일만을 추구하면 인간의 인식론적 측면은 드러낼 수 있으나 그것이 가능한 존재론적 측면이 드러나지 않는다.

　수도修道와 제도濟度의 측면에서 살펴보면 역방향에서 오로지 수도修道를 중심으로 인간을 나타내면 순방향의 제도적濟度的 측면이 부각되지 않아서 완전할 수 없다.

　그러나 설괘에서 밝히고 있듯이 주역과 십익은 역방향이 중심이다. 이처럼 역방향에서 미래를 아는 것을 바탕으로 순방향에서 우리의 과거를 지식으로 갈무리하는 것은 앎이 중심이다. 따라서 수도修道 역시 앎이 중심이라고 하지 않을 수 없다.

　설괘에서 순역을 논하고, 소과괘에서 역시 순역을 논하고 있을 뿐만 아니라 "역逆을 버리고 순順을 취한다."[167]라고 하여 역방향에 머물지 않고 순방향에 이를 것을 나타내고 있다. 그러나 본래 순방향도 역시 역방향을 전제로 할 때 성립되기 때문에 순방향에 머물러서도 안 된다.

그럼에도 불구하고 소과괘를 비롯하여 주역의 64괘에서는 모두 역방향에서 출발하여 순방향에 이르는 것이 중심이다. 그것은 각 괘의 괘사卦辭는 물론 육효六爻의 효사爻辭가 모두 시초를 나타내는 초효에서 시작하여 종말을 나타내는 상효를 중심으로 근본과 지말의 본말 관계를 통하여 성과 명을 나타내고 있음을 보면 알 수 있다.

순역이 도와 기의 관계를 나타내는 범주이기 때문에 중괘를 구성하는 이치 역시 순역에 의하여 이루어진다. 하나의 괘를 구성하는 육효와 괘체卦體도 역시 순역의 관계를 이룬다. 괘체卦體는 순방향이며, 효용爻用은 역방향이다.

효용爻用을 나타내는 육효의 효사는 초효에서 상효를 향하여 역방향으로 전개된다. 그것은 육효가 초효에서 시작하여 상효에서 끝나는 사건을 통하여 생장성의 변화로 드러나는 물건적 성명을 나타내고 있음을 뜻한다.

그러나 괘체卦體는 괘명卦名을 통하여 나타내고 있다. 우리가 눈여겨 보아야 할 괘는 뇌산소과괘雷山小過卦와 함께 놓여 있는 풍택중부괘風澤中孚卦이다.

풍택중부괘는 괘체의 측면에서는 순방향으로 손괘巽卦가 상괘上卦이고, 태괘兌卦가 하괘下卦로 구성된 상하의 관계를 구성된다. 그것은 괘명이 순방향에서 괘체를 나타내고 있음을 뜻한다.

---

167 『주역』 수지비괘水地比卦 구오九五 소상小象, "象曰 顯比之吉 位正中也 舍逆取順, 失前禽也 邑人不誡 上使中也"

괘체가 나타내는 순방향의 변화는 상괘上卦에서 시작하여 하괘下卦에서 끝나는 종시변화이다. 괘체의 측면에서 풍택중부괘는 손괘巽卦가 나타내는 신도神道 곧 성인이 밝힌 도가 군자의 심성 내면에서 은택으로 드러남[兌卦]이 바로 중심에서 믿음으로서의 중부中孚이다.

그러나 역방향의 효용은 하괘를 내괘로 하고, 상괘를 외괘로 하는 내괘에서 외괘로의 시종의 변화를 통하여 나타낸다. 그것은 중부가 역방향에서는 초효와 이효에서 시작하여 삼효와 사효에서 자라고, 오효와 상효에서 끝나는 생장성의 세 단계를 통하여 나타남을 뜻한다.

우리는 중천건괘의 문언과 설괘에서 인간의 삶의 원리인 성명원리를 역방향을 중심으로 궁리, 진성, 지명으로 나타내고 있음을 통하여 주역과 십익이 순역을 논하면서도 역방향이 중심이 되어 성명을 논하고 있음을 알 수 있다. 소과괘에서도 순역을 논하지만 역방향을 중심으로 논하고 있고, 중부괘에서는 믿음을 역방향에서 출발하여 순방향에 이르는 도구, 매개로 제시하고 있다.

그러나 우리 자신은 본래 순과 역, 형이상과 형이하, 본성과 물리적 생명과 같은 물건적 개념으로 구분하여 나타낼 수 없다. 왜냐하면 인간은 매 순간 다양하게 변하고, 끊임없이 새로워져서 고정된 물건적 존재가 아니기 때문이다.

그럼에도 불구하고 방편상 우리 자신을 성과 명으로 구분하여 명命을 중심으로 성性과 하나가 되는 합일合一을 추구하는 이상 본래 성과 명이 둘이 아님을 전제로 하지 않을 수 없다. 그것은 인식론적, 자각론적 사건으로서의 성명합일이 존재론적 측면에서 본래 그러함을 전제로 할 때 비로소 가능함을 뜻한다.

본래 성과 명이 둘이 아니기 때문에 역방향의 성명합일이 둘이 아님을 확인하는 앎의 문제가 성립하기 위해서는 존재론적 측면에서 그러함을 수용하는 믿음이 가장 중요한 요소이다. 이처럼 역방향에서 출발하여 순방향에 이르는 성명합일의 도구, 근거, 매개인 믿음을 제시하고 있는 괘가 풍택중부괘風澤中孚卦이다.

그리고 믿음을 바탕으로 이루어지는 성명합일이 역방향에서 이루어지는 사건임을 나타내는 괘가 뇌산소과괘이다. 그것은 중부괘의 내용을 역방향에서 제시하고 있는 괘가 뇌산소과괘임을 뜻한다.

이에 지금부터는 중부괘中孚卦와 소과괘小過卦를 통하여 성명합일이 어떻게 이루어지는지를 살펴보고자 한다. 먼저 풍택중부괘를 통하여 믿음을 바탕으로 드러나는 성명합일의 세 단계를 살펴본 후에 이어서 소과괘를 통하여 역방향에서 이루어지는 성명합일에 대하여 살펴보고자 한다. 그리고 마지막으로 정역의 도역생성을 통하여 물건적 순역이 어떤 관계인지 고찰하고자 한다.

1. 풍택중부괘風澤中孚卦와 성명합일의 믿음

괘상을 중심으로 풍택중부괘의 구조를 살펴보면 상괘가 손괘이며, 하괘가 태괘이다. 중부괘를 구성하는 상괘인 손괘는 성인이 밝힌 신도를 나타내며, 하괘인 태괘는 기쁨, 열락, 백성을 나타낸다. 따라서 중부괘는 성인이 밝힌 신도가 군자의 심성 내면에서 하나가 되어 열락으로 드러남을 나타내는 괘이다.

풍택중부괘를 나타내는 괘명인 중부中孚는 중심, 근원, 주체를 나타내는 중中과 생산, 믿음을 의미하는 부孚가 결합하여 형성된 개념이다. 그것은 '마음의 중심에서 믿음'을 의미하는 동시에 '중심으로부터 생산이 있음', '중中에 의하여 이루어지는 작용'을 나타낸다. 그러면 중부괘에서는 왜 믿음을 강조하는가?

주역, 십익이라는 텍스트를 연구하는 과정은 그대로 우리의 삶의 과정이다. 그것은 우리가 주역의 연구라는 하나의 특수한 사건을 방편으로 삼아서 우리의 삶을 나타내고 있음을 뜻한다.

주역, 십익에서 제시하고 있는 성명합일이라는 사건도 지금 여기의 나의 삶을 대상화하여 나타낸 것에 불과하다. 따라서 이러한 하나의 사건을 우리가 어떻게 대할 것인지를 분명하게 파악해야 한다.

성명합일은 그대로 지금 여기의 나의 삶을 나타낸다. 그것은 우리가 만나는 안팎의 사물이 그대로 내 안의 나 아닌 나의 드러남임을 뜻한다. 따라서 주역의 64괘를 비롯하여 괘효사, 십익을 대할 때는 지금 여기의 나와 둘이 아니게 대해야 한다. 그러면 왜 믿음이 중요한가?

성명합일을 비롯하여 순역합일, 천인합일은 본래 성과 명, 순과 역, 천과 인이 둘이 아니기 때문에 인간이 양자를 둘이 아니게 대함을 나타낸다. 따라서 성명합일은 본래 그러함을 믿는 믿음[信]으로부터 시작된다.

중천건괘에서는 군자를 "덕을 향상시키고, 왕천하의 사업을 닦는"[168] 사람으로 규정하면서 진덕進德과 수업修業의 근거, 수단, 방법을 각각 충신忠信과 입성立誠으로 나타내고 있다.

진덕의 근거, 수단인 충신은 '진실한 믿음'을 의미한다. 그것은 인간 자신의 본래면목이 형이상의 본성인 내 안의 나임을 믿음이며, 내 안의 나는 나와 남의 구분이 없어서 만물과 일체이기 때문에 나 아닌 나임을 믿음이다.

충신을 통하여 이루어지는 성명합일의 결과가 진덕인 것과 달리 성

---

168 『주역』 중천건괘 구삼九三 문언文言, "子曰 君子進德脩業 忠信所以進德也 脩辭立其誠 所以居業也"

명합일을 남과 함께하는 실천의 측면에서 나타낸 것이 수업修業이다. 그것을 십익에서는 국가사회를 중심으로 천하를 도로 제도하는 일인 도제천하道濟天下의 사업[169]으로 나타내고 있다.

그런데 도제천하의 사업의 근거, 수단을 입성으로 나타내고 있다. 그 것은 충신忠信을 외적인 측면에서 나타낸 것이 입성立誠이며, 입성立誠 을 내적인 측면에서 나타낸 것이 충신忠信임을 뜻한다. 그러면 중부괘 의 괘사에서는 믿음을 어떻게 나타내고 있는가?

중부괘의 괘사에서는 "중부는 돼지와 물고기에 이르면 길하다. 대천 을 건너는 것이 이로우며, 이롭고 바르다."[170]고 하였다. 이에 대하여 단 사에서는 "중부는 유柔가 안에 있으면서 강剛이 중中을 얻음이다. 은 택을 느끼는 기쁨이 바람처럼 널리 퍼진다. 생산이 있어서 이에 나라 를 교화한다. '돼지와 물고기면 길하다.'는 믿음이 돼지와 물고기에 이름 을 나타내며, '대천을 건넘이 이롭다.'는 나무를 타고 있으니 배가 비었음 을 뜻하고, '중부가 이에 이롭고 바름'은 천天에 응함이다."[171]라고 하였다.

중부괘의 괘상을 보면 오효에 음효가 놓여 있다. 그것을 단사에서는 유柔가 안에 있으면서 강剛이 중中을 얻음으로 나타내고 있다. 이는 군 자가 내 안의 나 아닌 나인 성품이 본래면목임을 믿음을 나타낸다.

진실한 믿음은 대상과 하나가 된다. 이처럼 믿음의 대상과 하나가 된 상태를 나타내는 것이 '은택을 느끼는 기쁨이 바람처럼 널리 퍼진다.'이 다. 그것은 개체의 측면에서는 온 마음으로 기쁨이 느껴지고, 온몸에

---

169 『주역』계사상편 제사장, "易與天地準, 故能彌綸天地之道. 仰以觀於天文, 俯以察 於地理, 是故知幽明之故, 原始反終, 故知死生之說, 精氣爲物, 遊魂爲變, 是故知鬼 神之情狀. 與天地相似, 故不違, 知周乎萬物而道濟天下, 故不過"
170 『주역』풍택중부괘 괘사, "中孚 豚魚吉 利涉大川 利貞"
171 『주역』풍택중부괘 단사, "彖曰 中孚 柔在內而剛得中 說而巽 孚乃化邦也 豚魚吉 信及豚魚也 利涉大川 乘木舟虛也 中孚以利貞 乃應乎天也"

기쁨이 가득함을 뜻한다.

믿음이 대상과 하나가 되면 작용이 이루어진다. 그것을 나타내는 것이 '믿음이 이에 나라를 변화시킨다.'이다. 그것은 자신을 변화시키는 동시에 주변을 변화시키고, 세상을 변화시킴을 뜻한다. 이 변화는 확충하여 마침내는 돼지와 물고기 같은 사물에도 이른다.

군자가 신도, 성인의 도와 하나가 되어 빈 배처럼 마음이 비면 순풍을 맞아서 대천을 건넌다. 그것은 군자가 스스로 선천과 후천, 소인과 대인, 형이상과 형이하, 본성과 물리적 생사의 대천을 건널 뿐만 아니라 다른 사람들도 함께 건네줌을 뜻한다.

진실한 믿음과 그 작용을 나타내는 중부가 이롭고 바른 것은 이에 천도天道에 응하기 때문이다. 그것은 정해진 이치, 도가 있어서 그것을 따르는 것이 아니라 시간성時間性에 따라서 다양하게 드러냄을 뜻한다. 이에 대하여 대상에서는 어떻게 나타내고 있는가?

대상에서는 "못 위에 바람이 있음이 중부이다. 군자는 이를 주체적으로 자각하여 옥사獄事를 논하고, 죽음에서 벗어나게 한다."[172]라고 하였다. 우리가 '의옥완사議獄緩死'를 물리적 생명을 중심으로 이해하면 옥사를 잘 해결하여 고의범이 아닌 이상은 널리 용서를 베풀고, 가능한 한 죽음을 면하게 해 주는 일로 이해할 수 있다.

그러나 중부괘를 형이상의 본성과 형이하의 물리적 생명이 하나인 성명합일의 측면에서 이해하면 중부괘를 통하여 믿음을 실천하는 군자는 사람들로 하여금 스스로 죄악에서 벗어나고 생사에서 벗어나 자유로운 삶을 살게 함을 뜻한다. 그러면 중부괘의 각 효에서는 중부에 대하여 어떻게 논하고 있는지 살펴보자.

---

172 『주역』 풍택중부괘 대상, "象曰 澤上有風, 中孚, 君子以議獄緩死."

중부괘의 초효는 형이상의 본성을 발견함을 나타낸다. 효사에서는 "초구는 헤아리면 길吉하고, 다른 것이면 편안하지 못하다."[173]고 하였다. 여기서 헤아림은 일상의 나 곧 남과 구분되는 육신으로서의 나와 다른 내면의 심층에 근원적인 내가 있음을 아는 것이다. 이처럼 초효는 내 안의 나 아닌 나가 있음을 알고, 믿음을 갖기 시작함을 나타내는 효爻이다.

내 안의 나를 발견하고 그 나가 근원인 동시에 참 나임을 알고, 참 나에 대한 믿음이 강해지면 내 안의 나를 주체로 살고자 하는 뜻을 세우게 된다. 그는 "믿음을 바탕으로 따를 것을 생각하고, 내 안의 나를 주체로 살다 간 사람들의 삶을 숭상한다."[174]

초효의 소상에서는 "초구의 효사에서 헤아리면 길하다고 한 까닭은 세운 뜻이 변함이 없기 때문이다."[175]라고 하여 그 점을 밝히고 있다.

초효에서 내 안의 나와 하나가 되어 내 안의 나 아닌 나를 주체로 살고자 하는 뜻을 세우면 비로소 내 안의 나와 소통하기 시작한다. 이처럼 내 안의 나와 소통하는 것을 나타내는 효가 이효이다.

이효의 효사에서는 "우는 학鶴이 그늘에 있으니 그 새끼가 화답한다. 나에게 좋은 잔이 있으니 내가 너와 더불어 주고받을 것이다."[176]라고 하였다.

이효의 효사는 개체적 관점에서 이해할 수도 있고, 사회적 측면에서 이해할 수도 있다. 다만 개체와 사회가 모두 형이하적 차원에서의 접근

---

173 『주역』풍택중부괘 초구初九 효사, "初九 虞吉, 有它不燕."
174 『주역』계사상편 제십이장, "易曰 自天祐之 吉无不利 子曰 祐者助也. 天之所助者 順也, 人之所助者 信也. 履信思乎順, 又以尙賢也, 是以自天祐之, 吉无不利也."
175 『주역』풍택중부괘 초구初九 소상, "象曰 初九虞吉 志未變也"
176 『주역』풍택중부괘 구이九二 효사, "九二 鳴鶴在陰, 其子和之, 我有好爵, 吾與爾靡之."

이라는 점에서 두 관점이 서로 다르지 않다. 그러면 우는 학과 새끼의 화답은 무엇을 의미하는가?

이는 내 안의 나인 학과 표면의 나인 새끼가 화답하면서 소통함을 나타낸다. 계사에서는 내 안의 나와 표면의 나의 소통을 부모와 자녀의 관계를 통하여 나타내기도 하였다. 내 안의 나는 부모나 스승이 이미 돌아가고 없지만 마치 부모, 스승이 옆에 앉아 있는 것처럼 서로 소통을 한다[177]고 하였다.

새끼와 어미의 소통은 새끼의 간절하고 진실한 믿음에 의하여 이루어진다. 따라서 이효는 진실한 믿음을 부모와 자녀의 소통을 통하여 나타내고 있다. 소상에서는 "그 새끼가 어미와 화답하는 것은 중심에서 원하기 때문이다."[178]라고 하였다.

삼효와 사효는 믿음을 바탕으로 내 안의 나와 소통을 통하여 하나가 되는 과정을 나타낸다. 우리는 오랜 세월 동안 표면의 나를 자신으로 여기면서 살아왔다. 그렇기 때문에 비록 입지立志를 통하여 내 안의 나와 하나가 되어 살고자 하지만 표면의 내가 중심이 되어 살아왔던 습관이 자주 튀어나온다.

삼효의 시위는 내 안의 나와 하나가 되기 시작하는 과정을 나타낸다. 그렇기 때문에 삼효에서는 표면의 나에 의하여 본능적으로 나타나는 욕심과 욕심에 의하여 나타나는 언행을 적賊으로 규정하고 있다. 표면의 나를 참 나로 알고, 남과 나를 둘로 보는 욕심은 내 안의 나와 하나가 되는 것을 방해하는 가장 강력한 적이다.

---

177 『주역』 계사하편 제팔장, "易之爲書也, 不可遠. 爲道也屢遷, 變動不居, 周流六虛, 上下无常, 剛柔相易, 不可爲曲要, 唯變所適. 其出入以度, 外內使知懼. 又明於憂患與故, 无有師保, 如臨父母."

178 『주역』 풍택중부괘 구이 소상, "象曰, 其子和之, 中心願也."

삼효의 효사에서는 "적과 만나서 혹은 북을 두드리고, 혹은 그만두며, 혹은 울고, 혹은 노래한다."[179]고 하였다. 우리가 내 안의 나와 하나가 됨을 방해하는 욕심을 만나면 때로는 그것을 바로 알아차리고 스스로를 경계하여 벗어난다.

　그러나 때로는 오랜 습관에 젖어서 적이 적임을 알아차리지 못하고 끌려다니기도 한다. 그리고 돌아보면서 알아차리고 벗어날 때는 기뻐하고, 그렇지 못하고 끌려다니면서 괴로울 때는 울기도 한다.

　내 안의 나를 발견하였지만 하나가 되지 못하였기 때문에 때로는 끌려다니고 후회하며, 때로는 바로 알아차리고 노래를 부르면서 기뻐한다. 그렇기 때문에 소상에서는 "혹은 북을 두드리고, 혹은 그만두는 것은 位위가 부당하기 때문이다."[180]라고 하여 아직은 하나가 되지 못하였음을 밝히고 있다.

　표면의 나와 내 안의 나가 점차 하나가 되어 가는 과정을 나타내는 효가 사효이다. 사효는 표면의 내가 중심이 되는 삼효와 달리 내 안의 나 아닌 나가 중심이 된다. 그렇기 때문에 삼효가 선천을 나타내는 내괘의 상효인 것과 달리 사효는 후천을 나타내는 외괘의 초효이다.

　사효가 비록 내 안의 나가 주체가 됨을 나타내는 효이지만 아직은 완전하게 하나가 된 것은 아니다. 그렇기 때문에 내 안의 나와 하나가 됨이 보름달과 같다면 아직은 보름달이 아니지만 보름달에 가까운 14일의 달과 같다.

　사효의 효사에서는 "달이 거의 보름에 가깝다. 말이 짝을 짓지 않으면 허물이 없다."[181]고 하였다. 월기망은 15일에 가까운 14일의 밤을 나

---

179 『주역』 풍택중부괘 육삼六三 효사爻辭, "六三, 得敵, 或鼓或罷, 或泣或歌."
180 『주역』 풍택중부괘 육삼 소상, "象曰 或鼓或罷 位不當也."
181 『주역』 풍택중부괘 육사 효사, "六四 月幾望 馬匹亡 无咎"

타낸다. 따라서 내 안의 나와 표면의 나가 거의 합일하기 직전을 나타낸다.

말의 짝이 없음은 자유로움을 나타낸다. 그것은 역방향에서는 표면의 나를 중심으로 이루어지는 분별하는 의식이 사라짐을 뜻한다.

마음이 표면의 나로부터 벗어나서 내 안의 나를 향하기 때문에 소상小象에서 "말이 짝을 지음이 없음은 그 무리를 벗어나서 위에 이름이다."[182]라고 하였다.

오효는 표면의 나와 내 안의 나 아닌 내가 하나가 됨을 나타낸다. 효사에서는 "믿음에 끊어지지 않음이 있으니 허물이 없다."[183]고 하였다. 그것은 믿음을 갖는 주체와 믿음의 대상이 하나가 되었음을 나타낸다.

소상에서는 "믿음이 있어서 서로 하나인 것과 같음은 위位가 바르기 때문이다."[184]라고 하여 비로소 하나가 되었음을 나타내고 있다.

상효는 믿음을 바탕으로 내 안의 나와 하나가 됨이라는 어떤 실체적인 사건이 없음을 나타낸다. 그것은 표면의 나와 내 안의 나가 본래 둘이 아니기 때문에 하나임을 확인하였을 뿐임에도 불구하고 하나가 되었다는 마음이 있다면 여전히 본래의 자신으로 돌아가지 못하였음을 뜻한다.

진실한 믿음은 믿는 주체도 대상도 없을 뿐만 아니라 믿음이라는 것 자체도 없다. 만약 믿음이라는 내용이 남아 있다면 그것은 여전히 내 안의 나라는 어떤 실체적 존재에 매달리는 결과를 초래하여 차라리 표면의 나를 주체로 살아가는 것보다 못하다.

상효의 효사에는 "닭의 날갯짓하는 소리가 하늘로 올라갔다. 바르더

---

182 『주역』 풍택중부괘 육사 소상, "象曰 馬匹亡 絶類上也"
183 『주역』 풍택중부괘 구오 효사, "九五 有孚攣如, 无咎."
184 『주역』 풍택중부괘 구오 소상, "象曰 有孚攣如 位正當也"

라도 흉하다."[185]고 하였다. 성인이 밝힌 신도를 상징하는 새의 소리는 내 밖에 있는 것이 아니라 내 안의 나의 소리이다. 그러므로 하늘에 있는 것이 아니라 나에게 있다.

만약 내 안의 나의 소리를 밖의 천天에서 찾는다면 그것이 아무리 바르더라도 흉하지 않을 수 없다. 그것은 내 안의 나와 표면의 내가 본래 둘이 아니기 때문에 하나가 됨도 본래 하나임을 확인한 것일 뿐이어서 내 밖의 일이 아님을 뜻한다.

소상에서는 "닭의 날갯짓하는 소리가 하늘로 올라갔으니 어찌 오래 가겠는가!"[186]라고 하였다. 닭의 날갯짓하는 소리가 하늘로 올라감은 성인의 말을 믿고, 내 안의 참 나를 믿어서 하나가 될지라도 그 하나 됨을 나와 둘로 여김을 나타낸다. 따라서 흉하다고 하지 않을 수 없다.

2. 뇌산소과괘雷山小過卦와 순역

우리는 앞에서 중부괘를 통하여 성명합일이 믿음을 바탕으로 이루어짐을 살펴보았다. 이때 성명합일의 매개, 수단이 믿음이라는 것은 성명합일이 본래 그러함의 측면과 이루어야 할 측면이 있음을 뜻한다.

우리가 장차 이루어야 할 성명합일을 응연應然의 합일이라고 한다면 본래 그러함으로서의 성명합일은 이연已然의 합일이라고 할 수 있다. 이러한 두 방향의 합일은 그 성격이 서로 다르다. 이연已然의 합일이 존재론적 합일이라면 응연應然의 합일은 당위론적인 합일이다. 그러

---

185 『주역』 풍택중부괘 상구 효사, "上九, 翰音登于天, 貞凶."
186 『주역』 풍택중부괘 상구 소상, "象曰 翰音登于天 何可長也"

면 응연의 합일과 이연의 합일은 서로 다른가?

 응연의 합일은 명命으로부터 출발하여 성性과 하나가 되는 합일이며, 이연의 합일은 성性으로부터 출발하여 명命에 이르는 합일이다. 이때 이연의 합일이 본성을 주체로 하여 그것이 물리적 생명으로 드러나는 존재론적 합일인 것과 달리 응연의 합일은 물리적 생명으로부터 출발하여 근원인 형이상의 본성을 찾아서 하나가 되는 합일이다.

 그런데 응연의 합일이 가능한 까닭은 이연의 합일이 전제가 되기 때문이다. 그러므로 응연의 합일이 심성 내면에서 이루어지는 앎의 문제라면 이연의 합일은 육신을 통하여 이루어지는 실천의 문제이다.

 소과괘에서는 공간적인 상하의 관계를 통하여 성명합일을 순역으로 나타내고 있다. 소과괘는 상괘가 진괘이며, 하괘는 간괘이다. 진괘는 성인을 나타내고, 간괘는 군자를 나타낸다. 소과괘는 군자가 성인에 의하여 제시된 내 안의 참 나에 대한 믿음을 바탕으로 표면의 나를 떠나서 내 안의 참 나를 주체로 함을 나타낸다.

 소과괘의 괘상을 보면 마치 새가 날개를 펴고 날아가는 것과 같은 이미지가 있다. 그렇기 때문에 괘사卦辭에서는 날아가는 새가 남긴 소리가 위로 올라감은 마땅하지 않고, 아래로 내려감이 마땅하다고 하였다.

 날아가는 새가 남긴 소리는 성인의 말을 뜻한다. 그리고 새가 남긴 소리가 위로 올라가고 아래로 내려옴은 성인의 말을 듣는 군자의 관점에서 성인이 밝힌 도가 수용됨과 거부됨을 나타낸다. 하늘을 나는 새가 남긴 소리가 위로 올라감은 군자가 수용하지 않고 거부함이며, 아래로 내려옴은 군자가 수용함을 뜻한다. 그러면 먼저 소과괘의 괘사에서는 어떻게 논하고 있는지 살펴보자.

 소과괘의 괘사에서는 "작은 지남이 형통하고, 이롭고 바르다. 작은 일은 가능하지만 큰일은 가능하지 않다. 날아가는 새가 남긴 소리가 있으니 위로 올라가는 것은 마땅하지 않고, 아래로 내려가면 마땅하여 크게 길하다."[187]고 하였다.

대소는 강유와 관련된다. 강유를 군자를 중심으로 이해하면 유柔는 표면의 나라면 강剛은 내면의 나이다. 그렇기 때문에 작은 건넘은 유柔가 자신의 상태를 벗어나서 강剛과 하나가 됨이다. 그것은 군자가 표면의 나를 주체로 여기지 않고 내면의 참 나를 주체로 여김을 뜻한다.

단사에서는 "작은 지남은 소자小者가 지나가서 형통함으로 지나가서 이롭고 바름은 때와 더불어 행함이다. 유柔가 중中을 얻었기 때문에 작은 일은 길하다. 강剛은 위位를 잃어서 중中이 아니기 때문에 큰일을 할 수 없다. 날아가는 새의 상象이 있으니 '날아가는 새가 남긴 소리가 위로 올라감은 마땅하지 않고, 내려감이 마땅하여 크게 길하다'는 위로 올라감은 역逆이고, 아래로 내려감은 순順이다."[188]라고 하였다.

단사에서는 소과를 순과 역을 통하여 나타내고 있다. 군자의 관점에서 소과는 표면의 나인 유柔를 벗어나서 내면의 나인 강剛과 하나가 됨이다. 그것은 공간적 측면에서 아래에서 시작하여 위로 올라가는 역逆이며, 위에서 시작하여 아래로 내려감이 순順임을 뜻한다.

그러나 시간적 측면에서 역逆은 아직은 이루어지지 않았지만 장차 이루어야 할 사건인 점에서 미래를 향한다. 이와 달리 순順은 미래에서 과거를 향하는 방향이다. 그러면 순역은 무엇을 의미하는가?

우리가 괘사와 단사에서 유와 강을 통하여 소과를 나타내고 있음을

---

187 『주역』 뇌산소과괘 괘사, "小過, 亨, 利貞, 可小事, 不可大事, 飛鳥遺之音, 不宜上, 宜下, 大吉"
188 『주역』 뇌산소과괘 단사, "彖曰 小過, 小者過而亨也, 過以利貞, 與時行也. 柔得中, 是以小事吉也, 剛失位而不中, 是以不可大事也. 有飛鳥之象焉, 飛鳥遺之音, 不宜上, 宜下, 大吉 上逆而下順也."

주목할 필요가 있다. 소과는 군자가 표면의 나를 벗어나서 내면의 내 안의 참 나를 주체로 함을 나타내며, 그것을 역방향에서 이루어지는 건넘[過]이라고 하였다.

그런데 표면의 나와 내 안의 나는 본래 둘이 아니다. 그럼에도 불구하고 우리가 내 안의 참 나를 모르기 때문에 성인의 말, 성인의 가르침을 통하여 내 안의 나를 알게 되고, 믿음을 통하여 수용하여 그를 주체로 살아가고자 하는 뜻을 세우고 마침내 그와 하나가 된다. 그러면 이것이 무엇을 의미하는가?

소과괘에서 밝히고 있는 역방향에서 내 안의 나와 하나가 됨은 바로 앎의 문제이다. 본래 내 안의 나가 참 나임에도 불구하고 내 안의 나를 모르기 때문에 어쩔 수 없이 방편상으로 내 안의 내가 있다고 말하고, 그것을 믿고 수용하여 하나가 된다고 말한다. 그렇기 때문에 그것은 앎의 문제일 뿐으로 존재론적 사건이 아니다. 그러면 앎의 문제로서의 순역은 무엇인가?

설괘에서 순과 역을 논하면서 지래知來를 역逆으로 나타내고 있고, 계사에서는 "신神으로 미래를 알며, 앎으로 과거를 갈무리한다."[189]라고 하여 순역을 모두 앎의 문제를 중심으로 나타내고 있다.

순방향의 출발점인 미래는 앎[知]과 모름[不知]을 넘어선 무지無知의 상태이다. 그것은 앎이 없음이 아니라 알되 앎이 없음을 뜻한다. 알면서도 앎이 없음은 지극한 앎으로서의 치지致知이지만 앎의 상태에 머물지 않기 때문에 무지이다.

무지에서 출발하여 치지를 분별함으로써 다양한 지식을 산출하는 것이 순順이며, 부지不知에서 출발하여 지知를 거쳐서 무지無知에 이르는

---

189 『주역』 계사상편 제십일장, "神以知來, 如以藏往"

것이 역逆이다.

다양한 지식을 통하여 지혜를 드러내는 것이 순방향이며, 다양한 지식을 녹여서 하나의 지혜로 만드는 것이 역방향이다. 따라서 주역, 십익에서 제기되는 순역은 무지無知, 지知, 부지不知의 세 단계를 중심으로 나타내는 앎의 문제라고 할 수 있다. 그러면 대상에서는 소과를 어떻게 나타내고 있는가?

대상에서는 "산 위에 우레가 있음이 소과이다. 군자는 이를 주체적으로 자각하여 행行은 공손함을 넘어서고, 상喪은 애도를 넘어서며, 씀은 검소함을 넘어선다."[190]라고 하였다.

만약 남과 구분되는 육신을 중심으로 이루어지는 군자의 행위로 이해하면 공손함, 다른 사람의 죽음을 슬퍼함, 재화를 소비함에 검소함으로 이해할 수 있다. 그렇다면 과함[過]은 공손함이 약간 지나치고, 애도함이 약간 지나치며, 검소함이 지나침을 나타낸 것으로 이해할 수 있다.

이는 소과의 내용과 일치하지 않을 뿐만 아니라 과함은 부족함과 마찬가지로 중도中道가 아니다. 더 중요한 점은 그렇게 이해할 경우 표면의 나를 중심으로 내가 무엇을 함을 나타냄이 된다는 점이다.

이 부분을 내 안의 나 아닌 나를 중심으로 이해하면 공손함, 애도함, 검소함은 함이 없는 함임을 뜻한다. 내 안의 나 아닌 내가 주체가 되어 무엇을 하여도 온 우주의 모든 존재와 함께하기 때문에 함이 없다. 이러한 함이 없음은 아무것도 하지 않음이 아니라 모든 것을 하지만 그 어떤 것도 함이 없음이다. 그러면 육효의 효사에서는 소과를 어떻게 나타내고 있는가?

---

190 『주역』 뇌산소과괘 대상, "象曰 山上有雷, 小過, 君子以行過乎恭, 喪過乎哀, 用過乎儉."

초효에서는 "날아가는 새이기 때문에 흉凶하다."¹⁹¹고 하였다. 새의 소리는 성인이 밝힌 도를 상징한다. 새가 날아감은 군자에 의하여 성인이 밝힌 도가 수용되지 않음이다. 따라서 흉하다고 하지 않을 수 없다.

새가 날아감으로 인하여 일어나는 흉함은 스스로 선택한 결과이기 때문에 남이 어찌할 수 없다. 성인이 밝힌 참 나인 내 안의 나를 수용하여 주체로 살아가는 대인의 삶은 남이 강요할 수 있는 것이 아니라 스스로 선택하는 문제일 뿐이다. 그러므로 "새가 날아감으로 인한 흉은 어찌할 수 없다."¹⁹²

그런데 초효에서 시작되는 효사를 보면 새와 군자가 둘인 상태에서 시작하고 있다. 그것은 현상으로부터 근원을 찾아가는 역방향에서 근원을 찾아서 하나가 되는 합일을 추구하고 있음을 뜻한다. 이처럼 소과괘가 나타내는 작은 건넘은 역방향에서 추구하는 성명합일이다.

초효와 달리 이효에서는 표면의 나를 벗어나서 내 안의 나를 찾고자 한다. 그러나 내 안의 나는 본래의 나임에도 불구하고 둘로 여기고 오로지 나 아닌 나만을 찾다보면 참 나를 찾지 못하고, 거짓 나에 매달릴 수 있다.

이효의 효사에서는 "할아버지를 지나서 죽은 어머니를 만난다. 주군을 만나지 못하고 신하를 만남이지만 허물이 없다."¹⁹³고 하였다. 내 안의 참 나를 찾기 위하여 아버지를 넘어서 다시 할아버지로 나아간다. 그리고 마침내 살아 있는 세계를 넘어서 죽은 어머니에게 이른다.

사람들이 내 안의 참 나를 찾기 위하여 과거를 향하거나 미래를 향하는 것은 성인의 말을 통하여 참 나를 찾는 것과 같다. 성인의 말을 통

---

191 『주역』 뇌산소과괘 초육 효사, "初六, 飛鳥以凶."
192 『주역』 뇌산소과괘 초육 소상, "象曰, 飛鳥以凶 不可如何也."
193 『주역』 뇌산소과괘 육이 효사, "六二 過其祖, 遇其妣, 不及其君, 遇其臣, 无咎."

하여 드러나는 참 나는 오직 성인의 말을 듣고, 내 안의 참 나를 찾고자 하는 지금 여기의 나를 통하여 만날 수 있다.

우리가 내 안의 나를 찾음은 지금 여기의 나의 다른 측면, 일상의 우리가 알지 못하는 심층의 다른 측면을 찾는 것일 뿐으로 지금 여기의 나를 떠나서 과거의 다른 나를 찾거나 미래의 다른 나를 찾는 것이 아니다.

그럼에도 불구하고 오로지 표면의 나를 떠나서 내 안의 나를 찾으려는 욕심이 과도하면 할아버지를 찾고, 죽은 어머니를 찾게 된다. 그러나 그것은 허물이 아니다. 그렇기 때문에 소상에서는 "주군을 만나지 못함은 신하가 어찌할 수 없는 건넘이다."[194]라고 하였다.

삼효는 내괘의 끝이다. 그렇기 때문에 초효에서 입지를 통하여 시작된 표면의 나를 벗어나서 내 안의 나에 이르는 건넘이 가장 어려운 때이다. 왜냐하면 표면의 나에 의하여 이루어진 습관이 내 안의 찾아서 그와 하나가 됨을 방해하는 힘이 가장 크기 때문이다.

삼효의 효사에서는 "건너지 않으면 건넘을 방해할 것이다. 쫓아 혹은 상傷하게 할 것이니 흉하다."[195]라고 하였다. 만약 스스로 건너지 않으면 거짓 나인 에고의 강한 반대에 부딪쳐서 병이 나기도 한다. 그렇기 때문에 소상에서는 "쫓아 혹 상함이 흉함을 어찌할 것인가!"[196]라고 하였다.

건넘이 이루어져서 내 안의 나와 하나가 됨을 나타내는 효는 사효와 오효이다. 사효는 외괘의 시작이기 때문에 내 안의 하나가 됨이 본격적으로 시작됨을 나타내는 시위이다. 사효의 효사에서는 "허물이 없다.

---

194 『주역』 뇌산소과괘 육이 소상, "象曰 不及其君 臣不可過也."
195 『주역』 뇌산소과괘 구삼 효사, "九三 弗過防之, 從或戕之, 凶."
196 『주역』 뇌산소과괘 구삼 소상, "象曰 從或戕之, 凶如何也"

지나치지 않으면 만난다. 가면 위태로우니 반드시 경계해야 한다. 쓰지 않아도 이롭게 바르다."[197]고 하였다.

지나치지 않음은 사효가 내 안의 나와 하나가 되기 시작함을 나타내지만 아직은 하나가 아님을 뜻한다. 그렇기 때문에 하나의 상태에서 실천하는 일은 아직은 해서는 안 된다.

소상에서는 "지나치지 않으면 만난다는 것은 위位가 정당하지 않기 때문이며, 가면 위태로우니 반드시 경계해야 한다는 것은 마침내 오래 갈 수 없음을 나타낸다."[198]라고 하였다.

오효는 비로소 표면의 거짓 나를 넘어서 내 안의 나와 하나가 됨을 나타낸다. 그렇기 때문에 효사에서는 "구름이 빽빽하지만 비가 내리지 않음은 우리 서쪽의 교외로부터이니 공공이 주살을 쏘아서 저 동굴에 있는 것을 취한다."[199]고 하였다.

앞부분의 구름이 빽빽하나 비가 내리지 않음은 시위時位가 합일合一의 때임을 나타낸다. 소상에서는 "구름이 빽빽하지만 비가 내리지 않음은 이미 위位에 오름이다."[200]라고 하였다. 효사의 뒷부분에서는 내 안의 나와 하나가 됨을 동굴에 있는 짐승에게 주살을 쏘아서 취함으로 나타내고 있다.

설사 내 안의 나를 발견하여 언제나 함께함을 알지라도 스스로 하나로 여기지 않으면 다시 원래로 돌아간다. 상효의 효사에서는 "만나지 않으면 기회가 사라져서 날아가는 새가 떠나니 흉하다. 이것을 재앙災

---

197 『주역』 뇌산소과괘 구사 효사, "九四, 无咎, 弗過遇之, 往厲必戒, 勿用, 永貞."
198 『주역』 뇌산소과괘 구사 소상, "象曰, 弗過遇之, 位不當也, 往厲必戒, 終不可長也."
199 『주역』 뇌산소과괘 육오 효사, "六五, 密雲不雨, 自我西郊, 公弋取彼在穴."
200 『주역』 뇌산소과괘 육오 소상, "象曰, 密雲不雨, 已上也."

殃이라고 말한다."²⁰¹라고 하였다.

  내 안의 나와 표면의 내가 둘이 아니기 때문에 하나임을 알더라도 하나로 살아가는 실천을 하지 않으면 그 앎은 아무런 의미가 없다. 그것을 날아가는 새가 더 이상 기다리지 않고 떠난다고 하였다.

  그리고 흉이 바로 재앙이라고 하였다. 그것은 길흉이나 재앙이 남으로부터 오거나 밖에서 오는 것이 아니라 모두 자신으로부터 나타나고, 자신에게서 비롯됨을 밝힌 것이다. 소상에서는 "만나지 않으면 지나간다는 것은 이미 지나침이다."²⁰²라고 하였다.

3. 순역과 도역생성

  우리는 앞에서 내 안의 나와 하나가 되는 시작이 진실한 믿음임을 살펴보았다. 이때 믿음은 믿는 주체와 대상이 구분된 것이 아니다. 따라서 믿음을 통하여 합일이 이루어진다는 것은 믿음 자체가 주체와 대상을 하나로 하는 작용이 있음을 뜻한다.

  믿음은 주체인 나의 마음에서 일어나는 현상이다. 그런 점에서 보면 표면의 나와 내 안의 나의 합일은 개체적 존재에 한정된 인식의 문제라고 할 수 있다.

  그러나 내 안의 나는 온 우주와 일체여서 나가 아닌 나라는 점에서 보면 내 안의 나와 표면의 내가 하나가 되는 합일은 난순한 마음의 문제가 아니라 존재적 사건이라고 할 수 있다. 그렇다면 믿음에 의하여

---

201 『주역』 뇌산소과괘 상육 효사, "上六, 弗遇過之, 飛鳥離之, 凶, 是謂災眚."
202 『주역』 뇌산소과괘 상육 소상, "象曰, 弗遇過之, 已亢也."

이루어지는 나와 내 안의 나의 합일은 존재적 사건인가? 아니면 단순하게 나의 마음에서 일어나는 인식적 사건인가?

만약 믿음에 의한 합일이 단순하게 인식의 문제, 앎의 문제라면 그것을 다시 실천하는 문제가 남는다. 비록 내 안의 나가 본래의 나, 참 나임을 알고, 표면의 나인 육신 곧 개체적 나를 주체로 살아가지 않고 내 안의 참 나, 나 아닌 나를 주체로 살아가야 함을 알지라도 그것을 실천하는 문제는 여전히 남아 있다.

그리고 실천으로 드러나지 않는 앎은 완전한 앎이라고 할 수 있다. 그것은 우리 자신이 내 안의 나와 표면의 나가 둘이 아님을 알고 있지만 육신을 통하여 내 안의 나가 그대로 드러나지 못함을 뜻한다. 그러면 믿음을 통한 합일은 단순하게 인간이 마땅히 해야 할 일일 뿐인가?

우리는 합일이 역방향에서 이루어지는 사건임을 안다. 그러나 역방향의 합일은 순방향의 분생이 전제가 되어야 성립할 수 있다. 십익에서는 합일의 세계를 신神으로 나타낼 뿐만 아니라 신으로 미래를 안다고 하여 합일이 역방향에서 이루어지는 지래知來임을 밝히고 있다.

그리고 지래를 바탕으로 지식으로 과거를 갈무리한다고 하여 순방향에서 지혜를 지식으로 드러냄을 밝히고 있다. 이처럼 역방향에서 합일을 통하여 드러난 지혜를 순방향에서 지식으로 드러냄이 그대로 과거를 갈무리함이라는 것은 지식의 생산, 분생이 과거의 세계임을 뜻한다. 따라서 과거의 세계는 수라는 수단을 통하여 분석한 세계라고 할 수 있다. 그러면 양자는 어떤 관계인가?

계사에서 밝히고 있듯이 역방향의 합일에 의하여 신의 세계를 아는 지래가 이루어지지 않으면 순방향에서 이루어지는 수를 통하여 분석하여 지식으로 드러나는 수왕이 이루어질 수 없다. 그러므로 역방향의 지래가 성취되어야 비로소 순방향의 수왕이 가능하다. 그러면 합일을 하고, 지래知來와 수왕數往을 하는 존재는 누구인가?

만약 우리가 남과 구분되는 표면의 나를 중심으로 순역을 이해하면 지래와 수왕은 주역과 십익에서 나타내고 있는 것과 같이 앎의 문제로 일관할 수 있다. 물론 순방향에서 이루어지는 수왕數往을 앎의 문제를 현실에서 실천하는 일로 이해할 수도 있다.

그런데 앎은 마음의 문제이며, 실천은 육신의 문제이다. 그리고 마음과 육신은 둘이 아니다. 따라서 마음과 육신을 구분하여 마음을 중심으로 순역을 고찰하였다면 당연히 육신을 중심으로 순역의 문제를 고찰하지 않을 수 없다.

그것은 순방향의 수왕을 마음을 넘어서 육신의 측면에서 고찰할 필요가 있음을 뜻한다. 주역과 십익에서는 국가사회의 관점에서 실천을 나타내고 있다. 주역과 십익에서는 육신의 차원 곧 물질적 차원에서 드러나는 현상을 천하天下를 중심으로 나타내고 있다.

천하는 남녀로부터 출발하여 부모와 자녀로 구성된 가정 그리고 가정과 가정이 결합된 국가, 국가와 국가가 결합하여 형성된 사회이다. 풍화가인괘風火家人卦의 단사에서는 남녀로부터 시작하여 형성된 가정에 의하여 천하가 정하여짐을 다음과 같이 나타내고 있다.

가인家人은 여자가 안에서 바르게 위치하고, 남자는 밖에서 바르게 위치한다. 남녀가 다른 것이 천지의 대의이다. 가인에 엄군이 있으니 부모이다. 부모가 부모답고, 사식이 자식다우며, 형이 형답고, 동생이 동생다우며, 남편이 남편답고, 아내가 아내다움으로서 가도가 바르게 된다. 가정이 바르게 됨으로서 천하가 정하여

진다.[203]

　인용문의 내용을 통하여 주역과 십익의 사회가 남과 여라는 실체적 존재를 중심으로 남녀가 모여서 부부가 되고, 그들이 자식을 낳아서 부모가 되며, 부모, 형제, 부부가 모여서 가정이 되고, 가정이 모여서 국가가 형성되는 실체적 관점에 있음을 알 수 있다.

　인용문에서는 표면의 나와 내면의 나가 실체적 존재임을 뜻하는 동시에 성과 명, 순과 역, 도와 기를 둘의 관점에서 논의를 진행하고 있다. 그것은 주역과 십익의 사상이 철저하게 형이하의 현상을 출발점으로 삼고 있음을 뜻한다.

　그러나 내 안의 나 아닌 나를 중심으로 순역의 문제를 이해하면 양자는 하나의 두 측면을 나타내고 있음을 알 수 있다. 그것은 내 안의 나라는 고정된 실체가 있는 것이 아니라 시종의 변화의 사건에 불과함을 뜻한다. 따라서 합일이라는 사건 역시 시종의 생멸일 뿐이다.

　시종의 생멸하는 사건을 있다고 할 수 없지만 그렇다고 하여 없는 것은 아니다. 그렇기 때문에 합일은 실체적 사건이 아니라 유무有無를 넘어선 사건이라고 할 수 있다. 그것은 한마디로 나타내면 마음에서 일어나는 사건일 뿐이다.

　그러나 마음에서 일어나는 사건이라고 하여 인식론적 차원, 개체적 관점에서의 사건에 불과한 것이 아니라 우주적 사건, 온 세상의 모든 존재와 함께하는 사건이라는 점에서 역방향에서의 합일이 그대로 순방향에서 분생分生으로 드러나는 실천의 문제를 안고 있다. 그러면 우리

---

203 『주역』풍화가인괘風火家人卦 단사, "彖曰 家人, 女正位乎內, 男正位乎外, 男女正, 天地之大義也. 家人有嚴君焉, 父母之謂也. 父父, 子子, 兄兄, 弟弟, 夫夫, 婦婦, 而家道正, 正家而天下定矣."

는 순역합일을 어떻게 이해할 것인가?

　우리는 여기서 정역의 도역생성을 통하여 순역합일을 이해할 필요가 있다. 그것은 물건적 관점을 사건적 관점으로 전환하여 양자를 이해하는 것이 필요함을 뜻한다. 물건적 관점에서 보면 역방향은 아직은 형이상의 도, 내 안의 나인 본성과 하나가 되지 못한 상태이다.

　그러나 정역에서 밝히고 있는 도역생성은 순과 역이 모두 시간성 곧 근원의 드러남을 나타낸다. 시간성은 본성에 의하여 탈자脫自하여 타자화他者化한다. 이러한 변화를 정역에서는 도생역성倒生逆成과 역생도성逆生倒成의 생성生成으로 나타낸다.

　도생역성은 순방향에서 이루어지는 도의 작용을 변화의 관점에서 나타낸 것이다. 그러므로 도생역성은 물건적 관점에서는 본성에 의하여 이루어지는 작용을 나타내는 성기론性起論이며, 하화중생下化衆生의 제도적濟度的 측면이라고 할 수 있다.

　역생도성은 역방향에서 이루어지는 지도地道를 나타내는 동시에 인간에 있어서는 본성을 찾아가는 수도修道를 사건적 관점에서 나타낸 것이다. 이는 불교에서 상구보리上求菩提를 중심으로 이루어지는 증오성불證悟成佛의 관점이라고 할 수 있다.

　그런데 도생역성을 바탕으로 역생도성이 이루어지고, 역생도성을 바탕으로 도생역성이 이루어진다. 따라서 양자는 시간성을 나타내는 두 측면이기 때문에 하나이다. 그렇기 때문에 도역의 생성의 측면에서 보면 상구보리와 하화중생, 수도와 제도, 앎과 실천의 괴리를 비롯하여 증오성불과 본래성불의 모순의 문제가 발생하지 않는다.

　순역은 본래 둘이 아니기 때문에 양자로 구분하기 이전의 시간성의 차원에서 양자를 이해하면 시간성의 두 측면을 나타낸다. 따라서 순방향에서의 도의 작용이나 역방향에서의 도를 찾아서 하나가 되는 합일

合一이 둘이 아니라 일체이다. 그러면 마음의 측면에서는 어떤가?

도생역성은 한마음의 나툼이며, 역생도성은 한마음의 회향이다. 역방향의 합일合一은 표면의 나인 명命과 내 안의 나인 성性이 둘이 아니기에 본래로 돌아가는 회향이며, 순방향의 분생分生은 성과 명이 하나가 아니기에 매 순간 나 아닌 내가 다양한 나로 드러나는 나툼이다.

한마음이 매 순간 다양하게 나타나는 나툼은 그대로 다시 한마음으로 돌아가는 회향이어서 나타나도 나타남이 없고, 회향은 새로운 나툼이기에 회향하여도 회향함이 없다. 그러면 어떻게 할 것인가?

믿음은 대상과 일치시키는 작용을 한다. 진실한 믿음이 현상, 자아自我에 얽매이지 않는 염리심厭離心으로 나타나고, 공空, 무아無我에도 얽매이지 않는 자비심慈悲心으로 나타나며, 중도中道에도 얽매이지 않아서 순역의 합일과 분생이 자유로움으로 나타난다.

제5부

정역의 억음존양과
손익괘損益卦의 마음 씀

1. 억음抑陰과 산택손괘의
   의식 놓아 버리기[放下着]

2. 존양尊陽과 풍뢰익괘의 마음 지켜보기

3. 마음 씀과 억음존양抑陰尊陽의 심법心法

제5부

정역의 억음존양과 손익괘損益卦의 마음 씀

　우리는 앞에서 중천건괘와 중지곤괘를 중심으로 내면의 나를 찾아서 그것과 하나가 되는 궁리窮理, 진성盡性, 지명至命의 과정을 통하여 비로소 우리가 어떤 존재인가를 파악하고 그것을 바탕으로 인간답게 살아갈 수 있음을 살펴보았다.

　궁리, 진성, 지명은 내 안의 나, 참 나인 본성을 발견하여 그것과 하나가 되는 성명합일이다. 이 성명합일을 통하여 우리는 세계와 하나가 되어 살아가는 천인합일의 삶을 살아갈 수 있다. 그러면 성명합일은 어떻게 이루어지는가?

　성명합일은 일상의 나, 겉으로 드러난 현상의 나와 내면의 나, 내 안의 나가 하나가 되는 과정이다. 그것은 결국 지금 여기의 나를 떠나서 다른 내가 되는 것이 아니라 본래의 나로 돌아가는 점에서 나에 대한 앎과 그 앎을 바탕으로 나로 살아감이다. 그러면 우리는 본래의 나로 살아가기 위해서 어떻게 해야 하는가?

　우리가 역방향에서 내 안의 나, 참 나를 발견하여 그와 하나가 되는 성명합일은 앎의 문제이며, 순방향에서 앎을 바탕으로 살아감은 실천의 문제이다. 그렇기 때문에 성명합일은 지금 내가 모르고 있었던 나를 알아가는 앎으로부터 시작하지 않을 수 없다.

내가 살아가면서도 몰랐던 내 안의 나, 참 나, 본성을 발견하는 앎의 문제는 마음에 의하여 이루어진다. 그것은 육신을 자신으로 여기고 육신의 기능인 의식을 자신으로 여기고 살아가는 삶을 벗어나서 내 안의 나, 참 나, 본성에 의하여 이루어지는 마음에 의하여 살아가는 방법이다. 그러면 성명합일을 이루는 구체적인 방법은 무엇인가?

우리는 육신을 자신으로 여기고 육신의 기능인 의식에 의하여 분별의 세계를 살아간다.

의식의 분별에 의하여 모든 문제가 발생한다. 우리는 의식에 의하여 나와 남, 나와 세계, 삶과 죽음과 같은 온갖 구분[分]을 하고 다시 그것을 언어에 의하여 나타낸다[別].

분별하여 생성된 단어, 개념을 통하여 구성된 세계를 실재로 여기고 그것에 집착하여 욕심을 부리고 소유하고자 한다. 이처럼 의식에 의한 분별에 의하여 살아가는 삶은 대립과 투쟁의 연속일 뿐으로 공존共存과 공생共生이 없다.

소인은 의식과 육신을 자신으로 여기고 살아가는 사람이며, 대인은 내 안의 나이자 참 나이면서 나 아닌 나를 주체로 살아간다. 그렇기 때문에 소인은 고통의 삶을 살아가지만 대인은 온 우주의 모든 함께하는 아름다운 삶을 살아간다. 그러면 어떻게 해야 하는가?

내 안의 나, 나 아닌 나인 본성과 하나가 되는 성명합일을 이루기 위해서는 분별의식을 버려야 한다. 그렇기 때문에 성명합일의 방법은 일차적으로 분별의식을 버리는 일이다. 그러면 의식의 분별을 버리는 것으로 성명합일이 이루어지는가?

우리가 의식의 분별을 벗어난다는 것은 표층의 내가 참 나가 아니기 때문에 내 안의 나, 참 나, 본성을 발현하기 위한 과정이다. 그렇기 때문에 이와 더불어 내 안의 나, 참 나, 본성을 주체로 이루어지는 작용인 마음을 쓰는 용심用心이 함께 이루어져야 한다.

역방향에서 마음 씀은 의식을 놓아 버리는 일이지만 순방향에서 마음 씀은 내 안의 나에 의하여 일어나는 작용을 지켜보는 일이다. 그것은 의식 놓아 버리기와 마음 지켜보기라고 할 수 있다. 그러면 의식 놓아 버리기와 마음 지켜보기는 어떤 괘를 통하여 파악할 수 있는가?

주역의 64괘 가운데서 산택손괘山澤損卦와 풍뢰익괘風雷益卦는 글자 그대로 덜어내는 작용과 더하여지는 작용을 나타내고 있다. 이는 용심법의 측면에서 의식을 놓아 버리기와 마음을 지켜보기로 이해할 수 있다. 따라서 우리는 두 괘를 통하여 의식의 분별작용을 놓아 버리고, 내 안의 나, 참 나, 본성에 의하여 이루어지는 마음의 작용을 지켜보는 용심법을 이해할 수 있다.

산택손괘는 군자가 내면의 심층에 있는 본성을 발현하는 방법을 나타내며, 풍뢰익괘는 군자의 용심用心을 통하여 심층의 본성이 주체가 되어 나타나는 현상을 나타낸다. 따라서 두 괘는 각각 중천건괘와 중지곤괘의 성명性命을 마음을 중심으로 나타낸 것이라고 할 수 있다. 그러면 두 괘는 어떻게 구성되었는가?

산택손괘는 군자를 상징하는 간괘艮卦와 은택, 기쁨을 나타내는 태괘兌卦로 구성되어 군자의 내면에서 일어나는 기쁨, 열락悅樂을 나타내고 있으며, 풍뢰익괘는 성인을 상징하는 진괘震卦와 성인의 덕을 상징하는 손괘巽卦로 구성되어 내 안의 나에 의하여 이루어지는 작용을 성인의 덕을 통하여 나타내고 있다. 그러면 손익괘의 구체적인 내용은 무엇인가?

손익괘의 대체적인 내용을 살펴볼 수 있는 것은 두 괘의 괘사卦辭이다. 산택손괘의 괘사에서는 "손損은 믿음이 있으니 크게 길吉하여 허물이 없고, 가히 바르다. 가야 할 길을 두는 것이 이로우니 무엇을 사용할 것인가? 두 개의 대바구니이면 제사를 모시는 일에도 사용할 수 있다."[204]고 하였고, 풍뢰익괘의 괘사에서는 "익益은 가야 할 길을 두는 것이 이로우니 대천大川을 건너는 것이 이롭다."[205]고 하였다.

두 괘가 모두 가야 할 길이 있음이 이롭다고 하였을 뿐만 아니라 대천을 건너는 것이 이롭다고 하였다. 이는 두 괘가 나타내는 공통의 문제가 갖는 특성을 잘 나타내고 있다. 군자가 가야 할 길을 가기 위한 과정이 대천을 건넘이다. 따라서 대천을 건너는 일을 전제로 하여 군자가 해야 할 일을 할 수 있다.

그런데 산택손괘에서는 믿음을 강조하고 있다. 이 믿음이 풍뢰익괘에서 나타내고 있는 대천을 건너는 조건이다. 그렇기 때문에 믿음이 산택손괘와 풍뢰익의 두 괘를 일관하는 근본적인 문제라고 할 수 있다. 그러면 왜 믿음이 중요한가?

64괘 가운데서 믿음을 하나의 중괘로 나타낸 괘는 풍택중부괘風澤中孚卦이다. 그리고 풍뢰익괘의 괘사에서 가장 중요한 내용은 섭대천涉大川으로 섭대천의 내용을 나타내고 있는 중괘는 뇌산소과괘雷山小過卦이다. 따라서 우리는 뇌산소과괘와 풍택중부괘를 함께 살펴보지 않을 수 없다.

뇌산소과괘의 괘사를 보면 "소과小過는 형통하고 바름이 이로우니 작은 일이면 가능하고, 대사大事는 불가능하다. 날아가는 새가 남기는 소리가 있으니 위로 올라가면 마땅하지 않고 아래로 내려오면 마땅하

---

204 『주역周易』산택손괘山澤損卦 괘사卦辭, "損, 有孚, 元吉, 无咎, 可貞, 利有攸往. 曷之用 二簋可用享."
205 『주역周易』풍뢰익괘風雷益卦 괘사卦辭, "益, 利有攸往, 利涉大川."

여 크게 길하다."[206]고 하였다.

뇌산소과괘의 괘사에서 밝히고 있는 내용 가운데 중요한 부분은 뒷부분이다. 날아가는 새가 남긴 소리는 성인의 가르침을 상징한다. 그렇기 때문에 후세의 군자에 의하여 수용되는 것[下]이 옳으며, 군자에 의하여 거부되는 것[上]은 옳지 않다. 이처럼 위로 올라가는 것은 역逆이며, 아래로 내려오는 것은 순順이다.[207] 따라서 순순을 취하고 역逆을 버리는 것이 군자가 취해야 할 태도[208]이다. 그러면 순역이 무엇인가?

순역順逆의 문제가 손괘와 익괘에서는 유유왕有攸往과 섭대천涉大川으로 나타나고 있다. 군자가 가야 할 길은 대천大川을 건넘이다. 그것은 스스로 대천을 건너는 동시에 백성들로 하여금 대천을 건너게 함이다. 그러면 대천을 건넘은 무엇인가?

대천은 육신과 의식을 자신으로 여기는 분별의식과 내 안의 나, 참나, 본성을 주체로 하는 마음이 서로 다름을 나타낸다. 그렇기 때문에 대천을 건넘은 육신과 의식을 자신으로 여기는 마음을 버리고, 내 안의 나, 본성을 주체로 여김을 뜻한다.

그런데 성명합일은 내 안의 나, 본성을 발견하여 하나가 되어 살아가는 지명至命에 이르는 앎의 과정이다. 그리고 앎은 실천으로 이어지지 않으면 완성되지 않는다. 그렇기 때문에 지명이라는 이상적 삶, 본성을 주체로 살아가는 삶이 이상적인 삶이라는 앎을 넘어서 그것을 일상의 삶에서 실천하는 것이 필요하다.

---

206 『주역周易』 뇌산소과괘雷山小過卦 괘사卦辭, "小過, 亨, 利貞, 可小事, 不可大事, 飛鳥遺之音, 不宜上, 宜下, 大吉."

207 『주역周易』 뇌산소과괘雷山小過卦 단사彖辭, "有飛鳥之象焉, 飛鳥遺之音, 不宜上, 宜下, 大吉, 上逆而下順也."

208 『주역周易』 수지비괘水地比卦 구오九五 소상小象, "象曰 顯比之吉, 位正中也, 舍逆取順, 失前禽也, 邑人不誡, 上使中也."

십익에서는 육신을 주체로 하여 육신의 본질을 찾는 것은 역逆이며, 형이상의 차원에서 본성을 주체로 육신을 통하여 드러나는 생명 현상을 이해하는 것을 순順으로 규정하고 있다. 따라서 대천을 건넘은 역을 벗어나서 순에 이름이다.

  그런데 역을 벗어나서 순에 이를지라도 여전이 순에 머물러서는 안 된다. 그것은 역을 벗어나서 순에 이른 후에는 다시 순역이 하나가 되어야 함을 뜻한다. 순역이 하나가 됨은 마음이 육신이라는 형이하적 차원에 얽매이거나 본성이라는 형이상의 차원에 얽매임이 없이 자유로움을 뜻한다. 그러면 왜 믿음이 필요한가?

  사람들은 육신과 육신의 기능인 의식을 자신으로 여기고 살아가기 때문에 내 안의 내가 있다는 것을 쉽게 받아들일 수 없다. 그렇기 때문에 처음에는 내 안의 나 아닌 나, 본성을 믿다가 믿음이 깊어지면 비로소 수용하여 하나가 된다. 그렇기 때문에 대천을 건너는 일에서 가장 중요한 것은 진실한 믿음이다.

  마음이 순역의 어느 일면에 얽매임이 없이 자유롭기 위해서는 역逆을 벗어나는 대천을 건넘이 있어야 한다. 그리고 대천을 건너기 위해서는 자신의 본성에 대한 믿음, 자신의 본성이 주체라고 밝히고 있는 성인의 말씀에 대한 믿음이 있어야 한다.

  믿음을 나타내는 중부괘中孚卦의 괘사卦辭를 보면 "중심에서 이루어지는 믿음이 돼지와 물고기에게 미치니 길하고, 대천大川을 건너는 데 이롭고, 바름이 이롭다."[209]고 하였다. 그것은 본성은 나와 남의 구분이 없을 뿐만 아니라 동물이나 식물은 물론 생명이 없는 사물과도 하나이기 때문에 본성에 대한 믿음이 사물에 미칠 때 비로소 무아無我, 무심

---

209 『주역周易』풍택중부괘風澤中孚卦 괘사卦辭, "豚魚吉, 利涉大川, 利貞."

無心의 상태에 이름을 뜻한다. 그렇기 때문에 무심無心한 상태에서 마음을 일으킬 때 천지가 함께한다. 그러면 믿음을 바탕으로 두 괘를 어떻게 이해할 것인가?

산택손괘의 괘사는 믿음을 바탕으로 아래를 향하는 마음을 덜어서 위로 향함을 나타낸다. 그것은 육신이 자신이라고 여기는 마음을 버리고[損下], 본성이 자신이라고 여김[益上]을 뜻한다. 단사彖辭에서는 "아래를 덜어서 위에 더하니 그 도가 위로 작용한다."[210]고 하였다. 이처럼 믿음을 통하여 마음을 본성과 하나로 합하는 용심用心을 통하여 본성의 작용이라는 결과가 나타난다. 그것이 "덜어내면 알이 부화하듯이 생산이 있다."[211]는 말이다. 이는 풍뢰익괘에서 나타내고 있는 결과로 드러남을 뜻한다.

풍뢰익괘에서는 "익益은 가야 할 길을 두는 것이 이로우니 대천大川을 건너는 것이 이롭다."[212]고 하였다. 가야 할 길은 사람다운 사람이 해야 할 일, 사람으로서 해야 할 일이다. 그것은 대천을 건너는 일이다. 대천은 육신을 자신으로 여기고, 육신의 기능인 의식을 자신으로 여기는 마음과 본성을 자신으로 여기는 마음 사이에 건너야 할 어려움이 있음을 나타낸다.

대천大川을 건넘은 성공하면 생명을 보장받지만 건너지 못하면 물속에 빠져서 생명을 잃게 된다. 따라서 마음을 순역의 두 방향에서 쓰는 일을 대천을 건너는 어려움에 비유한 것은 용심법이 어려움을 뜻한다. 그러면 두 괘가 나타내는 용심법이 어떻게 다른가?

산택손괘에서는 역방향에서 마음을 쓰는 방법을 나타내고 있고, 풍

---

210 『주역周易』 산택손괘山澤損卦 단사彖辭, "損 損下益上, 其道上行."
211 『주역周易』 산택손괘山澤損卦 단사彖辭, "損而有孚."
212 『주역周易』 풍뢰익괘風雷益卦 괘사卦辭, "益, 利有攸往, 利涉大川."

뢰익괘에서는 순방향에서 마음을 쓰는 방법을 나타내고 있다. 손괘에서는 기器의 차원에서 출발하여 그것을 벗어나서 마음에 이르는 방법이다. 이때 기器의 차원은 우리의 의식意識이다. 그러므로 의식을 놓아 버리고, 마음에 이르렀을 때 비로소 내 안의 나, 참 나인 본성과 만나게 된다.

익괘에서는 내 안의 나, 본성, 참 나에서 출발하여 마음으로 드러나고 육신을 통하여 나타나는 것을 지켜보는 방법을 나타내고 있다. 내 안의 나, 참 나의 작용은 마음으로 드러난다. 그렇기 때문에 마음을 지켜보는 것이 그대로 내 안의 나와 하나가 되어 이루어지는 삶을 지켜보는 방법이다.

그런데 의식과 마음이 본래 둘이 아니다. 우리가 육신을 중심으로 마음을 육신에 속한 기능으로 이해할 때 의식이라고 말하고, 내 안의 나인 본성의 작용을 중심으로 마음을 이해할 때 마음이라고 한다. 따라서 양자는 어느 방향에서 마음을 이해하느냐에 따라서 달라진다.

지금부터는 손괘損卦를 중심으로 분별의 의식을 놓아 버리는 마음 씀에 대하여 살펴본 후에 이어서 익괘益卦를 중심으로 마음을 지켜보는 마음 씀에 대하여 살펴본 후에 마지막으로 정역의 억음존양抑陰尊陽의 심법[213]을 중심으로 마음 씀에 대하여 고찰하고자 한다.

213　김항金恒, 『정역』 제팔장, "抑陰尊陽은 先天心法之學이니라. 調陽律陰은 后天性理之道니라."

1. 억음抑陰과 산택손괘의 의식 놓아 버리기[放下着]

용심법用心法을 중심으로 산택손괘를 살펴보면 육신을 자신으로 여기는 마음 곧 의식을 자신으로 여기는 것을 버리고 내 안의 나인 본성을 자신으로 여기는 마음 씀을 나타낸다.

단사彖辭에서는 산택손괘의 내용을 "아래를 덜어서 위로 더하니 그 도가 위로 향한다."고 하였다. 이때 위로 향하는 도는 바로 마음 씀을 가리킨다. 따라서 산택손괘의 효사가 나타내는 내용은 궁리, 진성, 지명의 과정에서 우리가 어떻게 마음을 쓸 것인지를 나타낸다.

다만 산택손괘에서는 의식을 자신으로 여기는 마음을 멈추거나 멈추는 것에서 한 걸음 더 나아가서 적극적으로 놓아 버리고 본성을 자신으로 여기는 마음을 가리킨다. 그러면 육효의 내용을 종합적으로 제시하고 있는 대상大象에서는 어떻게 나타내고 있는가?

"산 아래에 못이 있음이 손이다. 군자는 이를 이용하여 분노하는 마음을 징계하고 욕심을 막는다."[214]고 하였다. 산 아래에 못이 있음은 군자의 내면 깊은 곳에서 일어나는 기쁨을 나타낸다. 그것은 분별하는 의식을 놓아 버렸을 때 일어나는 내면의 마음의 작용을 나타낸다.

분별하는 의식이 나라는 생각을 놓아 버리면 내 안의 나, 참 나와 만나는 기쁨, 내 안의 나를 경험하는 기쁨을 맛본다. 그렇기 때문에 이어서 군자는 산택손괘의 괘상을 보고 분별하는 의식을 놓아 버린다고 하였다.

분노하는 마음이나 욕심은 모두 의식의 분별에 의하여 발생한다. 성내는 마음은 육신을 자신으로 여기고 나와 남이 있다는 생각에 의하여

---

214 『주역周易』 산택손괘山澤損卦 대상大象, "象曰, 山下有澤, 損, 君子以懲忿窒欲."

남이 자신에게 해로움을 가하였다는 의식을 일으켰을 때 나타나는 감정이다.

욕심도 나와 남을 분별하는 의식에 의하여 일어난다. 분별하는 의식에 의하여 내가 있고, 사물, 세계가 있다고 착각하기 때문에 어떤 사건이나 물건을 소유하고자 하는 욕심을 일으킨다. 따라서 대상에서는 의식을 놓아 버리는 일이 중요함을 나타내고 있다.

1) 의식 놓아 버리기와 궁리

초효의 효사에서는 분별하는 의식을 놓아 버리는 것이 내 안의 나, 참 나와 만나는 방법임을 밝히고 있다. "참 자기에 관한 일은 빨리 추진하는 것이 허물이 없으니 (물그릇을) 기울여서 덜어 버려야 한다."[215]고 하였다.

초효의 효사에서 가장 중요한 부분은 기사己事이다. 이때 기근는 남과 구분되는 나를 나타내는 것이 아니라 내 안의 나, 참 나, 나 아닌 나를 가리킨다. 그러므로 기사己事는 내 안의 나를 찾는 일, 본래의 자신으로 돌아가는 일이다.

그런데 참 자기와의 만남은 지금 여기의 나와 다른 나를 만나는 것이 아니라 본래의 나와의 만남이다. 그렇기 때문에 참 자기와의 만남은 마음 밖에서 이루어지는 것이 아니라 자신의 내면 곧 표증의 의식에서

215　山澤損卦의 初九 爻辭 "初九, 己事遄往, 无咎, 酌損之."의 己事에 대하여 伊川과 朱熹는 "己事"라고 하였으나 來知德은 "己者我也. 本卦損剛益柔 損下益上 乃我之事也"라고 하여 己事로 규정하였다. 『易經來註圖解』下, 慈恩本, 臺灣, 高雄複文圖書出版社, 民國87年, 871쪽.

마음으로 향하는 방법을 통하여 이루어진다.

뒷 부분에서는 참 나와 만나는 방법을 제시하고 있다. 그 방법은 '작손지酌損之'이다. 이를 비유적인 관점에서 이해하면 마치 그릇에 담겨 있는 물을 그릇을 기울여서 흘려서 밖으로 버리는 것과 같다. 우리가 육신을 자신으로 여기고, 육신의 기능인 의식에 의하여 분별하는 일들을 멈추는 것이 바로 내 안의 나, 참 나와 만나는 출발점이다.

그러나 '작손지酌損之'를 마음의 측면에서 이해하면 내면에서 일어나는 모든 마음의 다양한 작용들이 내면의 나에 의하여 이루어짐을 알고[酌], 그 자리에 맡기는 일[損之]이다. 본래 그곳에서 일어남에도 불구하고 마음이라는 남과 구분되는 실체 곧 나의 마음이 있어서 그 마음에 의하여 일어나는 작용으로 착각하기 때문이다.

초효의 소상小象에서는 "'참 나와 만나는 일은 빨리 해야 한다.'는 것은 뜻을 합습하고자 한다."[216]고 하였다. 그것은 내 안의 나와 만나는 일은 마음과 하나가 되는 작업인 동시에 본래의 나로 돌아가서 내 안의 나와 하나가 되는 일임을 뜻한다.

산택손괘가 일상의 의식을 통하여 드러나지 않는 내 안의 나를 발견하여 그 나와 하나가 되는 합일을 나타내고 있기 때문에 분별하는 의식을 통하여 드러나지 않는 내 안의 나, 완전하여 부족함이 없는 내 안의 나를 믿고 수용하기가 어렵다. 그렇기 때문에 산택손괘의 괘사에서 믿음을 강조하였다.

초효가 의식을 놓아 버리는 일의 시작을 나타내는 것과 달리 이효는 의식을 넘어서 내 안의 내가 있음을 발견하였음을 나타낸다. 이효의 효사에서는 "바름이 이로우니 밖으로 실천하고자 하면 흉凶하다. 덜지 않

---

216 『주역周易』산택손괘山澤損卦 초효初爻 소상小象, "象日 已事遄往, 尙合志也."

으면 더하여진다."²¹⁷고 하였다.

초효가 아직 내 안의 나, 참 나, 본성을 아직 발견하지 못한 상태에서 의식을 놓아 버리는 작업을 시작한 것과 달리 이효는 내 안의 나, 참 나인 본성을 발견한 상태에서 의식을 놓아 버리는 일을 함을 나타낸다. 그렇기 때문에 이롭고 바르다고 하였다.

그러나 내 안의 나, 참 나를 발견하였지만 아직은 하나가 되어 자유자재하게 사용할 수 있는 단계는 아니다. 그것은 이효가 나타내는 사람의 마음 씀은 단지 의식을 놓아 버리는 작업을 통하여 의식과 다르고, 육신과 다른 의식 이전의 나, 내면의 내가 있음을 알았을 뿐임을 뜻한다.

내 안의 나, 참 나를 발견하는 것에서 시작하여 내 안의 나, 참 나가 바로 본래의 나임을 아는 나와 하나가 되는 과정을 거쳐서 그 앎마저도 벗어나서 무지無知에 이르러야 한다.

무지는 알아도 앎이 없음을 나타내기 때문에 모름과 다르다. 그리고 여기에서 더 나아가서 내 안의 참 나가 일상의 삶에서 지혜로 드러나는 자유로운 삶을 살아야 한다.

그럼에도 불구하고 내 안의 나의 발견은 커다란 희열을 일으키기 때문에 때로는 남과 공유하려는 마음이 일어나기도 하고, 때로는 남에게 과시하고자 하는 의식이 일어난다. 만약 자신이 발견한 내 안의 나를 기준으로 삼아서 다른 사람들이 의식에서 벗어나지 못하였음을 비판하거나 더 나아가서 그로 하여금 자신의 내면에 있는 참 자기를 발견하도록 안내하겠다는 시도하면 실패한다.

효사에서는 의식 놓아 버림을 밖을 향하여 사용하면 안 됨을 나타내기 위하여 "정벌하면 흉凶하다."고 하였다. 설사 남을 이롭게 하고자 하

---

217 『주역周易』 산택손괘山澤損卦 이효二爻, "九二, 利貞, 征凶, 弗損益之."

는 선善한 마음에 의할지라도 밖으로 향하여 사용해서는 안 되는 이유를 끝부분에서 나타내고 있다.

　의식을 놓아 버리는 일은 마치 물을 거슬러서 배를 젓는 것과 같다. 만약 본성을 발견한 것과 본성과 하나가 된 것을 혼동하여 의식을 자신으로 여기는 마음을 버리고 본성을 자신으로 여기는 마음의 씀, 본성에 모든 것을 맡기는 작업을 잠시라도 멈추면 흐르는 물결을 따라서 그대로 뒤로 한없이 물러나게 된다. 따라서 계속하여 덜어내지 않으면 의식이 나라는 전도견顚倒見에서 완전하게 벗어날 수 없다.

　효사에서 "더 이상 덜어내지 않기 때문에 더하여진다."는 것은 마치 단단하게 얼어붙은 얼음 위에 한 바가지의 끓는 물을 붓는 것과 같음을 나타낸다. 끓는 물을 부을 때는 얼음의 일부분이 녹기 때문에 덜어낸 것처럼 느껴지지만 시간이 흐르면 본래의 얼음 위에 부은 물이 다시 얼어서 얼음이 더욱 단단하게 되는 것과 같다.

2) 의식 놓아 버리기와 진성

　손괘損卦를 통하여 나타내는 의식 놓아 버리기의 두 번째 단계는 처음 태어난 사람이 자라는 생장의 과정에 비유하여 이해할 수 있다. 시생, 출생과 같은 단계를 나타내는 것이 초효와 이효인 것과 달리 삼효와 사효는 생장의 과정을 나타낸다고 할 수 있다. 생장은 발견한 내 안의 나, 참 나, 본성과 하나가 되는 합일의 과정이다. 그러면 손괘의 삼효와 사효의 내용이 무엇인지 살펴보자.

　손괘의 삼효 효사에서는 "세 사람이 가면 곧 한 사람을 덜고, 한 사람이 가면 그 벗을 얻는다."²¹⁸고 하여 두 사람이 만나서 하나가 되는 합일 合一을 통하여 의식 놓아 버리기를 나타내고 있다.

두 사람이 만나서 하나가 됨은 마음이 하나가 됨이다. 그것은 마음을 통하여 마음 이전의 참 나, 내 안의 나와 하나가 됨을 뜻한다.

두 사람의 마음이 하나가 되는 합일은 덜어냄과 더함의 두 측면이 있다. 그것은 다름에 치중하는 마음 곧 분별하는 의식을 덜어내는 측면과 마음을 통하여 내 안의 나와 하나가 되는 측면이 그것이다.

삼효의 효사에서는 합일의 두 측면이 세 사람의 경우와 한 사람의 경우를 통하여 상징적으로 나타내고 있다. 그러면 세 사람은 무엇을 상징하는가?

세 사람은 각각 군자와 성인 그리고 소인을 가리킨다. 본성을 주체로 살아가는 사람은 성인이며, 본성이 있음도 모르고 육신을 자신으로 여기고 살아가는 사람은 소인이다. 따라서 군자가 합일할 대상은 소인이 아니라 성인이다. 그것은 군자가 소인의 삶을 버리고 성인의 삶과 하나가 되어야 함을 뜻한다. 그러면 소인과 성인이 다른가?

우리가 육신을 자신으로 여기는 소인의 삶의 길에서 벗어나지 않으면 결코 본성을 주체로 살아가는 성인의 삶을 살아갈 수 없다.²¹⁹ 그렇기 때문에 소인의 길을 버려야 비로소 군자가 성인의 뜻과 하나가 된다.

우리가 자신의 내면을 깊이 살펴보아서 마음을 통하여 내 안의 내가 있음을 발견하였지만 오랜 세월 동안 육신을 자신으로 여기고 살아왔던 습관이 있기 때문에 그것을 버려야 비로소 내 안의 나인 본성을 주체로 살아갈 수 있다.

---

218 『주역周易』 산택손괘山澤損卦 삼효三爻, "六三, 三人行, 則損一人, 一人行, 則得其友."
219 『주역周易』 택뢰수괘澤雷隨卦 이효二爻, "六二 係小子, 失丈夫."

초효와 이효를 통하여 육신과 다른 본성이라는 내 안의 나를 발견한 후에는 내 안의 나와 하나가 되는 삼효와 사효의 과정을 거쳐야 한다. 삼효에서는 소인의 의식을 자신으로 여기고 살아가는 삶을 버리는 의식 놓아 버리기를 강조하고 있다. 그렇기 때문에 삼효에서 세 사람이 가면 한 사람을 덜어내야 한다고 하였다.

그러나 오로지 본성을 향하여 마음을 집중하고 가는 사람은 저절로 친구를 얻게 된다. 그 사람은 소인과 대인, 형이상과 형이하, 본성과 육신이라는 분별이 없이 무심無心하게 살아가는 사람이라고 할 수 있다. 그러면 의식 놓아 버리는 일이 본성과 하나가 된 상태에서는 어떻게 이루어지는가?

사효는 내괘에서 벗어나서 외괘로 변화가 이루어지는 시위이다. 그것은 육신을 중심으로 살아가는 삶을 멈추고 본성을 주체로 살아가는 삶이 시작됨을 뜻한다. 따라서 사효에 이르러서 비로소 본성과 하나가 되어 살아가는 삶을 언급하고 있다.

비록 사효에 이르러서 이미 내 안의 나, 참 나, 본성을 주체로 살아가지만 여전히 육신, 의식을 자신으로 여기고 살아왔던 습관이 남아 있기 때문에 그것을 녹여야 한다. 그렇기 때문에 사효의 효사에서는 "그 병을 덜어냄이 빠르면 기쁨이 있어서 허물이 없다."[220]고 하였다.

병은 육신을 자신으로 여기고 의식에 의하여 분별하면서 살아가는 삶이 고통의 연속임을 나타낸다. 이러한 삶의 고통은 의식을 놓아 버림으로써 사라진다. 의식을 놓아 버리고 분별을 멈출 때 고통이 사라지면서 기쁨이 일어난다.

삼효와 사효의 차이는 삼효는 내괘이고, 사효는 외괘라는 점이다. 그

---

220 『주역周易』산택손괘山澤損卦 사효四爻, "六四, 損其疾, 使遄有喜, 无咎."

것은 삼효에서는 의식에 의하여 놓아 버림이 중심이 되지만 외괘에 이르면 내 안의 나에 의하여 이루어지는 마음을 지켜봄으로 바뀐다는 점이다. 그것은 개인의 관점에서 나로부터 벗어남에 치중함이 내괘라면 외괘에서는 남과 둘이 아니게 함께 살아감의 차원에서 의식 놓아 버리기를 논함을 뜻한다.

사효에서 나타내는 군자는 의식을 놓아 버리고 무심無心한 상태에서 때로는 한 생각을 일으켜서 소인의 행동을 하기도 하고 때로는 대인의 마음을 일으켜서 대인의 행동을 하기도 한다. 그것은 사효의 군자가 때로는 자신의 삶에 집중하기도 하고, 때로는 함께하는 삶에 집중하기도 함을 뜻한다.

그러나 그가 어떤 언행을 하고, 어떤 사고를 하더라도 모두 본성이라는 근본에 마음을 놓아 버리고 추진하기 때문에 모든 일에 즐거움이 있을 뿐으로 허물이 없다고 하였다.

3) 의식 놓아 버리기와 지명

손괘의 오효와 상효는 의식 놓아 버리기의 장성의 단계라고 할 수 있다. 오효는 산택손괘가 나타내고자 하는 내용을 단적으로 드러내고 있는 효이다. 그것은 오효에 이르러서 비로소 내 안의 나, 참 나, 본성과 하나가 되어 의식 놓아 버리기가 자유자재하게 이루어짐을 뜻한다.

오효의 효사에서는 "혹或이 더하여 주니 십十이 벗이 된다. 거북도 능히 어기지 못하니 크게 길하다."[221]고 하였다. '혹'은 무엇이라고 규정

---

221 『주역周易』 산택손괘山澤損卦 오효五爻, "六五, 或益之十朋之龜, 弗克違, 元吉"

할 수 없는 경계境界를 나타내는 개념이다. 그것은 모든 분별이 사라진 무분별의 경계이다. 본성과 하나가 됨으로써 본성도 없고, 나도 없는 경지에 이르면 비로소 나의 본성과 남의 본성이 둘이 아님을 알게 된다. 그것을 나타내는 것이 혹이 더하여 준다는 의미이다.

본성과 하나가 되어 본성도 없고 나도 없을 때 비로소 우리는 형이상과 형이하가 하나가 되고, 세계와 하나가 되며, 나와 남이 하나가 되어 일체가 무너진 경계에 이른다. 그것을 십十이 벗이 된다고 하였다.

본성과 하나가 되어 본성도 없고, 나도 없으며, 천지, 만물과 하나가 되어 천지와 만물이 없는 경계에서는 모두가 마음이 아님이 없어서 내 마음과 남의 마음, 본성이 드러난 마음과 물질로 드러난 마음이 다르지 않기 때문에 무심無心이다.

무심은 마음이 없음이 아니라 마음이 아님이 없기 때문에 있음과 없음을 넘어서 있음을 나타내는 개념이다. 무심은 유무有無를 넘어서 있지만 그대로 다양한 마음으로 드러난다. 그것을 나타내는 말이 혹이 더하여 준다는 것이다. 혹이 더하여 줌은 혹이라는 내 안의 나이면서도 내가 아닌 나가 작용함을 뜻한다.

내 안의 나 아닌 나의 작용이 지혜로 드러남을 나타내는 말이 거북도 어기지 않음이다. 거북은 산뢰이괘山雷頤卦의 초효에서 밝히고 있듯이 [222] 내 안의 내가 바로 지혜의 원천임을 나타내는 개념이다.

내 안의 나, 참 나와 하나가 되면 지혜가 무궁하게 드러나서 굳이 다른 사람의 손을 빌려서 거북에게 묻는 점占을 칠 필요가 없다. 이처럼 내 안의 나인 본성과 표면의 나인 물리적 생명이 본래의 상태인 하나의 상태로 돌아가서 작용을 하면 무궁한 지혜가 드러난다.

---

222 『주역周易』산뢰이괘山雷頤卦 초효初爻, "初九, 舍爾靈龜, 觀我朶頤, 凶."

내 안의 나에 의하여 무궁한 지혜와 자비慈悲가 드러남이 바로 덜어 냄이 지극함에 이르러서 이루어지는 더함이다. 오효와 함께 손損이 지극함에 이르러서 익益으로 작용함을 나타내는 효가 상효이다. 그러면 상효에서는 무엇을 나타내고 있는가?

손괘 상효의 효사에서는 "덜지 않아도 더하여진다. 허물이 없고, 바르고 길하다. 가야 할 길을 가는 것이 이로우니 신하를 얻음이 작은 나라에 그치지 않는다."[223]고 하였다. 오효에서 이미 내 안의 나와 하나가 되었기 때문에 상효에서는 의식을 놓아 버리는 덜어냄의 과정이 저절로 이루어진다.

역방향에서 내 안의 나를 발견하는 과정에서 이루어지는 의식을 놓아 버림과 달리 이미 내 안의 나와 하나가 된 차원에서는 의식을 놓아 버림은 더함 곧 내 안의 나의 다양한 작용에 대하여 집착함이 없음으로 나타난다.

허물이 없고 바르며 길함은 덜지 않아도 더하여짐을 나타낸다. 그리고 가야 할 길을 감은 또 다른 나인 천하의 모든 사람들에게 더함 곧 이로움을 베풀어 주는 대인의 길이다.

다만 주역에서는 대인의 길을 국가사회의 관점에서 정치를 통하여 나타내고 있다. 그렇기 때문에 천하를 제도하는 도제천하의 대인의 길에 거침이 없음을 나타내어 제후국諸侯國은 물론 천자국天子國에 이르기까지 온 천하와 함께한다고 하였다.

---

223 『주역周易』 산택손괘山澤損卦 상효上爻, "上九, 弗損益之, 无咎, 貞吉, 有攸往, 得臣无家."

2. 존양尊陽과 풍뢰익괘의 마음 지켜보기

우리는 앞에서 의식의 놓아 버림을 통하여 내 안의 나 아닌 나, 참 나를 발견하여 하나가 되는 과정을 산택손괘를 중심으로 살펴보았다.

그런데 표층의 나와 심층의 내 안의 나는 본래 둘이 아니기 때문에 의식의 놓아 버림은 그대로 내 안의 나의 작용으로 드러난다. 그것은 의식을 놓아 버리는 과정의 이면에서 내 안의 나의 작용이 동시에 이루어짐을 뜻한다.

우리는 앞에서 손괘의 내괘에서는 의식을 놓아 버리는 일이 중심이지만 외괘인 사효에서는 익괘에서 나타내는 작용이 나타나기 시작하여 상효에서는 익괘가 나타내는 마음작용으로 바뀌었음을 살펴보았다.

그러면 지금부터는 풍뢰익괘를 통하여 산택손괘가 나타내는 의식 놓아 버리기가 이루어졌을 때 내 안의 나, 나 아닌 나, 참 나, 본성에 의하여 이루어지는 작용인 마음을 지켜보는 마음 지켜보기가 어떻게 이루어지는지를 살펴보자.

1) 궁리와 마음 지켜보기

풍뢰익괘의 초효 효사에서는 "대작大作을 만드는 데 씀이 이로우니 크게 길吉하여 허물이 없다."[224]고 하였다. 초효의 효사에서 가장 중요한 부분은 대작大作이다. 그러면 대작을 만듦이 무엇인가?

우리가 손괘를 통하여 살펴보았듯이 의식을 놓아 버리는 목적은 내

---

224 『주역周易』풍뢰익괘風雷益卦 초효初爻, "初九, 利用爲大作, 元吉, 无咎."

안의 나를 발견하고 나와 하나가 되어, 온 우주와 하나가 되는 대인, 성인이 되기 위함이다. 따라서 익괘益卦에서 언급하고 있는 대작大作이란 바로 대인을 이루는 일이다.

손괘의 초효에서 내 안의 나와 만나는 일이 익괘에서는 대아大我를 주체로 살아가는 대인이 되는 결과를 낳는다. 물론 대인이 됨은 인위적인 행위에 의하여 이루어진 결과가 아니라 본래의 나에 의하여 이루어지는 점에서 무위적無爲的이다.

우리가 손괘의 초효와 익괘의 초효를 비교하여 함께 이해하면 의식을 놓아 버림이 그대로 대인의 마음 곧 내 안의 나와 하나가 되어 드러나는 마음을 지켜봄임을 알 수 있다. 그것은 익괘의 관점에서는 마음을 지켜보는 일이 그대로 손괘에서 나타내고 있는 의식을 놓아 버리는 일임을 뜻한다.

그런데 초효에서는 비록 내 안의 나와 하나가 되고 온 우주의 모든 존재와 하나가 되어 삶을 살아가는 대인의 삶에 뜻을 두고 있지만 아직은 내 안의 나를 발견하지 못한 상태이다. 그렇기 때문에 초효에서 마음을 지켜보기는 인위적인 노력이 중심이 되는 때라고 할 수 있다.

이때 가장 중요한 것은 믿음이다. 그것은 내 안의 내가 바로 본래의 나, 참 나라는 본성에 대한 믿음인 동시에 반드시 내 안의 내가 주체가 되어 삶을 살아갈 수 있음에 대한 믿음이고, 의식을 놓아 버리고 마음을 지켜보는 방법을 통하여 자신과 하나가 되는 일을 먼저 걸었을 뿐만 아니라 그 길을 후대의 사람들을 위하여 제시한 선배들에 대한 믿음이다.

익괘의 이효에 이르면 비로소 내 안의 나를 발견한 상태를 나타낸다. 그렇기 때문에 익괘의 이효에서는 내 안의 나의 작용에 의하여 드러나는 마음을 지켜보는 일이 더욱 잘 이루어짐을 나타내고 있다. 그러면 이효의 효사에서는 그 점을 어떻게 나타내고 있는가?

"혹或이 더하여 주니 십十이 벗이 된다. 거북도 능히 어기지 못한다. 영원히 바르고 길하다. 왕이 천제天帝에게 제사를 지내는 데 사용하여도 길吉하다."[225]고 하였다. 여기서 우리가 이효의 효사가 내 안의 나를 발견하였지만 아직은 하나가 되지 못하였음을 알 수 있는 부분은 "왕이 천제에게 제사를 지내는 데 사용하여도 길하다."는 내용이다.

천제에게 제사를 지내는 일은 오로지 천자天子 곧 하늘의 뜻을 올바로 파악하여 실천할 수 있는 자격을 가진 사람인 하늘의 자식만이 가능하다. 그것은 내 안의 나와 하나가 되는 일은 바로 현재 의식인 자기 자신임을 뜻한다.

오로지 지금 여기의 나를 통하여 내 안의 나를 발견하고 하나가 되어 나 자신으로 살아갈 수 있다. 따라서 내 안의 나를 발견하는 일은 오로지 자신이 스스로 해야 할 일일 뿐으로 남이 대신해 줄 수 없다.

내 안의 나를 발견하였을 때 우리는 내 안의 내가 바로 본래의 나, 참 나임을 알게 된다. 그것은 본성에 의하여 나의 삶이 이루어져 왔고, 이루어지고 있으며, 이루어질 것임을 앎을 뜻한다.

내 안의 내가 본래의 나임을 나타내는 부분이 "혹或이 더하여 주니 십十이 벗이 된다. 거북도 능히 어기지 못한다. 영원히 바르고 길하다."이다. 그 가운데서 "혹或이 더하여 주니 십十이 벗이 된다."는 내 안의 내가 바로 온 우주의 근본임을 나타낸다.

혹或은 이름을 지어 나타낼 수 없는 존재로서의 신神[226]을 나타낸다. 그것은 내 안의 나와 하나가 되었을 때 내 본성과 남의 본성의 구분이

---

225 『주역周易』 풍뢰익괘風雷益卦 이효二爻, "六二, 或益之十朋之 龜弗克違, 永貞吉, 王用享于帝, 吉"

226 『주역周易』 계사상편繫辭上篇 제오장第五章, "陰陽不測之謂神"

없을 뿐만 아니라 본성과 육신의 구분이 사라진 경계를 나타낸다.

모든 분별이 사라졌지만 분별하는 지혜는 또렷하게 밝아서 고요하면서도 빛난다. 그것을 나타내는 것이 다음 부분의 십이 벗한다는 내용이다. 십十이 벗이 됨은 십수十數를 통하여 표현된 궁극의 세계, 온 우주와 하나임을 뜻한다.

"혹或이 더하여 십十이 벗이 된" 상태를 나타내는 부분이 "거북도 능히 어기지 못함"이다. 그것은 내 안의 나가 온 우주와 하나가 된 상태에서 지혜가 무궁하게 드러남을 나타낸다. 그리고 "영원히 바르고 길하다."는 내 안의 나와 하나가 되어 이루어지는 삶이 영원함을 뜻한다.

그런데 지금 여기의 내가 내 안의 나를 발견하여 하나가 되는 측면에서 보면 "왕이 하늘에 제사를 지내는 데 사용하여도 길하다."는 내용이 내 안의 나를 발견하였을 뿐으로 아직은 하나가 되지 못한 상태를 나타내지만 나와 하나가 된 상태에서는 대인의 삶을 나타낸다.

그것은 비록 시작하는 부분에서는 내 안의 나를 발견하는 일이지만 내 안의 나와 하나가 되어 이루어지는 삶의 측면에서는 그대로 대인의 삶을 나타냄을 뜻한다. 이는 중천건괘의 이효에서 "대인의 삶을 따르는 것이 이롭다."고 언급한 것과 같다.

천하의 왕이 되어 천하를 다스리는 일이 바로 대인의 일이다. 다만 대인은 주역이 구성된 중국을 배경으로 중국만을 대상으로 하는 것은 아니다. 왜냐하면 중국의 관점에서 제후국을 넘어서 천자국의 입장에서 평천하라고 하지만 사실 진정한 의미의 대인은 온 우주와 하나가 되어 온 우주를 이롭게 하는 존재이기 때문이다.

그것은 자신이 살아가는 한 시대를 이롭게 하는 사람이 아니라 영원히 온 우주의 이로움을 위하여 살아가는 사람이 진정한 의미의 대인임을 뜻한다. 그렇기 때문에 소인에 대응하는 대인의 차원마저도 넘어서 소인과 하나가 되어 살아가는 삶이 계속되지 않을 수 없다. 따라서 오로지 대인이 중심이 되어 소인을 배척하고, 이단과 정통을 구분하여 정통을 추구하는 대인은 진정한 의미의 대인이 아니다.

2) 진성과 마음 지켜보기

삼효와 사효는 초효와 이효에서 발견한 내 안의 나와 하나가 되는 과정을 나타낸다. 이때 마음을 지켜봄은 단순하게 마음을 지켜보는 것이 아니라 내 안의 나가 마음으로 드러나고 생명 현상 곧 대인의 삶으로 나타남을 지켜보는 일이다.

익괘의 삼효에서는 "더하여 줌을 흉凶한 일에 사용하여도 허물이 없으니 믿음이 있어서 중도中道로 행하기 때문이다. 공公에게 홀을 사용함을 알린다."[227]고 하였다.

삼효는 발견한 내 안의 나와 하나가 되고자 노력함을 나타낸다. 그럼에도 불구하고 삼효의 시위에서는 내 안의 나인 본성과 하나가 되는 때보다 그렇지 못한 때가 더 많다.

흉사凶事는 내 안의 나와 하나가 되지 못한 상태에서 이미 일어난 일에 대하여 분별하여 실체화하는 일을 나타낸다. 소상에서는 "더함을 흉凶한 일에 사용함은 고유固有한 것이다."[228]라고 하여 그 점을 밝히고 있다. 따라서 "더함을 흉사에 사용하여도 허물이 없다."고 한 것은 아직은 항상 본성과 하나가 되어 삶을 살아가지 못함을 나타낸다.

---

227 『주역周易』풍뢰익괘風雷益卦 삼효三爻, "六三, 益之用凶事, 无咎, 有孚中行, 告公用圭."
228 『주역周易』풍뢰익괘風雷益卦 삼효三爻 소상小象, "象曰 益用凶事, 固有之也."

그러나 비록 사후事後에 일을 처리하는 경우도 발생하지만 언제나 내 안의 나, 참 나인 본성에게 맡기고 일을 처리한다. 그렇기 때문에 내 안의 내가 주체가 되어 일을 처리하게 된다. 효사에서 "믿음으로 중도를 행한다."고 한 것이 이것이다.

일상에서 일어나는 어떤 일이라도 내 안의 나, 참 나인 본성에 대한 믿음을 바탕으로 그 자리에 맡기면서 살아가는 중도中道의 실천은 익益의 관점에 보면 삶이 그대로 도제천하道濟天下이다.

효사에서 "공公에게 홀을 사용함을 알린다."는 것은 천하를 제도하는 삶이 바로 내 안의 나에게 모든 것을 맡기고 살아가는 삶임을 나타낸다. 홀을 사용함은 내 안의 나, 본성이 주체가 되어 다른 사람은 물론 온 세상을 본래의 세계로 이끌어 주는 일이다.

외괘의 초효인 사효는 비로소 내 안의 나, 참 나, 본성과 하나가 되어 이루어지는 삶을 나타낸다. 익괘의 관점에서 내괘가 주로 내 안의 참 나인 본성이 작용하여 드러나는 마음의 측면에서 익을 나타내고 있는 것과 달리 외괘에서는 사회적 측면에서 내 안의 참 나가 어떻게 드러나는지를 밝히고 있다.

사효는 내 안의 나와 표면의 나가 하나가 되어 이루어지는 삶을 중도의 실천인 중행中行으로 나타내고 있다. 사효의 효사에서는 "중행中行으로 공公을 따름을 알린다. 나라를 위하여 국가를 옮김에 씀이 이롭다."²²⁹고 하였다.²³⁰

공公은 내 안의 나를 가리킨다. 그러므로 중행으로 공을 따름을 알림은 표면의 나가 내 안의 나를 주체로 하여 살아감을 뜻한다. 이처럼 표

---

229 『주역周易』 풍뢰익괘風雷益卦 삼효四爻, "六四 中行告公 從 利用爲依遷國"
230 帛書 『周易』에서는 "六四 中行告公 從 利用爲家遷國"이라고 하였다. 이에 백서본에 의하여 육사 효사를 이해한다.

면의 나와 내 안의 나, 본성이 하나가 되어 살아감을 나타내는 것이 다음의 부분이다.

위가천국爲家遷國의 가家는 작은 나라 곧 제후국諸侯國이며, 국國은 큰 나라인 천자국天子國이다. 따라서 작은 나라를 위해서 큰 나라를 옮김은 제후국을 위하여 천자국을 옮김을 나타낸다. 그러면 이것이 무엇을 나타내는가?

작은 나라는 표면의 나, 육신과 의식의 나, 일상의 내가 주체가 되어 살아가는 세계를 나타낸다. 육신과 의식이 주체가 되어 살아가는 세계는 갈등과 대립, 투쟁과 고통의 세계이다. 그렇기 때문에 나를 위한 일은 그러한 세계에서 벗어나는 것이다.

표면의 나인 육신이 중심이 되어 일어나는 투쟁과 고통의 세계를 벗어남이 나라를 옮김이다. 천자국은 내 안의 나, 참 나, 본성에 의하여 이루어지는 삶의 세계이다. 그러므로 큰 나라를 옮김은 육신과 의식에 의하여 살아가는 대립과 투쟁, 고통의 세계에서 벗어나서 내 안의 나, 참 나가 주체가 되어 살아가는 공존과 화합, 자비와 지혜의 세계로 건너감을 뜻한다.

사효의 관점에서 보면 우리가 지금부터 앞으로 일어나는 모든 일을 내 안의 나, 참 나, 본성에 맡기고 살아가게 되어 아무런 문제가 없다.

그러나 여전히 남은 과제는 과거로부터 오랜 세월 동안 쌓여 온 습관을 제거하는 일이다. 그렇기 때문에 사효에서는 내 안의 참 나인 본성을 주체로 습관을 제거하는 일이 중요하다.

사효의 소상小象에서는 "공公에 따름을 알림은 뜻을 더함이다."[231]라고 하여 과거적 측면에서 세운 뜻을 더욱 견고하게 함을 밝히고 있다.

---

231 『주역周易』 풍뢰익괘風雷益卦 사효四爻 소상小象, "象曰 告公從 以益志也."

그러나 마음은 과거의 마음이나 미래의 마음 그리고 현재의 마음이 둘이 아니다. 그렇기 때문에 내 안의 나 아닌 나에 의하여 일어나는 마음을 지켜보는 일은 영원한 현재일 뿐이다.

그럼에도 불구하고 한 생각이 일어나는 순간 생각에 끌려서 시비, 선악을 분별하고, 분별을 자신으로 여겨서 집착하다가 시간이 흐른 후에 알아차린 경우를 과거의 습관이 나타난 것이라고 한 것이다.

다만 한 생각이 일어나는 순간 내 안의 나에 의하여 일어났음을 알고 내 안의 나에게 맡기고 지켜보면 저절로 사라진다. 이때 비로소 일어나도 일어남이 없음을 알게 된다.

3) 지명과 마음 지켜보기

내 안의 참 나인 본성과 하나가 되어 살아가는 삶을 나타내는 효가 오효와 상효이다. 이때 역방향에서 표면의 나, 거짓된 나인 의식을 놓아 버림을 나타내는 손괘와 달리 익괘는 순방향에서 나 아닌 나, 내면의 나, 참 나에 의하여 일어나는 작용인 마음을 지켜보는 일을 나타낸다.

익괘의 오효 효사에서는 "자비로운 마음의 생산이 있으니 묻지 않아도 크게 길吉하며, 자비로운 내 덕의 생산이 있다."[232]고 하였다.

내 안의 나와 하나가 되었을 때 일으키는 마음은 모든 존재가 일체임을 아는 지혜로운 마음이고, 모든 존재를 또 다른 나로 대하는 자비로운 마음이다.

표면의 나와 내 안의 나인 본성이 하나가 됨은 둘이었던 것이 하나가

---

232 『주역周易』 풍뢰익괘風雷益卦 오효五爻, "九五, 有孚惠心, 勿問元吉, 有孚惠我德."

되는 것이 아니라 본래 하나임을 확인함이다. 그러나 마음에서 느껴지고 몸을 통하여 체득되는 현상이 없지는 않다. 그렇기 때문에 "자비로운 마음의 생산이 있다(有孚惠心)."고 하였다.

우리는 의식을 놓아 버림으로써 내 안의 참 나인 본성과 만나고, 본성과 하나가 됨으로써 비로소 본성에 의하여 이루어지는 작용인 마음을 느낀다. 이처럼 마음을 느낌은 내 안의 참 나인 본성과 표면의 내가 하나가 되면 무심無心이 됨을 뜻한다.

무심은 마음이 없음이 아니라 의식에 의하여 일어나는 분별이 없음을 뜻한다. 우리는 오효五爻가 나타내는 무심에 이르러서 비로소 의식을 벗어나서 마음에 이르렀다고 할 수 있다.

그러나 무심이 비록 분별이 없지만 분별할 수 있는 능력이 없는 것은 아니다. 무심은 그대로 무심의 상태로 있지 않고 인연에 따라서 다른 존재들을 이롭게 하는 수많은 마음으로 나타난다. 이처럼 인연에 따라서 나타나는 다양한 마음을 공심共心이라고 한다.

매 순간 서로 다른 마음에 의하여 서로 다른 행위가 나타나지만 그것이 모두 하나의 마음의 표현이다. 이처럼 내 안의 참 나에 의하여 드러나는 한마음이 다양한 덕으로 드러난다. 그러므로 "자비로운 내 덕의 생산이 있다."고 하였다.

그러나 마음을 느낌은 내 안의 나, 본성에 의하여 일어나는 현상일 뿐으로 그것이 내 안의 나인 본성은 아니다. 그렇기 때문에 마음에서의 느낌에 의하여 내 안의 나, 참 나, 본성이 있다거나 없다고 할 수 없을 뿐만 아니라 느낌 자체도 한순간에 일어났다가 사라지기 때문에 그것이 없다고 할 수 없지만 있는 것은 아니다.

의식을 놓아 버림으로써 내 안의 참 나인 본성을 발견하고 하나가 되어 마음을 느끼고, 마음을 지켜보면서 살아감도 고정된 것이 아니다.

그렇기 때문에 본성이나 마음 그리고 대인의 삶, 자유로운 삶일지라도 우리가 그것에 집착함이 없어야 한다.

상효의 효사에서는 더함은 실로 더함이 없음을 나타내고 있다. 그것은 더하여도 더함이 없고, 덜어내도 덜어냄이 없어서 그 어떤 것도 고정됨이 없음을 뜻한다. 따라서 만약 우리가 더함에 집착하여 그것을 하나의 고정된 실체로 이해하면 안 된다.

익괘의 상효 효사에서는 "더하여 주지 않는다. 혹或이 칠 것이니 마음을 세움에 항상함이 없으면 흉凶하다."[233]고 하였다. "더하여 주지 않음"은 더함을 고정된 실체적 사건으로 이해함을 뜻한다. 소상에서는 "더함이 없음은 편벽됨을 일컫는다."[234]고 하여 그 점을 나타내고 있다.

더함과 덜어냄을 대상화하여 실체로 이해하면 만나는 모든 사물이 둘이 되어 자신을 괴롭힌다. 그렇기 때문에 "혹이 친다."고 하였다. 이때 혹은 대상적 존재가 아니다. 그럼에도 불구하고 대상적 존재로 오해하게 된다. 소상에서는 "혹이 침은 밖으로부터 온 것이다."[235]라고 하여 그 점을 나타내고 있다. 그러면 대상화, 실체화는 어떻게 이루어지는가?

뒷부분에서는 "마음을 세움에 항상함이 없으면 흉凶하다."고 하여 이 모든 일들이 마음을 세우는 문제임을 나타내고 있다. 우리는 의식을 놓아 버려야 내 안의 참 나인 본성과 하나가 되어 무심에 이름을 살펴보았다.

그런데 우리가 내 안의 참 나인 본성과 하나가 됨을 마음의 측면에서 살펴보면 수많은 분별로 나타나는 의식이 하나가 된 일심一心이다. 그것은 의식을 놓아 버림으로써 하나의 마음이 됨이라고 할 수 있다.

---

233 『주역周易』 풍뢰익괘風雷益卦 상효上爻, "上九, 莫益之, 或擊之, 立心勿恒, 凶."
234 『주역周易』 풍뢰익괘風雷益卦 상효上爻 소상小象, "象曰 莫益之, 偏辭也."
235 『주역周易』 풍뢰익괘風雷益卦 상효上爻 소상小象, "象曰 或擊之, 自外來也."

일심一心이 무심無心이 되고, 무심은 안팎에서 만나는 모든 인연에 따라서 일심一心이 되어 한 생각을 일으켜서 공심共心이 된다. 그렇기 때문에 의식을 놓아 버려서 일심이 되고, 무심이 되지 않으면 아무리 의식을 놓아 버리고 내 안의 나를 발견하였어도 여전히 내 안의 나와 표면의 내가 둘이 되어 방황한다. 그것을 나타내는 것이 마음을 세움이 항상함이 없으면 흉하다는 의미이다.

3. 마음 씀과 억음존양抑陰尊陽의 심법心法

우리는 앞에서 손익괘의 괘효사를 중심으로 주역의 용심법用心法이 육신에서 출발하여 본성에 이르고 천명天命에 이르는 궁리窮理, 진성盡性, 지명至命의 역逆방향이 중심이 되고 있음을 살펴보았다.

우리가 의식을 놓아 버리는 일 곧 육신과 의식을 자신으로 여기는 마음을 버리고, 내 안의 나, 참 나, 온 우주와 일체인 본성을 자신으로 여기고 살아가면 나와 남, 나와 세계, 나와 우주의 구분이 없는 일체의 세계와 함께 살아간다. 따라서 손익괘가 표상하는 내용은 마음 계발을 통하여 본성과 하나가 되어 국가, 천하와 하나로 살아가는 성명합일性命合一이다.

그런데 우리의 마음이 형이하의 육신으로부터 형이상의 본성을 향하는 것이 역逆이며, 본성으로부터 형이하의 육신을 향하는 것이 순順이다. 그러므로 성명합일은 역방향에서 출발하여 본성과 하나가 되고, 다시 순방향에서 물리적 생명과 하나가 되는 순역합일順逆合一이 되어야 비로소 완전하다.

우리가 육신을 자신으로 여기는 마음을 버리고 본성을 주체로 살아가기 위해서는 믿음을 바탕으로 뜻을 세워서 실천하는 과정이 필요하다. 따라서 마음 계발의 시작은 믿음이 바탕이 된 입지立志라고 할 수 있다.

십익에서는 역에서 추구하는 길하여 이롭지 않음이 없음이 어떻게 이루어지는 데 대하여 다음과 같이 말하고 있다.

> **역易에서 말하기를 하늘이 도와서 길하여 이롭지 않음이 없다고 하였다. 공자孔子가 말하였다. 우祐는 도움助이니 하늘이 돕는 것은 순順함이며, 사람이 도와주는 것은 믿음이다. 믿음을 딛고 따를 것을 생각하고 어진 사람을 숭상한다. 그러므로 하늘이 도와서 길吉하여 이롭지 않음이 없다.**[236]

인용문에서는 하늘이 도와 길하여 이롭지 않음이 없음을 제시한 후에 공자의 말을 통하여 그 방법을 논하고 있다. 사람이 도움을 줄 수 있는 것은 믿음이며, 하늘이 도울 수 있는 있는 것은 하늘을 따름이다.

길하여 이롭지 않음이 없음을 추구하는 군자는 사람 곧 성인에 대한 믿음을 딛고 하늘에 따를 것을 생각하며, 함께하는 어진 사람을 숭상한다.

이때 성인에 대한 믿음은 성인이 밝힌 하늘에 대한 믿음이다. 그렇기 때문에 성인의 말을 통하여 드러난 하늘에 대한 믿음을 바탕으로 하늘을 따르려는 뜻을 세우고, 그 길을 걸어가는 어진 사람을 숭상하게 된다. 그러면 하늘에 대한 믿음은 무엇인가?

---

236 『주역周易』 계사상편 제십이장, "易曰自天祐之라 吉无不利라하니 子曰祐者는 助也니 天之所助者順也오 人之所助者信也니 履信思乎順하고 又以尙賢也라 是以自天祐之吉无不利也니라."

군자의 믿음은 천명天命, 천도天道에 대한 믿음이다. 그것은 내 안의 나, 본성을 바탕으로 성명이 둘이 아니며, 인간과 하늘이 둘이 아님에 대한 믿음이다. 이처럼 믿음을 출발점으로 삼아서 내 안의 나와 하나가 되고, 세계와 하나가 되는 것이 성명합일의 과정이다.

본성을 주체로 하여 마음과 육신을 운용運用하는 대인의 삶은 곧 마음을 계발하여 그 범위를 제후의 나라에서 천자의 나라로 그리고 천하에 확충하는 과정이다. 이처럼 우리가 육신을 자신으로 여기는 마음을 버리고 본성을 주체로 살아가면 모든 언행이 온 우주와 함께하기 때문에 항상 길吉하여 이롭지 않음이 없다.

그런데 손익괘를 보면 마음 계발을 앎의 문제를 중심으로 앎에서 더 나아가서 그것을 자신의 역사적, 사회적 사명으로 파악하는 문제가 중심을 이루고 있다. 따라서 주역에서는 역방향에서 앎의 문제로서의 지래知來가 중심이 되어 궁리窮理, 진성盡性, 지명至命에 이름을 추구함을 알 수 있다.

우리는 성명합일을 통하여 역방향을 넘어서 순방향과 하나가 되는 순역합일을 추구하는 주역을 통하여 하나의 문제가 남아 있음을 알 수 있다. 그것은 순역합일을 이룬 차원에서 곧 순과 역의 구분하여 나타내기 이전의 차원에서 출발하여 삶을 새롭게 창조하면서 살아가는 적극적인 삶의 방법이 제시되지 않았다는 점이다.

비록 주역에서 성명합일을 추구하고 있지만 오로지 앎의 문제가 중심이기 때문에 앎과 실천을 하나로 하는 지행합일知行合一, 학행합일學行合一, 언행합일言行合一의 문제가 남아 있다. 그렇기 때문에 성性과 명命을 나누어서 성명합일性命合一을 추구하고, 순과 역을 나누어서 순역합일順逆合一을 추구하는 물건적 관점에서 벗어나서 성명을 구분할 수 없고, 순역을 구분할 수 없는 차원을 출발점으로 삼아서 일상의 삶을 끊임없이 새롭게 창조하면서 살아가는 관점에서 성명을 고찰하는 것이 필요하다.

역逆방향의 궁리, 진성, 지명의 과정은 본성으로부터 출발하여 육신에 이르는 순順방향이 전제가 될 때 비로소 성립된다. 그것은 괘체卦體가 나타내는 상괘에서 하괘로의 순방향의 작용이 전제가 될 때 비로소 내괘에서 시작하여 외괘에서 이루어지는 역방향의 육효의 변화가 가능함을 뜻한다.

괘체卦體가 나타내는 순방향의 변화는 천명이 본성이 주체가 되어 물리적 생명현상으로 드러나는 관점이라면 효용爻用은 궁리, 진성, 지명의 과정을 통하여 육신을 자신으로 여기는 마음을 버리고 본성을 자신으로 여기고 본성과 하나가 되어 다시 본성을 주체로 물리적 생명현상으로 드러나는 삶을 살아감을 나타낸다. 따라서 손익괘의 효사는 역방향에서 성명性命의 합일合一을 통하여 순역합일順逆合一[237]을 추구하고 있다.

아래를 덜어서 위에 더하여 주는 손하익상損下益上의 의식 놓아 버리기와 위를 덜어내어 아래에 더하여 주는 손상익하損上益下의 마음 지켜보기는 어느 하나만을 할 수 있는 것이 아니라 양자를 함께 실천해야 한다.

그것은 지도地道가 중심이 되어 역逆방향에서 인도人道를 밝히고 있는 주역의 마음계발과 달리 천도天道가 중심에 되어 순順방향에서 인도人道를 밝히는 관점에서 마음계발에 대하여 고찰할 필요가 있음을 뜻한다.

---

237 『주역』이 역방향에서 출발하여 순방향에 이르러서 순역의 합일을 추구함에 관하여는 이현중의 『한국사상과 인간성찰』, 지식과감성#, 2020을 참고하기 바란다.

지도地道가 중심이 되어 인도를 밝히고 있는 주역과 달리 천도天道가 중심이 되어 인도를 밝히고 있는 전적은 한국역학韓國易學의 특성을 밝히고 있는 정역正易이다. 따라서 앞으로 다른 지면을 통하여 정역을 중심으로 마음계발에 대하여 고찰하는 것이 필요하다.[238] 그러면 양자가 어느 하나만이 필요하고 다른 하나는 배척해야 할 것인가?

그렇지 않다. 『정역』을 통하여 확인할 수 있는 것과 같이 천도 중심의 인도를 통하여 마음공부, 마음 계발을 살피는 작업의 특성은 순역이 합일된 차원 곧 천지인天地人의 삼재의 도가 하나가 된 신도神道의 차원에서 인도를 드러내는 창조적 관점, 곧 생성의 관점에서 인도를 고찰함이다. 그렇기 때문에 신도의 관점에서 마음 계발이 아닌 마음 생성, 마음 창조를 살펴보는 작업은 지도 중심의 인도의 근거가 천도임을 밝히는 동시에 양자가 일체임을 드러내는 작업이라고 할 수 있다.

그러나 한편으로는 지금까지 주역이 의사과학적疑似科學的인 차원에서 미래를 점치는 전적으로만 이해됨으로써 그 본질적인 측면을 드러내지 못하였던 것처럼 정역 역시 주역과 같은 미래에 일어날 종말적 사건을 예언한 예언서로 그릇되게 이해되어 왔다.

주역과 정역을 올바로 이해하는 것이 중요한 까닭은 그것을 혹세무민惑世誣民하는 도구로 악용惡用하는 사교적邪教的 집단이 나타날 수 있기 때문이다. 사실 어떤 서적이나 작품 그리고 물건을 막론하고 그것의 나온 근거는 하나의 본성일 수밖에 없다. 그렇기 때문에 불교에서는 만법萬法이 하나로 돌아간다고 말한다.[239]

그러나 그 하나는 나와 다른 별개의 곳에 있는 것이 아니라 바로 내

---

238 이에 대하여는 이현중의 『정역철학』, 학고방, 2016과 『정역사상과 창조의 삶』, 지식과감성#, 2021을 참고하기 바란다.
239 『선문염송집』 10권(ABC, K1505 v46, p.171b09), "萬法歸一, 一歸何處"

마음에 있다. 그리고 내 마음은 남의 마음과 둘이 아닐 뿐만 아니라 자연의 마음, 사물의 마음과 둘이 아니어서 하나의 마음이다. 그렇기 때문에 한마음이라고 말하기도 하고, 이 마음과 저 마음을 구분할 수 없기 때문에 무심無心이라고 말하며, 이것과 저것이라는 물건적 존재, 실체적 존재가 아니기 때문에 있다고 할 수 없어서 없다고도 말한다.

그러나 마음은 없는 것은 아니어서 때로는 나의 마음으로 나타나고, 때로는 과거의 마음으로 나타나며, 때로는 미래의 마음으로 나타나기 때문에 없는 것은 아니다. 그러면 의식과 마음은 둘인가?

마음은 본성이라고 말하는 마음 내기 이전과 비교하면 본체와 작용의 관계에 비유하여 나타낼 수 있다. 본체로서의 마음 내기 이전은 실체적 존재가 아니기 때문에 역시 마음으로 나타내어 무심無心이라고 한 것처럼 있다거나 없다고 할 수 없다. 마찬가지로 마음 내기 이전이 나타난 마음 역시 본체에 의하여 이루어지는 작용이기 때문에 일체적이어서 분별이 없다.

무심無心이 그대로 일어난 마음 곧 본성, 내 안의 나에 의하여 일어난 작용으로서의 마음은 이것과 저것으로 구분하지 않는 마음이기 때문에 일심一心이라고 한다.

일심一心은 물건적 관점에서는 둘이 아닌 하나라의 마음이라는 의미와 더불어 물리적 시간을 일관하는 마음이라는 의미를 동시에 갖고 있다.

물건적 관점에서 만물이 일체임을 나타내는 개념이 일심이듯이 사건적 관점에서 일심은 과거와 미래 그리고 현재가 하나임을 나타낸다. 그것은 과거심도 현재심이고, 미래심도 현재심이며, 현재심도 현재심이어서 공空함[240]을 나타낸다.

---

240 대행선사,『뜻으로 푼 금강경』, 대한불교조계종 한마음선원, 2002, 54쪽.

그러나 마음에 의하여 지각, 사고, 분별, 의지와 같은 작용을 하고, 다시 언행으로 드러나기 때문에 우리는 육신의 관점에서 내 마음과 너의 마음, 인간의 마음과 자연의 마음으로 구분하여 별개의 것으로 생각할 수 있다.

우리가 마음을 실체적 존재한다고 여길 때 그것을 의식이라고 말한다. 의식은 마음과 다른 것이 아니라 마음을 육신이라는 물질적 차원에서 나타낸 것이고, 마음은 물질적 차원을 넘어서 본성의 차원에서 나타낸 것이다. 따라서 의식을 놓아 버림이 그대로 마음이 드러남일 뿐으로 양자가 둘이 아니다. 그러면 우리는 왜 의식을 놓아 버림과 마음을 지켜봄을 나누어서 말하는가?

우리가 마음과 의식을 나누어서 의식을 놓아 버리고, 마음을 지켜봄을 논하는 까닭은 양자가 서로 다른 실체적 존재가 아니라 일체임을 말하기 위함이다. 그것은 양자가 하나가 된 양자와 다른 또 하나의 실체가 있음을 말하는 것이 아니다. 바로 마음과 의식이 둘인 차원은 마음, 의식으로 드러나기 이전의 내 안의 나, 나 아닌 나이다.

우리가 내 안의 나를 통하여 나 아닌 나를 논하는 까닭은 주역과 십익에서 제시하고 있는 순과 역이 합일된 차원, 순과 역으로 구분하여 나타내기 이전의 차원에서 의식을 놓아 버리는 역방향의 수도修道, 수기修己와 더불어 마음을 지켜보는 순방향의 제도濟度, 안인安人을 함께 논하고자 함이다.

주역에서는 산택손괘와 풍뢰익괘를 통하여 의식 놓아 버리기와 마음 지켜보기를 둘로 나타내고 있지만 양자는 본래 구분하여 나타낼 수 없는 것을 둘로 나누어서 나타낸 것이다. 그렇기 때문에 양자를 구분하여 이해하는 것과 더불어 양자의 일체인 측면을 나타낸 것이 필요하다.

순역으로 구분하여 나타내기 이전을 드러내기 위해서는 주역과 십익의 관점인 물건적 관점에서 벗어나서 정역을 비롯한 한국역학, 한국사상의 관점인 시간적 관점, 사건적 관점으로 관점을 바꾸어야 하고, 주역의 형이하의 현상에서 출발하여 형이상의 도에 이르는 역방향과 달리 도에서 현상을 향하는 순방향의 양자를 함께 논해야 한다.

그리고 역방향에서 이루어지는 탐구적 학문방법과 더불어 순방향에서 이루어지는 확충적 방법, 계발적 학문방법을 함께 논해야 한다. 이처럼 탐구적 학문방법과 확충적 학문방법이 하나가 된 학문방법은 창조와 진화를 내용으로 하는 생성이다.

물건적 관점, 역방향의 학문방향, 탐구적 학문방법이 중심이 된 지도적 차원에서 인도를 밝히고 있는 주역, 십익과 달리 시간성을 바탕으로 영원한 현재적 관점에서 창조와 진화를 내용으로 하는 도역생성의 학문방법과 학문방향을 제시하고 있는 전적은 정역이다.

정역은 한국사상의 특성을 역학적 이론체계를 통하여 나타내고 있는 전적이다. 정역은 주역, 십익과 다른 한국역학, 한국사상의 특징을 나타내고 있는 전적일 뿐만 아니라 한국사상과 중국사상, 한국역학과 중국역학이 하나가 될 수 있는 접합점이기도 하다.

우리가 물건적 관점에서 지금 여기의 나를 탐구하여 하나가 되는 합일의 방법을 따르면 먼저 앎을 통하여 내 안의 참 나를 발견하여 하나가 되는 과정을 거친 후에 비로소 본래의 나로 살아가는 경계에 이른다.

그러나 시간성을 출발점으로 삼아서 영원한 현재적 관점에서 삶을 살아가면 돈오점수나 돈오돈수와 같은 앎과 실천, 깨달음과 닦음의 문제가 발생하지 않는다. 그것은 의식을 놓아 버리는 것도 지금 여기의 나이고, 마음을 지켜보는 지금 여기의 나이기 때문에 양자가 아님을 알고, 그 자리에 맡기면서 살아감을 뜻한다.

물건적 관점에서 대체와 소체를 구분하고, 대인의 삶과 소인의 삶을 구분하며, 내 안의 나와 표면의 나, 본성과 물리적 생명을 구분하여 나타내는 것은 지금 여기의 나의 삶을 대상화하여 나와 둘로 나타낸 것이다.

대인과 소인의 삶을 넘어서 자유로운 삶을 추구하는 방법은 바로 의식을 놓아 버리는 역방향의 수도와 마음을 지켜보는 순방향의 제도, 안인을 함께하는 마음 씀이다. 이때 마음 씀은 단순하게 마음 씀이 아니라 새로운 언행을 창조하여 자신도 이롭게 하고, 남도 이롭도록 끊임없이 진화하는 삶이다.

그것은 형이상의 도를 찾아서 그것과 하나가 되는 합일이 아니라 시간성을 중심으로 그것이 끊임없이 다양하게 드러나는 창조적 삶, 매 순간 새롭게 드러나는 진화적 삶, 영원한 현재적 삶이다.[241] 그러면 정역의 억음존양의 심법과 조양율음의 성리의 도를 통하여 양자의 관계를 살펴보자.

후천이 드러난 선천의 관점에서 보면 음양이 하나가 되어 나눌 수 없는 성리가 드러난 것이 억음존양抑陰尊陽의 심법이다. 이때 억음抑陰은 분별의 작용에 의하여 시비를 논하고, 가치를 부여하는 집착하는 의식을 놓아 버림이며, 존양尊陽은 조양율음調陽律陰의 성리가 마음으로 드러남을 지켜봄이다.

그러나 선천에서 후천으로서의 변화의 관점에서 보면 억음존양의 억음抑陰은 분별의 의식을 버리고, 본성을 주체로 함으로써 음양이 조율된 성리에 이르는 일이다. 따라서 우리는 억음존양을 중심으로 선천과 후천의 관점에서 의식 놓아 버림과 마음 지켜봄을 구분하여 이해할 수

---

241 영원한 현재적 관점에서 이루어지는 삶에 대하여는 이현중의 『정역사상과 창조의 삶』, 지식과감성#, 2021을 참고하기 바란다.

있다. 그러면 억음존양의 관점에서 의식 놓아 버리기와 마음 지켜보기는 어떤 의미를 갖는가?

의식 놓아 버리기는 의식을 본래의 자리인 내 안의 나에게 맡기는 작업이다.

의식은 물리적 생명을 구성하는 수많은 생명체인 세포들이 갖는 다양한 마음들이다. 이 의식들을 내 안의 나에게 맡기면 내 안의 참 나는 용광로와 같이 분별심을 녹여서 하나가 되게 한다. 그렇기 때문에 의식을 내 안의 나에게 맡기는 과정은 합일의 과정이다.

그리고 마음 지켜보기는 의식에 의하여 일어나는 분별 작용을 멈추고, 내 안의 나에 의하여 일어나는 작용에 그대로 따름이다. 내 안의 본성의 작용은 도심道心, 진심眞心, 정심正心, 여래심如來心과 같은 다양한 개념으로 나타내는 마음이다. 따라서 마음 지켜보기는 내 안의 나에 순응順應함이다.

의식을 내 안의 나에게 맡기고, 내 안의 나에 의하여 이루어지는 작용을 지켜보면서 내 안의 나를 주체로 육신을 움직이는 삶은 그대로 자아를 찾는 수도修道이자 다른 생명들을 이롭게 하는 제도濟度이다.

내 안의 나에게 의식을 놓아 버리는 과정은 합일의 과정이며, 내 안의 나로부터 일어나는 마음 지켜보기의 과정은 분생의 과정이다. 내 안의 나 아닌 나에 의하여 이루어지는 합일과 분생이 의식 놓아 버리기와 마음 지켜보기이다.

제6부

정역의 도역생성과
함항괘咸恒卦의 성명합일

1. 택산함괘와 심신합일

2. 뇌풍항괘와 성명합일

3. 도역생성과 성명합일

제6부

정역의 도역생성과 함항괘咸恒卦의 성명합일

우리는 앞에서 사람의 삶은 같지 않아서 크게 대인의 삶과 소인의 삶으로 구분할 수 있음을 살펴보았다. 그것은 사람의 삶은 고정된 것이 아니라 삶의 주체인 사람이 어떤 마음으로 살아가느냐에 따라서 다양한 삶이 전개됨을 뜻한다.

소인은 육신을 중심으로 남과 구분되는 자신이 있다고 여기고 살아간다. 그는 자신의 삶을 위하여 남과 사물을 도구로 생각한다. 그렇기 때문에 소인은 남과 하나가 될 수 없고, 세상과 하나가 될 수 없어서 언제나 분열과 대립의 삶을 살아간다. 그것은 소인의 삶이 투쟁의 연속이면서 고통의 연속임을 뜻한다.

대인은 내 안의 나인 본성을 주체로 살아가기 때문에 나와 남의 구분이 없을 뿐만 아니라 나와 세계의 구분이 없고, 시공時空의 구분이 없으며, 모든 분별이 없어서 생사生死도, 시비是非도, 선악善惡도 없다. 그렇기 때문에 그는 언제나 모든 존재와 하나가 되어 살아간다. 소통과 화합의 삶, 공존共存하고 공생共生하는 삶이 대인의 삶이다. 그러면 대인의 삶과 소인의 삶은 결정된 것인가?

한국사상에서 밝히고 있는 시간성의 관점에서 보면 사람의 삶은 결정된 것이 없다. 사람의 삶은 매 순간 끊임없이 다양하게 드러나는 창조적이면서 끝없이 새롭게 드러나는 진화적인 사건의 연속, 변화의 흐름일 뿐이다. 그러면 우리는 삶을 어떻게 살아야 하는가?

지금 여기의 나를 통하여 드러나는 삶은 지금 여기의 내가 어떤 마음을 사용하느냐에 따라서 창조되고, 진화한다. 그것은 매 순간 마음을 어떻게 사용하느냐에 따라서 삶이 다양하게 드러나고 새롭게 드러남을 뜻한다.

우리가 사람으로 태어나서 자신의 마음을 계발하여 스스로의 차원을 높이지 않으면 소인의 삶을 살아갈 수밖에 없다. 그렇기 때문에 우리가 스스로 소인의 삶을 벗어나서 대인의 삶을 살고자 하는 뜻을 세우고, 스스로 마음을 계발하여 대인의 삶을 살아야 한다. 그러면 우리가 어떻게 마음을 계발해야 하는가?

마음의 계발啓發은 육신을 자신으로 여기는 의식을 놓아 버리는 것과 본성에 맡겨서 본성의 작용인 마음을 지켜보는 두 과정을 함께해야 한다. 이처럼 의식을 놓아 버리는 것과 본성에 맡기고 마음을 지켜보는 과정은 지금 여기의 나를 표층과 심층에서 나타내는 성性과 명命, 무아無我와 자아自我가 본래 일체임을 파악하는 작업이다.

산택손괘와 풍뢰익괘에서는 성명합일性命合一을 남과 구분이 되는 자신이 있어서 사고하고, 언행을 한다는 생각이 올라올 때마다 그 의식이 본성으로부터 일어남을 믿고 그 자리에 맡기는 의식 놓아 버리기와 더불어 본성에서 작용이 이루어지는 것을 지켜보는 마음 지켜보기를 통하여 나타내고 있다.

육신을 자신으로 여기는 의식을 놓아 버리는 손하익상損下益上의 마음 씀과 본성으로부터 이루어지는 작용을 지켜보는 손상익하損上益下

의 마음 씀이 계속되면 일상의 삶을 통하여 다양한 경험을 체험한다. 그것은 본성과 육신이 둘이 아님을 체험하는 성명합일의 경계 곧 나와 본성 그리고 물리적 생명이 둘이 아님을 체험함을 뜻한다.

우리가 본성과 물리적 생명이 둘이 아니라 하나임을 아는 성명합일 性命合一은 삶의 과정에서 몸과 마음이 둘이 아니게 작용하는 심신합일心身合一의 다양한 경험으로 나타난다. 이처럼 손하익상損下益上과 손상익하損上益下의 마음 씀을 통하여 이루어지는 성명합일을 나타내는 괘가 뇌풍항괘雷風恒卦이며, 성명합일이 심신心身의 합일合一로 드러남을 나타내는 괘가 택산함괘澤山咸卦이다.

역방향에서 성명합일을 이해하면 궁리, 진성, 지명의 과정을 통하여 심신합일을 거쳐서 성명합일에 이른다고 할 수 있으며, 순방향에서 성명합일을 이해하면 성명합일에 의하여 심신합일이 이루어진다고 말할 수 있다.

지금부터 우리는 택산함괘를 중심으로 심신합일에 대하여 살펴본 후에 이어서 뇌풍항괘를 중심으로 성명합일에 대하여 살펴보고, 마지막으로 정역의 도역생성을 중심으로 양자의 관계에 대하여 고찰하고자 한다.

1. 택산함괘와 심신합일

내 안의 나와 하나가 되어 살아감은 몸과 마음이 하나가 되어 살아가는 삶이다. 몸과 마음이 하나가 되어 온 세상과 소통하여 화합함을 나타내는 괘가 택산함괘澤山咸卦이다.

함괘는 군자를 나타내는 간괘艮卦의 위에 은택, 기쁨, 연못, 하나 됨을 나타내는 태괘兌卦가 결합하여 형성된다. 내 안의 나인 성性과 표면의 나인 명命이 하나가 되어 몸과 마음에 나타나는 기쁨, 은택을 나타낸 괘가 함괘이다. 그러면 괘사에서는 심신합일을 어떻게 표현하고 있는지 살펴보자.

함괘의 괘사에서는 "함咸은 형통함이니 이롭고 바르며, 여자女子를 취함이 길하다."[242]고 하였다. 형통함은 양자가 하나가 되어 소통함을 뜻한다. 그것은 성명합일이 심신합일心身合一로 나타남을 뜻한다. 그러면 소통의 구체적인 내용은 무엇인가?

소통의 구체적인 내용은 다음 부분에서 밝히고 있다. 여자를 취함은 남녀가 결혼을 하여 하나가 됨을 가리킨다. 이때 여자가 표면의 나, 육신, 의식으로서의 나를 상징한다면 내 안의 나, 참 나, 본성을 상징하는 개념이 남자이다. 따라서 남자가 나타내는 내 안의 나, 참 나인 본성의 관점에서 내 안의 나와 표면의 내가 하나가 됨을 나타낸다.

그런데 지금 여기의 나의 본래면목本來面目을 발견하여 하나가 되어 살아가는 변화는 개체적인 변화에 그치는 것이 아니라 천지와 만물의 변화이다. 그것은 서로 만나 하나가 됨, 함께함, 소통을 나타내는 함괘의 이치가 바로 천지와 만물의 실정實情임을 뜻한다.

함괘의 단사彖辭에서는 괘사를 설명하면서 함咸을 형이상과 형이하, 본성과 육신이 서로 소통함으로써 하나가 되어 만물이 화생하고, 온갖 대인의 언행이 나타나며, 음양이 하나가 됨으로써 강유가 서로 작용함으로 나타내고 있다.

---

242 『주역周易』 택산함괘澤山咸卦 괘사卦辭, "咸, 亨, 利貞, 取女吉."

함咸은 서로를 느낌이니 유柔가 위에 있고, 강剛이 아래에 있어서 두 기운이 감응하여 서로 어울려서 하나가 되기 때문에 기쁘다. 남자가 여자의 아래에 있으므로 형통하고 이롭고 바르며, 여자를 취하면 길吉하다. 천지가 서로 느껴서 만물이 화생化生하고, 성인이 인심人心을 느껴서 천하가 화평하니 그 느끼는 바를 보면 천지, 만물의 실정을 가히 볼 수 있다.[243]

현상의 수많은 사물을 보면 서로 다르지만 서로가 서로를 느끼고 소통하면서 하나가 되어 살아간다. 사람의 삶도 수많은 사람을 만나 그들과 소통하고 하나가 되는 과정이며, 천지와 만물을 만나서 그들과 소통하면서 그들을 다스리는 것도 역시 소통하고 하나가 되는 과정이다. 우리는 이를 통하여 만물의 세계가 서로 하나가 되어 소통하는 합일合一의 표현임을 알 수 있다.

함괘를 통하여 표현된 세계가 소통의 세계, 합일의 세계라는 것은 나와 구분되는 내가 없고, 나와 구분되는 세계가 없음을 뜻한다. 그것은 만물이 비록 현상의 측면에서는 서로 다르지만 공동의 몸인 공체共體이고, 공동의 마음인 공심共心이며, 서로가 서로를 먹여 살리는 공식共食이고, 서로가 서로를 진화하게 해 주는 공용共用이며, 서로가 서로를 창조해 주는 공생共生임을 뜻한다.[244]

만물이 서로 독립하는 실체가 아니기 때문에 남과 구분되는 나, 나와 구분되는 세계가 있다는 실체적 사고를 버려야 한다. 우리가 남과 다르

---

243 『주역周易』 택산함괘澤山咸卦 단사彖辭, "彖曰 咸感也, 柔上而剛下, 二氣感應以相與. 止而說, 男下女, 是以亨, 利貞, 取女吉也. 天地感而萬物化生, 聖人感人心而天下和平, 觀其所感, 而天地萬物之情可見矣."
244 한마음선원, 『한마음요전』, 한마음선원출판부, 1993, 780쪽.

고, 세계와 다르며, 만물과 다른 내가 있어서 내가 살아간다는 견해를 버려야 비로소 모든 존재와 소통하고 화합하면서 함께 살아갈 수 있다.

대상에서는 "산 위에 못이 있음이 함이다. 군자는 마음을 비우고 다른 사람을 수용한다."[245]고 하였다. 그것은 대인의 삶을 살아가는 군자는 나와 남을 둘로 여기지 않고, 세계와 만물을 둘로 보지 않아서 모든 사람과 함께하고, 온 세계의 만물과 함께함을 나타낸다. 그러면 육효의 효사에서 함咸을 어떻게 나타내고 있는지 살펴보자.

함괘의 육효에서는 사람의 신체를 통하여 감응感應하는 정도를 나타내고 있다. 그것은 효사가 남과 여가 서로 만나서 하나가 되는 사건을 통하여 개체적 측면에서는 몸과 마음이 하나가 됨을 나타내는 동시에 나와 남이 하나가 됨을 상징적으로 나타내고 있음을 뜻한다.

함괘가 나타내는 하나가 됨, 감통함은 마음과 마음이 하나가 될 때 가능하다. 그것은 내 안의 나와 표면의 내가 하나가 되었을 때 비로소 상대방과 나의 마음이 하나가 됨으로 나타남을 뜻한다. 그러면 함괘에서는 나와 남이 하나가 됨을 어떻게 나타내고 있는가?

함괘의 육효는 내괘와 외괘로 구분할 수 있다. 내괘는 육신을 나타내고, 외괘는 마음을 나타낸다. 그렇기 때문에 함咸의 과정은 육신의 끝부분에서 출발하여 점차 마음으로 옮겨가서 마침내 마음과 마음이 하나가 되는 상태에 이르게 된다. 그러면 육효를 중심으로 함咸의 과정이 어떻게 전개되는지 살펴보자.

초효에서는 몸의 끝부분인 "발가락이 서로 감응함."[246]을 나타내고 있다. 발가락에 감응함은 마음을 통하여 내 안의 나를 발견하려는 것이

---

245 『주역周易』 택산함괘澤山咸卦 대상大象, "象曰, 山上有澤, 咸, 君子以虛受人."
246 『주역周易』 택산함괘澤山咸卦 초육初六 효사爻辭, "初六, 咸其拇."

아니라 밖에서 힘을 찾고자 함을 뜻한다.

그것은 바로 육신을 자신으로 여기고 육신의 물리적 생명을 보존하기 위하여 재력財力, 지력知力, 권력權力과 같은 힘을 얻으려는 시도를 하는 소인의 태도를 나타낸다.

소상小象에서는 "발가락에 감응함은 뜻이 밖에 있다."[247]고 하여 발가락에 감응함은 그와 나의 마음이 서로 하나가 되어 소통하는 것이 아니라 육신과 육신의 소통 곧 본능의 충족에 있음을 밝히고 있다.

육신은 본능이라는 속성을 갖는다. 본능에 따른 감응은 의식의 분별을 바탕으로 형성된다. 그리고 의식에 의한 분별은 나와 남을 구분하여 내 밖의 사물을 대상으로 이루어진다. 따라서 육신에 의한 감응은 마음 안에서 이루어지는 나와 내 안의 나와의 합일을 바탕으로 이루어지지 않는다. 그것을 소상에서는 "뜻이 밖에 있다."고 하였다.

초효가 나 안의 내가 참 나임을 알지 못하고 밖에서 자신을 찾는 것과 달리 이효에서는 내 안의 나를 발견한 상태를 나타낸다. 그렇기 때문에 이효의 효사에서는 "장단지에 감응함이니 흉凶하다. 그 자리에 거처하면 길吉하다."[248]라고 하였다.

장단지가 비록 발가락보다는 몸의 중심을 향하고 있지만 여전히 육신이다. 그렇기 때문에 장단지를 통하여 감응하려고 하면 흉하다고 하였다.

오히려 환영幻影과 같고, 물거품과 같으며, 꿈과 같은 일상의 나[249]를 벗어나서 내 안의 나를 따르는 것이 필요하다. 그렇기 때문에 장단지에

---

247 『주역周易』택산함괘澤山咸卦 초육初六 소상小象, "象曰, 咸其拇, 志在外也."
248 『주역周易』택산함괘澤山咸卦 육이六二 효사爻辭, "六二, 咸其腓, 凶, 居吉."
249 『금강반야바라밀경金剛般若波羅蜜經』(大正藏 8 1 0752b23), "一切有爲法 如夢幻泡影 如露亦如電 應作如是觀"

감응하기보다는 차라리 그대로 멈춰 있는 것이 길하다고 하였다.

　천지와 감응하고, 만물과 감응하여 소통하면서 하나가 되어 살고자 하는 뜻을 세움은 역逆방향에서 보면 표면의 내가 뜻을 세운 것이지만 사실은 본래 내 안의 내가 뜻을 세움으로 자신을 드러냄이다. 그렇기 때문에 소상에서는 "비록 흉하지만 그대로 있으면 길하다는 것은 순順방향에 서면 해롭지 않기 때문이다."[250]라고 하였다.

　삼효는 내괘의 끝이다. 내괘는 의식을 통하여 밖의 대상과 소통하여 하나가 되는 감응을 나타낸다. 그렇기 때문에 내괘의 끝을 나타내는 삼효三爻는 의식에 의한 감응의 극단을 나타내는 동시에 의식에 의한 감응을 넘어서 마음에 의하여 하나가 되는 변화가 시작되는 시위를 나타낸다.

　의식의 분별 가운데서 가장 강력한 것은 육체가 갖는 본능에 의하여 이루어진다. 식욕食慾, 색욕色慾, 수면욕睡眠欲, 명예욕名譽慾, 재물욕財物慾이 모두 육신을 자신으로 여기고 남과 다른 자신이 있다고 여기는 분별 의식에 의하여 나타난다.

　삼효에서는 육신 가운데서 가장 끝부분인 대퇴부를 통하여 감응을 나타내고 있다. 이 부분은 사람이 육신의 본능에 의하여 서로 감응하여 하나가 될 수 있는 성적性的인 기관이 집약되어 있는 곳이다. 그렇기 때문에 내괘의 끝인 삼효에서 대퇴부를 언급하고 있다. 그러면 생리적으로 남녀가 감응을 해야 또 다른 생명이 탄생하게 되는데 감응을 하지 말라는 것인가?

　오늘날의 많은 사람들이 남녀의 감응을 마음과 몸이 하나가 된 상태에서 하는 것이 아니라 오로지 육신의 쾌락을 위하여 본능에 따라서 감

250　『주역周易』 택산함괘澤山咸卦 육이六二 소상小象, "象曰, 雖凶居吉, 順不害也."

응을 한다. 그것은 우리의 삶이 마음과 몸이 하나가 되어 이루어지는 것이 아니라 오로지 육신의 속성인 본능을 충족시키기 위하여 이루어짐이 그릇된 것임을 육신의 감응에 비유하여 나타낸 것이다. 그러면 왜 육신의 본능에 의하여 살아가는 삶을 그릇되었다고 하는가?

육신은 마음에 의하여 움직이고, 마음은 본성의 작용이다. 본성은 마음의 깊은 곳에서 발견되는 내 안의 나이자 참 나이다. 그것은 참 나이자 내 안의 나인 본성이 마음으로 드러나고, 마음은 육신으로 드러남을 뜻한다. 그럼에도 불구하고 일상의 사람들은 표면의 나로서의 육신을 자신으로 여기고 의식에 의하여 나와 남을 구분하여 살아간다.

의식에 의하여 살아가면 육신의 노예가 된다. 그것은 마약과 같은 약물에 중독이 되었을 때 자유의지를 잃어버리고 자신의 삶을 통제할 수 없는 것처럼 육신을 자신으로 여기고 의식에 의하여 살아가면 재력, 권력, 지력과 같은 힘의 노예가 되어 언제나 힘을 추구하는 불행한 삶을 살게 됨을 뜻한다. 그렇기 때문에 삼효의 효사에서는 "대퇴부에 감응함이니 그 상대방을 따름에 집착한다. (이러한 감응을) 계속하면 인색吝嗇하다."[251]고 하였다.

소상에서는 "넓적다리에 감응함도 또한 처해서는 안 된다. 뜻이 다른 사람을 따름에 있으니 아래에 집착하는 것이다."[252]라고 하여 본능에 따르기 때문에 그릇된 감응이라고 하였다. 그러면 진정한 감응은 무엇인가?

그것은 마음과 마음이 하나가 되어 마음이 육신을 통하여 드러나는 감응이다. 그렇기 때문에 외괘의 초효인 사효에서 비로소 마음과 마음이 서로 소통하여 하나가 되어 이루어지는 감응에 대하여 말하고 있다.

---

251 『주역周易』 택산함괘澤山咸卦 구삼九三 효사爻辭, "九三, 咸其股, 執其隨, 往吝."
252 『주역周易』 택산함괘澤山咸卦 구삼九三 소상小象, "象曰 咸其股, 亦不處也, 志在隨人, 所執下也."

사효의 효사에서는 "바르고 길하여 후회함이 없다. 서로 그리워하고 그리워하여 왕래하면 벗이 너의 생각을 따를 것이다."[253]라고 하였다. 처음에는 서로의 마음을 알지 못하여 서로 그리워하면서 왕래를 하다 보면 서로의 마음이 점차 가까워져서 하나가 될 것임을 나타내고 있다. 그러면 동동왕래憧憧往來하는 너와 나는 어떤 존재인가?

주역과 십익에서는 물건적 관점에서 나와 남을 구분하고, 나와 세계를 나타내며, 나와 사물을 구분하여 나타낸다. 그렇기 때문에 나와 남이 모여서 형성된 가정 사회와 국가 사회 그리고 국가와 국가가 모여서 형성된 천하를 제시하고 있다.

그러나 지금 여기의 나의 측면에서는 너와 나는 내면의 나, 내 안의 나와 표면의 나를 나타낸다고 할 수 있다. 그렇기 때문에 동동왕래는 내면의 나, 내 안의 나와 표면의 내가 본래 둘이 아니기 때문에 서로 작용함을 나타낸다.

다만 본래 둘이 아님에도 불구하고 하나가 되어 작용하지 못하고 서로 그리워하기 때문에 아직은 완전한 소통이라고 할 수 없다. 소상에서는 "바르고 길吉하여 후회가 없음은 감응에 의하여 해가 되지 않음을 뜻하고, 그리워하고 그리워하여 왕래함은 아직은 광대하지 않음이다."[254]고 하였다.

마음과 마음이 서로 통하여 하나가 되면 비로소 한마음이 되어 몸이 저절로 감응하게 된다. 그것은 내 안에 깊숙이 있는 본성을 주체로 하면 마음과 몸이 하나가 되어 삶이 이루어지기 때문에 살아도 삶이 없

---

253 『주역周易』 택산함괘澤山咸卦 구사九四 효사爻辭, "九四, 貞吉, 悔亡, 憧憧往來, 朋從爾思."
254 『주역周易』 택산함괘澤山咸卦 구사九四 소상小象, "象曰, 貞吉悔亡, 未感害也, 憧憧往來, 未光大也."

고, 죽어도 죽음이 없어서 육신을 통하여 일어나는 어떤 현상에도 얽매임이 없이 자유로울 뿐만 아니라 마음을 통하여 일어나는 모든 현상에도 역시 얽매이지 않아서 자유로움을 뜻한다.

오효의 효사에서는 내 안의 나인 본성을 주체로 하여 살아감으로써 마음과 몸이 하나가 되어 감응함을 나타낸다. 오효의 효사에서는 "등심에 감응함이니 후회함이 없다."[255]고 하였다. 등심은 몸의 전면이 아니라 후면이기 때문에 감응의 정도가 낮다.

그것은 우리가 본성을 주체로 하였을 때 마음이 사지에 퍼져 온몸에 가득하여 몸과 마음이 하나가 된 상태에서 감응이 이루어짐을 뜻한다. 그렇기 때문에 소상에서는 "등심에 감응함은 뜻의 지말支末이다."[256]라고 하여 지말까지 모두 하나가 되었음을 나타낸다.

상효는 몸과 마음이 하나가 되어 이루어지는 감응일지라도 감응에 머물지 않아야 함을 나타낸다. 그것은 내 안의 나와 하나가 되어 심신心身이 둘이 아니게 작용할 뿐만 아니라 천지의 만물과 감응할지라도 감응함이 없기 때문에 감응했다고 할 수 없음을 뜻한다.

감응은 몸과 마음이 본래 둘이 아니기 때문에 하나가 되어도 하나가 됨이 없다. 그리고 내 안의 나인 본성도 고정되지 않아서 있다고 할 수 없지만 없지는 않아서 끊임없이 몸과 마음을 통하여 자신을 드러낸다. 따라서 심신이 하나가 되어 이루어지는 인위적인 감응이라는 실체적 사건이 있다고 할 수 없다.

상효의 효사에서는 "광대뼈, 뺨, 혀에 감응한다."[257]고 하였다. 우리가 본성이 주체가 되어 이루어지는 감응의 측면에서 보면 온몸의 어떤 부

---

255 『주역周易』 택산함괘澤山咸卦 구오九五 효사爻辭, "九五, 咸其脢, 无悔."
256 『주역周易』 택산함괘澤山咸卦 구오九五 소상小象, "象曰, 咸其脢, 志末也."
257 『주역周易』 택산함괘澤山咸卦 상육上六 효사爻辭, "上六, 咸其輔頰舌."

분과 감응하더라도 잘못이 없다. 다만 상효의 시위時位는 감응이라는 것 자체에도 집착함이 없는 세계를 나타낸다.

그럼에도 불구하고 새삼스럽게 본성을 주체로 한 감응, 몸과 마음이 하나가 된 감응을 생각하고, 언급하며, 스스로 그러한 감응을 한다고 여기면 그것은 여전히 감응에 구속된 것이다. 소상에서는 "광대뼈, 뺨, 혀에 감응함은 구설수에 오름이다."[258]라고 하여 비록 감응하였을지라도 그것에 집착하지 말아야 함을 나타내고 있다.

2. 뇌풍항괘와 성명합일

내 안의 나, 참 나인 본성은 움직임이 없어서 고요하지만 항상 그대로 있는 것이 아니라 인연에 따라서 작용을 한다. 그것은 내면의 나인 성性과 표면의 나인 명命이 합일이 되었을 때 내 안의 나가 현상의 다양한 나로 드러남을 뜻한다.

뇌풍항괘는 성명합일이 된 상태에서 이루어지는 내 안의 나가 인연에 따라서 표층의 나로 다양하게 드러남을 나타내고 있다. 내 안의 내가 고요하여 움직임이 없음은 손괘巽卦에 의하여 나타내고, 고요하면서도 인연에 따라서 다양하게 드러남은 진괘震卦에 의하여 나타낸다.

진괘는 움직임을 나타내고, 손괘는 들어감 곧 고요함을 나타낸다. 이처럼 고요함과 움직임 곧 동정動靜을 머금고 있으면서도 동정을 넘어서 있음을 나타내기 위하여 괘卦의 이름을 항恒으로 나타내었다.

항괘恒卦는 고요함과 움직임 곧 동정의 어느 일면이 항상함을 나타

---

258 『주역周易』 택산함괘澤山咸卦 상육上六 소상小象, "象曰 咸其輔頰舌, 滕口說也."

내는 것이 아니라 동정을 넘어서 있으면서도 동정을 벗어나지 않아서 동정으로 드러남을 나타낸다.

항괘가 나타내는 지금 여기의 나는 동정에 여일如一하며, 성명의 분생分生과 합일合一을 넘어서 여여如如하다. 그러면 괘사에서는 항괘를 어떻게 설명하고 있는가?

항괘恒卦의 괘사卦辭에서는 "항괘는 형통하여 허물이 없으며, 이롭고 바르기 때문에 가야 할 길이 있음이 이롭다."[259]고 하였다. 내 안의 나인 성性과 표면의 나인 물리적 생명으로서의 명命이 하나가 된 상태가 항이기 때문에 형통하여 허물이 없고, 이롭고 바르다.

그러나 항괘恒卦의 항恒은 동정의 어느 일면에 머무는 것을 나타내지 않는다. 그렇기 때문에 내 안의 나에 머물지 않고 끊임없이 새로운 나로 드러남이 중요하다. 이를 "가야 할 길을 가는 것이 이롭다."고 하였다.

단사彖辭에서는 괘사卦辭에 대하여 천지, 일월, 사시, 성인의 천하화성天下化成을 중심으로 다음과 같이 설명하고 있다.

> 항恒은 영구함을 뜻한다. 강剛이 위에 있고, 유柔가 아래에 있어서 우레와 바람이 서로 함께하여 바람으로 움직여서 강유剛柔가 모두 응한다. 괘사의 "항형무구이정恒亨无咎利貞"은 그 도가 항구함을 나타낸다. 천지의 도는 항구하여 그침이 없다. "이유유왕利有攸往"은 마친 즉 시작함이 있음을 나타낸다. 일월이 하늘을 얻어서 능히 영원히 비추며, 사시가 변화하여 능히 항구함이 이루어지고, 성인이 그 도에 항구하여 천하를 화성한다. 그 항구한

---

259 『주역周易』 뇌풍항괘雷風恒卦 괘사卦辭, "恒, 亨, 无咎, 利貞, 利有攸往."

바를 보면 천지와 만물의 실정을 볼 수 있다.[260]

항괘가 나타내고 있는 시공을 초월한 영원한 본성은 천지와 만물의 변화로 드러나기 때문에 천지와 만물의 변화 현상의 이면에 있는 부동不動하여 항구한 본성, 도를 통하여 천지, 만물의 실정實情을 알 수 있다.

천지의 도가 천지, 사시, 만물의 변화 현상으로 드러나고, 성인에 의하여 천하의 화성化成으로 드러난다. 그렇기 때문에 대인의 삶에 뜻을 두고 살아가는 군자는 항괘를 통하여 변화하지 않는 세계를 세운다.[261]

불역방不易方은 공간적인 부동의 세계를 나타내는 것이 아니라 온 우주의 모든 존재를 이롭게 하는 삶을 나타낸다. 따라서 불역방을 세움은 온 우주의 모든 존재를 이롭게 하는 삶을 살고자 하는 뜻을 세우는 입지立志를 나타낸다. 그러면 육효六爻의 효사爻辭에서는 항괘의 내용을 어떻게 설명하고 있는가?

내 안의 나와 표면의 나를 나타내는 성명性命은 본래 둘이 아니다. 그러나 태어나면서부터 내 안의 나와 하나가 되어 살아가는 사람은 없다. 그렇기 때문에 역방향의 자성성찰, 자기계발이 필요하다.

중괘가 나타내는 성명합일의 시초를 나타내는 초효의 효사에서는 "깊은 항恒으로 바르더라도 흉凶하여 이로울 것이 없다."[262]고 하였다. 사람이 본성, 도를 근거로 살아가고자 뜻을 갖지만 어린아이가 태어나면서부터 달려 다닐 수 없듯이 처음부터 세상을 경영할 수 없다. 왜냐하

---

260 『주역周易』 뇌풍항괘雷風恒卦 단사彖辭, "彖曰, 恒久也, 剛上而柔下, 雷風相與, 巽而動, 剛柔皆應, 恒恒亨无咎利貞, 久於其道也. 天地之道, 恒久而不已也. 利有攸往, 終則有始也. 日月得天而能久照, 四時變化而能久成, 聖人久於其道而天下化成, 觀其所恒, 而天地萬物之情可見矣."

261 『주역周易』 뇌풍항괘雷風恒卦 대상大象, "象曰, 雷風, 恒, 君子以立不易方."

262 『주역周易』 뇌풍항괘雷風恒卦 초육初六 효사爻辭, "初六, 浚恒, 貞凶, 无攸利."

면 "시작함에 깊음을 구하기 때문이다."[263] 그러면 어떻게 해야 하는가?

초효에서는 내 안의 나를 발견하여 내 안의 나로 살아가고자 하는 뜻을 세운 상태이다. 따라서 내 안의 나와 표면의 나가 본래 하나임에도 둘로 살아가는 상태가 초효이다.

순방향에서는 내 안의 내가 표면의 나를 통하여 입지立志라는 사태로 작용하였음을 뜻한다. 비록 입지가 이루어졌을지라도 내 안의 나 아닌 나가 주체가 되지 못하고 의식이 중심이 되어 살아간다. 따라서 의식을 내 안의 나로 뭉쳐서 하나가 되는 합일合一이 필요하다.

이효에서 삼효를 거쳐서 사효에 이르는 과정은 의식으로 하여금 마음과 하나가 되는 과정 곧 일심一心을 이루는 과정이다. 이효는 세운 뜻에 의하여 비로소 내 안의 나가 발현發現됨을 나타낸다. 그것은 초효에서 잉태한 어린아이가 이효에서 출생한 것과 같다.

이효의 효사에서는 "후회함이 없다."[264]고 하였다. 후회함이 없음은 굳은 믿음을 바탕으로 뜻을 이루고자 노력하기 때문이다. 그것은 오로지 내 안의 나를 향하여 마음을 집중執中함을 뜻한다. 소상小象에서는 "후회가 없음은 능히 항구하여 변화함이 없는 중심을 세웠기 때문이다."[265]라고 하였다.

이효에서 출생한 어린아이를 기르는 과정이 삼효이다. 어린아이가 비록 어른과 같은 모든 능력을 가졌지만 아직은 어른처럼 능력을 사용할 수 있는 것은 아니다. 그렇기 때문에 성장하는 과정에서 온갖 어려움을 극복해야 한다.

내괘의 끝인 삼효三爻에서는 "그 덕을 항상하게 하지 않으면 혹 수치

---

263 『주역周易』 뇌풍항괘雷風恒卦 초육初六 소상小象, "象曰, 浚恒之凶, 始求深也."
264 『주역周易』 뇌풍항괘雷風恒卦 구이九二 효사爻辭, "九二, 悔亡."
265 『주역周易』 뇌풍항괘雷風恒卦 구이九二 소상小象, "象曰, 九二悔亡, 能久中也."

를 입을 수 있다. 바르더라도 인색吝嗇하다."[266]라고 하였다. 삼효가 내괘라는 것은 아직은 내 안의 내가 주체가 되어 살아가지 못하고 여전히 의식으로 살아감을 뜻한다. 비록 이효에서 이미 내 안의 내가 발현發現하였지만 여전히 어린아이와 같기 때문에 성장의 과정을 거쳐야 비로소 주체가 될 수 있다.

내괘의 끝인 삼효는 의식이 주체가 되어 이루어지는 소인의 삶이 극단에 이르러서 종말을 맞는 때이다. 이처럼 극단에 이른 의식이 주체가 된 삶은 외괘의 시작인 사효에 이르러서는 내 안의 내가 주체가 되어 이루어지는 삶의 시작을 나타낸다. 따라서 삼효와 사효는 소인의 삶이 끝나고, 대인의 삶이 시작되는 종시변화를 나타낸다.

성명합일의 관점에서 삼효는 내 안의 나와 더불어 의식이 극단적으로 활동하는 시위이다. 그렇기 때문에 삼효에서 믿음이 흔들릴 수 있는 온갖 어려움이 가장 많이 나타난다. 따라서 삼효의 시위에서 흔들림이 없는 강한 믿음이 필요하다.

군자가 대인의 삶을 살겠다는 변함이 없는 뜻을 세우고 실천하는 과정에서 겪는 온갖 어려움은 오로지 내면의 나 아닌 나에 의하여 해결될 수 있다.

군자가 비록 입지立志를 하였지만 오랫동안 육신을 자신으로 여기고, 육신의 기능인 의식을 자신의 마음으로 여기면서 살아왔기 때문에 그동안 쌓인 습관을 한꺼번에 버리기가 어렵다.

내 안의 나와 하나가 되는 과정은 마치 배를 타고 물을 거슬러 올라갈 때 변함없이 노를 저어야 하는 것과 같아서 항상 뜻이 변함이 없어야

---

266 『주역周易』 뇌풍항괘雷風恒卦 구삼九三 효사爻辭, "九三, 不恒其德, 或承之羞, 貞吝."

한다. 왜냐하면 한 번 세운 뜻이 흔들리면 용납될 수 없기 때문이다.[267]

이효에서 탄생한 어린아이가 삼효에서 소년으로 자라고, 사효에 이르면 청년으로 성장한다. 그렇기 때문에 사효에서는 사회의 구성원으로서의 어른의 역할을 스스로 시험하기 시작한다.

사효四爻의 효사에서는 "사냥을 나갔으나 새가 없다."[268]고 하였다. 우리는 여기서 사냥과 짐승이 무엇을 상징하는지를 파악하는 것이 필요하다.

외괘의 시작을 나타내는 사효는 표면의 나인 의식을 주체로 살아가던 삶을 버리고 내 안의 나를 주체로 살아가는 삶이 시작되었음을 나타내는 동시에 개체적인 내가 없기 때문에 사회 안에서 모든 존재와 함께 살아가는 삶을 시작함을 나타낸다. 따라서 사냥과 짐승은 사회적 삶과 관련하여 이해하는 것이 타당하다.

사냥은 육신이 나이며, 의식이 나라는 견해를 버리고 내 안의 나를 주체로 살아가는 삶을 나타낸다. 남이라는 또 다른 나와 함께 살아감을 사냥을 통하여 상징적으로 나타낸 것이다. 다만 짐승이 없다는 것은 아직은 함께 살아갈 수 있는 역량이 드러나지 않음을 뜻한다.

사효의 시위時位에 처한 군자는 천하를 도道로 제도濟度하는 삶을 살아가기에는 역량이 부족하다. 그것은 사효의 군자가 비록 내 안의 나와 하나가 되어 살아가고자 힘을 쓰지만 아직은 완전하게 하나가 되어 살아가지 못함을 뜻한다.

내 안의 나와 표면의 내가 하나가 되어 내 자신으로 살아감을 나타내는 효는 오효이다. 오효의 효사에서는 "그 덕이 항상하니 바르다. 부인

---

267 『주역周易』 뇌풍항괘雷風恒卦 구삼九三 소상小象, "象曰, 不恒其德, 无所容也."
268 『주역周易』 뇌풍항괘雷風恒卦 구사九四 효사爻辭, "九四, 田无禽."

을 길吉하고, 부자는 흉凶하다."²⁶⁹고 하였다. 이미 내 안의 나, 참 나인 본성과 하나가 되었기 때문에 온 세상의 모든 존재와 더불어 살아가야 한다.

효사에서 부인婦人이 길하고 부자夫子가 흉하다는 것은 오효五爻의 시위時位가 양위陽位임에도 불구하고 음효陰爻가 놓여 있기 때문이다.

부자夫子는 내 안의 나와 하나가 되어 사회적 역할인 천명天命을 실천함을 나타내며, 부인은 여전히 내 안의 나와 하나가 되어 그 자리에 안주하고 있음을 나타낸다.

소상小象에서는 "부인은 바름이 길하니 하나를 쫓아서 마치기 때문이다. 부자는 의義를 따라서 실천해야 함에도 불구하고 아내를 따름은 흉하다."²⁷⁰고 하였다. 이는 오효의 시위가 문물제도를 제정하여 천하를 제도하는 삶을 살아야 할 때를 나타내는 양효陽爻의 시위時位임에도 불구하고 여전히 내면의 나와 하나가 됨에 힘쓰고 있음을 뜻한다.

그런데 군자가 내 안의 나와 하나가 되어 살아가지만 본래의 나이기 때문에 다른 내가 아닐 뿐만 아니라 온 세상의 모든 존재가 나와 둘이 아니기 때문에 함께 살아도 함께 살아감이 없다.

그럼에도 불구하고 만약 군자가 자신이 천하를 제도한다고 생각하거나 자신의 삶을 남과 다른 삶이라고 내세우면 안 된다. 왜냐하면 내 안의 나의 관점에서 보면 온 세상에 모든 존재와 내가 둘이 아니기 때문에 남과 다른 나, 세계와 다른 내가 없기 때문이다. 내가 없기 때문에 천하를 제도하는 나의 삶이 있을 수 없다.

---

269 『주역周易』 뇌풍항괘雷風恒卦 육오六五 효사爻辭, "六五, 恒其德, 貞, 婦人吉, 夫子凶."

270 『주역周易』 뇌풍항괘雷風恒卦 육오六五 소상小象, "象曰, 婦人貞吉, 從一而終也, 夫子制義, 從婦凶也."

온 세상과 더불어 살아가는 삶에도 머물지 않아야 함을 나타내는 것이 상효이다. 상효의 효사에서는 "항을 떨침이니 흉凶하다."[271]고 하였다. 진항振恒은 군자가 스스로 여여如如하여 부동不動한 중심을 잡고 영원한 삶을 산다는 생각을 가짐을 뜻한다. 따라서 진항은 흉하지 않을 수 없다.

소상에서는 "진항振恒으로 위에 있으면 전혀 공功이 없다."[272]고 하였다. 상효는 내 안의 나와 하나가 되어 시공에서 수많은 다양한 나로 살아감으로써 공체, 공심으로 공식, 공용하고 공생하는 삶을 살아가야 할 시위이다. 그럼에도 불구하고 군자가 내 안의 나, 참 나가 영원하기 때문에 자신이 영원한 삶을 살아간다고 여기거나 천하를 제도하는 자신이 있고, 자신이 천하를 제도한다는 마음을 가지면 아무리 천하를 제도하여도 그 공이 하나도 없다.

3. 도역생성과 성명합일

우리는 앞에서 항괘와 함괘를 통하여 성명합일이 이루어짐으로써 나타나는 심신합일에 대하여 살펴보았다. 양자의 관계를 살펴보면 심신합일을 통하여 성명합일이 이루어진다고 할 수도 있고, 그와 반대로 성명합일의 결과가 심신합일로 나타난다고 할 수도 있다. 그러면 심신합일과 성명합일은 어떤 관계인가?

우리는 자신을 성과 명, 심과 신이라는 이것과 저것으로 구분하여 이

---

271 『주역周易』 뇌풍항괘雷風恒卦 상육上六 효사爻辭, "上六, 振恒, 凶."
272 『주역周易』 뇌풍항괘雷風恒卦 상육上六 소상小象, "象曰, 振恒在上, 大无功也."

해하는 것이 어떤 의미를 가지며, 어떤 문제가 있는가를 돌아보지 않을 수 없다. 그것은 양자의 관계를 파악하는 문제는 양자의 문제가 아니라 양자를 구분하여 보는 우리 자신의 관점의 문제임을 뜻한다.

우리가 물건적 관점에서 자신을 이해하면 실체적인 나를 대상으로 이것과 저것으로 분석하여 양자의 관계를 나타내는 방법을 통하여 인간을 나타낸다. 그것이 바로 주역과 십익에서 취하고 있는 인간을 이치로 해부하는 이해理解와 이치와 이치의 관계를 나타내는 설명說明의 방법이다.

우리가 물건적 관점에서 자신을 이해하면 본성과 육신이라는 둘로 구분하여 나타낼 수 있다. 이때 본성과 육신은 형이상적 존재와 형이하적 존재이기 때문에 양자의 존재 특성이 서로 다르다. 따라서 양자를 하나의 범주를 통하여 나타낼 수 없다.

만약 형이상의 관점에서 인간을 나타내면 본성은 있지만 육신은 없고, 형이하의 관점에서 인간을 나타내면 육신은 있지만 본성은 없다. 그리고 마음의 관점에서 인간을 나타내면 있음[육신]과 없음[본성]을 넘어서면서도 양자를 벗어나지 않는다. 그것은 유有와 무無의 양자를 포괄하고 있는 것이 인간임을 뜻한다. 그러면 심신합일과 성명합일은 어떤 문제인가?

만약 마음과 몸을 둘로 보면 몸과 마음을 합하여 하나로 하는 것은 어떤 것인가의 문제가 발생한다. 이때 몸과 마음이 하나인 차원은 본성밖에 없다. 그러므로 본성의 차원에서 심신이 하나임을 나타낸 것이나. 그러면 성명합일과 심신합일은 어떤 관계인가?

본래 몸과 마음이 하나라면 본성과 육신의 물리적 생명 역시 하나이다. 왜냐하면 본성과 마음이 둘이 아니기 때문이다. 그러면 왜 심신합일을 논하고, 성명합일을 논하는가?

우리는 본성의 차원과 육신의 차원의 두 차원에서 양자를 살펴볼 필요가 있다. 본성의 차원에서 보면 본성이 그대로 육신으로 드러나기 때문에 성과 명은 둘이 아니다. 그리고 마음과 육신 역시 둘이 아니다.

그러나 육신의 차원에서 출발하면 육신과 마음이 하나가 아닐 뿐만 아니라 물리적 생명과 형이상의 본성 역시 하나가 아니다. 그렇기 때문에 성명의 합일이 필요하고, 심신의 합일이 필요하다.

그런데 본성이 마음으로 작용하여 육신으로 나타나는 순順방향에서는 양자의 합일이 이미 이루어진 사태이지만 육신에서 출발하여 마음을 찾고, 마음에서 출발하여 본성을 찾는 역逆방향에서 보면 양자는 모두 장차 이루어야 할 합일合一이다. 그러면 양자는 둘인가 하나인가?

우리는 여기서 성명합일과 심신합일의 관계를 이해하기 위하여 순과 역의 두 방향에서 인간을 이해하는 것이 필요함을 알 수 있다. 그것은 순역의 측면에서 보면 순역이 합일된 상태에서 양자의 관계를 살펴보는 것이 필요함을 의미하는 동시에 순역으로 구분하여 나타내기 이전의 관점에서 보면 양자의 구분이 없는 차원에서 양자를 이해하는 것이 필요함을 뜻한다. 그러면 순역이 합일된 세계, 순역이 하나여서 순역의 구분이 없는 상태에서 양자를 이해함은 무엇인가?

그것은 물건적 관점에서 순과 역을 구분하여, 두 방향에서 인간을 이해하여 이것과 저것으로 나누고, 다시 양자의 관계를 통하여 자신을 이해하는 주역과 십익의 방법과 달리 사건적 관점에서 시작과 끝으로 드러나는 사건事件의 관점에서 인간을 이해하는 방법이다.

그런데 사건도 역시 물건과 같이 형이하적 차원이다. 그렇기 때문에 형이상과 형이하의 두 측면을 갖고 있는 인간을 나타내기 위해서는 양자의 관계를 시간성을 중심으로 그것이 시간으로 화化하여 물건으로 드러나는 변화의 관점에서 이해하는 것이 필요하다.

시간성을 중심으로 한 인간과 세계의 이해는 한국사상의 특성이다. 한국사상의 특성을 역학의 이론체계를 통하여 잘 드러내고 있는 정역에서는 도역을 통하여 세계를 생성으로 나타낸다. 그것은 정역에서 형이상의 도, 본성과 형이하의 기, 생명이 모두 하나의 생성이라는 끊임없는 변화의 사태로 표현되고 있음을 뜻한다.

시간성을 나타내는 반고盤古의 도역생성은 사건으로 화하여 물건으로 나타나는 도생역성과 물건으로 나타났다가 다시 사건으로 돌아가서 시간성과 하나가 되어 사라지는 역생도성이다.

도역생성의 관점에서 보면 나타났다가 사라지고 다시 새롭게 나타나는 사건을 고정화하여 이것과 저것이라는 물건적 존재로 나타낸 것이 바로 인간이라는 개념이다. 그러면 인간이란 무엇인가?

인간이라는 개념은 고정된 하나의 의미를 담은 것이 아니라 때와 장소에 따라서 다양한 의미로 드러난다. 인간은 매 순간 다양한 의미로 드러나는 측면에서는 항상 창조되고, 매 순간 새롭게 사용되는 측면에서는 항상 진화된다.

인간을 본성과 육신[생명]으로 나누어서 물건화하여 나타내기 때문에 본성과 육신이 하나인가, 둘인가의 문제가 발생하고, 합일合—이 이미 이루어진 과거적 사건인가 아니면 장차 이루어야 할 미래적 사건인가의 문제가 발생한다.

그럼에도 불구하고 오랜 세월 동안 물건적 관점에서 이것과 저것을 구분하고, 다시 시비, 선악과 같은 수많은 가치를 부여하고 서로 나른 존재로 대하면서 살아왔기 때문에 언어와 문자가 가리키는 대상이 실재한다는 착각 속에서 살아간다. 그러면 이 문제를 어떻게 해결하는가?

어느 순간 언어와 문자 그리고 언어와 문자를 통하여 드러나는 세계가 마음이 투영된 세계일 뿐임을 알아차리는 것이 필요하다. 왜냐하면 모든 문제는 언어와 문자를 사용하는 마음의 문제일 뿐으로 언어와 문자 그리고 언어와 문자를 통하여 구성한 이론체계나 언어와 문자를 통하여 나타낸 세계의 문제가 아니기 때문이다. 그러면 본래 마음 자체가 문제를 안고 있는가?

그렇지 않다. 마음은 본래 아무런 문제가 없다. 그 어떤 것에도 걸림이 없이 자유롭게 사용하는 것이 마음이다. 마음은 마음대로 사용하는 것이기 때문에 마음이라고 말한다. 따라서 마음을 어떻게 사용하느냐의 용심법用心法이 중요하다. 그러면 도역생성은 무엇인가?

마음은 시간성이라는 개념이 나타내듯이 함이 없이 자연스럽게 변하여 시간으로 화하고, 물건으로 나타난다. 그리고 다시 시간으로 돌아가서 시간성과 하나가 되어 사라진다. 이처럼 마음은 아무리 사용하여도 사용함이 없다.

마음은 고정되지 않아서 어떤 것이라고 규정할 수 없지만 그 가운데서 수많은 사물이 나투기 때문에 도생역성이라고 말하며, 나타난 사물은 매 순간 사라지기 때문에 나타나도 나타남이 없음을 나타내어 역생도성이라고 한다.

그리고 도역생성이 둘이 아님을 나타내어 한마음이라고 한다. 한마음은 고정되지 않는 측면에서는 무심이지만 매 순간 다양하게 나투는 측면에서는 일심이고, 나툰 현상의 측면에서는 공심이다.

무심의 차원에서 한 생각을 일으켜서 여러 마음으로 나타나지만 그 마음은 일심의 다양한 드러남으로서의 공심이다. 그렇기 때문에 공심은 그대로 일심이면서 무심이다. 이처럼 공심, 일심, 무심이 둘이 아님을 나타내는 개념이 한마음이다.

한마음의 나툼의 측면에서 보면 의식을 벗어나서 마음에 이르고, 다시 마음을 내기 이전의 본성이라는 내 안의 나에 이르러서 본래 일체임을 확인하는 성명합일을 통하여 천인합일을 이룬다고 말하지만 그것은 모두 한마음으로의 회향이자 역생도성일 뿐이다.

　인간과 세계는 본래 둘이 아닐 뿐만 아니라 본성과 물리적 생명도 둘이 아니고, 마음과 육신도 둘이 아니기 때문에 합일이라는 것도 필요하지 않다. 그러면 회향의 과정으로서의 수기, 수도가 아무런 의미가 없는가?

　만약 마음을 자유롭게 쓰는 과정을 반복하여 익히지 않으면 자유롭게 살아가지 못한다. 그렇기 때문에 성명합일을 통하여 본래의 자신으로 돌아가는 과정이 필요하고, 심신합일을 통하여 본래의 자신으로 살아가는 과정이 필요하다.

　내 안의 참 나인 형이상의 본성과 표면의 나인 형이하의 물리적 생명 역시 고정되지 않는다. 그것은 성과 명의 관계를 통해서도 확인할 수 있다.

　성명의 명命은 물리적 생명이라는 형이하적 의미를 중심으로 이해할 수도 있지만 미래적 이상理想의 내용인 역사적 사명, 인류사적 사명, 사회적 사명으로 이해할 수도 있다.

　형이상적 측면에서 인류사적 사명, 우주적 사명을 위하여 본성이 주어졌다고 할 수 있다. 그것은 본성에 의하여 물리적 생명 현상이 나타남을 뜻한다.

　역방향에서 보면 물리적 생명현상을 출발점으로 삼아서 형이상적인 본성에 도달하지만 순방향에서 보면 본성에서 출발하여 생명현상에 도달하기 때문에 생명현상도 형이상적 차원이 되어 미래적 이상으로서의 우주적 사명인 천명天命이 된다. 따라서 양자는 별개의 것이 아니라 마음에 따라서 다양한 관점에서 자신을 나타내고, 삶을 나타낼 수 있음을 뜻한다. 시간성의 도역생성과 어떤 관계인가?

한국사상에서 밝히고 있는 시간성의 도역생성은 영원한 현재를 나타낸다. 시간성의 현현으로서의 시간은 영원한 현재이다. 영원한 현재의 관점에서 보면 모든 사건은 찰나에 일어났다가 찰나에 사라진다.

지금 여기의 나도 고정되지 않아서 매 순간 다양한 사태, 사건으로 나타났다가 사라질 뿐이다. 따라서 지금이라는 시간이나 여기라는 공간 그리고 시공 가운데 살아가는 나라는 고정된 물건적 존재는 없다.

남과 구분되는 내가 없고, 나와 다른 세계가 없기 때문에 나의 삶이 없다. 단지 방편상 개념화하여 나타낸 세계는 끊임없이 나타났다가 사라지는 사건의 흐름, 변화의 연속일 뿐이다. 그것이 현상 세계를 나타내는 도역의 생성이라는 개념이 나타내는 내용이다.

그러나 삶은 함께 살아가기 때문에 모든 사람의 이로움을 위하여 병편상 세계와 인간을 구분하고, 다시 세계를 시간과 공간으로 나누며, 인간을 다시 나와 남으로 나누고, 산 자와 죽은 자로 나누어서 나타낼 뿐이다.

우리가 본연의 삶을 살아가기 위해서는 어떤 개념에도 얽매이지 말고 자유롭게 사용하며, 어떤 마음에도 얽매이지 말고 자유롭게 쓰면 된다. 우리의 삶도 항상 변화하여 고정되지 않는다. 그리고 우리 자신도 고정되지 않아서 변화한다. 그렇기 때문에 우리 스스로 자신을 육신이라고 한정시킬 필요도 없고, 본성이라고 한정시킬 필요도 없으며, 마음이라고 한정시킬 필요도 없다. 그러면 의식과 마음은 어떻게 다른가?

우리는 인간과 세계를 이것과 저것으로 구분하여 서로 다른 언어로 나타낸다. 이것과 저것을 구분하여 고정화하고, 실체화하여 가치를 부여하고 집착하는 것은 마음이 아니라 의식이다. 의식은 육신의 기능이라

는 점에서 의식을 통하여 살아가는 삶은 육신에 얽매여 있는 삶이다.[273]

우리가 의식을 마음으로 여기거나 본성의 작용으로서의 마음을 마음으로 여기거나를 막론하고 모두 마음의 문제이다. 그렇기 때문에 우리가 스스로 우리의 마음을 계발하여 사는 것이 곧 우리의 삶을 계발하는 것이고, 우리의 삶을 계발하는 것이 그대로 우리의 세계를 계발하는 것이다. 그러면 자연을 대상으로 하는 과학과 기술을 버리자는 것인가?

그렇지 않다. 오히려 의식에 의하여 과학을 하지 말고, 본성을 주체로 하여 이루어지는 마음에 의하여 과학을 연구하고 기술을 개발하자는 것이다. 그것은 우리가 일상적으로 생각하는 의식 곧 이성理性에 의한 것이 아니라 본성과 마음에 의하여 이루어지기 때문에 심성과학이라고 할 수 있다.

문학과 예술도 마찬가지이다. 공자는 논어論語에서 문학文學으로서의 시詩와 인문학, 인도의 차원에서의 시경詩經이 어떻게 다른지를 나타내고 있다.

우리가 육신을 중심으로 개체적 존재가 갖는 특수한 상황 곧 어느 때 어느 곳에서 어느 사람에게 일어나는 특별한 감정을 나타내는 것을 시라는 문학이라고 말한다.

그러나 공자는 "생각함에 사특함이 없음"[274]을 나타내는 것을 시詩라고 하여 본성이 그대로 드러난 마음으로 이해할 때 비로소 시경의 차원이 드러남을 밝히고 있다. 우리는 문학 활동을 "글에 의하여 도道를 드

---

273 의식과 마음의 차이와 관계에 대하여는 이현중의 『한국사상과 인간성찰』, 지식과감성#, 2020을 참고하기 바란다.
274 『논어論語』 위정편爲政篇, "子曰 詩三百 一言以蔽之 曰思無邪."

러냄"[275]으로 이해한다. 그것은 모든 글의 내용이 도이기 때문에 도를 드러내는 수단이 문文임을 뜻한다.

우리는 여기서 흔히 발생하는 함정을 놓치지 말아야 한다. 그것은 공자가 문학작품으로서의 시를 도를 나타내는 도구로서의 시경의 관점에서 이해하고, 문文을 도道를 나타내는 수단으로 이해한다고 하여 그것이 모든 문학작품 그 자체가 그대로 도를 담고 있다고 말함을 뜻하지 않는다.

만약 모든 문학작품이 그대로 도를 드러냄이라면 굳이 우리가 수도를 하고, 수양修養을 하며, 영성靈性을 계발하고, 마음공부를 하여 깨달음을 얻거나 깨달음을 얻고 나서 다시 그것을 실천하고자 노력할 필요가 없다.

그러나 우리는 상식적으로 도를 깨달아서 사는 사람과 그렇지 못한 사람의 삶이 같다고 여기지 않고, 도를 깨달은 사람의 글과 말 그리고 행동이 깨닫지 못한 사람의 글과 말, 행동과 같지 않음을 안다.

비록 우리가 본래 성명합일性命合一의 존재이고, 천인합일天人合一의 삶을 살아가지만 성性과 명命을 구분하여 성명합일을 추구하고, 소인과 대인의 삶을 구분하여 소인의 삶을 버리고 수기, 수도를 통하여 다른 사람들을 행복하게 하고, 모든 사람들과 함께 행복한 삶을 살아가는 대인의 삶을 추구할 필요가 없는 것은 아니다.

우리는 여기서 마음을 쓰고, 몸을 움직여서 살아가는 삶과 삶의 한가운데 있는 우리 자신 그리고 삶의 환경인 세계를 대하는 우리의 안목을 바꾸어야 할 필요를 느낀다.

275　주돈이周敦頤, 『통서通書』, 문사文辭, "文所以載道也 輪轅飾而人弗用 徒飾也 況虛車乎 文辭 藝也 道德 實也 篤其實而藝者書之 美則愛 愛則傳焉 賢者得以學而致之 是爲敎 故曰言之無文 行之不遠"

우리가 만약 물건적 관점에서 의식을 통하여 세계를 보면 자신과 세계가 있고, 남과 다른 나의 삶이 있으며, 성과 명이 있어서 성명을 합일하여 천인합일의 삶을 추구해야 한다고 할 수 있다.

그러나 시간적 관점에서 사건을 통하여 우리 자신과 세계를 이해하고 우리의 삶을 이해하면 우리의 삶은 과학적이나 인문학적인 것만은 아니며, 그렇다고 하여 우리의 삶이 오로지 종교적이거나 정치적이고 사회적이지도 않다.

우리가 의식으로 분별하여 나타내는 삶의 모든 측면이 하나인 점에서 보면 여러 측면이 없지만 그렇다고 하여 고정됨이 없이 매 순간에 다양하게 드러나는 현상의 측면에서 보면 여러 측면이 없지는 않다. 그러면 의식에 의한 분별과 마음에 의한 무분별이 둘인가?

만약 분별을 하고 가치를 부여하여 가치가 있다고 여기는 것을 소유하려고 하고, 가치가 없다고 여기는 것을 버리고자 하는 집착을 낳는 의식이 아닌 분별이 없는 마음을 중심으로 세계와 자신을 이해하고, 삶을 살아갈 때 비로소 분별을 벗어나서 무분별의 세계 도달하고, 어리석음을 벗어나서 깨달음에 이르며, 소인의 삶을 벗어나서 대인의 삶, 군자의 삶, 성인의 삶에 이른다면 양자는 결코 하나가 될 수 없다.

우리는 분별이 그대로 분별이 없음을 알고, 어리석음이 그대로 깨달음의 드러남임을 알며, 소인의 삶이 그대로 대인의 삶이고 성인의 삶과 둘이 아님을 알고 둘이 아니게 살아야 함을 말하고자 한다.

우리의 마음에 따라서 마음대로 살아가는 삶은 형이하의 세계를 배척하거나 형이상의 세계를 추구하며, 어리석음의 세계를 버리거나 깨달음의 세계를 얻고자 하고, 분별과 무분별을 떠나서 중도中道에 이르는 것이 아니라 분별과 무분별이 그대로 중도이기 때문에 분별과 무분별 그것을 벗어난 중도의 그 어떤 것에 걸림이 없다. 그러면 그 어떤 것에도 걸림이 없는 자유자재한 삶이 올바른 삶인가?

  자유롭고 자재함은 남과 구분되는 나를 중심으로 논의되는 문제가 아니다. 남과 무관하고, 세계와 무관한 내가 있다면 당연히 내가 어떻게 살아도 자유롭고, 자재하다고 할 수 있다. 따라서 우리가 굳이 자유자재를 논할 필요가 없다. 그러면 마음대로 살아가는 삶, 자유자재한 삶은 무엇인가?

  모든 논의 곧 모든 말을 벗어나서 말과 실천이 하나가 된 삶 그래서 그 어떤 것도 둘이 아닌 삶이 바로 자유로운 삶이다. 이처럼 둘이 아닌 삶은 그 어떤 것도 버리지 않는 대수용大受容의 삶이며, 모든 것과 하나가 되어 주는 대긍정大肯定의 삶이다.[276]

  우리는 대수용의 삶, 대긍정의 삶을 사는 사람을 대장부大丈夫라고 할 수 있다. 그는 그 어떤 것에도 얽매임이 없음을 넘어서 그 어떤 것과도 하나가 되어 함께 자유롭고, 함께 자재로우며, 함께 번영하고, 함께 행복한 삶을 살아간다.

  대장부는 바로 대자유인이다. 그는 대인과 소인, 무명無明과 원각圓覺, 중생과 부처의 어느 하나에도 얽매임이 없음을 넘어서 때로는 대인으로 때로는 소인으로 자신을 드러내어 상대방으로 하여금 자신을 느끼고 자신으로 살아가도록 함께한다.

  대자유인은 자신을 버려서라도 온 세계의 모든 존재가 이롭기를 바라고, 자신을 버려서 온 세상의 모든 존재로 하여금 자신으로 살아가는 자유롭게 자재한 삶을 살도록 함께해 준다. 그는 나 아님이 없는 삶을 살기 때문에 버려도 버림이 없다.

  그는 온 세상과 함께하기 때문에 모든 소인, 중생과 하나가 되어 그

---

276 (재)한마음선원, 『한마음요전』, (재)한마음선원, 1993, 550쪽.

로 하여금 스스로 대인, 부처임을 느끼고, 대인, 부처의 삶을 살도록 안내하기 때문에 온 세상으로 하여금 생명의 활기를 넣어 주는 보살菩薩이며, 온 세상의 모든 존재로 하여금 서로가 서로를 이롭게 하는 삶을 살아가는 군자君子이다.

불교를 신앙으로 하는 사람들은 본래 자신이 부처라고 말한다. 그리고 본래 깨달았다고 말한다. 그렇다면 굳이 견성성불見性成佛을 말할 필요가 없고, 수행이나 수도를 말할 필요가 없으며, 인위적인 아무것도 할 필요가 없을 것이다. 그럼에도 불구하고 여전히 견성성불을 말한다.

기름을 굳이 기름이라고 강조하여 나타낼 필요가 없다. 그저 기름을 기름으로 사용하여 삶을 이롭게 하면 될 뿐이다. 그러나 우리는 굳이 기름을 '기름'이라고 말하여 다른 것과 구분하여 나타낼 뿐만 아니라 여기에 참이라는 개념을 더하여 '참기름'이라고 말하고, 그것도 부족하다고 느껴서 다시 진짜를 더하여 '진짜 참기름'이라고 말한다.

우리가 만약 행복하게 삶을 살아간다면 불행이라는 것을 모르기 때문에 굳이 불행과 다른 행복이라는 개념을 통하여 삶을 나타낼 필요가 없다.

행복과 불행이라는 개념이 우리의 삶을 나타낸다고 여길지 모르지만 사실 우리의 삶은 행복도 불행도 아니다. 고정된 삶 자체가 없을 뿐만 아니라 나 자신도 고정되지 않는데 어떻게 불행한 삶, 행복한 삶이 따로 있겠는가!

우리는 선禪을 말하고, 격외구格外句, 세일구第一句를 말하며, 말후구末後句를 말하여 마치 지금 여기의 나를 벗어나서 얻어지는 다른 나, 지금 여기의 나를 통하여 드러나는 삶을 벗어나서 다른 삶이 있는 것처럼 말한다.

사실 그러한 시도는 삶 자체가 그대로 완전하고, 여기 있는 나 자신이 완전함을 나타내기 위한 방법으로 사용된 도구에 불과할 뿐이다.

그럼에도 불구하고 그것을 실체화하여 우리의 삶을 떠나서 선禪이라는 것이 있고, 삶을 떠나서 깨달음이 있으며, 삶을 떠나서 부처가 있음을 말하는 것으로 여긴다.

육신과 의식을 자신으로 여기는 것을 벗어나야 비로소 자신을 찾을 수 있다고 말하지만 그것은 일상의 사람들과 마찬가지로 본성, 무아, 부처, 원각, 깨달음이라는 또 하나의 상相에 갇혀서 벗어나지 못한 것과 같다. 그러면 선유先儒, 선사禪師, 조사祖師들의 그러한 행위가 아무런 의미나 가치가 없는 것인가?

그렇지 않다. 우리가 그 어떤 것에도 얽매임이 없이 마음을 통하여 그들의 말씀과 그들의 삶을 들여다보면 그것이 그대로 온 세상의 모든 존재들과 함께하고자 하는 지혜의 표현하고, 자비의 표현임을 알게 된다.

인간이 아닌 동물이나 식물은 물론 생명이 없는 사물들도 언제나 지금 여기의 나와 둘이 아님을 끊임없이 일깨워 준다. 하물며 모든 존재와 함께하는 삶을 모든 존재들로 하여금 느끼고 살아가게 하도록 함이 없는 삶을 살아가는 인류의 스승들의 말은 더 말할 필요가 없다.

우리의 삶은 그대로 모든 또 다른 나에 의하여 이루어진다. 삶은 이성적인 사유로 사고하고, 의식에 의하여 파악되기보다는 한순간의 삶의 모습에서도 직관적으로 느껴진다.

우리는 시골의 조그마한 시장에서 물건을 모두 합하여도 몇천 원어치에 불과한 나물 몇 가지를 앞에 놓고, 뜨거운 뙤약볕 아래에 앉아서 오가는 사람들을 쳐다보는 노파를 흔하게 본다.

그 노파는 점심때가 되었지만 차마 그곳을 떠날 수 없어 쪼그라지고 잔뜩 때가 낀 오래된 알루미늄 냄비에 익다 만채로 불어터진 라면 건더기를 입으로 가져가면서 길 가는 사람들을 연신 쳐다보고 있다. 그는 무엇을 위하여 이러고 있는가?

어쩌면 그 노파는 어린 손자의 용돈을 주기 위하여 애쓰고 있는지 모르고, 어쩌면 교회에 헌금을 내기 위하여 뙤약볕에서 땀을 흘리면서 앉아 있을지도 모른다. 여러분이 그 노파를 보았다면 어떤 마음이 일어날까?

어떤 사람은 오래전에 길을 가다가 그 노파를 보는 순간 "온 우주의 모든 존재가 서로를 살리기 위하여 삶을 살아간다."는 느낌에 온몸을 뒤 흔드는 전율戰慄을 느꼈다고 한다.

그것은 중중무진重重無盡의 법계를 느꼈다고 할 수도 있고, 온 우주가 자비慈悲 그 자체라고 느꼈다고 할 수도 있으며, 온 세상의 모든 존재가 둘이 아님을 느꼈다고 말할 수도 있다.

그는 일순간에 일어난 하나의 체험이기 때문에 지금은 사라졌지만 그 감동은 지금도 여전히 남아 있다고 말한다. 우리가 지나간 사건을 기억한다고 말하지만 사실은 그대로 떠올리기보다는 스스로 재구성하여 느낀다. 따라서 어떤 기억도 생각할 때마다 그때와 다른 새로운 느낌으로 다가온다고 하지 않을 수 없다.

우리는 여기서 지식을 익혀서 지혜로 바꾼다고 말하지만 사실은 그것마저도 내 안의 나의 지혜가 매 순간 새로운 지식으로 드러나는 현상임을 생각할 필요가 있다. 따라서 매 순간 나를 통하여 끊임없이 새롭게 드러나는 지혜 가운데 어느 한 순간에 나타나는 지혜를 고정화하여 굳이 깨달음이라고 나타낼 필요는 없다.[277]

우리는 깨달음을 앎과 모름의 양면을 넘어서는 부지無知도 나타내기도 한다. 그것은 역逆방향에서 내 안의 나 아닌 나를 지부지知不知와

---

277 『마하반야바라밀경摩訶般若波羅蜜經』 1권(ABC, K0003 v5, p.233c11), "無智亦無得"

다른 차원을 통하여 나타낸 것이다.

우리는 때로 생활 가운데서 매 순간 새롭게 드러나는 지혜를 시간의 관점에서 돈오頓悟와 점오漸悟로 나타내기도 하고, 깨달음과 닦음을 구분하여 돈오돈수와 돈오점수를 논하기도 한다.

그러나 돈오와 점수를 결합하여 돈오돈수가 가치상으로 뛰어나고 돈오점수가 하열하다거나 돈오돈수가 정통이고, 돈오점수는 이단이라고 실체화하여 나타낼 필요는 없다. 왜냐하면 양자가 모두 시공을 넘어서고, 지부지知不知를 넘어선 차원을 물리적 시간의 관점에서 방편상으로 나타낸 것에 불과하기 때문이다. 왜 그런가?

옳음은 그름으로 인하여 성립되고, 깨달음은 깨닫지 못함으로 인하여 성립되며, 성불成佛은 불성불不成佛로 인하여 성립되고, 부처는 중생으로 인하여 성립된다. 정통은 이단과 대응하는 정통이며, 대인과 소인, 대인의 삶과 소인의 삶, 길吉과 흉凶은 양자에 의하여 성립될 뿐으로 어떤 하나만으로는 성립되지 않는다.

합일은 어떤 종류의 합일을 막론하고, 분산分散, 분석分析을 전제로 할 때 비로소 성립되며, 양자를 넘어선 중도中道 역시 분생分生과 합일合一, 유有와 무無의 양자를 전제로 할 때 성립되고, 자유로움 역시 속박을 전제로 하여 성립되며, 해탈, 열반 역시 윤회, 속박을 전제로 할 때 성립된다. 따라서 우리가 양자를 실체화하여 어느 하나를 추구하거나 그것을 넘어선 제삼자를 추구하는 것은 여전히 분별에 속박된 삶이다. 그러면 어떻게 살아야 하는가?

우리는 영원이 매 순간 새롭게 나타나는 현재의 삶을 살아간다. 지금과 여기 그리고 내가 없지만 매 순간 새로운 지금, 온 우주가 드러난 여기, 모든 존재가 나타난 나를 통하여 드러나는 다양하고 새로운 사태, 사건의 연속인 삶을 산다.

무아無我이지만 매 순간 새로운 나로 드러나는 자아自我이고, 고정되지 않아서 항상 새롭게 드러나는 세계이지만 자아도 드러난 세계도 고정되지 않는 창조적이고 진화적인 삶, 대긍정의 삶, 대장부의 삶, 대자유인의 삶이 지금 여기의 나의 삶이다.

우리의 삶은 매 순간 무심으로 한 생각을 일으켜서 공심共心으로 수많은 언행으로 나투어서 서로 작용하며, 서로 존재하게 하고, 서로를 창조하며, 서로를 진화하게 한다.

우리의 삶은 매 순간 무심하게 일으키는 한 생각이 육신의 아픔이 있는 사람에게는 고통을 제거하는 언행으로 나타나고, 마음의 고통이 있는 사람에게는 마음의 고통을 없애 주어 편안하게 하는 언행으로 나타날 뿐으로 고정된 언행이 없다.

마음과 육신이 둘이 아니고, 내 안의 나와 육신이 둘이 아니며, 삶과 내가 둘이 아니다. 삶도 없고, 나도 없는 가운데서 매 순간 다양한 새로운 나로 살아가는 삶이 지금 여기의 우리의 삶이다. 그러면 성명합일과 심신합일은 무엇인가?

성명합일이 심신합일로 드러나고, 심신합일에 의하여 성명합일이 이루어짐은 양자가 둘이 아닐 뿐만 아니라 무아無我, 자아自我, 중도中道, 성과 명, 심心과 신身이라는 실체가 없음을 나타낸다. 무아無我와 자아自我, 중도中道, 성과 명, 심心과 신身이 고정된 실체가 아니기 때문에 양자에 의하여 일어나는 고정된 사건으로서의 합일合一과 분생分生도 없다.

제1부

정역의 원천과
기제미제괘既濟未濟卦의 선후천

1. 수화기제괘와 과거화한 기器의 세계

2. 화수미제괘와 미래화한 도의 세계

3. 도기道器와 원천原天

제7부

정역의 원천과 기제미제괘旣濟未濟卦의 선후천

　우리는 앞에서 주역과 십익에서 형상을 중심으로 형이상과 형이하를 구분하여 양자를 각각 도道와 기器로 규정하고, 도에서 기를 향하는 순順방향과 기에서 도를 향하는 역逆방향을 중심으로 각각 천도天道와 지도地道로 규정하여 순역의 합일을 추구함을 살펴보았다.
　그런데 천지의 합일은 이미 이루어진 이연已然의 합일이다. 그렇기 때문에 주역과 십익에서는 인간을 중심으로 순역의 합일을 논한다. 그 것은 천지의 합일을 바탕으로 천인합일을 이루는 것이 주역과 십익에서 추구하는 순역합일임을 뜻한다. 그러면 순역과 지금 여기의 나는 어떤 관계인가?
　우리가 형이상과 형이하의 관점에서 인간을 이해하면 형이상의 본성과 형이하의 육신으로 나타낼 수 있다. 십익에서는 형이상의 본성과 형이하의 육신을 각각 성性과 명命으로 규정하여 성명의 합일을 통하여 천인합일을 논하고 있다.
　역방향의 성명합일은 마음을 통하여 이루어진다. 마음이 육신을 자신으로 여기고 육신을 주체로 살아가면 소인의 삶이 전개되고, 마음이 본성을 자신으로 여기고 본성을 주체로 살아가면 대인의 삶이 전개된다.

그런데 역방향에서 의식을 벗어나서 내 안의 나, 참 나인 본성에 이르는 성명합일은 순방향에서 본성을 주체로 육신으로 드러나는 성명합일을 전제로 할 때 가능하다. 역방향에서의 성명합일이 마음을 중심으로 이루어지는 것과 달리 순방향에서의 성명합일을 육신을 통하여 이루어지는 실천으로 드러난다.

역방향에서 의식을 넘어서 마음에 이르고, 마음을 통하여 내 안의 나, 참 나에 이르는 문제는 앎과 관련된 문제이며, 순방향에서 내 안의 내가 매 순간 새로운 나로 드러남은 시공에서 살아가는 실천과 관련된 문제이다. 그러므로 성명합일은 앎의 문제와 실천의 문제가 함께 이루어져야 한다. 그러면 순과 역방향에서 이루어지는 앎과 행行, 실천이 둘인가?

우리가 물건적 관점에서 도와 기, 순과 역, 지와 행을 구분하여 나타낼 때 드러나는 문제는 본래 양자가 둘이 아님에도 불구하고 둘로 나타내었기 때문에 양자를 합일하는 문제이다. 그것은 본래 둘이 아님에도 불구하고 둘로 나타냄으로써 하나임을 논하는 합일의 문제가 발생함을 뜻한다.

우리는 도와 기, 순과 역, 성과 명이 둘이 아님을 확인하는 것을 깨달음이라고 말한다. 이때의 깨달음은 단순과 지식, 정보와 달리 행으로 드러나기 때문에 지부지知不知를 넘어선 무지無知라고 말하기도 한다.

무지는 단순하게 앎이 없음이 아니라 앎이 없지는 않지만 앎에 얽매이지 않음을 나타낸다. 그것은 무지가 주객이 나누어진 상태에서 이루어지는 지부지知不知로서의 앎과 차원이 다름을 뜻한다.

성과 명, 도와 기가 둘이 본래 일체임에도 불구하고 다시 둘이 아님을 증득證得함을 깨달음이라고 규정하고 그것을 중시하면 깨달음에 대한 환상이 만들어진다. 많은 사람들은 깨달음을 삶의 모든 일들을 한 순간에 해결하는 일종의 도깨비 방망이로 여긴다.

삶의 과정에서 얻어지는 체험의 일종으로서의 깨달음이 없지는 않지만 없었던 것이 갑자기 나타난 것이 아니다. 바로 "닦아서 증득함이 없지는 않지만 오염은 얻을 수 없다."[278]는 말이다.

물건적 관점에서 도와 기, 성과 명, 순과 역을 구분하여 나타냄으로써 발생하는 문제는 시간적 관점에서 사건으로 이해하면 해소된다.

주역에서는 성명합일, 순역합일을 시간적 관점에서 이연已然의 사건과 미연未然의 사건으로 나타내어 각각 기제괘와 미제괘를 통하여 나타내고 있다.

물건적 관점에서 나타낸 형이상의 본성과 형이하의 육신을 시간의 관점에서 나타내면 육신은 형이상의 세계로부터 형이하의 세계로 건너온 과거적 사건이며, 본성은 형이하의 세계로부터 시작하여 형이상으로 세계로 건너야 할 미래적 사건이다.

기제는 성과 명, 순과 역의 합일이 이미 이루어진 것이 현상의 세계임을 나타내고, 미제는 현상의 세계는 아직은 성과 명, 순과 역이 합일되지 않았지만 장차 이루어야 할 사건임을 나타낸다. 그러면 기제괘와 미제괘는 어떻게 구성되는가?

기제와 미제를 구성하는 두 괘는 감괘坎卦와 리괘離卦이다. 감리괘에 의하여 수화기제괘水火旣濟卦와 화수미제괘火水未濟卦가 구성된다.

수화기제괘와 화수미제괘는 각각 천지비괘와 지천태괘와 상응하는

---

278 『선문염송집禪門拈頌集』 4권(ABC, K1505 v46, p.58a03-a07), "南嶽懷讓禪師 初參六祖 祖問甚處來 曰嵩山來 祖曰 是什麽物伊麽來 曰說似一物 卽不中 祖曰 還 假修證不 曰修證卽不無 污染卽不得 祖曰 秖此不污染 是諸佛之所護念 汝旣如是 吾亦如是"

괘이다. 두 괘를 구성하는 감괘坎卦와 이괘離卦는 각각 건괘乾卦와 곤괘坤卦의 정수精髓를 나타낸다. 그렇기 때문에 수화기제괘는 천지비괘를 감리를 통하여 나타내고, 화수미제괘는 지천태괘를 감리괘를 통하여 나타낸 괘라고 할 수 있다. 그러면 건곤괘와 감리괘는 어떤 관계인가?

감괘와 리괘는 각각 건괘와 곤괘의 중효中爻이다. 그것은 건곤괘의 작용을 나타낸 괘가 감괘와 리괘임을 뜻한다. 따라서 기제괘와 미제괘는 천비비괘와 지천태괘를 작용을 중심으로 나타낸 것이라고 할 수 있다.

우리는 수화기제괘와 화수미제괘를 통하여 대인의 삶과 소인의 삶의 차이와 관계를 알 수 있는 동시에 우리 자신의 관점에서는 본성과 육신의 관계를 알 수 있다.

이에 지금부터는 기제괘와 미제괘를 통하여 본성과 육신, 대인과 소인의 관계, 성명합일, 천인합일의 성격을 살펴본 후에 마지막으로 정역의 원천을 바탕으로 한 선후천을 통하여 기제괘와 미제괘에서 밝히고 있는 성명합일, 천인합일의 성격에 대하여 살펴볼 것이다.

1. 수화기제괘와 과거화한 기器의 세계

기제는 글자 그대로 이미 건너왔음을 뜻한다. 그것은 형이상의 세계로부터 형이하의 세계로 건너왔음을 뜻한다. 따라서 기제의 세계는 도가 드러난 기器의 세계, 현상의 세계를 나타낸다. 그러면 기제의 관점에서 성명을 어떻게 이해할 것인가?

기제는 이미 형이상의 세계에서 형이하의 세계로 건너옴의 의미이다. 그렇기 때문에 인간의 관점에서는 형이상의 본성이 마음으로 작용하여 드러나는 언행의 세계, 육신의 세계를 나타낸다.

그런데 이미 건너온 세계로서의 기제는 다시 미제의 세계 곧 본성의 세계, 형이상의 세계로 돌아간다. 그렇기 때문에 "기제는 미제를 향하고, 미제는 기제를 향한다."[279]고 말할 수 있다. 우리가 이미 지나온 현상을 되돌아서 나타나기 이전으로 돌아간다는 것은 삶의 성격을 그대로 나타낸 것이다.

우리는 매 순간 안팎에서 사고하고, 지각하며, 분별하고, 의지 작용하면서 그것이 행주좌와行住坐臥 어묵동정語默動靜의 언행으로 드러난다.

그러나 하나의 언행이 사라지고 다시 새로운 언행으로 드러난다. 이처럼 마치 그릇에 하나의 물건이 담겼다고 비워지고 다시 새로운 물건이 담기는 일이 반복되는 것처럼 변화의 연속이 우리의 삶이고 세계이다. 그러면 수화기제괘에서는 현상의 세계를 어떻게 나타내고 있는가?

괘사에서는 "기제는 작은 일에 형통하고, 이롭고 바르다. 처음은 길吉하고, 끝은 어지럽다."[280]고 하였다. 사람의 삶은 끊임없이 수많은 사물을 만나서 소통하고 하나가 되는 과정을 통하여 이루어진다.

하나의 사건을 해결하기 위하여 마음이 작용하고, 그에 따라서 다양한 언행이 나타난다. 하나의 사물을 다스리기 위하여 드러난 언행은 그대로 형통하다.

그것은 어떤 언행을 막론하고 내 안의 나 아닌 나인 본성의 작용이기 때문에 현상의 측면에서 나타나는 다양한 언행이 그대로 둘이 아님의 표현임을 뜻한다. 그렇기 때문에 작은 일에는 형통하다고 하였을 뿐만 아니라 이롭고 바르다고 하였다.

그런데 끝부분에서는 처음을 길하고 끝은 혼란하다고 하였다. 그것은

---

279 김항金恒『정역正易』제삼장第三張, "后天은 政於先天하니 水火니라. 先天은 政於 后天하니 火水니라."
280 『주역周易』수화기제괘水火旣濟卦, 괘사卦辭, "旣濟, 亨小, 利貞, 初吉終亂."

하나의 사물을 다스렸으면 그릇을 비우듯이 우리의 마음이 계속하여 사물에 머물지 않아야 함을 나타낸다. 사물을 다스림은 사물과 내가 둘이 아닌 경계에서 일어나는 마음의 작용이다.

우리는 사물과 내가 둘이 아닌 경계에서 일어나는 마음을 무심의 상태에서 일어나는 일심이라고 말한다. 이 한 생각이 다양한 언행으로 드러나기 때문에 언행이 이루어진 순간 마음이 본래의 자리로 돌아가서 무심無心이 되어야 한다.

한 생각에 무심하게 합일을 하고, 사건을 처리하여 처음에는 길吉하지만 식사를 마치면 그릇을 깨끗하게 비우듯이 마음을 놓아 버리지 않아서 내가 있고, 사물이 있어서 사물을 다스렸다고 생각하고, 합일을 했다고 여김을 혼란스럽다고 하였다. 따라서 기제괘를 통하여 마음이 본래의 자리인 내 안의 나, 참 나, 본성으로 돌아가는 미제를 함께 나타내고 있다.

괘사에 대하여 단사彖辭에서는 "'기제가 형통함'은 작은 것이 형통함이고, '이정利貞'은 강유가 바르기 때문에 위位가 합당함이며, '초길初吉'은 유柔가 중中을 얻음이고, 종말에 그침이 곧 어지러움은 그 도가 궁하기 때문이다."[281]라고 하였다.

성명이 합일하여 천인이 합일된 삶은 대인의 삶으로 드러난다. 그것은 수도修道와 같은 인위적인 행위를 통하여 장차 얻어지는 미래적인 일, 미제적인 일이 아니라 지금 여기의 나의 삶이 본래 대인의 삶이며, 성명합일의 삶이고, 천인합일의 삶임을 나타낸다.

대인은 자신의 삶을 사는 것이 아니라 소인의 삶을 자신으로 삶으로

---

281 『주역周易』 수화기제괘水火旣濟卦, 단사彖辭, "彖曰, 旣濟亨, 小者亨也. 利貞, 剛柔正而位當也. 初吉柔得中也, 終止則亂, 其道窮也."

여긴다. 그렇기 때문에 대인의 삶, 천인합일의 삶은 오로지 사람들로 하여금 자신의 내면에 있는 본래의 자신, 참 자기를 주체로 하여 자신 自神으로 살아가도록 안내하고 함께하는 삶이다.

대상에서는 "물이 불 위에 있음이 기제이다. 군자가 이를 자각하여 뒤에 일어날 근심을 생각하여 미리 막는다."[282]고 하였다. 이는 수기修己를 바탕으로 장차 이루어질 백성들을 편안하게 하는 일을 준비해야 함을 나타낸다. 그러면 각 효의 효사爻辭에서는 대인의 삶을 어떻게 나타내고 있는가?

순방향에서 대인의 삶이 인간의 본래의 삶임을 나타내고 있는 기제괘에서는 대천을 건넘, 수레를 끌고 감을 통하여 효사를 구성하고 있다. 이는 대인의 삶이 함께하는 다른 사람 곧 또 다른 나로서의 모든 다른 사람들로 하여금 자기 안의 자신을 찾아서 자신으로 살아가도록 함을 나타낸다.

초효初爻의 효사爻辭에서는 "초구初九는 수레를 끌고 가다가 그 꼬리를 젖음이니 허물이 없다."[283]고 하였다. 수레를 끌고 감은 물건을 운반하는 일을 함을 나타낸다. 그 과정에서 물을 건너다가 수레의 끝 부분이 물에 젖었다고 하였다. 그러나 물건을 운반하는 일에는 지장이 없기 때문에 허물이 없다고 하였다. 그러면 수레를 끄는 일이 무엇을 의미하는가?

사람을 중심으로 초효를 이해하면 대인이 수레에 사람을 태워서 이 세계에서 저 세계로 건네줌을 뜻한다. 그것은 형이하의 현상 세계에 머무는 사람들을 수레가 나타내는 진리, 지혜를 통하여 다른 세계인 형이

---

282 『주역周易』수화기제괘水火旣濟卦, 대상大象, "象曰 水在火上 旣濟 君子以思患而豫防之"
283 『주역周易』수화기제괘水火旣濟卦, 초구初九 효사爻辭, "初九, 曳其輪, 濡其尾, 无咎."

상의 세계로 이끌어 줌을 뜻한다.

수레를 끌고 감은 인간의 관점에서는 육신을 자신으로 여기고 살아가는 사람들을 진리, 지혜에 의하여 본성의 세계로 이끌어 주는 것을 비유하여 나타낸다.

주역의 괘사와 효사에서는 대인, 군자가 해야 할 일인 천하를 도道로 제도濟度하는 사업을 공간적 측면에서 대천大川을 건넘이나 수레를 끄는 것으로 나타내기도 하였다.

이효의 효사에서는 "부인이 수레 덮개를 잃어버렸으나 쫓지 않아도 7일이면 얻는다."[284]고 하였다. 이효에서도 사람들이 수레를 타고 왕복하는 일을 언급하고 있다. 부인이 수레를 덮고 있는 덮개를 잃어버리는 작은 일이 있지만 찾으려고 하지 않아도 때가 되면 얻게 된다고 하였다. 그러면 부인은 무엇을 의미하는가?

이효는 음효의 위로 음위에 음효가 놓여 있기 때문에 대인을 부인으로 나타내었다. 그리고 적불翟茀은 수레의 신분을 나타내는 꿩의 깃털로 만든 덮개이다. 그렇기 때문에 비록 적불을 잃어도 수레에 사람을 싣고 달리는 일에는 아무런 지장이 없다. 그러면 7일이면 얻는다는 것은 무엇을 의미하는가?

하나의 중괘의 관점에서는 7일은 초효에서 시작하여 다시 초효로 돌아옴을 뜻한다. 그렇기 때문에 초효에서 시작된 일을 마치고 돌아오는 때가 되면 사소한 어려움이 모두 사라질 것임을 나타낸다. 소상에서는 "7일에 얻음은 중도中道로 하기 때문이다."[285]라고 하였다. 그러면 초효에서 시작하여 다시 초효로 돌아옴은 무엇을 의미하는가?

---

284 『주역周易』 수화기제괘水火旣濟卦, 육이六二 효사爻辭, "六二, 婦喪其茀, 勿逐, 七日得."
285 『주역周易』 수화기제괘水火旣濟卦, 육이六二 소상小象, "象曰, 七日得, 以中道也."

그것은 역방향에서 순방향으로 순역이 바뀜을 나타내는 동시에 순역의 합일을 뜻한다. 괘의 관점에서는 기제괘가 미제괘로 바뀌는 것을 나타낸다고 할 수도 있다.

삶의 관점에서는 제도濟度를 중심으로 이해할 수 있는 괘가 기제괘라면 수도修道를 중심으로 이해할 수 있는 괘가 미제괘이다. 그러므로 7일에 얻음은 순역의 합일을 나타낸다고 할 수 있다.

삼효는 내괘의 마지막 효이다. 그렇기 때문에 삼효는 내괘의 지극한 상황을 나타낸다. 삼효의 효사爻辭에서는 은나라의 고종高宗 곧 무정武丁이 북방의 귀방鬼方이라는 나라를 3년 만에 정벌한 고사를 통하여 "고종이 귀방을 정벌하여 3년 만에 이겼다. 소인은 사용하지 말라."[286]고 하였다.

소인을 제도하기 위하여 그들과 함께 살아가는 대인의 삶은 어렵지 않을 수 없다. 그는 언제나 내 안의 나를 주체로 살아가기 때문에 나와 남을 구분하는 마음이 없어서 무심無心으로 살아간다. 그럼에도 불구하고 그의 삶은 때로는 적국과 전쟁을 치르는 것처럼 어렵다.

소인은 의식을 통하여 자신과 세계를 분별하고, 그 결과에 대하여 집착하면서 욕심을 부리고 살아간다. 그렇기 때문에 대인이 자신이 없다고 하거나 어떤 소유할 대상도 없다고 말하면 자신의 세계가 사라지는 것으로 여기기 때문에 적군敵軍을 대하듯이 대인을 대한다.

고종이 귀방을 정벌하여 3년 만에 이겼듯이 대인의 소인과 함께하는

---

286 『주역周易』 수화기제괘水火旣濟卦, 구삼九三 효사爻辭, "九三, 高宗伐鬼方, 三年克之, 小人勿用."

삶은 피곤하고 어려운 일이다.[287] 그렇기 때문에 소인은 대인의 삶을 살아갈 수 없음을 나타내기 위하여 "소인은 사용하지 말라"고 하였다.

사효부터는 기제가 미제로 화한다. 그것은 현상으로부터 형이상의 세계를 향함이 시작되었음을 뜻한다. 사효의 효사에서는 "새는데 헝겊으로 막으면서 종일 경계한다."[288]고 하였다. 물을 건너기 위하여 사용하는 배에 구멍이 나서 물이 샌다면 그 배는 머지않아서 물속으로 가라앉을 것이다. 그렇기 때문에 종일 지켜보면서 경계를 게을리하지 않는다고 하였다. 그러면 물이 샌다는 것은 무엇을 의미하는가?

주역에서 대천大川을 건너고, 바다를 건너서 도착하는 곳, 수레를 타고 가는 저곳은 바로 본성이라는 형이상적 세계이다. 따라서 배에 물이 샌다는 것은 소인이 자신이 타고 가는 배인 진리, 지혜, 내 안의 나를 의심함을 뜻한다.

대인은 항상 의심하는 소인을 경계하지 않을 수 없다. 우리는 인류의 성인이라는 분들이 모두 독살되거나 처형되었던 사실을 알고 있다. 소인들은 사악하거나 본성이 없어서가 아니라 자신에 대한 무지無知 때문에 올바른 삶의 방법을 알지 못하고 살아간다. 그렇기 때문에 소크라테스를 독살하고, 예수를 처형하는 것을 옳은 일로 생각하고 실천한다.

오효에서는 수레를 타고 가는 곳, 배를 타고 대천과 바다를 건너서 도착하는 곳을 하늘로 나타내고 있다. 그리고 하늘에 제사를 올려서 하늘로부터 복을 받는 의식을 통하여 오효를 나타내고 있다.

오효의 효사에서는 "동쪽의 이웃이 소를 잡는 것이 서쪽의 이웃이 약

---

287 『유마힐소설경維摩詰所說經』 3권(ABC, K0119 v9, p.999b05-b09), "維摩詰言 此土衆生剛强難化 故佛爲說剛强之語以調伏之 言是地獄 是畜生 是餓鬼 是諸難處 是愚人生處 是身邪行 是身邪行報 是口邪行 是口邪行報 是意邪行 是意邪行報."
288 『주역周易』 수화기제괘水火旣濟卦, 육사六四 효사爻辭, "六四, 繻有衣袽, 終日戒."

제禴祭를 지내어 실로 그 복을 받는 것과 같지 않다."[289]고 하였다.

동쪽의 이웃은 소인을 나타낸다. 소인이 소를 잡아서 제사를 받드는 것은 성대盛大한 제사이다. 그러나 제물이 아무리 성대하여도 지극한 정성이 없다면 제사를 지내지 않는 것보다 못하다. 그것은 소인이 자신의 내면에 있는 본래의 자신을 발견하여 자신으로 살아가고자 하지 않고, 나의 밖에 있는 대인이나 하늘, 신에 기도를 하거나 제사를 지내어 복을 구걸하는 일이 옳지 않음을 나타낸다.

서쪽의 사람은 대인을 가리킨다. 대인인 군자가 복을 받음은 본성으로부터 감응感應이 있어서 생활 가운데서 그 작용을 체험하게 됨을 뜻한다.

우리가 매 순간 육신을 통하여 드러나는 행주좌와 어묵동정의 언행을 실체화하여 그것을 주체로 여겨서 집착하지 않고 언제나 본성이라는 근원 곧 내 안의 나 아닌 나를 향해서 마음을 돌리면 모든 것이 본성의 작용임을 아는 지혜가 드러난다. 그것을 나타내는 것이 서쪽의 이웃이 때에 맞춰서 지내는 간략한 제사가 오히려 큰 복을 받는다는 언급이다.

내 안의 참 나인 본성이 주체가 되어 육신을 통한 언행으로 드러나지 않으면 사람다움을 상실하는 것과 같다. 상효는 외괘의 끝이다. 기제의 끝은 그대로 미제이다. 그러므로 상효의 효사에서는 "그 머리가 물에 젖음이니 위태롭다."[290]고 하였다. 머리가 물에 젖었으니 머지않아서 온 몸이 물에 빠져서 생명을 잃을 수 있다. 그렇기 때문에 위태롭다고 하였다.

---

289 『주역周易』수화기제괘水火旣濟卦, 구오九五 효사爻辭, "九五, 東鄰殺牛, 不如西鄰之禴祭, 實受其福."

290 『주역周易』수화기제괘水火旣濟卦, 상육上六 효사爻辭, "上六, 濡其首, 厲."

2. 화수미제괘와 미래화한 도의 세계

우리는 앞에서 수화기제괘를 통하여 이미 드러난 세계로서의 현상을 통하여 우리 자신을 돌아보았다. 기제는 매 순간 시공에서 드러나는 행주좌와 어묵동정의 언행이 그대로 내 안의 나, 참 나, 본성의 드러남임을 뜻한다. 그렇기 때문에 지금 여기의 나를 통하여 드러나는 매 순간의 삶이 그대로 천인합일, 성명합일의 현현顯現이다.

그런데 언행은 한순간에 나타났다가 사라진다. 그럼에도 불구하고 우리는 마치 변화하지 않는 물건과 같은 하나의 실체가 있어서 그것이 때로는 말하고, 때로는 움직이며, 때로는 침묵하고, 때로는 고요하게 있다고 생각한다.

매 순간 다양한 나로 드러나는 현상을 고정시켜서 실체화하여 소유하고자 집착하지 않으면 현상은 다시 처음으로 돌아간다. 그것을 회향回向이라고 말하기도 하고, 귀체歸體, 귀공歸空이라고 말하기도 하며, 반본환원返本還源이라고 말하기도 한다.

순방향에서 도의 현현으로서의 기器를 나타낸 기제괘와 달리 미제괘는 역방향에서 기를 장차 드러날 형이상의 도로 나타내고 있다. 미제는 아직 현상으로 드러나지 않았지만 장차 드러날 도, 내 안의 나, 참 나, 본성의 세계, 성명합일, 천인합일의 세계를 나타낸다.

기제가 매 순간 다양한 현상으로 나타남을 통하여 도를 나타낸 것과 달리 미제는 나타난 기器가 다시 도로 놓아감을 통하여 나타나도 나타남이 없음을 나타낸다.

미제의 세계를 나타내고 있는 괘는 화수미제괘이다. 화수미제괘의 구성은 수화기제괘와 같지만 중괘를 구성하는 감괘와 이괘의 상하의 위치가 서로 다르다.

수화기제괘를 구성하는 육효가 모두 중정中正한 것과 달리 화수미제괘를 구성하는 육효는 모두 중정하지 못한다. 그러면 괘사를 중심으로 화수미제괘를 살펴보자.

화수미제괘의 괘사卦辭에서는 "미제는 형통하나 작은 여우가 거의 건널 때에 머리가 물에 젖어서 이로울 것이 없다."[291]라고 하였다.

우리는 여기서 기제와 미제를 막론하고 형통하다고 밝히고 있음을 주목할 필요가 있다. 본래 우리의 본성과 마음 그리고 육신은 하나이다. 그렇기 때문에 나무의 뿌리와 같은 본성에서 출발하여 잎과 같은 육신으로 드러나는 기제既濟나 육신의 언행이 모두 본성으로 돌아가는 미제未濟를 막론하고 형통하다고 하지 않을 수 없다.

굴속에서 몸을 숨기고 살아가는 여우는 물을 건널 때에도 꼬리가 젖지 않도록 들고 건너지만 어린 여우는 그것을 모르고 그대로 물을 건너다가 꼬리를 물에 적시고 만다.

그것은 비록 대인이 대천을 건너는 것처럼 전도견顚倒見을 버리고 정견正見에 의하여 순역합일을 하지만 순역합일을 마음에 담고 버리지 못함을 나타낸다.

그러나 미제는 이연已然에 얽매임이 없기 때문에 응연應然의 관점에서 합일을 하여도 합일에 얽매이지 않아서 자유롭다. 그렇기 때문에 단사彖辭에서는 중도中道를 벗어나지 않았기 때문에 비록 이로울 것이 없을지라도 오래되지 않아서 끝나기 때문에 위가 부당하여도 강유가 서로 응함[292]으로 나타내고 있다.

대상大象에서는 "물 위에 불이 있는 것이 미제이다. 군자는 이를 통

---

291 『주역周易』 화수미제괘火水未濟卦 괘사卦辭, "未濟, 亨, 小狐汔濟, 濡其尾, 无攸利."
292 『주역周易』 화수미제괘火水未濟卦 단사彖辭, "彖曰, 未濟亨, 柔得中也. 小狐汔濟, 未出中也, 濡其尾, 无攸利, 不續終也. 雖不當位, 剛柔應也."

하여 신중하게 사물을 변별하고, 장소에 거처한다."[293]고 하였다. 불이 위에 있고, 물이 아래에 있으면 불로 물을 데워서 비로 만들거나 찬물로 사용할 수 없고, 오히려 물로 불을 꺼 버릴 수 있다. 그렇기 때문에 화수미제괘의 괘상卦象을 보고 군자가 사물을 변별하고 장소에 거처하는 일을 신중하게 한다고 하였다.

군자는 사물의 본질을 파악하고, 경계, 세계, 차원에 거처함을 신중하게 결정한다. 그것은 사물을 대하면서도 집착하지 않으며, 세계에 대하여서도 집착하지 않음을 뜻한다.

군자는 비록 소인으로 하여금 참 자기인 본성을 찾아서 자유로운 삶을 살아가도록 안내하고 이끌지만 그것을 자신의 공으로 여기지 않고 본래의 자리인 본성, 도에 귀체歸體시키면서 살아간다. 그러면 육효의 효사에서 어떻게 밝히고 있는지 살펴보자.

초효의 효사에서는 "꼬리를 젖음이니 인색吝嗇하다."[294]고 하였다. 괘사에서는 어린 여우가 물을 건넘을 나타내는 것이 화수미제괘라고 하였다. 그것은 소인이 대천을 건너는 일 곧 대인에 의하여 소인으로 하여금 대천을 건너는 일을 나타내는 괘가 화수미제괘임을 뜻한다.

어린 여우가 물을 건너다가 꼬리를 물에 젖는 것은 경험이 부족한 결과이다. 그렇기 때문에 인색하다고 하였다. 그것은 사람이 처음 마음을 내서 육신을 자신으로 여기는 의식의 차원을 벗어나서 내 안의 나, 참나, 본성의 세계로 마음을 향하지만 여전히 의식에 끌려다니면서 분별을 하고 그것을 실체화함을 뜻한다. 소상에서는 "그 지극한 곳을 모름이다."[295] 하여 아직은 서투름을 밝히고 있다.

---

293 『주역周易』화수미제괘火水未濟卦 대상大象, "火在水上, 未濟, 君子以愼辨物居方."
294 『주역周易』화수미제괘火水未濟卦 초육初六 효사爻辭, "初六, 濡其尾, 吝."
295 『주역周易』화수미제괘火水未濟卦 초육初六 소상小象, "象曰, 濡其尾, 亦不知極也."

현상의 세계로부터 형이상의 본성을 향하는 변화를 초효에서는 물을 건너는 일에 비유하여 나타내었던 것과 달리 이효에서는 육지에서 수레를 타고 이곳에서 저곳으로 이동하는 일에 비유하여 나타내고 있다. 이효의 효사에서는 "수레를 끌고 가니 바르기 때문에 길吉하다."[296]고 하였다.

수레를 끌로 길을 달리는 일은 물을 건너는 것보다 위험하지 않다. 그러나 비록 그가 수레를 끌고 가지만 앉아서 편안하게 수레를 끌고 갈 수 없다. 그것은 아직 수레를 끌로 가는 일이 편안하지 못함을 뜻한다. 다만 "중도中道를 정도正道로 행하기 때문에 바르고 길하다."[297]고 하였다.

그런데 대인이 수레를 끌고 열심히 이곳에서 저곳으로 가지만 아직은 저곳이 아닌 이곳이다. 왜냐하면 초효에서 삼효까지의 내괘는 여전히 미제에 머물고 있기 때문이다. 내괘의 끝인 삼효는 효사에서는 "아직 건너지 않았으니 다른 사람을 옮겨 주고자 하면 흉凶하다. 대천을 건너는 것이 이롭다."[298]고 하였다.

소인이 비록 대인의 도움을 받아서 수레를 타고 이곳에서 저곳을 향하는 여정을 가지만 그것은 아직은 본인 스스로 저곳에 이른 것이 아니기 때문에 다른 사람을 함께 데려갈 수 없다. 그렇기 때문에 만약 그가 수레에 다른 사람을 태워서 함께 가고자 하면 모두 다른 곳으로 잘못 갈 수도 있다. 따라서 본인이 먼저 수레를 타고 저곳에 가는 일이 중요하다.

수레를 타고 열심히 달리다 보면 어느새 저곳에 도착하게 된다. 그러나 이곳이 아닌 저곳은 본래 둘이 아니라 우리의 마음이 둘로 여겼을

---

296 『주역周易』화수미제괘火水未濟卦 구이九二 효사爻辭, "九二, 曳其輪, 貞吉."
297 『주역周易』화수미제괘火水未濟卦 구이九二 소상小象, "象曰, 九二貞吉, 中以行正也."
298 『주역周易』화수미제괘火水未濟卦 육삼六三 효사爻辭, "六三, 未濟, 征凶, 利涉大川."

뿐이다. 마찬가지로 육신을 자신으로 여기는 마음을 버리고, 본성을 자신으로 여기는 과정을 거쳤지만 그것은 본래 본성과 육신이 둘이 아님을 체험하고 확인했을 뿐이다.

외괘의 초효인 사효四爻는 미제 곧 성명합일, 천인합일의 순역합일이 본래 이루어진 이연의 사건이기 때문에 합일을 하여도 함이 없음을 나타내는 효이다.

그러나 합일의 결과가 없지는 않다. 사효의 효사에서는 "바르고 길吉하다. 후회함이 없다. 진동震動하여 귀방鬼方을 정벌하여 3년에 대국大國으로부터 상을 받는다."[299]고 하였다. 귀방의 정벌은 이곳을 벗어남을 뜻한다. 그리고 대국으로부터 3년 만에 상을 받음은 사효의 시위가 내괘의 삼효를 지나서 외괘가 시작되는 시위임을 나타낸다.

오효는 사효와 다르다. 사효에서는 저곳에 이르렀다가도 때로는 다시 이곳으로 돌아오는 일이 반복된다. 그렇기 때문에 오효의 효사와 그 내용이 비슷하지만 서로 다른 부분이 있다.

미제괘의 오효는 기제가 그대로 미제임을 나타내는 효이다. 그것은 성명합일, 천인합일, 순역합일이 기제의 관점에서는 없지는 않지만 미제의 관점에서 있다고 할 수 없음을 뜻한다. 따라서 오효의 효사에 이른 대인은 삶을 살아감이 없이 살아간다.

오효의 효사에서는 "바르고 길吉하여 후회가 없다. 군자의 빛남이니 믿음이 있어서 길하다."[300]고 하였다. 오효에서는 대인의 도에 들어섰기 때문에 군자로 나타내고 있다. 그것은 앎, 수행의 측면에서 이상적인

---

299 『주역周易』, 화수미제괘火水未濟卦 구사九四 효사爻辭, "九四 貞吉悔亡 震用伐鬼方 三年有賞于大國"

300 『주역周易』, 화수미제괘火水未濟卦 육오六五 효사爻辭, "六五, 貞吉, 无悔, 君子之光, 有孚吉."

인격체인 대인을 실천, 행의 측면에서 군자로 나타냄을 뜻한다.

우리는 여기서 믿음이 있음을 나타내는 '유부有孚'를 기제의 관점에서 이해할 필요가 있다. 기제의 관점에서 '유부有孚'는 '생산이 있음'을 의미한다. 그것은 대인의 도가 군자의 삶으로 드러남을 뜻한다.

상효는 미제의 궁극이 기제임을 나타내고 있다. 그것은 기제와 미제가 본래 둘이 아님을 통하여 대인의 세계에 도달하였을지라도 대인이라는 분별에서 벗어나서 소인과 함께해야 함을 나타낸다.

상효의 효사에서는 "믿음으로 도달하고자 하는 곳에 이르렀음을 축하하는 술을 마셔도 허물이 없지만 머리를 물에 적시기 때문에 믿음이 있어도 옳음을 잃었다."[301]고 하였다.

머리를 물에 적심은 대인의 도에 이르렀다는 생각에 젖어 있음을 나타낸다. 미제의 세계에 이르러서 기제가 되었을지라도 그것을 실체화하여 집착하면 안 된다. 기제와 미제를 분별하여 미제의 세계에 도달하였음을 축하함은 실체화함이기 때문에 머리가 물에 젖는 것과 같다. 그렇기 때문에 소상에서는 "술을 마시고 머리를 물에 적심은 또한 절도節度를 모름이다."[302]고 하였다.

3. 도기道器와 원천原天

우리는 앞에서 기제괘와 미제괘를 통하여 소인과 대인, 형이상과 형이하, 내 안의 참 나인 본성과 물리적 생명의 관계가 무엇인지를 살펴

---

301 『주역周易』 화수미제괘火水未濟卦 상구上九 효사爻辭, "上九, 有孚于飮酒, 无咎, 濡其首, 有孚失是."
302 『주역周易』 화수미제괘火水未濟卦 상구上九 소상小象, "象曰, 飮酒濡首, 亦不知節也."

보았다.

형이상과 형이하, 대인과 소인, 본성과 육신은 고정된 물건과 같은 실체가 아니라 변화하는 사건을 고정하여 물건적 관점에서 나타낸 것이다.

기제와 미제는 물건적 관점에서 나타내는 형이상과 형이하, 대인과 소인, 본성과 육신이라는 개념들의 관계를 사건적 관점에서 배를 타고 바다를 건너고, 대천을 건너며, 수레를 타고 이곳에서 저곳으로 이동하는 사건을 통하여 나타내고 있다.

기제의 관점에서 보면 본성은 이미 육신의 언행으로 드러난 사건이며, 형이상은 형이하의 만물을 통하여 자신을 드러내고, 대인의 삶은 현상에서 소인의 삶으로 드러난다.

그럼에도 불구하고 현상의 관점에서 보면 형이상의 세계가 만물을 통하여 드러나도 만물이 그대로 도가 아니기 때문에 드러난 적이 없으며, 본성이 언행으로 드러나도 언행이 그대로 본성은 아니기 때문에 드러나도 드러난 적이 없고, 대인의 삶이 소인의 일상의 삶으로 드러나도 소인의 삶이 그대로 대인의 삶이 아니기 때문에 드러나도 드러난 적이 없어서 미제이다. 그러면 기제와 미제의 관계를 어떻게 이해할 것인가?

기제는 미제의 세계가 드러난 현상으로서의 기器이며, 미제는 기제의 세계가 본래의 세계로 돌아간 도道이다. 그렇기 때문에 기제와 미제가 서로 다르지 않다. 따라서 형이상과 형이하, 본성과 육신, 대인과 소인은 다르지 않아서 하나이다. 그러면 기제와 미제를 구분하고, 형이상과 형이하, 본성과 육신, 대인과 소인을 구분하여 나타낸 까닭은 무엇인가?

우리가 형이상과 형이하, 도와 기, 본성과 육신, 대인과 소인을 구분하여 나타낸 것은 실체적인 물건들이 있음을 나타낸 것이 아니다.

형이상과 형이하, 도와 기와 같은 온갖 분별을 나타내는 개념들의 특성을 나타내는 개념이 기제와 미제이다. 기제와 미제는 우리가 의식에 의하여 나타낸 물건적 존재가 사실은 마음에 의하여 드러났다가 사라지는 시종始終의 사건일 뿐임을 나타낸다. 그러면 성과 명을 어떻게 이해할 것인가?

내 안의 나를 나타내는 성性과 겉으로 드러난 나인 명命을 물건적 관점에서 나타내면 둘이 아니기 때문에 하나라고 말하지만 하나라면 둘로 나타낼 수 없기 때문에 하나가 아니다. 그러면 내 안의 나와 드러난 나, 표층의 나와 심층의 나는 둘인가 하나인가?

내 안의 나, 참 나, 본성은 육신의 관점에서는 아직 드러나지 않는 나이다. 그와 달리 내 안의 나, 본성의 관점에서는 육신은 항상 다양하게 드러나는 나이다. 그러므로 현상의 측면에서 항상 새롭게 드러나는 나는 기제의 나이지만 내 안의 나의 측면에서는 나타났다가 다시 사라지기 때문에 언제나 미제의 나이다.

우리는 여기서 주역과 십익의 전통을 그대로 계승하여 여전히 물건적 관점에서 사람을 이해하고 있는 맹자의 주장을 살펴볼 필요가 있다. 그는 내 안의 나와 겉으로 드러난 현상의 나를 각각 대체大體와 소체小體로 구분하고 대체를 따르는 대인과 소체를 따르는 소인의 삶을 구분하여 나타내고 있다.[303]

맹자는 정치를 논하면서 사덕의 의義와 리利와 통하여 내 안의 나와 현상의 나의 관계를 선후 관계로 나타내고 있다. 그는 의를 추구하기보다는 이로움을 앞세우는 양혜왕梁惠王을 선리후의先利後義하는 소인으

---

303 『맹자』 고자장구상, "公都子問曰 鈞是人也, 或爲大人, 或爲小人, 何也 孟子曰 從其大體爲大人, 從其小體爲小人 曰鈞是人也, 或從其大體, 或從其小體, 何也 耳目之官不思, 而蔽於物. 物交物. 則引之而已矣. 心之官則思, 思則得之, 不思則不得也. 此天之所與我者. 先立乎其大者, 則其小者不能奪也. 此爲大人而已矣."

로 비판하였다.

그는 소인과 달리 군자는 의義를 앞에서 우고 이로움을 뒤로하는 선의후리先義後利의 삶을 살아야 한다고 주장하였다.[304] 이는 대인인 군자와 소인, 의와 리를 물건적 관점에서 접근하는 전형적인 경우이다.

맹자가 군자의 삶으로 제시하고 있는 선의후리先義後利의 삶은 중지곤괘의 괘사에서 제시된 주장이다. 중지곤괘의 괘사에서는 "선先하면 미혹하고, 후하면 주체를 얻어서 이롭다."[305]고 하여 육신, 물리적 생명을 선하면 소인의 미혹된 삶을 살고, 후하면 곧 본성을 주체로 하여 그것이 물리적 생명으로 나타나는 대인의 삶, 군자의 삶을 살아갈 때 비로소 이로움을 밝히고 있다. 그러면 기제괘와 미제괘가 나타나는 내용이 단순하게 선후관계를 나타내는가?

그렇지 않다. 이미 건너왔음을 나타내는 기제괘와 아직 건너가지 않았음을 나타내는 미제괘는 양자의 관계를 통하여 그 내용을 보다 분명하게 파악할 수 있다. 그리고 두 괘를 통하여 성과 명의 관계는 물론 천과 인의 관계 곧 세계와 인간의 관계를 파악할 수 있다.

기제괘는 도와 기, 성과 명, 응연과 이연, 합일과 분생을 과거적 사건으로 나타내었으며, 미제는 도와 기, 성과 명, 응연과 이연, 합일과 분생을 미래적 사건으로 나타내었다. 그것은 물건적 관점에서 이것과 저것으로 나타낸 양자를 물리적 시간의 관점에서 사건으로 나타내었음을 뜻한다.

그런데 기제괘가 나타내는 과거적 세계와 미제괘가 나타내는 미래적

---

304 『맹자』 양혜왕장구상, "苟爲後義而先利, 不奪不饜 未有仁而遺其親者也, 未有義而後其君者也. 王亦曰仁義而已矣, 何必曰利"
305 『주역』 중지곤괘 괘사, "君子의 有攸往이니라. 先하면 迷하고 後하면 得主하야 利하니라."

세계는 둘이 아니다. 그것은 물리적 시간의 과거와 미래가 둘이 아니라 영원한 세계가 그대로 드러나는 현재임을 뜻한다.

정역에서는 기제의 세계를 선천으로 나타내고, 미제의 세계를 후천으로 나타내어 양자가 모두 원천原天이라는 하나의 근원에 의하여 나타난 것임을 밝히고 있다. 원천은 시간의 근원인 시간성을 나타내는 개념이면서도 동시에 시간의 측면에서는 영원한 현재를 나타낸다.

원천을 시간을 중심으로 나타내면 선천과 후천으로 드러나기 이전을 나타내지만 선천과 후천의 근원을 중심으로 나타내면 시간성이다. 그러므로 원천을 시간성과 시간의 두 측면에서 나타내면 영원한 현재라고 할 수 있다.

영원한 현재적 관점에서 보면 기제는 매 순간에 나타난 영원으로서의 현재를 나타낸다. 그리고 미제는 현재가 그대로 영원한 세계임을 나타낸다.

영원한 현재를 십익에서는 종시終始와 시종始終의 사건을 통하여 나타내고 있다. 아직은 도달하지 않았지만 장차 도달해야 할 경계로서의 미제는 영원을 나타내고, 드러난 영원, 나타난 영원으로서의 현재는 기제를 나타낸다. 이러한 미제를 물리적 시간의 차원에서 일어나는 사건을 통하여 나타내면 시종은 기제를 나타내고, 종시는 미제를 나타낸다.

그러나 시종과 종시를 형상을 중심으로 물건적 관점에서 나타내면 시종은 현상의 세계, 시간의 세계를 나타내며, 종시는 형이상의 세계, 시간성의 세계를 나타낸다. 이처럼 물건적 관점에서 시간성과 시간, 형이상과 형이하, 도와 현상을 이해하면 양자가 하나인가 둘인가의 문제가 발생한다. 그러면 기제와 미제는 하나인가 둘인가?

영원한 현재를 현상을 중심으로 둘로 구분하여 나타낸 것이 기제와 미제이다. 그러므로 기제와 미제는 영원한 현재의 두 측면에 불과하다.

기제괘는 도가 끊임없이 현상의 사물로 드러남을 나타내고, 미제괘는 현상은 한순간에 나타났다가 사라지고 다시 새로운 사건으로 나타나기 때문에 나타나도 나타남이 없음을 나타낸다.

우리가 현상을 중심으로 영원한 현재를 이해하면 기제괘는 매 순간 영원이 드러남을 나타내고, 미제괘는 영원이 드러났다가 다시 본래의 자리로 돌아가는 귀체歸體, 귀공歸空을 나타낸다. 따라서 영원한 현재는 매 순간 영원은 다양한 사물로 나타나지만 나타난 사물은 순간에 사라지기 때문에 나타나도 나타남이 없다.

기제와 미제는 현상의 유有와 현상의 근원으로서의 무無를 함께 나타내는 개념이다. 영원한 현재의 영원은 유무를 넘어서 있으면서도 유무를 벗어나지 않음을 나타내며, 기제와 미제는 현재를 두 측면에서 나타낸 것이다. 그러면 기제괘와 미제괘와 인간은 어떤 관계인가?

기제괘를 통하여 시종의 현상 세계를 말하고, 인간을 말하며, 대인의 삶과 소인의 삶을 말하지만 미제괘를 통하여 기제는 그대로 미제여서 현상은 현상이 아니며, 인간은 인간이 아니고, 삶도 삶이 아니다.

기제와 미제를 통하여 시종은 종시를 성립하게 하고, 종시는 시종을 성립하게 하여 서로가 서로를 존재하게 하는 근거가 되지만 한편으로는 종시를 통하여 시종이 부정되고, 시종을 통하여 종시가 부정됨을 알 수 있다. 그렇기 때문에 시종으로 드러나도 드러남이 없고, 종시로 돌아가도 돌아감이 없다. 그러면 본성과 육신은 어떤 관계인가?

우리의 삶은 매 순간 본성이 주체가 되어 마음을 통하여 행수좌와 어묵동정의 생명현상으로 나타난다. 그러나 우리가 잠시 아버지를 만나면 육신을 통하여 자식의 역할을 하지만 아버지와 헤어지면 다시 돌아오듯이 자식의 역할은 한순간에 잠시 나타났다가 사라진다.

그리고 다시 자식을 만나면 부모의 역할을 한다. 그렇기 때문에 나는 부모도 아니고, 자식도 아니다. 단지 잠시 부모의 역할을 하고, 자식의 역할을 할 뿐이다.

매 순간 본성이 마음을 통하여 육신으로 드러나는 기제의 연속이지만 다시 육신의 언행은 잠시 나타났다가 사라지기 때문에 항상 미제의 연속이다. 따라서 본성이나 마음, 육신을 있다거나 없다고 할 수 없고, 셋이라고 하거나 둘 또는 하나라고 할 수 없다.

다만 때에 따라서 하나로 말하기도 하고, 둘이나 셋으로 말하기도 하며, 때로는 그 어떤 것도 없다고 말하기도 한다. 그러면 성명합일은 어떻게 이룰 것인가?

성명합일은 역방향에서는 마음을 중심으로 이루어지는 앎의 문제가 된다. 그것은 역방향에서는 본성을 깨달아서 본성과 하나가 되어 본성을 주체로 함이 성명합일임을 뜻한다.

그러나 순방향에서의 성명합일은 본성을 주체로 하여 육신의 다양한 언행이 드러나는 삶 곧 실천을 뜻한다. 따라서 성명합일의 의미는 앎과 실천, 지知와 행행이 하나가 되고, 수행과 삶이 하나가 되는 것을 뜻한다. 그러면 기제, 미제와 성명합일은 어떤 관계인가?

역방향의 앎의 차원에서 보면 성명합일은 미제의 사건이다. 그것은 궁리, 진성, 지명의 과정을 거쳐서 장차 이루어야 할 일일 뿐으로 지금 여기의 나와는 아직 하나가 되지 않는 일이다.

그러나 순방향의 실천의 차원에서 보면 성명합일은 이미 이루어진 기제의 사건이다. 본래 성명이 하나여서 항상 본성이 마음을 거쳐서 육신의 다양한 언행으로 드러나기 때문에 이미 삶 자체가 그대로 성명합일의 나타남이다. 그러면 성명합일은 기제인가 미제인가?

기제와 미재는 대천大川과 같은 장애물을 기준으로 하여 이미 이루어진 사건과 장차 이루어야 할 사건으로 나타낸 것이다. 그것은 성명합일, 천인합일이 기제적인 측면 곧 이미 이루어진 사건의 측면과 아직은 이루어지지 않았기 때문에 장차 이루어야 할 미제적인 측면이 있음을 뜻한다.

기제와 미제는 논리적 측면에서는 양립할 수 없다. 그것은 이미 성명합일이 이루어지고, 천인합일이 이루어졌다면 다시 이룰 필요가 없고, 만약 아직 합일이 이루어지지 않아서 양자가 둘이라면 둘이 하나가 될 수 없어서 합일이 이루어질 수 없음을 뜻한다.

우리는 여기서 기제와 미제로 나타내는 사건은 성명합일을 물리적 시간의 차원에서 이해하여 나타나는 문제임을 생각할 필요가 있다.

그것은 물건적 차원에서 이것과 저것으로 분별하여 나타내었을 때 만나는 모순의 문제는 먼저 사건의 차원으로 관점을 바꾸어야 해결됨을 뜻한다.

그러나 사건도 물리적 시간의 차원인 점에서는 물건적 차원과 같다. 그렇기 때문에 사건으로 관점을 바꾼 후에 다시 사건의 바탕인 시간의 근거가 되는 시간성의 차원으로 바꾸어야 한다. 시간성의 차원에서 시간으로의 변화라는 사건을 통하여 성명합일, 천인합일을 이해할 때 비로소 양자의 성격이 분명하게 드러난다.

정역에서는 물리적 시간을 선천과 후천으로 구분하여 나타낸다. 그리고 선천과 후천과 더불어 선후천으로 드러나기 이전의 선후천이 하나인 원천原天을 제시하고 있다. 원천이 형이상적인 차원 곧 시간성을 나타내고, 선후천은 원천에 의하여 생성된 시간을 나타낸다. 그러므로 신후천은 물리적 시간과 다르다.

김일부金一夫는 원천이 변하여 화한 선천과 후천에 대하여 "선천은 후천을 향하여 작용하고, 후천은 선천을 향하여 작용한다."[306]고 하였다. 원천이 드러난 선천이고, 원천이 드러난 후천이기 때문에 양자는 원천의 양면일 뿐이다.

우리가 원천을 중심으로 성명합일, 천인합일을 이해하면 양자는 매 순간에 합일하였다가 분생하고, 분생하였다가 다시 합일하기 때문에 분생과 합일이 둘이 아니다. 그러므로 합일을 하여도 고정됨이 없어서 합일이라고 할 수 없고, 분생하여도 고정됨이 없어서 분생이라고 할 수 없다.

우리는 허공을 통하여 인간의 생사生死를 나타내면 잘 이해할 수 있다. 우리의 본성은 허공과 같아서 분생과 합일이 없다. 그럼에도 불구하고 현상적 측면에서는 마치 동그란 컵에다 허공을 담고, 네모난 컵에도 허공을 담는 것과 같은 분생이 있고, 두 컵이 소멸되어 다시 허공으로 돌아가는 것과 같은 합일이 있다.

허공이 컵에 담긴다고 하여 허공이 둘로 나누어지는 것도 아니어서 허공이 줄어들지 않으며, 컵 안의 허공과 본래의 허공이 서로 다르지 않다. 그리고 컵이 소멸되어 컵 안의 허공이 허공으로 돌아간다고 하여 허공이 늘어나는 것도 아니다. 그러면 분생과 합일이 아무런 의미가 없는가?

마음의 합일, 분생이 물질의 합일, 분생과 다르지 않다. 그것은 우리가 마음을 통하여 합일과 분생이 자유로울 때 비로소 육신의 본생과 합일 역시 자유로울 수 있음을 뜻한다. 왜냐하면 본성에 의하여 마음으로 드러나고, 마음에 의하여 육신의 현상이 나타나기 때문이다. 그러면

306　김항『정역正易』제사장第四張, "后天은 政於先天하니 水火니라. 先天은 政於后天하니 火水니라."

합일과 분생은 어떤 관계인가?

　합일과 분생이라는 사건은 기제도 아니고 미제도 아니다. 왜냐하면 기제와 미제는 양자가 상대적으로 존재하기 때문에 양자의 어느 일면을 배제하고 다른 하나가 성립할 수 없기 때문이다. 그렇다고 하여 동시적이라고 할 수 없다. 만약 동시적이라면 양자를 구분할 수 없기 때문이다.

　또한 합일과 분생의 주체인 나와 남, 자연, 사물이 없다. 그렇기 때문에 합일과 분생의 사건도 고정되게 '있거나 없거나, 있으면서도 없고, 있지도 않으면서 없지도 않다'고 할 수 없다.

제8부

주역사상과 중국사상

1. 형이상의 도道와 형이하의 기器 중심의 이원적二元的 세계관

2. 형이상의 본성[性]과 형이하의 생명[命]의 이원적二元的 인간관

3. 성명합일과 천인합일의 합일合一의 삶

4. 도통道統과 벽이단사설闢異端邪說

5. 중국사상과 내 안의 나를 통한 한마음 계발

제8부

주역사상과 중국사상

　우리는 앞에서 김항이 정역을 통하여 주역의 내용을 파악할 수 있는 중요한 괘로 제시한 지천태괘地天泰卦와 천지비괘天地否卦, 중천건괘 重天乾卦와 중지곤괘重地坤卦, 산택손괘山澤損卦와 풍뢰익괘風雷益卦, 택산함괘澤山咸卦와 뇌풍항괘雷風恒卦, 수화기제괘水火旣濟卦와 화수미제괘火水未濟卦에 순역順逆의 성격을 이해할 수 있는 풍택중부괘風澤中孚卦, 뇌산소과괘雷山小過卦를 더하여 열 개의 괘를 중심으로 주역과 십익에서 밝히고 있는 인간에 대하여 살펴보았다.
　비태괘否泰卦에서는 대인의 삶과 소인의 삶이 서로 다름을 나타내고 있다. 이는 중천건괘와 중지곤괘에서 밝히고 있는 형이상적 본성과 형이하적 생명의 양자 가운데 어느 것을 주체로 살아가는가의 문제이다. 그러면 대인의 삶과 소인의 삶은 무엇인가?
　중천건괘에서 밝히고 있는 내 안의 나, 본성을 주체로 삶을 살아가는 사람을 대인이라고 말하고, 표면으로 드러나는 물리적 생명을 중심으로 살아가는 사람을 소인이라고 말한다. 그렇기 때문에 대인의 도와 소인의 도는 사람의 서로 다른 삶의 방식을 나타낸다. 그러면 대인의 삶과 소인의 삶은 어떻게 이루어지는가?

 자신에 대하여 성찰하는 과정을 통하여 내 안의 나와 하나가 되어 살아가는 사람이 대인이며, 자신에 대한 성찰의 과정이 없이 육신과 육신의 기능인 의식을 자신으로 여기고 살아가는 사람이 소인이다. 그렇기 때문에 대인이 되기 위해서는 반드시 자신을 돌아보는 과정이 필요하다. 그러면 대인이 되기 위한 자아성찰은 어떻게 하는가?

 대인은 지금 여기의 나를 벗어나서 다른 존재가 되는 것이 아니라 내 안의 나를 발견하여 그가 바로 참 나이면서도 나 아닌 나임을 알고 나로 살아가는 사람이다.

 대인과 소인의 본성이 같음에도 불구하고 양자의 삶이 다름은 인간과 세계에 대한 견해의 차이에서 비롯된다. 소인이 물리적 생명을 중심으로 육신으로 자신으로 여기는 그릇되고, 뒤바뀐 견해인 전도견顚倒見을 갖고 있는 것과 달리 대인은 육신의 근원인 내 안의 나인 본성을 자신으로 여기는 바른 견해인 정견正見을 통하여 인간을 이해한다. 따라서 사람이 소인의 삶을 버리고, 대인의 삶을 살아가기 위해서는 전도견을 버리고 정견을 갖는 것이 필요하다. 그러면 전도견을 버리고 정견을 갖는 일은 어떻게 이루어지는가?

 전도견은 분별을 특성으로 하는 의식에 의하여 형성되고, 정견은 내 안의 참 나인 본성의 작용인 마음에 의하여 형성된다. 따라서 의식을 벗어나서 마음에 이르러야 한다. 그러면 의식과 마음은 어떤 관계인가?

 의식과 마음 그리고 내 안의 참 나인 본성은 동일한 차원이 아니다. 그것은 의식의 차원에서는 내 안의 참 나인 본성이 드러나지 않음을 뜻한다. 그렇기 때문에 의식을 놓아 버림으로써 전도견에서 벗어나는 동시에 본성에 의하여 이루어지는 마음을 지켜봄으로써 정견을 갖게 된다. 그러면 전도견에서 벗어나서 정견을 갖기 위해서는 어떻게 해야 하는가?

육신을 중심으로 이루어지는 의식의 분별 작용을 통해서는 내 안의 나가 드러나지 않기 때문에 양자가 하나가 아니지만 내 안의 나가 마음으로 드러나고, 육신의 다양한 현상으로 나타나기 때문에 양자가 둘이 아니다. 따라서 전도견을 버리고 정견을 갖기 위해서는 의식 놓아 버리기와 마음 지켜보기의 관계를 파악하는 것이 필요하다.

　풍택중부괘와 뇌산소과괘를 통하여 전도견을 버리고 정견을 갖는 것과 의식을 놓아 버리고, 마음을 지켜보는 일이 모두 심성의 내면에서 일어나는 용심법用心法임을 알 수 있다.

　뇌산소과괘雷山小過卦가 나타내는 순역을 통하여 의식을 놓아 버리고 마음을 지켜보는 일이 동시적 일임을 파악할 수 있다. 의식 놓아 버리기는 역방향에서 이루어지며, 마음 지켜보기는 순방향에서 이루어진다. 그러면 순역은 무엇인가?

　순역은 마음을 쓰는 용심법用心法이다. 그리고 순역을 자유자재하는 마음 씀은 믿음을 바탕으로 이루어진다. 풍택중부괘風澤中孚卦에서는 믿음이 순역의 근거임을 나타내고 있다.

　산택손괘에서는 육신을 자신으로 여기는 의식 놓아 버리기를 나타내고 있고, 풍뢰익괘에서는 내 안의 참 나에 의하여 드러나는 마음을 지켜보기를 나타내고 있다.

　택산함괘와 뇌풍항괘에서는 성명의 합일을 통하여 심신의 합일이 이루어짐으로써 비로소 대인의 삶을 살아감을 나타내고 있다. 이처럼 성명합일을 통하여 세계와 하나가 되는 천인합일을 과거적 측면과 미래적 측면에서 나타낸 괘가 기제괘와 미제괘이다. 그러면 지금까지 주역, 십익을 고찰함으로써 드러나는 중국사상의 특징은 무엇인가?

　주역과 십익에서 제시한 이상적인 삶으로서의 군자의 도는 물건적 관점에서 형상을 중심으로 형이상과 형이하를 구분하여 세계를 이해하는 이분법적 세계관을 바탕으로 전개된다. 십익에서는 형이상의 존재를 도道로 그리고 형이하의 존재를 기器로 규정하여 양자를 본말의 관계로 나타내고 있다.

본말의 관계를 이루는 도道와 기器를 바탕으로 주역과 십익의 인간에 대한 이해도 이루어진다. 주역과 십익에서는 형이상의 본성[性]과 형이하의 물리적 생명[命]을 구분하여 성명性命의 양자를 중심으로 인간을 이해한다. 성명은 도와 기의 관계에 의하여 형성되기 때문에 양자 역시 본말의 관계를 이룬다.

인간의 물리적 생명은 지말이기 때문에 지말을 벗어나서 근본인 본성을 찾아가는 과정이 필요하다. 명命을 벗어나서 성性에 이르러서 양자가 하나가 되는 성명합일性命合一이 주역과 십익에서 추구하는 근본 명제이다. 이러한 성명합일을 통하여 인간과 세계가 하나가 되는 천인합일이 이루어진다.

지금부터는 앞에서 살펴본 내용을 바탕으로 주역과 십익에서 나타내고 있는 세계관, 인간관 그리고 이상적인 삶이 무엇인지를 살펴보고, 이를 바탕으로 중국사상이 갖는 장점과 한계가 무엇인지를 고찰하고자 한다. 이를 통하여 중국사상의 특성이 무엇인지를 도출할 수 있을 것이다.

1. 형이상의 도道와 형이하의 기器 중심의 이원적二元的 세계관

인류는 이미 구석기시대에도 죽은 사람을 땅에 묻었다. 그것은 인류가 선사시대에도 산 사람과 죽은 사람을 구분하여 산 사람은 산 사람으로 대하고, 죽은 사람은 죽은 사람으로 대하였음을 뜻한다. 우리는 이 것을 통하여 인류가 석기시대에도 삶과 죽음이라는 생사의 문제 곧 시간을 통하여 자신의 삶을 이해하고 세계를 이해하였음을 알 수 있다.[307]

시간의 의식은 공간의 의식과 함께 이루어진다. 선사시대의 사람들이 이곳과 저곳을 구분하여 산 사람들의 거주지와 다른 공간에 죽은 사람들을 묻었음은 공간을 의식하였음을 나타낸다. 그러면 인류가 시간과 공간을 의식했음을 무엇을 의미하는가?

인류는 시간을 통하여 삶과 죽음을 알고, 공간을 통하여 나와 남을 구분하여 우리가 속한 집단과 다른 사람들의 집단, 인간과 동물, 인간과 자연, 인간과 세계를 구분하였다. 인류가 자신과 세계를 구분하여 자신을 중심으로 세계를 이해하고, 사물을 이해하기 시작한 것이다.

우리가 나와 남, 나와 세계를 구분하여 삶과 죽음을 이해하기 시작하면 살기 위하여 무엇을 해야 하는지, 나에게 필요한 것이 무엇인지를 사고할 뿐만 아니라 더 나아가서 나는 누구인가를 생각하지 않을 수 없다.

오늘날의 우리들은 비록 기술의 발달로 선사시대와 달리 삶의 환경이 기계화되고, 자동화되어, 편리하고, 효율적인 삶을 살고 있지만 그들과 마찬가지로 여전히 삶과 죽음에 대하여 사고하고, 나는 누구이며, 어떻게 살아야 하는지를 성찰한다.

우리가 인간으로서의 나는 어떤 존재이며, 우리의 삶이 무엇인지 그리고 어떻게 살아야 하는지의 궁극적인 문제를 해결하지 않으면 어떤 상황에서 어떤 삶을 살아가더라도 항상 근심과 걱정, 두려움에서 벗어나지 못하고 고통스런 삶을 살아갈 수밖에 없다.

---

307 엘리아데 지음, 이용주 옮김, 『세계종교사상사 1』, 이학사, 2014, 49-57쪽.

인류의 스승이라고 일컬어지는 사람들은 모두 자신이 어떤 존재인지를 파악하여야 비로소 인간답게 살아갈 수 있음을 밝히고 있다.

소크라테스는 "너 자신을 알라"고 하였고, 『상서』에서는 "사람을 알면 지혜롭다."[308]고 하여 인간을 통하여 지혜를 얻을 수 있음을 밝히고 있으며, 『맹자』는 "성품을 알면 하늘을 안다."[309]고 하여 인간을 알면 우주를 알 수 있다고 하였다.

비록 여러 성인들이 다양한 측면에서 서로 다른 이상적인 삶을 제시하였지만 모두 스스로 자신을 성찰하는 것으로부터 시작됨을 밝히고 있다.

그러나 우리는 오늘이나 내일 기껏해야 몇십 년 후의 삶을 생각할 뿐으로 죽음 이후나 태어나기 이전을 생각하려고 하지 않는다. 물론 우리는 언젠가는 반드시 죽는다는 사실을 안다. 그럼에도 불구하고 지금 이 순간은 아니라는 안일安逸한 생각으로 살아간다.

우리는 매일 저녁에 자리에 누워 잠을 청한다. 그리고 내일 아침에 다시 일어날 것을 한 치의 의심도 하지 않는다. 그러나 모든 사람이 항상 어제의 아침처럼 내일 아침에 눈을 뜨고 일어나는 것은 아니다.

죽음 이후 나는 어디로 가는지 그리고 태어나기 이전의 나는 어디에 있었는지의 문제는 시간을 통하여 나를 이해하는 일이다. 그와 더불어 나는 무엇인지 어떻게 살 것인지의 문제는 공간적 측면에서 나를 이해하는 일이다.

동서와 고금을 막론하고 시간과 공간이라는 범주는 인간과 세계를 나타내는 존재범주인 동시에 인간이 세계를 인식하는 자각의 범주이고,

---

308 『상서尚書』, 고요모皐陶謨, "知人則哲 能官人 安民則惠 黎民懷之 能哲而惠"
309 『맹자』 진심장구상盡心章句上. "盡其心者, 知其性也. 知其性, 則知天矣."

인간이 살아가는 실천의 범주이다. 그렇기 때문에 아리스토텔레스, 칸트, 하이데거를 비롯한 서양의 철학자들이나 과학자들이 우주와 자연을 이해하고 설명하는 범주로 시간과 공간을 이용해 왔다.

동아시아의 한국사상이나 중국사상 역시 시간과 공간을 범주로 하여 인간과 세계를 이해하고, 설명해 왔다. 고조선사상을 나타내고 있는 단군신화에서는 시간과 공간을 중심으로 사건과 물건의 측면에서 세계와 인간을 나타내고 있다.

우리가 자신을 이해하는 방법 역시 시간과 공간을 통하여 이루어진다. 그 하나는 시간을 중심으로 공간을 이해하는 방법이며, 나머지는 공간을 중심으로 시간을 이해하는 것이다. 앞의 방법은 사건을 통하여 나를 이해하는 방법이고, 후자는 물건을 통하여 나를 이해하는 방법이다.

한국사상은 시간성을 통하여 시간을 이해하고 세계를 이해하며, 인간을 이해한다. 이와 달리 중국사상은 물건을 통하여 물건의 근본을 찾고자 한다. 따라서 한국사상과 중국사상을 비교하여 이해하면 두 사상의 특성을 파악하는 데 효율적이다.

우리가 공간적 관점에서 물건을 중심으로 나를 이해할 때 사용하는 방법은 물건적 차원에서 시간을 활용하는 것이다. 그것은 물리적 시간을 중심으로 현상과 현상 이전을 구분하여 양자의 관계를 통하여 지금 여기의 나를 이해하는 방법이다.

중국사상을 나타내고 있는 「대학」에서는 세계를 사건과 물건을 중심으로 다음과 같이 나타내고 있다.

물건에는 근본本末이 있고, 사건에는 종시終始가 있다. 그 선후

하는 것을 알면 도道에 이른다.[310]

위의 내용을 보면 사물과 도를 구분하여 양자를 중심으로 사물에 대하여 논하고 있음을 알 수 있다. 이때 사물과 도를 구분하는 기준은 형상이다. 사물은 형상을 가진 현상을 나타내며, 도는 형상을 초월한 근원을 나타낸다. 그러면 사물과 도는 어떤 관계인가?

십익에서는 현상 이전을 물건적 관점에서 형이상形而上의 세계로 그리고 현상을 형이하形而下의 세계로 구분하여 양자를 각각 도道와 기器로 나타낸다.

형이상의 것을 도道라고 말하고, 형이하의 것을 기器라고 말한다.[311]

도와 기의 특징은 형상이 없는 세계가 도이며, 형상을 가진 세계가 도라는 점이다. 도와 기는 그릇과 그릇에 담긴 내용물과 같다. 그릇의 형태, 재질, 크기는 모두 도에 의하여 결정된다. 이와 마찬가지로 도는 나무의 뿌리와 같아서 가지의 끝과 같은 기器의 근원이다. 그렇기 때문에 도에 의하여 기器의 세계가 형성된다.

그런데 나무의 뿌리가 없으면 가지가 자랄 수 없지만 가지가 없다면 나무의 뿌리도 역시 자신을 드러낼 수 없다. 그렇기 때문에 양자는 비록 근본根本과 지말支末로 서로 구분되는 관계이지만 서로 떨어질 수 없는 하나이다. 따라서 양자는 일체이면서도 서로 구분된다. 그러면 『대학』의 인용문으로 돌아가서 그 내용을 살펴보자.

---

310 『예기』, 대학, "物有本末 事有終始 知所先後 則近道矣."
311 『주역』 계사상편 제십이장, "形而上者謂之道 形而下者謂之器."

앞의 인용문에서는 지말의 기器를 시간과 공간의 측면에서 분석하여 나타내고 있다. 시간의 관점에서 사건으로 나타내고, 공간의 관점에서 물건으로 나타내며, 물건의 구조를 근본과 지말로 분석하고, 사건의 구조를 시초와 종말을 통하여 분석하였다.

주역과 십익에서도 형이하의 세계를 중심으로 때로는 물리적 시간의 관점에서 나타내기도 하고, 물건적 관점에서 나타내기도 하였다. 우리는 앞에서 64괘를 집약하여 나타내고 있는 두 괘인 중천건괘와 중지곤괘가 각각 시간과 공간, 사건과 물건의 관점에서 성명을 나타내고 있음을 살펴보았다. 그러면 시간과 공간은 어떤 관계인가?

시간과 공간은 본래 일체이다. 그렇기 때문에 십익에서 하나의 괘를 구성하는 육효를 시간의 관점에서 삼극三極의 도[312]로 규정하기도 하고, 물건적 관점에서 삼재三才의 도[313]로 규정하기도 하였다. 그리고 하나의 괘를 구성하는 초효와 상효를 각각 물건적 관점에서 근본과 지말로 나타내기도 하고, 시간의 관점에서 시초와 종말로 나타내기도 하였다.[314] 그러면 사건과 물건은 어떤 관계인가?

대학에서 밝히고 있는 것과 같이 시간과 공간은 선후 관계이며, 도와 시간 역시 선후 관계이다. 그렇기 때문에 공간을 벗어나서 시간에 이르고, 시간을 벗어나서 도에 이른다.

그러면 인간을 중심으로 선후 관계를 통하여 도에 이르는 방법이 무엇인지 살펴보자. 물건적 관점에서는 지말인 육신을 벗어나서 근본인

---

312 『주역』 계사상편 제이장第二章, "六爻之動 三極之道也"
313 『주역』 계사하편 제십장第十章, "易之爲也 廣大悉備 有天道焉 有地道焉 有人道焉 兼三材而兩之故六 六者非它也 三才之道也"
314 『주역』 계사하편 제구장第九章, "易之爲書也 原始要終 以爲質也 六爻相雜 唯其時物也 其初難知 其上易知 本末也"

내 안의 나인 본성에 이른다. 이때 본성은 고정된 물건이 아니기 때문에 공간보다 앞서는 시간의 관점에서 살펴보아야 한다.

본성과 육신을 시간적 관점에서 사건을 중심으로 살펴보면 인간은 탄생이라는 시초에서 죽음이라는 종말에 이르기까지의 사건으로 나타낼 수 있다.

그것은 본성이 갑돌이의 근본으로 작용하는 탄생이라는 시초에서 죽음이라는 종말에 이르면 다시 을순이라는 근본으로 작용함을 뜻한다. 이처럼 본성은 각각 갑돌이의 근본이고, 을순이의 근본이지만 어느 하나의 근본이 아니라 모두의 근본이다. 이처럼 개체적 사람의 근본이자 인간의 근본이고, 만물의 근본이면서 우주의 근본이 바로 도이다.

물건으로부터 시작하여 사건으로 그리고 다시 도라는 근원에 이르는 과정은 중천건괘와 중지곤괘에서도 그대로 드러난다. 중천건괘에서는 육효의 변화를 통하여 시간상에서 일어나는 시종의 사건을 통하여 시종의 변화의 근원인 종시의 세계를 용을 통하여 상징적으로 나타내고 있음을 보았다.

용龍은 시간에 따라서 다양한 사건으로 자신을 드러내지만 변화하지 않는 변화의 근원, 근본을 나타낸다. 시종의 사건을 중천건괘는 각 효에 따라서 잠용, 현룡, 군자, 약룡, 비룡, 항룡으로 나타내고 있다.

중천건괘에서 물리적 시간의 관점에서 시종의 사건을 통하여 변화하지 않는 근원을 나타내고 있는 것과 달리 중지곤괘에서는 사건을 대상화하여 물건적 관점에서 일어나는 변화를 나타내고 있나.

우리가 시종의 사건을 대상화하여 시종을 일관하는 하나의 고정된 어떤 것이 있어서 그것이 변화를 일으키는 것으로 표현할 수 있다. 이처럼 중지곤괘에서는 중천건괘에서 나타내었던 사건을 대상화하여 물건의 변화로 나타내고 있다.

중지곤괘에서는 하나의 생명체가 있어서 온갖 현상을 만날 때마다 다양한 현상으로 자신을 드러냄을 나타낸다. 이처럼 중천건괘와 중지곤괘가 일체이면서도 둘이듯이 물리적 시간과 물건은 일체이지만 사건을 대상화하여 물건의 세계가 구성되기 때문에 사건의 세계가 물건의 세계보다 근본이다. 그러면 주역과 십익에서는 사건적 세계를 어떻게 나타내고 있는가?

주역과 십익에서 물리적 시간의 관점에서 세계를 나타내는 것이 점占이라는 개념이다. 점占은 물리적 시간의 관점에서 과거와 미래를 구분하여 현재의 관점에서 미래를 나타내는 개념이다. 우리가 물리적 시간을 나타내기 위해서는 영원한 세계를 상정하고 그것을 나누어서 나타내지 않을 수 없다. 이때 이 시각과 저 시각의 사이라는 시간을 나타내는 도구는 수이다. 십익에서는 점占을 다음과 같이 나타내고 있다.

수를 다하여 미래를 아는 것을 점占이라고 말하며, 변화에 통하는 것을 일이라고 한다.[315]

인용문을 통하여 십익에서 주역의 내용을 미래를 알고, 변화에 통하는 점사占事로 규정하였음을 알 수 있다. 그러면 미래를 아는 점사는 십익에서 세계를 형상을 중심으로 형이상과 형이하로 구분하여 각각 도道, 기器로 규정한 것과 어떤 관계인가?

십익에서는 "신神으로 미래를 알고, 지식으로 과거를 갈무리한다."[316]고 하여 미래를 아는 방법을 신神을 통하여 밝히고 있다. 그리고 "음과

---

315 『주역』 계사상편 제오장, "極數知來之謂占, 通變之謂事."
316 『주역』 계사상편 제십일장, "神以知來, 如以藏往"

양으로 구분하여 나타낼 수 없음을 신神이라고 한다."³¹⁷고 하였다. 그것은 분별을 넘어선 무분별의 세계를 신으로 규정하였음을 의미한다. 그러면 과거와 미래 그리고 앎의 관계는 무엇인가?

설괘에서는 시간의 관점에서 앎의 문제를 순順과 역逆의 두 방향에서 논하고 있는데 그 내용은 다음과 같다.

> **지나간 것을 헤아림은 순順이며, 다가올 것을 앎은 역逆이다. 그러므로 역易은 역逆으로 헤아린다.**³¹⁸

인용문을 보면 미래에서 출발하여 과거를 향하는 것이 순이며, 과거에서 출발하여 미래를 향하는 것을 역으로 규정하고 있다. 그리고 역방향을 지래로 그리고 순방향을 수왕으로 나타내고 있다. 그러면 수왕數往과 지래知來는 무엇인가?

우리는 앞에서 신에 의하여 미래를 앎을 바탕으로 과거를 지식으로 갈무리함을 살펴보았다. 그러므로 지래는 신을 통하여 이루어짐을 알 수 있다. 우리가 신이 무엇인가를 파악할 수 있는 언급은 십익의 다음과 같은 부분이다.

> **역易은 생각이 없고, 함이 없어서 고요하여 움직임이 없으면 천하의 연고에 감통한다.**³¹⁹

우리는 무아無我의 상태에서 무위無爲, 무사無思하여 적연부동寂然不

---

317 『주역』 계사상편 제오장, "陰陽不測之謂神."
318 『주역』 설괘 제삼장, "數往者順, 知來者逆, 是故易逆數也."
319 『주역』 계사상편 제십장, "易无思也, 无爲也, 寂然不動, 感而遂通天下之故."

動의 상태 곧 무심無心의 상태를 통하여 천하의 연고에 감통함을 알 수 있다. 그것은 무아, 무심의 상태에서 비로소 나와 세계의 분별이 없는 상태를 경험함을 뜻한다. 그것이 바로 신으로 미래를 앎이라고 할 수 있다. 그러면 지식으로 과거를 갈무리함은 무엇인가?

수왕의 수는 분별함, 분석함을 뜻한다. 무아, 무심의 상태에서 드러나는 하나의 세계, 분별이 없는 세계를 분별하여 다양한 지식으로 나타냄이 수왕數往이다. 그러면 양자는 어떤 관계인가?

지래知來의 앎과 수왕數往의 지지는 그 성격이 서로 다르다. 신이지래神以知來의 지지는 지부지知不知의 분별을 넘어선 앎이지만 지이장왕知以藏往의 지지는 지부지知不知의 차원에서의 지지이다. 그러면 양자는 어떤 관계인가?

신이지래神以知來를 통하여 지이장왕知以藏往이 이루어진다. 따라서 지래知來를 근거로 하여 수왕數往이 이루어진다. 그렇기 때문에 지래의 지지가 지혜라면 수왕의 지지는 지식이라고 할 수 있다. 지혜는 나와 하나인 상태에서 이루어지나 지식은 나와 둘의 상태에서 이루어진다.

뒷부분의 인용문에서는 역易을 역수逆數라고 하였다. 그것은 지래를 바탕으로 하여 수왕을 추구함이 주역의 목적임을 나타낸다. 그러면 사물과 순역順逆은 어떤 관계인가?

우리가 물리적 시간의 관점에서 미래와 과거를 중심으로 과거에서 미래를 향하는 역방향과 미래에서 과거를 향하는 순방향을 구분하고 다시 이 두 방향을 중심으로 시종의 사건을 규정한 후에 그것을 다시 대상화하여 나타낸 것이 물건적 세계이다.

물건적 관점에서 보면 형이상의 도에서 출발하여 형이하의 기에 이르는 것이 순順이며, 형이하의 기로부터 출발하여 형이상의 도에 이르는 것이 역逆이다. 그러므로 도道와 기器를 사건과 물건의 두 측면에서 나타낸 것이 순역임을 알 수 있다.

우리는 앞의 내용을 통하여 주역과 십익에서 형이상의 도道와 형이하의 기器를 구분하고, 순과 역을 구분하여 양자를 관계를 중심으로 세계를 이해하였음을 알 수 있다. 도와 기, 순과 역을 구분하여 세계를 이해하는 사유체계는 후대의 중국사상에 그대로 계승되어 중국사상의 전통을 이룬다.

중국유학에서는 형이상과 형이하를 구분하여 학문을 통하여 형이하에서 출발하여 형이상에 이르는 하학이상달下學而上達을 언급하고, 형이상의 세계에 도달함을 지천명知天命으로 나타내며, 인간과 세계가 하나가 되는 삶을 천인합일天人合一으로 나타낸다.

중국불교에서는 이理와 사事를 구분하여 이사무애理事無礙와 사사무애事事無碍를 추구하며, 성性과 상相을 구분하여 회상귀성會相歸性함으로써 성상융회性相融會를 추구[320]하고, 견성성불見性成佛을 추구한다.

중국도교에서는 인간을 정기신精氣神으로 구분하여 정精으로부터 출발하여 기氣를 거쳐서 신神에 이르고, 다시 신神과 도道가 합일하는 연정화기鍊精化氣, 연기화신鍊氣化神, 연신환허鍊神還虛, 연허합도煉虛合道를 추구한다.

중국사상에서는 주역과 십익에서 밝히고 있는 물건적 관점에서 제기되는 형이상과 형이하의 두 세계 곧 도道와 기器를 중심으로 순과 역의 두 방향에서 세계와 인간을 논한다. 그것은 순방향이 도를 중심으로 이루어지는 존재론적 측면을 나타내는 동시에 역방향은 기器를 중심으로 이루어지는 당위론적 측면을 나타냄을 뜻한다.

형이상의 도가 근원이 되어 형이하의 기로 드러나는 측면이 순방향

---

320 『종경록宗鏡錄』 14권(ABC, K1499 v44, p.78b03), "佛則性相雙融 生則會相歸性"

이기 때문에 도의 작용에 의하여 전개되는 현상을 나타내지 않을 수 없다. 십익에서 "변화에는 태극太極이 있어서 태극이 양의兩儀를 낳고, 양의가 사상四象을 낳으며, 사상이 팔괘八卦를 낳는다."[321]고 함은 바로 순방향의 존재론적 특성을 그대로 나타내고 있다.

그러나 역방향에서 형이하의 기의 차원에서 출발하여 근원을 찾아서 그것과 하나가 되는 일은 인간이 해야 할 일이다. 적연부동寂然不動한 상태에서 이루어지는 감통 곧 지래는 역방향에서 이루어지는 근원을 찾아가는 과정이다.

십익에서는 궁리, 진성, 지명을 통하여 인간의 근원을 찾아서 합일하고, 다시 세계의 근원을 찾아서 합일하는 과정을 제시하고 있다. 그러면 도와 기, 순과 역이 둘인가?

우리가 순방향의 존재론적 측면에서 세계를 이해하면 인간과 자연을 비롯하여 만물이 도를 근원으로 존재한다. 따라서 만물이 모두 동일한 본성, 근원을 가진 일체이다. 십익에서는 도와 만물을 다음과 같이 나타내고 있다.

> 한 번은 음으로 작용하고, 한 번은 양으로 작용하는 것을 도道라고 한다. 작용이 계속되는 것을 선善이라고 하며, 이루어진 것을 성性이라고 한다.[322]

우리는 도의 작용인 선성善性에 의하여 나타나는 결과를 만물의 본질인 성性으로 규정하고 있음을 알 수 있다. 그렇기 때문에 도를 바탕

---

321 『주역』 계사상편 제십일장, "是故 易有太極, 是生兩儀, 兩儀生四象, 四象生八卦, 八卦定吉凶, 吉凶生大業"
322 『주역』 계사상편繫辭上 제오장, "一陰一陽之謂道 繼之者善也 成之者性也"

으로 개체적 존재를 이해하면 모든 개체적 존재가 동일한 성품을 가진 일체적 존재이다.

그런데 우리가 역방향에서 만물을 이해하면 사람과 사물이 다를 뿐만 아니라 사람과 동물이 다르고, 사람과 사람도 서로 다르다. 그렇기 때문에 사람은 사람의 역할을 해야 하고, 동물은 동물의 역할을 해야 한다.

십익에서는 역방향에서 세계를 구분하여 천지인天地人의 삼재三才로 나타낸다. 그것은 세계를 셋으로 구분하여 각각의 역할이 다름을 밝힌 것이다. 그렇기 때문에 천은 천의 길인 천도天道가 있고, 지는 지의 길인 지도地道가 있으며, 인간은 인간의 길인 인도人道가 있다고 말한다.[323] 그러면 삼재의 도는 어떤 관계인가?

천지의 도는 인도의 존재근거이다. 천지가 합덕하여 본체와 작용이 되어 인도가 성립한다. 십익에서는 인도에 대하여 다음과 같이 밝히고 있다.

> **건乾은 양물陽物이고, 곤坤은 음물陰物이다. 음양이 합덕合德함으로써 강유剛柔의 본체가 된다. 천지의 본성을 체득함으로써 신명한 덕에 통한다.**[324]

음양과 강유가 각각 천도와 지도를 나타내는 범주이다. 그리고 인도를 나타내는 범주는 인의이다. 십익에서는 천도와 지도, 인도의 내용을 다음과 같이 밝히고 있다.

---

323 『주역』 계사하편 제십장, "易之爲書也, 廣大悉備, 有天道焉, 有地道焉, 有人道焉. 兼三材而兩之, 故六, 六者非它也, 三才之道也"

324 『주역』 계사하편 제육장, "子曰 乾坤其易之門邪 乾陽物也 坤陰物也 陰陽合德而剛柔有體 以體天地之撰 以通神明之德"

> 그러므로 천도를 세워서 음과 양이라고 말하고, 지도를 세워서 강과 유라고 말하며, 인도를 세워서 인과 의라고 말한다.[325]

우리는 위의 인용문을 통하여 음양이 합덕하여 강유의 체가 있다는 것은 음양의 합덕을 본체로 하여 강유의 작용이 이루어짐을 나타냄을 알 수 있다. 결국 천도가 본체가 되어 지도로 작용함을 알 수 있다. 그러면 인도는 무엇인가?

인도는 천지의 본성을 체득함으로서의 신명神明한 덕德에 통함을 출발점으로 삼는다. 이는 천지의 본성을 신명한 덕으로 규정하고 이 신명한 덕에 통하는 것이 인간이 일차적으로 해야 할 일임을 나타낸 것이다.

인간의 천지의 본성 곧 천지의 도덕을 체득함은 함이 없고, 생각함이 없는 적연부동寂然不動의 상태에서 천지의 연고 곧 신명한 덕에 감통感通함이다. 이는 존재론적 측면에서 만물이 일체이기 때문에 당위론적 측면에서 만물의 하나인 인간이 만물과 서로 소통하는 것임을 나타낸다.

순방향의 존재론적 측면에서 만물이 일체이기 때문에 역방향의 당위론적 측면에서 만물이 하나가 되어 서로 소통하는 것이 일차적으로 사람이 해야 할 일이다.

그러나 인의는 소통 곧 만물이 일체임을 아는 것에서 더 나아가서 하나로 살아감을 나타낸다. 인도로 제시한 인의는 인예의지仁禮義知의 사덕四德을 나타낸다. 사덕은 인간의 내 안의 나인 본성을 주체로 현상의 모든 존재를 또 다른 나로 대함을 나타낸다. 바로 공체, 공심으로 공식

---

325 『주역』 설괘 제이장, "昔者聖人之作易也 將以順性命之理 是以 立天之道曰陰與陽 立地之道曰柔與剛 立人之道曰仁與義"

하고, 공용하며, 공존共存하며, 공생共生함이 사람의 삶으로서의 인도이다. 중천건괘의 문언에서는 인간이 인간답게 살아갈 때의 상태를 다음과 같이 밝히고 있다.

> 무릇 대인은 천지와 덕을 함께하고, 일월과 밝음을 함께하며, 사시와 차례를 함께하고, 귀신과 길흉을 함께하여, 천보다 앞서도 천이 어기지 않으며, 천보다 뒤에 하여도 천지를 받든다. 천도 또한 어기지 않거늘 하물며 인간이 어기며, 귀신이 어기겠는가?[326]

사람다운 사람인 대인은 천지, 일월, 사시, 귀신과 소통하면서 함께 살아가는 존재이다. 그렇기 때문에 천지의 작용보다 먼저 말로 나타내어도 천지의 현상이 어긋나지 않으며, 천지의 현상을 따라서 행동을 하여도 천시天時를 따르기 때문에 천지와 인간 그리고 귀신이 모두 함께한다.

2. 형이상의 본성[性]과 형이하의 생명[命]의 이원적二元的 인간관

우리는 앞에서 주역과 십익이 물건적 관점에서 형이상과 형이하를 구분하여 도와 기의 이분법적인 세계관을 바탕으로 삼재의 도道를 밝히고 있음을 살펴보았다. 그러면 주역과 십익에서 도와 기의 이분법적

---

326 『주역』 중천건괘 오효 문언, "夫大人者, 與天地合其德, 與日月合其明, 與四時合其序, 與鬼神合其吉凶. 先天而天弗違, 後天而奉天時. 天且弗違, 而況於人乎? 況於鬼神乎"

인 세계관을 바탕으로 삼재의 도를 나타내는 까닭이 무엇인가?

주역과 십익에서 삼재의 도를 나타내는 까닭은 인간의 삶의 길인 인도를 밝히기 위함이다. 설괘에서는 삼재의 도를 나타내는 까닭이 인도를 밝히기 위함임을 다음과 같이 논하고 있다.

> 옛날에 성인이 역을 지음은 장차 성명의 이치에 순응하도록 하기 위함이다. 그러므로 천도를 세워서 말하기를 음과 양이라고 하고, 지도를 세워서 말하기를 유와 강이라고 하며, 인도를 세워서 말하기를 인과 의라고 한다.[327]

인용문을 통하여 인도人道의 내용을 성명性命을 통하여 제시하고 있음을 알 수 있다. 이는 십익에서 주역의 내용을 성명의 이치에 순응하는 것이 인간이 살아가는 길임을 나타내고 있다고 이해하였음을 보여준다. 그러면 성명은 무엇인가?

주역과 십익에 의하면 인간 역시 도와 기의 두 측면을 중심으로 이해할 수 있다. 그러면 인간의 형이상적 측면과 형이하적 측면은 무엇인가?

십익에서는 도와 기 곧 만물의 관계를 통하여 인간의 형이상적 측면을 본성, 인성으로 규정하고 있는데 그 내용은 다음과 같다.

> 한 번은 음으로 작용하고, 한 번은 양으로 작용하는 것을 도道라고 한다. 작용이 계속되는 것을 선善이라고 하며, 이루어진 것을 성性이라고 한다.[328]

---

327 『주역』 설괘 제삼장, "昔者聖人之作易也, 將以順性命之理."
328 『주역』 계사상편繫辭上 제오장, "一陰一陽之謂道 繼之者善也 成之者性也"

인용문을 통하여 도가 매 순간의 작용에 의하여 드러나는 결과를 성으로 규정하고 있음을 알 수 있다. 그것은 순방향에서 도에 의하여 이루어지는 작용의 결과를 기器의 측면에서 만물의 만물이 된 소이로서의 본성, 성품으로 규정하였음을 뜻한다. 따라서 순방향에서 도는 그대로 개체적 존재의 근거로서의 성품이다.

　순방향의 존재론적 측면에서 인간을 이해하면 사람의 사람 된 소이는 모두 같을 뿐만 만물의 존재근거 역시 도이기 때문에 인간과 만물이 둘이 아니어서 언제나 하나로 존재한다. 그것은 인간을 비롯한 만물이 서로의 존재 근거가 서로가 서로를 존재하게 하면서 살아감을 뜻한다.

　그러나 역방향의 당위론적 측면에서는 각각의 인간의 삶은 다르다. 그것은 형이하의 측면, 현상의 측면에서 각각의 사람의 삶은 서로 다를 뿐만 아니라 사람과 사람의 삶이 서로 다르고, 사람과 동물의 삶이 다르며, 사람과 만물이 서로 다름을 뜻한다.

　역방향에서 형이하의 차원을 중심으로 자신을 이해하면 인간에게는 남과 다른 말과 행동을 하는 자신이 있다고 생각하게 된다. 그것은 남과 구분되고, 동물과 구분되며, 만물과 구분되고, 자연과 구분되는 내가 있다는 사고이다.

　남과 구분되고, 자연과 구분되며, 사물과 구분되는 인간의 측면을 우리는 육신이라고 말한다. 이 육신은 형이하의 물질적 존재이다. 그렇기 때문에 현상의 사물과 다르지 않다. 다만 우리가 만물과 인간을 구분할 수 있는 것은 오로지 겉으로 드러난 형상이다.

　그런데 남과 구분되고, 사물과 구분되며, 세계와 구분되는 개체적 존재로서의 나는 시간적 측면에서 영원하지 않아서 생사生死라는 시종의 한계에 갇혀 있을 뿐만 아니라 공간적 측면에서 이곳에 있는 동시에 저곳에 있을 수 없는 한계를 갖는다.

형이하적 존재로서의 물리적 생명의 한계를 극복하기 위해서 개체적 존재를 중심으로 개성성을 강조할 수도 있고, 그와 달리 개체와 개체가 서로 하나가 되어 서로를 보완하면서 공존하고 공생하는 사회적 측면을 강조할 수도 있다.

물리적 생명을 바탕으로 개체성을 극도로 강조할 때 오늘날의 개인의 자유를 강조하는 자유주의가 제기된다. 이와 달리 사회적 측면에서 공생共生, 공존共存을 강조할 때 오늘날의 사회주의, 전체주의가 된다.

중건건괘의 문언에서는 원형이정의 사상을 인간의 측면에서 인예의지의 사덕으로 밝히면서 인과 예를 사회를 중심으로 다음과 같이 밝히고 있다.

> 인을 체득함으로써 족히 다른 사람을 기르며, 아름답게 만남으로써 족히 예에 합하며, 물건을 이롭게 함으로써 족히 의에 화하며, 바르고 견고함으로써 족히 사건을 주간한다.[329]

위에서는 인과 예를 통하여 사람과 사람이 모인 인회 곧 사회를 언급하고 있고, 지와 의를 통하여 사물의 세계를 언급하고 있다. 사회를 이끌어 가는 원리, 도가 인예仁禮이며, 사물의 세계를 이끌어 가는 원리가 의지義知이다. 그러면 인예의지가 무엇인가?

인예의지는 인간의 형이상적 본성을 형이하의 기적 관점 곧 육신을 중심으로 나타낸 사덕이다. 덕은 도를 개체적 관점에서 나타낸 것이다. 십익에서는 도가 인간의 본성임을 밝힌 후에 본성의 내용에 대하여 다

---

329 『주역』 중천건괘 문언, "文言曰 元者善之長也 亨者嘉之會也 利者義之和也 貞者事之幹也 君子體仁足以長人 嘉會足以合禮 利物足以和義 貞固足以幹事 君子行此四德者, 故曰 乾元亨利貞"

음과 같이 밝히고 있다.

> **어진 사람은 성품을 보고 인仁이라고 말하며, 지혜로운 사람은 성품을 보고 지知라고 말하고, 백성을 날마다 사용하면서도 모른다.**[330]

우리는 인용문을 통하여 본성도 고정된 것이 아니라 그것을 나타내는 사람에 따라서 인과 지로 나타내기도 하고, 어떤 사람은 날마다 사용하면서도 모름을 알 수 있다. 그것은 본성이 지부지知不知를 넘어서 있기 때문에 사람에 따라서 다양하게 나타낼 수 있음을 뜻한다.

중용에서는 성품을 인仁과 지知를 중심으로 사람과 사물을 하나로 합일하는 근거로 이해하였다.[331] 그것은 성품을 통하여 사람이 사물과 하나가 되는 합일合一이 이루어짐을 뜻한다. 이 내외를 하나로 하는 성품, 본성을 통하여 인간과 세계가 하나가 될 수 있다.

남과 구분되는 육신을 자신으로 여기고, 육신을 움직이는 물리적 생명을 자신으로 여길 때 물리적 생명을 나타내는 개념으로 명命을 사용한다. 그러나 십익에서 명命은 물리적 생명을 나타내는 의미보다는 물리적 생명이 모여서 형성된 사회의 구성원으로서의 역할을 나타내는 의미로 사용된다.

본래 명命은 분分과 합合이라는 두 글자가 하나가 되어 형성된 단어이다. 우리가 명命을 성性과 함께 이해하면 형이상의 본성에 의하여 이루어지는 작용을 나타내는 개념이다. 그것은 존재론적 측면에서 본성

---

330 『주역』 계사상편 제오장, "仁者見之謂之仁 知者見之謂之知 百姓日用而不知 故 君子之道鮮矣"
331 주희, 『중용장구』 제25장, "誠者 非自成己而已也 所以成物也 成己仁也 成物知也 性之德也 合內外之道也 故 時措之宜也"

이 작용하여 물리적 생명 현상이 이루어짐을 뜻한다.

그러나 역방향에서 이해하면 사람마다의 서로 다른 삶을 살아가는 가는 것이 누구나 마땅히 걸어가야 할 길임을 나타내는 당위적인 명명이 된다. 주역과 십익에서는 사람과 사람이 하나가 된 사회인 국가사회를 중심으로 명명을 이해한다.

그것은 개체적 존재로서의 사람이 국가라는 사회의 구성원으로서 공존하고, 공생하는 삶이 마땅히 걸어가야 할 길인 인도로 이해하였음을 뜻한다. 우리가 인도의 근거를 천도를 통하여 확보하고자 할 때 천도를 따르는 것이 그대로 천이 인간에게 내려준 역사적 사명이자 사회적 사명이라는 천명론天命論이 제기된다. 십익에서는 천도가 그대로 천명임을 밝히고 있다.

> 정도正道로 크게 형통함이 천도天道이다.[332]
> 정도正道로 크게 형통함이 천명天命이다.[333]

천을 인격적 차원에서 이해할 때 천도를 천명으로 자각하게 된다. 그것은 인간이 본성의 차원에서 천도를 자각하면 천도가 천명으로 자각됨을 뜻한다. 이처럼 천도를 주체적으로 자각함으로써 천명에 이르는 것은 역방향의 당위적인 측면이다. 그러면 형이상의 본성과 형이하의 물리적 생명을 64괘 곧 주역에서는 어떻게 나타내고 있는가?

인간의 형이상적 측면을 중심으로 성명을 나타내는 괘는 중천건괘이다. 중천건괘의 효사를 보면 잠룡潛龍, 현룡見龍, 군자君子, 약룡躍龍,

---

332 『주역』 지택임괘 단사, "彖曰 臨 剛浸而長 說而順 剛中而應 大亨以正 天之道也"
333 『주역』 천뢰무망괘 단사, "彖曰 无妄 剛自外來而爲主於內 動而健 剛中而應 大亨以正 天之命也"

비룡飛龍, 항룡亢龍으로 나타내고 있다. 우리는 이를 통하여 물속에 잠김, 땅에 나타남과 같은 겉으로 드러나는 변화 현상과 변화하는 현상과 달리 하나의 변화하지 않는 요소인 용이라는 두 측면이 있음을 알 수 있다. 그러면 용龍과 변화는 어떤 관계인가?

육효의 효사에서 모두 용을 나타낸 것은 때에 따라서 잠, 현, 군자, 약, 비, 항으로 변화하지만 변화하지 않는 요소를 나타낸다. 단사에서는 "종시를 크게 밝히면 육위의 때가 이루어진다."[334]고 하여 시종의 세계와 종시의 세계를 구분하여 나타내고 있다.

시종은 시간을 통하여 세계를 나타내는 사건의 다른 표현이다. 이 시종의 사건을 공간적 관점에서 물건으로 나타내면 근본과 지말이 된다. 우리는 계사하편의 다음과 같은 내용을 통하여 시간과 공간, 사건과 물건의 관계를 파악할 수 있다.

역易의 글이 됨은 시초를 근원으로 하여 종말을 밝히고자 함을 바탕으로 삼는다. 육효六爻가 서로 섞임은 곧 시간을 물건화하여 나타냄이기 때문에 그 초효는 알기 어렵지만 상효는 쉽게 알 수 있다. 왜냐하면 초효와 상효는 본말이기 때문이다.[335]

우리는 인용문을 통하여 육효의 초효와 상효는 시간의 측면에서는 사건의 시초와 종말을 나타내고, 공간의 측면에서는 물건의 근본과 지말을 나타냄을 알 수 있다. 그러면 초효와 상효의 삼용과 항용은 무엇인가?

---

334 『주역』 중천건괘 단사, "大明終始, 六位時成."
335 『주역』 계사사하편 제구장, "易之爲書也, 原始要終以爲質也. 六爻相雜, 唯其時物也. 其初難知, 其上易知, 本末也."

시종의 변화가 시작되는 근원을 나타내는 것이 잠용이다. 땅에서 나타나고, 군자가 되어, 뛰고 나는 용이 되는 변화는 모두 잠용으로부터 시작된다. 그것은 마치 인간이 인간일 수 있는 근거라고 할 수 있고, 물리적 생명의 측면에서는 생사의 근원이라고 할 수 있으며, 언행과 사고, 의지, 인식, 지각의 근원이라고 할 수 있다.

용은 본래 하늘을 날아다닌다. 그럼에도 불구하고 물속에 있는 것은 마치 어린아이로 태어났지만 아직은 어른처럼 사람의 역할을 할 수 없는 상태, 성장이 필요한 상태를 나타낸다. 이것은 장차 썩어서 싹으로 변화할 수 있는 씨와도 같다.

그리고 비룡은 잠용이 장성하여 용의 역할을 하는 상태를 나타낸다. 이러한 장성의 상태에 고착이 되어 있어 흉凶함을 나타내는 효가 상효이다. 그러므로 항룡은 스스로 용龍이라는 자기 인식을 통하여 집착하는 자만의 상태를 나타낸다.

그런데 육효를 삼재三才를 중심으로 이해하면 초효와 이효는 지地를 나타내고, 삼효와 사효는 인人을 나타내며, 오효와 상효는 천天을 나타낸다. 따라서 성명합일을 통하여 천인합일을 추구하는 관점에서 보면 상효에 머무는 것이 가장 이상적인 상태라고 할 수 있다. 그러면 왜 중천건괘의 상효의 효사에서 후회함이 있다고 하였는가?

우리가 물건적 관점에서 잠용과 항용을 이해하면 양자는 근본과 지말이다. 십익에서는 도道와 기器를 구분하고, 지말인 기器에 얽매이지 말고, 근본인 도를 추구하는 역방향의 지래知來를 제시하고 있을 뿐만 아니라 역방향의 극단에 이르러서 다시 순방향으로 전환할 것을 나타내고 있다. 따라서 상효의 효사에서 "항용유회亢龍有悔"라고 하였음은 상효에 머물지 않고, 다시 초효로 내려와야 함을 나타낸 것임을 알 수 있다. 그러면 시간성의 차원에서는 이것이 무엇을 의미하는가?

시간성의 관점에서 보면 종시의 세계가 시종의 세계로 드러남으로써 영원한 현재가 이루어진다. 그것은 시간성이 끊임없이 시간으로 화하여 물건으로 나타났다가 다시 사건으로 돌아가서 시간성과 하나가 되어 사라짐을 뜻한다.

우리는 이를 통하여 육효의 효사가 잠용에서 항룡에 이르는 시종의 현상적 측면에서 종시의 시간성의 세계를 찾아가는 관점에 있음을 알 수 있다.

시간성의 차원에서 보면 초효에서 상효에 이르는 시종의 변화에서 상효에서 다시 초효로 내려가는 종시의 변화를 통하여 또다시 시종의 변화가 계속되는 영원한 현재가 전개된다. 그러면 인간의 측면에서는 상효에서 다시 초효로 내려가는 변화는 무엇을 의미하는가?

초효에서 시작하여 상효에 이르러서 대인의 삶을 살아가는 사람은 대인이라는 지위에 머물지 않고, 다시 소인과 함께하면서 그들로 하여금 본성을 주체로 살아가는 군자의 삶을 살도록 안내해 주는 것이 필요함을 나타낸다. 그러면 인간의 형이하적 측면은 무엇인가?

인간의 형이하적 측면을 중심으로 성명을 나타내고 있는 괘는 중지곤괘이다. 중지곤괘의 육효 효사에서는 이상履霜, 직방대直方大, 함장含章, 괄낭括囊, 황상黃裳, 용전우야龍戰于野로 나타내고 있다.

중지곤괘의 효사는 중천건괘를 바탕으로 전개되고 있다. 이효의 효사에서 직과 대가 중천건괘의 효사를 나타내고 있고, 상효의 효사가 그대로 중천건괘의 효사에서 사용되었던 용을 언급하고 있음을 보면 이 점을 알 수 있다. 그러면 양자의 관계는 무엇인가?

중천건괘의 각 효가 나타내는 용의 다양한 변화를 출발점으로 삼는 것이 중지곤괘이다. 중천건괘가 나타내는 형이상의 본성이 매 순간에 드러나는 다양한 현상을 중심으로 시작된다. 그것은 형이상의 생명이 드러나는 형이하의 생명 현상을 중지곤괘가 표현하고 있음을 뜻한다.

초효의 이상履霜은 중천건괘의 잠용에 대한 현상적 표현이다. 잠용은 물속에 그대로 있는 것이 아니라 현상에서 생명현상으로 나타난다. 그것은 마치 서리를 밟으면 이어서 단단한 얼음이 올 것을 알듯이 잠용이 때가 되면 비룡이 될 것임을 아는 것과 같다.

중천건괘의 오효가 나타내는 비룡은 중지곤괘에서는 황상黃裳으로 나타내고 있다. 황상은 바지 위에 관복을 입고 있는 상태를 나타낸다. 그것은 물리적 생명 현상이 근본적으로 다른 사람과의 관계에서 이루어짐을 나타낸다.

사람의 생명 현상은 홀로 이루어지는 것이 아니라 사회라는 관계에서 이루어진다. 그렇기 때문에 비룡飛龍이라는 용의 본래면목을 드러내는 상태를 관청에서 관복을 입고 세상을 다스리는 국가사회의 경영을 통하여 나타내고 있다.

이효의 직방대는 중천건괘가 나타내는 땅에서 나타난 성을 현상적 측면에서 나타낸다. 곧고 큼은 중천건괘가 나타내는 성의 특성을 나타낸다. 그리고 방은 물리적 생명의 특성이 방정함 곧 다른 사람과 함께 하는 삶으로 드러남을 나타낸다.

이효에서는 이미 자신의 성품을 발견한 상태를 나타내기 때문에 "익히지 않아도 이롭지 않음이 없다."고 하였다. 본래 성품에 의하여 마음의 여러 작용과 육신의 다양한 언행이 이루어지기 때문에 인위적으로 개체적인 내가 있어서 익힌다고 할 수 없다. 그렇기 때문에 익히지 않아도 이롭지 않음이 없다고 하였다.

삼효의 함장含章과 사효의 괄낭括囊은 모두 세상에 나아가서 다른 사람들과 자신의 물리적 생명을 함께하지 않고 때를 기다림을 뜻한다. 두 효는 비록 형이상의 본성을 발견했지만 아직은 하나가 되지 못하였기 때문에 다른 사람과 공유할 때가 아님을 나타낸다.

오효에 이르면 비로소 온 세상의 사람들과 자신의 물리적 생명을 공유하면서 살아간다. 그것은 나와 남, 나와 세계가 구분되어 내 생명과 남의 생명이 둘이 아니라 하나가 되어 서로가 서로를 살리고, 서로가 서로를 존재하게 하는 것이 인간의 물리적 생명 현상임을 뜻한다.

오효에서 성명이 합일된 세계를 나타내는 것과 달리 상효에서는 천인이 합일된 세계를 나타낸다. 그것은 개체적 존재와 세계가 둘이 아님을 뜻한다. 따라서 상효의 차원에서는 사람과 세계의 분별이 없다. 그러면 상효의 효사에서 용이 들에서 싸운다는 것은 무엇을 뜻하는가?

용은 하늘을 나는 존재이기 때문에 땅에서 싸워서는 안 된다. 그것은 땅에서 싸우는 존재는 용이 아님을 뜻한다. 땅에서 싸우는 용은 사실은 아직은 용으로 완전하게 자라지 못한 이무기임에도 불구하고 자신을 용으로 착각함을 나타낸다. 그러면 왜 상효에서 초효의 내용을 나타내는가?

우리는 건괘의 상효에서 때를 넘긴 용이기 때문에 후회함이 있다고 한 것을 상기할 필요가 있다. 곤괘의 상효에서는 건괘의 상효의 내용을 물리적 생명을 중심으로 나타내고 있다. 그것은 대인이 다시 초효의 위치로 돌아가서 소인들과 함께하면서 그들을 이끄는 삶을 살아야 함을 나타낸다. 그러면 성과 명은 어떤 관계인가?

우리는 중천건괘와 중지곤괘의 괘효사를 통하여 성명이 합일되고, 그것을 바탕으로 천인天人이 합일되어야 함을 알 수 있다. 이때 성은 형이상적 존재이며, 명은 형이하적 존재이다. 그렇기 때문에 양자의 관계 역시 근본과 지말의 본말 관계이다.

설괘에서는 물리적 생명을 중심으로 근원인 본성을 찾아가는 궁리, 진성, 지명을 통하여 성명합일을 나타내고 있다. 궁리, 진성, 지명은 지말은 물리적 생명으로부터 출발하여 근원인 성품을 발견하고, 성품과 하나가 되는 과정을 나타낸다.

그런데 성명합일은 성과 명이 둘임을 전제로 한다. 왜냐하면 본래 양자가 하나라면 합일이 필요가 없기 때문이다. 그렇다고 하여 성과 명이 둘이라고 할 수 없다. 만약 성과 명이 둘이라면 우리는 죽은 사람이라고 말하지 산 사람이라고 말하지 않는다. 그러면 성과 명은 하나인가 둘인가?

우리는 여기서 성과 명을 구분하여 둘로 나타내고, 하나로 나타내는 것이 모두 성과 명이 아닌 제삼자의 관점에서 이루어짐을 알 수 있다. 그러면 성과 명이 아닌 제삼의 요소는 무엇인가?

그것은 마음이다. 우리가 지금 여기의 나의 마음에 의하여 우리 자신을 형이상과 형이하의 두 측면에서 각각 성과 명으로 나타낸 것일 뿐으로 본래 성과 명이라는 고정된 물건적 요소가 없다.

그럼에도 불구하고 우리 자신을 오로지 성과 명을 중심으로 나타내면 정작 성과 명을 논하는 주체이자 중심인 마음을 놓치게 된다. 그것은 성과 명을 분별하여 나타내기도 하고, 하나로 나타내기도 하는 마음을 놓치게 됨으로써 마치 마음을 떠나서 성과 명이라는 어떤 물건적 존재가 있는 것으로 착각할 수 있음을 뜻한다.

우리는 명으로부터 출발하여 성性을 발견하여 그것과 하나가 되는 합일의 측면을 논하기 위해서는 그와 반대로 성으로부터 출발하여 그것이 명命으로 드러나는 측면을 함께 논해야 한다. 그것은 우리가 성과 명의 전모를 드러내기 위해서는 순방향과 역방향의 두 방향에서 양자의 관계를 논해야 함을 뜻한다.

3. 성명합일과 천인합일의 합일合―의 삶

　우리는 앞에서 주역과 십익에서 지금 여기의 나와 삶을 어떻게 나타내고 있는지를 살펴보았다. 주역의 중천건괘와 중지곤괘는 지금 여기의 나를 두 측면에서 나타내고 있다. 중천건괘는 형이상의 측면에서 지금 여기의 나를 나타내고, 중지곤괘에서는 형이하의 측면에서 지금 여기의 나를 나타내고 있다.
　십익에서는 지금 여기의 나의 형이상적 측면과 형이하적 측면을 각각 성과 명으로 구분하여 양자를 성명으로 나타내고 있다. 그러면 형이상적 생명인 성과 형이하적 생명인 명의 양자는 어떤 관계이며, 지금 여기의 나와는 어떤 관계인가?
　우리가 자신을 지금 여기의 나라고 하여 시간과 공간을 통하여 남과 구분하고, 세계와 구분하여 나타내는 것도 지금 여기의 나의 드러남, 지금 여기의 나를 통하여 드러나는 현상이다. 그러면 지금 여기의 내가 지금 여기의 내가 무엇인가를 생각함은 형이상적 생명인 성의 작용인가 아니면 물리적 생명인 명의 작용인가?
　주역과 십익에서 지금 여기의 나를 나타내기 위하여 성과 명을 구분하여 나타낸 것이 아니라면 우리와는 무관한 일이기 때문에 굳이 지금 우리가 다시 주역과 십익을 고찰함으로써 우리 자신이 어떤 존재인지를 파악할 수 없다. 그러면 형이상적 생명인 성과 형이하적 생명인 명은 어떤 관계인가?
　우리는 이미 양자의 관계를 파악할 수 있는 단서를 알고 있다. 십익에서는 세계를 형이상의 도와 형이하의 기로 양분하고 양자를 각각 근본과 지말로 규정하였다. 그리고 각각의 중괘를 구성하는 육효 역시 본말과 시종의 관계를 초효와 상효의 사이 곧 육효의 변화를 통하여 나타내었음을 밝히고 있다.

지금 여기의 나를 나타내는 형이상적 생명인 성과 형이하적 생명인 명은 근본과 지말의 관계이다. 성과 명이 본말의 관계라는 것은 우리가 지말인 물리적 생명을 중심으로 살아갈 것이 아니라 근본인 형이상의 생명으로서의 성을 중심으로 살아야 함을 뜻한다.

물리적 생명 현상을 중심으로 인간을 나타내고 있는 중지곤괘의 괘사에서는 이상적 인격체인 군자가 어떻게 살아야 할 것인지에 대하여 그 답을 제시하고 있다. 십익에서는 사람다운 삶의 길을 군자의 도라고 말한다. 그러면 중지곤괘의 괘사에는 군자의 도에 대하여 어떻게 말하고 있는가?

중지곤괘의 괘사에서는 성과 명을 선후관계를 통하여 나타내고 있다. 선후 관계는 어떤 것을 주체로 살아갈 것인가의 문제로 이해할 수 있다.

군자는 가야 할 길이 있어 이롭다. (형이상적 생명인 성보다) 물리적 생명이 앞서면 미혹되고, 물리적 생명을 뒤로하면 주체를 얻어서 이롭다.[336]

인용문에서는 물리적 생명을 출발점으로 삼고 있다. 그것은 중지곤괘가 형이하의 물리적 생명을 출발점을 하여 형이상의 성품을 목표로 하는 역방향에 서 있음을 뜻한다. 그렇기 때문에 형이상의 생명인 성보다 물리적 생명인 명을 앞세우면 미혹된다고 하였다.

우리는 육신의 기능인 의식을 마음으로 여기고, 마음과 육신이 자신이라고 여기거나 여기서 한 걸음 더 나아가서 오로지 물질적 존재인 육

---

336 『주역』중지곤괘 괘사, "君子有攸往, 先迷, 後得主, 利."

신만이 자신이라고 여긴다. 인용문에서는 일상적인 사람들이 육신을 자신으로 여기면 미혹된 삶이 이루어짐을 밝히고 있다. 그러면 어떻게 할 것인가?

우리는 현상적 나, 육신과 의식이 나라는 마음을 버려야 한다. 그리고 형이상적 생명인 성품을 자신으로 여겨야 한다. 이처럼 성을 자신으로 여길 때 비로소 주체 곧 중심을 얻어서 이롭다고 하였다. 그러면 형이상적 생명인 성과 형이하적 생명인 명이 둘인가?

만약 우리가 형이상적 생명인 본성, 자성, 인성, 불성과 형이하적 생명인 물리적 생명이 둘이라면 인간이라고 할 수 없다. 인간은 형이상적인 자성自性, 본성, 인성人性이 있고, 마음이 있으며, 형이하의 물리적인 생명이 있다. 그러면 우리는 성품, 인성과 생명을 어떻게 이해할 것인가?

우리는 형이상의 본성, 인성, 자성과 형이하의 물리적 생명이 모두 지금 여기의 나를 나타냄을 알고 있다. 그렇기 때문에 우리는 물리적 생명을 중심으로 그것이 일상의 나, 표면의 나라면 형이상적 생명으로서의 인성, 본성, 자성은 나 안의 나, 심층의 나라고 할 수 있다.

어떤 사람들은 표면의 나와 내면의 심층의 나를 가치상의 우열을 더하여 참 나와 가짜 나로 나타내기도 한다. 그것은 중지곤괘의 괘사에서 나타내고 있듯이 표면의 나를 나로 여기지 말고 내면의 나를 나로 여겨야 함을 강조하기 위하여 방편상 나타낸 표현이라고 할 수 있다. 그러면 우리는 어떻게 할 것인가?

우리는 내면의 나와 표층의 나의 구분이 없음에도 불구하고 내면의 나를 모르기 때문에 마치 양자가 서로 다른 것처럼 구분하여 나타내었다. 따라서 양자를 합하여 하나로 하는 합일이 반드시 필요하다.

우리는 형이상의 생명인 본성, 인성과 형이하의 생명인 명이 하나가 됨을 성명합일이라고 한다. 따라서 주역과 십익에서 나타내는 성명의 이분법적인 인간관은 성명합일을 이루기 위하여 제시되었다고 할 수 있다. 그러면 성명합일은 어떻게 이루어지는가?

  십익에서는 성과 명을 구분하여 형이하의 물리적 생명을 출발점으로 삼아서 내 안의 나, 참 나인 본성에 이르는 궁리, 진성, 지명을 논하고 있다. 그것은 내 안의 나, 참 나, 본성을 발견하여 그것과 하나가 되는 성명합일을 주역과 십익에서 나타내고 있음을 뜻한다.

  우리가 성명합일을 이루고자 하는 것은 아직은 성과 명이 하나가 되지 못하고 오로지 물리적 생명을 중심으로 살아감을 전제로 한다. 그렇기 때문에 성명합일을 통하여 비로소 본래의 자신으로 돌아간다고 할 수 있다.

  사람들은 내 안의 나, 참 나인 본성이 있음에도 불구하고 표면의 나인 육신을 중심으로 살아가기 때문에 대립과 갈등이 연속되고 고통의 삶을 살아가게 된다.

  우리가 육신을 중심으로 나를 이해하면 남과 구분되고, 세계와 구분되는 실체적인 내가 있다고 여긴다. 이로부터 내가 살아야 한다는 사고를 하고, 살고자 한다.

  남과 구분되고, 세계와 둘이 되어 함께하지 못하는 삶이 고통스럽기 때문에 지금 여기의 나에 대한 성찰을 통하여 자아부정을 함으로써 비로소 내면의 나, 나 아닌 나와 만나게 된다. 따라서 내 안의 나를 찾는 수기, 수양, 수련과 같은 다양한 이름으로 나타내는 일정한 과정을 거치지 않을 수 없다.

  그런데 본래 우리는 내 안의 나와 둘이 아닐 뿐만 아니라 겉으로 드러난 나인 육신도 없는 것은 아니다. 그렇기 때문에 표면의 나와 내면의 나를 구분하여 나타내었을 때 본래 하나가 아니라면 결코 인위적인 수도를 통하여 하나가 될 수 없다.

만약 본래 둘이 아닌 하나라면 왜 우리는 둘이라고 말하고, 내면의 나 아닌 나를 찾아야 하는가의 문제가 발생한다. 중국불교에서는 본래성불을 논할 뿐만 아니라 수행을 통한 견성성불, 증오성불을 논한다. 그러면 우리는 수도를 하고 견성성불을 해야 하는가?

만약 우리가 수행을 통하여 견성성불을 한다면 그것은 유위법일 뿐으로 무위법은 아니다. 그렇다고 하여 우리가 견성성불하지 않으면 부처라는 이상적 인격체로서의 삶을 살아갈 수 없다. 그렇기 때문에 수행하지 않을 수 없다.

우리가 성명합일을 하게 되면 비로소 세계와 함께 살아가는 천인합일을 이루게 된다. 그렇기 때문에 주역과 십익에서 제시하고 있는 이상적인 삶은 천인합일이다. 중국사상을 연구하는 학자들이 중국사상을 한마디로 나타내어 천인합일사상으로 규정하는 까닭이 여기에 있다.

중국유학에서는 형이하의 나를 중심으로 수기, 안인을 논하고, 하학이상달下學而上達을 논하며, 지천명知天命을 논하고, 순천휴명順天休命의 천인합일天人合一을 추구한다.

중국불교에서는 형이상의 측면에서 본래성불本來成佛을 논하면서도 현상적 측면에서 52계위의 수행을 논하며, 견성성불見性成佛을 논하고 증오성불證悟成佛을 논한다.

중국도교에서는 지금 여기의 나를 정기신의 구조를 통하여 이해하고, 연정화기煉精化氣, 연기화신煉氣化神, 연신환허煉神還虛, 연허합노煉虛合道의 과정을 거쳐서 본래의 자신으로 돌아가고, 도와 하나가 되는 합일을 추구한다.

주역과 십익이 물건적 관점에서 인간과 세계를 나타내기 때문에 나와 남 그리고 나와 세계라는 구조를 중심으로 세계를 나타낸다. 사람의 측면에서는 나로부터 출발하여 남 그리고 가정과 국가, 천하로 확충하고, 천지로 확충하는 삶을 추구한다.

중천건괘의 십익에서 대인을 천지와 더불어 덕을 함께하고, 일월과 더불어 밝음을 함께하며, 사시와 더불어 차례를 함께하고, 귀신과 더불어 길흉을 함께하여 천보다 먼저 하여도 천이 어기지 않는 사람[337]으로 규정하고 있을 뿐만 아니라 군자를 천도에 따라서 명命을 아름답게 실천하는 사람[338]으로 규정하는 것을 보면 이 점을 알 수 있다.

맹자는 호연지기를 천지의 사이에 차도록 키움,[339] 사단의 마음을 확충함[340]을 통하여 내 안의 나를 몸으로 드러나고, 가정에 확충하며, 국가와 천하에 가득 채움을 밝히고 있다. 이것이 대학에서 말하는 격물치지, 성의, 정심, 수신, 제가, 치국, 평천하의 과정이다.

중국불교에서도 견성성불을 통하여 상구보리上求菩提에 그치지 않고 하화중생下化衆生하는 대승불교를 표방한다. 이는 부처와 중생을 둘로 보지 않고 중생과 하나가 되어 살아가는 보살의 삶을 추구하는 것이 중국불교임을 뜻한다. 그러면 역방향에서 명에서 성을 향하고, 기에서 도를 향하여 합일을 추구하는 것은 어떻게 가능한가?

역방향에서 명에서 출발하여 성에 이르고, 기에서 출발하여 도와 하나가 되는 것은 인간의 자각론적 측면을 나타낼 뿐이다. 우리가 도와

---

337 『주역』 중천건괘 문언, "夫大人者, 與天地合其德, 與日月合其明, 與四時合其序, 與鬼神合其吉凶. 先天而天弗違, 後天而奉天時. 天且弗違, 而況於人乎 況於鬼神乎."
338 『주역』 화천대유괘 대상, "象曰 火在天上大有, 君子以遏惡揚善, 順天休命."
339 『맹자』 공손추장구상, "敢問何謂浩然之氣 難言也. 其爲氣也, 至大至剛, 以直養而無害, 則塞於天地之間 其爲氣也, 配義與道, 無是餒也 是集義所生者, 非義襲而取之也."
340 『맹자』 공손추장구상, "凡有四端於我者, 知皆擴而充之矣, 若火之始然, 泉之始達. 苟能充之, 足以保四海, 苟不充之, 不足以事父母."

기, 성과 명의 관계를 모두 드러내기 위해서는 순방향에서 성에서 출발하여 명에 이르고, 도에서 기에 이르는 방향에서 양자의 관계를 나타내야 한다. 이는 역방향의 합일이 자각론적 측면인 것과 달리 순방향의 분생이 존재론적 측면임을 뜻한다.

우리는 역방향에서 명, 기에서 출발하여 성, 도에 이르는 과정을 수기, 수양, 수심, 수도라고 말하고, 상구보리라고 말하며, 순방향에서 성, 도에서 출발하여 명, 기에 이르는 과정을 안인, 제도라고 말하고, 하화중생이라고 말한다. 따라서 세계와 인간의 전모를 파악하기 위해서는 도와 기의 전모를 나타내는 순방향과 역방향의 두 방향을 모두 살펴보아야 한다.

인간의 측면에서 물리적 생명을 중심으로 육신에서 출발하여 내 안의 나 아닌 나인 본성을 발견하여 하나가 되는 성명합일을 이루고 그것을 바탕으로 세계와 하나가 되는 천인합일을 이룸은 본래 천인이 하나임을 전제로 하지 않으면 불가능하다.

우리가 수도, 수행을 통하여 성명합일을 할 수 있는 것은 본래 성명이 둘이 아니기 때문이고, 천인합일이 가능한 까닭은 본래 천인이 하나이기 때문이다.

그런데 만약 본래 성명합일이고, 천인합일이라면 왜 다시 수도를 통하여 성명합일과 천인합일을 해야 하며, 수도를 통하여 성명합일, 천인합일을 한다면 어떻게 본래 성명합일, 천인합일이라고 할 수 있는가?

우리는 이를 통하여 물건적 관점에서 세계를 형이상과 형이하로 구분하여 각각 도와 기로 나타내며, 인간을 내면의 나와 표면의 나, 형이상의 본성, 인성과 형이하의 물리적 생명으로 구분하여 나타내는 것이 장점과 한계가 있음을 알 수 있다.

4. 도통道統과 벽이단사설闢異端邪說

　우리는 앞에서 주역과 십익에서 도와 기, 성과 명의 이원론적이고, 이분법적인 세계를 출발점으로 삼아서 양자의 합일을 추구함을 살펴보았다.
　주역과 십익에서는 인간으로 하여금 자신과 세계의 현재 상태에서 안주하지 않고, 현재 상태에서 벗어나서 새로운 인간이 되고, 새로운 세상이 되는 길을 안내한다.
　새로운 자신, 새로운 세상은 인간 자신을 통하여 이루어진다. 인간이 육신을 자신으로 여기고, 물리적 생명을 중심으로 자신의 삶을 버리고, 내 안의 형이상의 본성을 중심으로 살아감으로써 천지, 만물과 함께 살아갈 수 있다.
　내 안의 나 아닌 나를 주체로 자유롭게 살아가는 방법은 성명합일, 천인합일이다. 성명합일, 천인합일을 통하여 시공時空의 한계에 갇혀서 벗어나지 못하는 소인의 삶을 벗어나서 자유로운 대인의 삶을 살 수 있다.
　그런데 성과 명, 도와 기를 구분하여 양자의 합일을 추구할 때 발생하는 두 가지의 큰 문제가 있다. 그 하나는 합일을 추구하는 주체가 무엇인가의 문제이며, 나머지 하나는 합일의 방법에 관한 문제이다. 그러면 합일의 방법에 관한 문제란 무엇인가?
　성과 명, 도와 기의 이원론적 구조에서 논의되는 합일은 두 측면에서 동시에 이루어져야 한다. 성과 명의 합일은 명의 차원을 벗어나는 측면과 성으로 하여금 작용하도록 지켜보는 측면이다. 그것은 명의 작용이 그치도록 하는 측면[止]과 성의 작용을 지켜보는 측면[觀]이다.
　주역과 십익을 연원으로 형성된 유가, 불가, 도가, 도교를 비롯한 여러 사상들이 형성되는 까닭은 바로 합일의 의미와 방법에 대한 차이에 있다고 할 수 있다.

  유불도에서는 역방향의 합일을 당위적 삶으로 제시하여 수기, 수행, 수양, 수련, 수심과 같은 다양한 측면에서의 수도를 논하고 있다. 본래의 나로 돌아가는 방법으로서의 합일이 수기修己, 수련修練, 수양修養, 수심修心과 같은 방법의 수도修道로 나타난 것이다. 이처럼 다양한 수도의 방법이 제기되면서 필연적으로 발생하는 문제가 올바른 방법인가 그릇된 방법인가의 문제이다.

  십익에서는 도통을 제시하여 자신들의 이론적 근거가 어디에 있는지를 밝히고 있다. 도통은 사람과 사람을 통하여 도가 전수되는 계통을 나타낸다. 따라서 도통은 도의 가치, 타당성, 진리성을 도 자체에서 찾기보다는 사람을 통하여 논증하고자 하는 시도라고 할 수 있다. 그러면 십익에서 제시하고 있는 도통은 무엇인가?

  십익에서는 복희, 신농, 황제, 요, 순을 중심으로 역도가 발생하여 발전되는 과정을 다음과 같이 제시하고 있다.

> 옛날 복희伏羲가 천하의 왕王이 되어 천하를 다스릴 때 위로는 하늘에서 상象을 보고 아래로는 땅에서 법칙을 보았으며, 조수鳥獸의 문채文彩와 땅의 마땅함을 보고 가까이는 사람의 몸에서 취하고 멀리는 만물에서 취하여 비로소 팔괘八卦를 그어서 그것을 표상하였다. 팔괘는 신명神明한 덕德에 통하여 만물을 그 정위情僞에 따라서 구분하여 표상한 것이다. 노끈을 매어서 그물을 만들어서 짐승을 사냥하고 물고기를 잡았으니 이는 중화이괘重火離卦☲의 원리原理에서 취한 것이다. 복희伏羲가 죽자 신농神農이 나타나 나무를 깎아서 보습을 만들고 나무를 구부려

서 쟁기를 만들어 밭을 갈고 김을 매어서 농사를 짓는 이로움으로 천하를 가르쳤으니 이는 풍뢰익괘風雷益卦☴☳의 원리原理에서 취한 것이다. 정오正午에 시장을 열어서 천하의 백성들을 모이게 하고 천하의 재화財貨를 모아서 서로 교환함으로써 각각 필요한 물건을 얻어가도록 하였는데 이는 화뢰서합괘火雷噬嗑卦☲☳의 원리原理에서 취한 것이다. 신농이 죽자 황제黃帝와 요순堯舜이 이어서 변화 원리에 통하여 백성들로 하여금 게으르지 못하도록 하였으며 신명한 덕으로 교화하여 백성들로 하여금 도덕적 세계에서 머물도록 하였다. 역수는 궁극에 이르면 변하는 것으로 변하기 때문에 막힘이 없이 두루 통하고 두루 통하는 까닭에 항구하다. 그러므로 천도를 자각하여 그것에 순응順應하면 하늘로부터 도와서 이롭지 않음이 없다. 이처럼 황제와 요순이 의상衣裳을 드리워서 무위정치无爲政治를 행하였으니 이는 중천건괘重天乾卦☰☰와 중지곤괘重地坤卦☷☷의 원리原理를 취한 것이다. 나무를 쪼개서 배를 만들고 나무를 깎아서 돛대를 만들어 배와 돛의 이로움으로 통행이 어려운 강물을 건너 먼 곳까지 이르도록 하여 세상을 이롭게 하였으니 대개 이는 풍수환괘風水渙卦☴☵의 원리를 취한 것이다. 소를 길들이고 말을 타며, 무거운 물건을 운반하여 먼 곳까지 이르도록 하여 세상을 편리하게 하였으니 대개 이는 택뢰수괘澤雷隨卦☱☳의 원리를 취한 것이다. 문을 겹으로 하고 목탁을 쳐서 도적을 막게 하니 대개 이는 뇌지예괘雷地豫卦☳☷의 원리에서 취한 것이다. 나무를 잘라서 공이를 만들고 땅을 파서 절구를 만들어서 절구와 공이의 편리함으로 모든 백성들이 빻은 음식을 먹게 하였으니 대개 이는 뇌산소과괘雷山小過卦☳☶의 원리에서 취한 것이다. 나무를 휘어 활을 만들고 나무를 깎아서 화살을 만들어 활과 화살의 이로움으로 천하를 위엄으로 다스렸으니 대개 이는 화택규괘火澤睽卦☲☱의 원리에서 취한 것이다. 오랜 옛날에는 굴속에서 살고, 들에서 거처하였다. 후세에 성인이 이것을 궁실로 바꾸어 위로는 대들보를 얹고 아래로는 서까래를 얹어서 바람과 비를 피하게 하였으니 대개 이는 뇌천대장괘雷天大壯卦☳☰원리에서 취한 것이다. 옛날에 장사葬事는 섶으로 두껍게 싸서 들판에 매장하여 봉분도 하지 않고, 나무도 심지 않았으며, 상기喪期도 일정하지 않았다. 후세의 성인이 관곽으로 바꾸었으니 대개 이는 택풍대과괘澤風大過卦☱☴원리에서 취한 것이다. 오랜 옛날에는 노끈을 맺어서 세상을 다스렸다. 후대의 성인이 서계書契로 바꾸어서 관리들로 하여금 백성들을 다스리게 하였다. 백성들이 이것으로 삶을 살피니 대개 이는 택천쾌괘澤天夬卦☱☰의 원리에서 취한 것이다.[341]

---

341 『周易』, 繫辭下篇 第二章, "古者包犧氏之王天下也애 仰則觀象於天하고 俯則觀法於地하며 觀鳥獸之文과 與地之宜하며 近取諸身하고 遠取諸物하야 於是애 始作八卦하야 以通神明之德하며 以類萬物之情하니 作結繩而爲網罟하야 以佃以漁하니 蓋取諸離하고 包犧氏沒커늘 神農氏作하야 斲木爲耜하고 揉木爲耒하야 耒耜之利로 以敎天下하니 蓋取諸益하고 日中爲市하야 致天下卜무之民하며 聚天下之貨하야 交易而退하야 各得其所케하니 蓋取諸噬嗑하고 神農氏沒커늘 黃帝堯舜氏作하야 通其變하야 使民不倦하며 神而化之하야 使民宜之하니 易이 窮則變하고 變則通하고 通則久라. 是以自天佑之하야 吉无不利니 黃帝堯舜이 垂衣裳而天下治하니 蓋取諸乾坤하고 刳木爲舟하고 剡木爲楫하야 舟楫之利로 以濟不通하야 致遠以利天下하니 蓋取諸渙하고 服牛乘馬하야 引重致遠하야 以利天下하니 蓋取諸隨하고 重門擊柝하야 以待暴客하니 蓋取諸豫하고 斷木爲杵하고 掘地爲臼하야 臼杵之利로 萬民이 以濟하니 蓋取諸小過하고 弦木爲弧하고 剡木爲矢하야 弧矢之利로 以威天下하니 蓋取諸睽하고 上古앤 穴居而野處러니 後世聖人이 易之以宮室하야 上棟下宇하야 以待風雨하니 蓋取諸大壯하고 古之葬者는 厚衣之以薪하야 葬之中野하야 不封不樹하며 喪期无數러니 後世聖人이 易之以棺槨하니 蓋取諸大過하고 上古앤 結繩而治러니 後世聖人이 易之以書契하야 百官이 以治하며 萬民이 以察하니 蓋取諸夬니라."

인용문의 내용을 보면 복희가 천지와 만물을 관찰觀察하여 근원인 역도를 팔괘에 의하여 상징적으로 나타내었다고 하였다. 그리고 중화이괘의 원리를 응용하여 그물을 만들어서 짐승과 물고기를 사냥하는 방법을 발명하였다고 하였다. 이는 복희가 팔괘는 물론 팔괘를 중첩한 중괘 역시 알고 있었음을 뜻한다. 이어서 신농, 황제, 요, 순이 모두 중괘원리를 응용하여 백성들의 삶을 편리하게 하였다고 하였다.

인용문의 내용을 보면 역도가 복희, 신농, 황제, 요, 순으로 이어지는 사람들을 통하여 백성들을 다스리는 통치 원리로 작동하였다는 주장을 하고 있음을 알 수 있다.

그것은 역도가 삶의 원리임은 논증하기 위한 하나의 방법이다. 역도의 타당성을 역대의 뛰어난 사람들이 백성들을 위하여 사용하였음을 통하여 논증하고 있음을 뜻한다.

십익의 전통을 그대로 계승한 논어와 맹자에서는 요, 순으로부터 우禹, 탕湯, 문왕文王, 무왕武王, 주공周公, 공자孔子,[342] 안자顏子, 증자曾子, 자사子思[343]에 이르는 도통과 학통學統을 논하고 있고, 송대宋代의 성리학자들도 역시 요, 순으로부터 시작되어 공자, 안증사맹顏曾思孟을

---

342 『논어』 요왈편, "咨爾舜 天之厤數在爾躬 允執其中 四海困窮 天祿永終 舜亦以命禹"
343 『맹자』 진심장구하, "由堯舜至於湯 五百有餘歲 若禹皋陶則見而知之 若湯則聞而知之 由湯至於文王 五百有餘歲 若伊尹萊朱則見而知之 若文王則聞而知之 由文王至於孔子 五百有餘歲 若太公望散宜生則見而知之 若孔子則聞而知之 由孔子而來至於今 百有餘歲 去聖人之世若此其未遠也 近聖人之居若此其甚也 然而無有乎爾 則亦無有乎爾"

거쳐서 이정二程에서 주희에 이르는 학통[344]을 제시하고 있다.

그런데 중국유학이 제시하는 도통과 학통은 중국불교에서 제시하는 도통, 학통과 다를 뿐만 아니라 중국유학 가운데서 성리학자들이 제시한 도통, 학통이 다르고 심학자心學者들이 제시한 도통, 학통이 서로 다르다.

그것은 중국불교 안에서 교종敎宗과 선종禪宗의 도통이 서로 다르고, 선종 내에서도 남종과 북종의 도통이 서로 다를 뿐만 아니라 남종 내에서도 여러 종파의 도통, 학통이 서로 다름을 통해서 확인된다. 그러면 중국유학, 중국불교, 중국도교에서 종파, 학파에 따라서 서로 다른 도통, 학통을 제시함이 무엇을 의미하는가?

도통, 학통이 서로 다름은 자신의 도통, 학통이 정통이며, 다른 도통, 학통은 정통이 아닌 이단이라는 주장의 근거로 제시된 것이다. 그렇기 때문에 도통, 학통에 따라서 성리학자인 주희는 불교, 노장을 이단으로 규정하고, 도교 역시 이단으로 규정한다.

그것은 중국불교의 여러 학자들이나 조사들이 유가와 노장을 수용하면서도 동일한 내용을 서로 다른 관점에서 나타낸 것이 아니라 가치상의 우열에 따라서 불교 곧 내도內道에 이르지 못하는 저열한 외도外道로 규정하는 것을 보면 알 수 있다.

맹자는 요, 순에서 공자에 이르고, 안회顔回, 증삼曾參, 자사子思를 거쳐서 자신에 이르는 도통과 학통을 제시하여 유학이 정통임을 주장한

---

344 주희, 『중용장구』 서문, "夫堯舜禹天下之大聖也 而天下相傳 天下之大事也 以天下之大聖 行天下之大事 而其授受之際 丁寧告戒 不過如此 則天下之理 豈有以加於此哉 自是以來 聖聖相承 若成湯文武之爲君 皐陶伊傅周召之爲臣 旣皆以此 而接夫道統之傳 若吾夫子 則雖不得其位 而所以繼往聖 開來學 其功 反有賢於堯舜者 然當是時 見而知之者惟顔氏曾氏之傳 得其宗 及其曾氏之再傳 而復得夫子之孫子思 則去聖遠而異端起矣"

다. 그러면 맹자가 유학의 정통으로 제시하는 까닭이 무엇인가?

맹자는 당시에 극도의 개인주의를 주장하는 양주와 극도의 사회주의를 주장하는 묵적의 말이 천하에 가득 차 있음을 다음과 같이 밝히고 있다.

> **성왕聖王은 나오지 않고, 제후는 방자放恣하며, 처사處士는 마구 의논을 내세워 양주楊朱와 묵적墨翟의 말이 천하에 가득 차서 천하의 말은 양주에게 돌아가지 않으면 묵적에게로 돌아간다. 양씨는 위아爲我를 말하였으니 그것은 임금이 없는 것이요, 묵씨는 겸애兼愛를 말하였으니 그것은 아비가 없는 것이다. 아비가 없고, 임금이 없다면 그것은 금수다.**[345]

맹자는 당시의 천하에 횡행하는 이론이 공자의 인仁이 아닌 양주와 묵적의 의론이라고 하였다. 그는 양주의 위아爲我와 묵적의 겸애兼愛를 따르면 금수와 같아서 사람의 삶이 아니라고 비판하였다. 그는 왜 양주와 묵적의 주장을 비판하는가?

양주는 극도의 개인주의를 주장하며, 겸애는 극도의 사회주의를 주장한다. 오로지 자기 자신의 존재가치를 최고로 여기는 극도의 개인주의에서는 부모와 자식이라는 효자孝慈의 관계 곧 예禮가 성립될 수 없으며, 나의 부모와 남의 부모, 나의 나라와 남의 나라를 동일하게 아끼는 겸애를 통해서는 군주와 신하의 관계가 형성될 수 없다. 따라서 양주와 묵적의 주장을 따르면 공자가 주장하는 인예의지仁禮義知의 사덕四德

---

345 『맹자』 등문공장구하, "聖王不作, 諸侯放恣, 處士橫議, 楊朱 墨翟之言盈天下. 天下之言不歸楊, 則歸墨. 楊氏爲我, 是無君也, 墨氏兼愛, 是無父也. 無父無君, 是禽獸也."

의 세계가 성립할 수 없다.

> 양주와 묵적의 도가 사라지지 않으면 공자의 도가 드러나지 않는다. 이는 사설이 사람들을 속여서 인의仁義를 막는 것이다. 인의가 막히면 짐승을 몰아 사람을 잡아먹게 하니, 장차 사람이 사람을 잡아먹게 될 것이다. 내가 이를 두려워하여 선성先聖의 도를 지키고, 양주와 묵적의 말을 막아서 방자한 말을 몰아내 사설이 일어나지 못하게 하려고 한다.[346]

도통의 제기는 주역과 십익에서도 나타난다. 그것이 맹자 이후에는 시비是非를 구분하는 기준으로 작용하여 정통과 이단을 구분하여 이단을 배척하고, 정통을 수호守護하는 태도로 나타난다.

맹자는 요순에서 시작되어 공자를 거쳐서 자신에 이르는 유학儒學의 이론만이 옳고, 나머지 이론들은 사특邪慝한 이론이기 때문에 이단을 단절하고, 사특한 주장을 없애는 것을 자신의 사명으로 여겼다.

그런데 맹자는 함께 살아가는 왕도정치를 주장하고, 인이 주체가 되어 이루어지는 인정仁政[347]을 주장하였다. 그리고 인정을 이루기 위해서는 통치자가 "그 마음을 하여 성품을 알고, 성품을 알면 하늘을 아는"[348] 역방향의 수기修己와 내 안의 나를 주체로 하여 사덕으로 드러내는 치인治人의 방법인 나의 부모를 효로 대함을 미루어서 남의 부모를 나의

---

346 『맹자』 등문공장구하, "楊墨之道不息 孔子之道不著 是邪說誣民 充塞仁義也 仁義充塞 則率獸食人 人將相食 吾爲此懼, 閑先聖之道, 距楊墨, 放淫辭, 邪說者不得作"
347 『맹자』 등문공장구상, "夏后殷周之盛 地未有過千里者也 而齊有其地矣 雞鳴狗吠相聞 而達乎四境 而齊有其民矣 地不改辟矣 民不改聚矣 行仁政而王 莫之能禦也"
348 『맹자』 진심장구상, "盡其心者, 知其性也. 知其性, 則知天矣. 存其心, 養其性, 所以事天也. 殀壽不貳, 修身以俟之, 所以立命也."

부모처럼 대하는 확충擴充을 통하여 순방향의 실천을 함께 제시하고 있다.

그리고 그는 집중執中을 강조하면서 오로지 어느 한 면에 치우쳐서 다른 면을 놓쳐 버리는 것은 마치 오로지 하나를 붙잡고 나머지 모든 것을 버리는 것과 같아서 권도權度가 필요하다고 하였다.[349]

주역, 십익에서 순과 역을 구분함은 양자가 둘임을 나타내기 위함이 아니라 그것을 통하여 합일을 통하여 본래의 자신으로 돌아가는 수도가 필요함을 나타내기 위함이다.

그러나 여러 이론체계를 통하여 다양한 수도의 방법이 제시되면서 혼란이 일어나기 때문에 각자의 다양한 측면에서 제시된 방법이 모두 옳음을 강조하기 위하여 도통을 제기한 것이다.

사람이나 그들의 말을 기록한 경전의 권위를 통하여 자신들의 주장의 정통성을 확보하려는 시도들은 중국의 유불도儒佛道를 막론하고 계승된다.

신회神會는 남종선을 교종, 북종선과 차별화하여 『육조단경』을 저작하고, 의발을 전수하며, 전법게를 통하여 석가모니로부터 달마를 거쳐서 혜능에 이르는 도통을 제기하여 자가自家의 정통성을 확보하고자 하였다.[350]

논리적인 측면에서 보면 하나의 주장이 갖는 진리성은 한 사람의 권위나 주장에서 확보되지 않는다. 그럼에도 불구하고 감성에 호소하는 선동煽動의 효과가 있기 때문에 일상의 사람들은 사람의 권위에 기대어 제기하는 선동적인 주장에 쉽게 끌려간다. 그러면 주역, 십익에서

---

349 『맹자』진심장구상, "子莫執中. 執中爲近之. 執中無權, 猶執一也. 所惡執一者, 爲其賊道也, 擧一而廢百也."
350 정성본, 『선종의 전등설 연구』, 민족사, 2010, 156-382쪽.

시작된 이단과 정통의 문제가 오늘날에는 없는가?

오늘날의 중국사회는 소수의 공산당원들이 다수의 국민들을 철저하게 통제하고, 감시하면서도 오로지 자신들의 이익을 추구하는 극도의 이기주의를 보여 준다.

그들은 언론을 장악하여 그들이 제시하는 정보만을 주어서 애국이라는 미명아래 국민들을 선동하여 스스로 합리적으로 판단하여 인간으로서의 권리를 주장하고, 찾을 수 있는 조건을 만들어 주지 않는다.

중국은 미국의 세계 패권에 도전하여 세계를 자신들의 소유하려는 야욕을 보이고 있다. 그들은 우리나라의 역사와 문화를 침탈하고, 과학기술을 탈취하려는 태도를 보인다.

오늘날 우리는 맹자가 염려했던 양주의 위아주의와 묵적의 전체주의가 중국사회를 이끌어 가고 있음을 본다. 오늘날의 중국은 양주楊朱의 위아주의爲我主義와 묵적墨翟의 전체주의를 넘어서 극도의 개인주의와 사회주의 결합한 중화주의를 보여 준다.

오늘날의 중국인들은 중국이 세계의 표준이고, 세계의 중심인 것처럼 세계를 대한다. 오늘날 중국사회는 여전히 나와 남을 구분하고, 나와 세계를 구분하며, 나와 국가를 구분하여 가치를 부여하고, 정통과 이단을 구분하여 이단을 배척하는 극도의 이기주의가 살아 있음을 보여 준다. 그러면 이것이 오로지 중국만의 문제인가?

물론 오늘날의 중국사회가 겪고 있는 현상은 중국의 문제이기 때문에 중국 스스로 해결해야 한다. 왜냐하면 그들의 국가는 국민에 의하여 경영되고, 그들의 역사는 국민들의 역사정신에 의하여 흘러가기 때문이다.

그러나 오늘날 중국사회가 겪고 있는 사회적 현상은 단순하게 중국사회의 문제만이 아니라 우리나라의 문제이기도 하고, 인류사회의 문제이기도 하다.

　오늘날 우리나라의 철학, 역사, 문학, 종교를 비롯하여 동양학과 관련된 학문을 전공하는 학자들이나 정치인들을 비롯하여 동양학과 관련된 일에 종사하는 많은 사람들이 중국사회를 제대로 파악하지 못하고 사대주의事大主義에 빠져 있다.

　오늘날의 학자들은 유학을 연구하거나 불교를 연구하거나를 막론하고, 도통을 중시한다. 성리학을 연구하는 학자들은 중국에서 사라진 성리학을 조선이 보존하였기 때문에 조선의 일부의 학자들이 제시하였던 중화주의中華主義는 도통을 보존하는 측면에서 사대주의事大主義가 아니라고 말한다.

　불교를 신봉하는 사람들은 인도에서 중국을 거쳐서 한국에 이르는 도통을 제시하면서 자신의 정통성을 나타내는 증거로 제시한다. 그리고 그들은 불교에는 인도와 중국, 한국이 없다고 말한다.

　형이상의 도의 측면에서는 중국과 한국, 인도가 없기 때문에 성리학이나 심학, 불교가 다르지 않다. 그럼에도 불구하고 불교는 불교의 도통을 제시하고, 성리학은 성리학의 도통을 제시하며, 도교는 각 파별로 자신들의 도통을 제시한다.

　그것은 형이상의 도가 반드시 형이하의 기를 통하여 드러남을 뜻한다. 그렇기 때문에 기가 없으면 도가 드러날 수 없고, 도가 없다면 기가 담을 내용이 없다고 할 수 있다. 그렇기 때문에 성리학만이 도가 아니라 한국사상 역시 도를 담고 있다.

　우리는 이를 통하여 주희의 성리학이 한국에서 역시 가치를 갖기 위해서는 그리고 중국에서 사라진 성리학을 보존하고 있다고 말하기 위해서는 반드시 한국화해야 함을 알 수 있다. 따라서 한국 성리학의 특성이 무엇인지를 제시하지 못하면 성리학을 보존했기 때문에 중국에 대한 사대주의가 아니라고 주장할 수 없다.

　불교를 신앙으로 하여 수행하거나 학문적으로 연구하는 학자들의 태도 역시 같다. 한국불교는 중국불교와 다르고, 인도불교와 다름에도 불구하고 오로지 진정한 불교는 인도불교라고 하거나 중국불교라고 주장하는 것은 사대주의事大主義라고 하지 않을 수 없다. 그러면 사대주의는 무엇인가?

　사대주의는 형이하의 차원에서 의식에 의하여 이것과 저것을 분별하고 가치를 부여하여 소유하려는 태도이다. 그것은 오로지 물리적 힘을 최고의 가치로 여기고 숭상한다. 그렇기 때문에 사대주의는 다양한 형태의 이기주의로 나타나게 된다.

　사대주의는 대소大小를 구분하여 대大를 추구하는 분별의식에 의하여 나타난다. 개체적인 측면에서 사대주의는 육신을 자신으로 여기고, 자신의 이익을 최고의 가치로 여기는 개인 이기주의로 나타난다.

　사회적인 측면에서 사대주의는 개체와 개체가 모여서 형성된 다양한 형태의 집단의 이익을 최고의 가치로 여긴다. 그렇기 때문에 육신을 중심으로 맺어진 혈연血緣, 학연學緣, 지연地緣에 의하여 형성된 집단을 중심으로 여러 형태의 집단 이기주의로 나타난다.

　양주의 위아주의나 묵적의 겸애주의가 모두 사대주의의 한 형태이다. 정통과 이단을 나누어서 이단을 배척하고 정통을 수호하는 학파 이기주의 역시 사대주의의 한 형태이며, 중국민족을 최고의 가치로 여기는 중화주의 역시 사대주의의 한 형태이다.

　사대주의는 지금 여기의 나를 중심으로 종교, 사상, 문화를 이해하지 않고, 지금 여기의 나를 떠나서 다른 장소, 다른 나라, 다른 시대, 다른 사람의 다른 주장을 통하여 진리를 찾고, 이상理想을 찾는 점에서는 노예적이다. 그러면 도통을 통하여 정통과 이단을 구분하는 것은 어떤 문제를 안고 있는가?

 이단과 정통을 구분하고, 중국과 다른 나라를 구분하여 가치상의 우열을 제시하는 것은 의식의 차원에서 벗어나지 못함을 나타낸다.

 어떤 사람이 형이하의 차원에서 벗어나지 못하고 오로지 하나의 근원을 찾아가는 역방향에서 도를 이해하고, 근원을 이해하며, 근원과의 합일을 추구하면 그것은 맹자가 비판한 하나를 붙들고 모든 것을 버리는 결과를 낳는다.

 우리가 본래 도와 기로 구분할 수 없는 세계를 구분하여 순과 역으로 나누고, 인간도 성과 명으로 구분한 것은 본래 하나임을 나타내기 위함이다. 그렇기 때문에 설사 하나임을 알았더라도 실천을 하는 문제는 별개의 문제로 남는다.

 그것은 아무리 역방향에서 수도, 수기, 수행, 수련을 통하여 성명합일, 천인합일을 추구하여도 천인의 구분이 없고, 성명의 분별이 없는 차원에서 하나로도 나타내고, 여럿으로도 나타내는 제도, 실천이 없다면 아무런 의미가 없음을 뜻한다. 그러면 정통과 이단이 있는가?

 정통과 이단, 중화주의는 세계 자체의 문제가 아니라 인간 자신의 문제일 뿐이다. 그것은 세계의 문제가 아니라 그것을 주장하는 사람의 문제임을 뜻한다. 정통과 이단을 구분하고, 시비를 논하여 이단을 사설로 배척하고, 정통을 받들어서 오로지 그것과 하나가 되고자 하는 것은 아직 그것을 주장하는 사람이 그것과 하나가 되지 못하였음을 뜻한다. 그것이 무엇을 의미하는가?

 인간의 모든 언행은 성품에서 나온다. 그리고 모든 사람의 성품은 하나일 뿐만 아니라 만물의 성품 역시 둘이 아니다. 그렇기 때문에 성품의 차원에서 보면 다른 근원, 다른 뿌리라는 이단이 존재할 수 없다. 그러면 이단사설을 막는 일 자체는 아무런 의미가 없는가?

우리는 여기서 다시 우리 자신에 대한 철저한 인식이 있어야 한다. 그것은 두뇌에 의한 이성적인 인식, 의식에 의한 분별적인 이해가 아니라 온몸과 온 마음으로 느껴져 오는 세계와 둘이 아니게 일어나는 체험, 사물과 둘이 아닌 경험을 의미한다.

본성이라는 내 안의 나 아닌 나를 잊지 않으면서도 그에 얽매이지 않을 때 일어나는 한 생각은 그대로 마음과 육신을 통하여 다양하게 그리고 새로운 언행으로 드러난다. 이렇게 드러난 말과 행동은 그것이 어떤 형태를 갖더라도 오로지 또 다른 나인 사람들의 이로움을 위하고, 만물을 위하는 언행이 된다. 그러면 오늘날 우리는 도통, 학통을 어떻게 이해할 것인가?

도통, 학통은 성명합일, 천인합일이 이루어지고, 견성성불이 이루어진 차원에서는 제기되지 않는다. 오로지 아직은 그 경계에 이르지 못하였을 때 제기되는 문제일 뿐이다.

그리고 만약 성명합일, 천인합일을 이루고, 견성성불이 되었을 때는 오로지 실천에 치중할 뿐으로 다시 이단과 정통을 논할 필요도 없고, 그럴 가치를 느끼지 못한다. 그러면 이단과 정통의 문제를 어떻게 이해할 것인가?

순방향의 존재론적 측면에서 보면 만물이 모두 도의 드러남이다. 그렇기 때문에 맹자를 비롯하여 이단과 정통을 주장하는 그 어떤 사람의 주장도 글자 그대로 이해하면 옳다고 할 수 없다. 왜냐하면 모두가 도의 드러남이기 때문에 근원은 하나여서 다른 근원으로서의 이난이 있을 수 없기 때문이다. 그러면 어떻게 해야 하는가?

도, 진리는 지금 여기의 나와 둘이 아니다. 지금 여기의 나를 통하여 드러나는 진리는 바로 본성, 자성으로서의 내 안의 나이다. 그렇기 때

문에 지금 여기의 나를 떠나서 진리, 도가 없다.[351]

다른 사람의 권위를 따르는 것은 지금 여기의 나를 떠나서 도, 진리를 찾는 것과 같다. 유마힐維摩詰은 말을 따르거나 사람을 따르고, 의식을 따르지 말고 오로지 법을 따르라고 하였다.

> **말을 따르지 말고 의미를 따르며, 의식을 따르지 말고 지혜를 따르고, 사람을 따르지 말고 법에 따라야 한다.**[352]

말을 따르지 않고, 의식을 따르지 않으며, 사람을 따르지 않음은 내 안의 참 나인 본성을 따름이다. 그리고 내 안의 참 아닌 본성을 따름은 마음에 의하여 이루어진다. 따라서 어떤 것에도 얽매임이 없이 자유로우면서도 모두를 이롭게 하는 마음 씀이 필요하다. 그것은 인연에 따라서 매 순간에 이루어지는 다양한 마음 씀이지만 내 안의 나 아닌 나를 주체로 이루어지기 때문에 함이 없는 마음 씀이다.

5. 중국사상과 내 안의 나를 통한 한마음 계발

우리는 앞에서 도와 기, 성과 명을 구분하여 양자의 합일을 추구하는 주역, 십익이 갖는 장점과 한계를 살펴보았다. 그 과정에서 발생하는 두 가지의 문제가 있음을 살펴보았다.

하나의 문제는 합일의 방법과 관련하여 어떤 방법이 올바른가를 문

---

351 『중용』경일장. "道也者 不可須臾離也 可離非道也"
352 『유마힐소설경』3권(ABC, K0119 v9, p.1004c13-c15), "依於義 不依語 依於智 不依識 依了義經 不依不了義經 依於法 不依人"

제로 삼는 정통과 이단의 문제이며, 나머지 하나는 합일의 주체가 무엇인가의 문제를 제기한 것이다.

그런데 도와 기, 성과 명을 구분하여 합일을 추구하는 과정에서 발생하는 도통을 통한 이단과 정통을 구분하는 문제는 결국 합일이 갖는 의미가 무엇인지 그리고 합일의 주체가 무엇인지를 파악하는 문제로 귀결된다. 그러면 지금부터 나머지 문제인 성명합일, 천인합일의 주체가 무엇인지를 살펴보자.

그러면 문제의 성격을 분명하게 파악하기 위하여 지금까지 살펴본 내용들을 중심으로 중국사상의 특성이 무엇인지 살펴보자. 주역과 십익에서는 세계를 형이상形而上과 형이하形而下, 도道와 기器로 구분하고, 인간을 성性과 명命으로 구분하고 양자의 관계를 순과 역의 두 방향에서 나타내고 있다. 그리고 역방향에서 물리적 생명에서 출발하여 형이상의 본성에 이르고 다시 천명天命에 이르는 인도人道를 밝히고 있다. 주역과 십익에서는 궁리窮理, 진성盡性, 지명至命의 과정으로 드러나는 성명합일을 통하여 천인합일天人合一을 삶의 길로 제시하고 있다.

그런데 인간과 세계는 인간이라고 하거나 세계라고 할 수 있는 고정된 실체가 아니다. 그렇기 때문에 공空이라고 말하고, 중中이라고 말하며, 수많은 언어를 통하여 나타내면서도 언어를 통하여 나타낼 수 없고, 마음을 통하여 도달할 수 없다고 말한다.

인간이 삶을 나타내는 언어를 비롯한 다양한 도구에 대하여 경계를 나타냄은 언어가 한계를 갖거나 아무런 쓸모가 없다고 말함이 아니다. 다만 우리가 어떤 관점에서 무엇을 도구로 하여 자신과 세계를 나타내더라도 나타낸 결과와 과정 그리고 내용에 대하여 스스로 얽매이지 않아야 함을 뜻한다. 그러면 앞에서 살펴본 내용들을 바탕으로 주역과 십익을 통하여 나타나는 중국적 사유의 특징이 무엇인지 살펴보자.

첫째는 중국적 사유는 물건적 세계를 출발점으로 삼는다. 그것은 십익에서 세계를 물건적 관점에서 형이상과 형이하로 구분하여 각각 도道와 기器로 나타내고, 인간 역시 형이상적 본성과 형이하적 물리적 생명으로 구분하여 나타내고 있음을 보면 알 수 있다.

우리가 세계를 형이상의 도와 형이하의 기로 나누어서 나타내는 순간 가치상의 우열을 논하게 된다. 그렇기 때문에 도와 기를 근본과 지말의 본말로 나타내지 않을 수 없다. 본말의 관계를 이루는 도와 기는 결코 가치가 같을 수 없다. 그렇기 때문에 현상을 벗어나서 근본에 이르고자 하게 된다.

둘째는 주역과 십익에서는 도와 기를 중심으로 도道에서 출발하여 기器에 이르는 순順방향과 기器에서 도道에 이르는 역逆방향을 구분하여 역방향에서 출발하여 양자를 합일合一하는 데 그 목적이 있다. 그렇기 때문에 중국적 사유의 특징은 언제나 하나를 찾아서 그것과 하나가 되는 성명합일, 천인합일, 본각과 시각의 합일과 같이 다양하게 표현하는 합일合一이 중심 문제이다.

그런데 성명합일은 물리적 생명을 벗어나서 형이상의 본성을 찾아야 비로소 둘이 하나가 될 수 있으며, 천인합일은 사람이 개체적 상태를 벗어나야 비로소 세계, 우주와 하나가 될 수 있고, 시각始覺과 본각本覺의 합일合一을 통하여 구경각에 도달함은 불각不覺의 상태를 벗어나서 시각始覺에 이르러야 비로소 본각과 하나가 되어 구경각에 이를 수 있다.

어떤 합일을 막론하고 합일은 본말의 관계를 바탕으로 이루어진다. 그것은 지말支末의 현상을 부정하고 벗어나야 비로소 근본과 하나가 될 수 있음을 뜻한다. 그렇기 때문에 언제나 현상에 대한 부정을 출발점으로 삼는다. 중국불가, 도가의 여러 전적들은 물론 중국유가의 전적들에서도 공공空, 무무無, 불불과 같은 부정적인 개념들을 사용하는 까닭이 여기에 있다.

　무위無爲, 무명無名, 무주無住, 무상無相, 무사無思, 무아無我와 같은 개념들을 사용하여 말로 표현할 수 없는 세계를 드러내고자 하는 방법은 마치 양파의 껍질을 찾는 것과도 같다. 우리가 양파의 알갱이를 찾기 위하여 껍질을 벗기듯이 끝없이 부정을 하다 보면 부정을 하는 자신마저도 부정하게 되어 결국은 허무주의虛無主義, 냉소주의冷笑主義에 이르게 된다. 그런 점에서 보면 성리학자性理學者들이 도학道學을 내세워서 불가와 도가, 도교를 적멸寂滅의 도道라고 비판하는 것도 일리가 있다.

　셋째는 주역에서 밝히고 있는 것과 같이 중국적 사유의 중심은 본성本性, 자성自性을 발견하여 그것과 하나가 되는 합일合一이 근본문제이다. 이때 합일은 실체적인 합일合一이 아니라 마음의 문제이다. 십익에서 지래知來를 근본문제로 제기하고 있음을 이 점을 단적으로 보여 준다. 본성을 발견하고, 그것과 하나가 되는 깨달음의 문제가 중국사상의 중심문제이다.

　실천을 중심으로 이론을 전개한 유학에서도 지성知性, 지천知天을 언급하고 있으며, 불교에서는 깨달음이 중심이 되어 견성성불見性成佛을 논하고 있다. 만약 지성, 견성성불이 오로지 앎의 문제에 불과하다면 양자는 단지 인식의 차원에 머물 뿐으로 존재와 괴리되는 결과를 낳는다.

　우리가 앎, 깨달음을 중심문제로 추구할 때 반드시 일어나는 문제는 앎과 실천이 둘이 아님에도 불구하고 둘이 될 수밖에 없다는 점이다. 주희가 선지후행先知後行을 주장하고, 왕양명이 지행합일을 주장한 것은 모두 지행知行을 둘로 보는 관점에서 출발하였음을 보여 준다.

　우리가 앎에 치중하여 오로지 깨달음만을 목적으로 하게 되면 자연스럽게 실천과 둘이 되어 소홀히 하게 된다. 그러나 실천이 따르지 않는 앎은 진정한 앎이라고 할 수 없다. 실천이 함께하지 않은 앎을 언어를 통하여 나타내었을 때 그것은 알맹이가 없는 말이 된다. 결국 지행합일이 되지 않는 앎을 언어를 통하여 나타내면 언행합일言行合一의 문제가 따라온다.

넷째는 성명합일, 천인합일, 본각과 시각의 합일을 언급하면 본성과 물리적 생명, 천과 인, 본각과 시각, 구경각을 실체적 관점에서 나타내기 때문에 실체적 세계, 실체적 존재가 있는 것으로 착각을 일으키게 된다.

중국불교에서 성性과 상相을 나누고, 이理와 사事를 나누어서 모든 것이 성품의 작용이라는 성기론性起論을 주장한다. 그럼에도 불구하고 견성성불을 주장하고, 상을 만나면 그것을 벗어나서 성에 이르는 회상귀성會相歸性을 주장한다.

성기론에 의하면 본래성불本來成佛이다. 그렇다면 회상귀성이나 견성성불을 할 필요가 없다. 그러나 금강경에서 "무릇 상을 갖고 있는 모든 것은 허망하다. 만약 상相이 상相이 아님을 알면 곧 여래를 본다."[353]고 하여 상相이 상相이 아님을 제기하고 있다. 결국 성과 상, 천과 인, 본각, 시각, 구경각이나 부처와 중생, 대인과 소인이라는 실체적 물건이 없을 뿐만 아니라 성불과 불성불不成佛, 성명합일, 천인합일, 본각과 시각이 합일이라는 실체적 사건이 없다.[354] 그렇다면 이러한 개념들이나 주장이 아무런 의미가 없는가?

---

353 『금강반야바라밀경』 1권(ABC, K0013 v5, p.979b19-b20), "凡所有相 皆是虛妄 若見諸相非相 則見如來"
354 『대방광원각수다라요의경』 1권(ABC, K0400 v13, p.79a06-a08), "一切如來 妙圓覺心 本無菩提 及與涅槃 亦無成佛及不成佛 無妄輪迴 及非輪迴"

지금 여기의 나의 삶은 항상 새로워서 고정되지 않기 때문에 일정한 사건이나 특정한 물건에 의하여 무엇이라고 나타낼 수 없다. 그리고 물건은 사건을 고정하여 우리와 둘로 나타내었을 때 비로소 성립된다. 따라서 성불과 불성불, 본래성불과 견성성불의 모순은 물건적 사고를 사건적 사고로 바꾸면 해소解消된다.

다섯째는 순역이 합일된 차원에서 본성을 주체로 하여 이루어지는 삶의 문제는 지금 여기의 내가 그대로 본성과 하나가 된 차원이어야 한다. 그렇기 때문에 지금 여기의 나를 중심으로 순역順逆, 지래知來, 수왕數往, 성명性命의 문제가 이해되어야 한다.

그런데 중국사상에서 제시하고 있는 도道의 세계는 지금 여기가 아니라 장차 이루어야 할 미래적 세계이다. 그것은 성명합일, 천인합일, 견성성불을 지금 여기의 내가 이미 이룬 것이 아니라 장차 이루어야 할 미래적인 일로 나타내었음을 뜻한다.

만약 수기修己, 수행, 수련修練, 수심修心, 수양修養과 같은 다양한 이름으로 불리는 수도修道가 아직은 아니지만 장차 이루어야 할 미래적 이상理想이라면 수도修道는 인위적인 행위일 수밖에 없다. 그렇기 때문에 수도는 지금 여기의 나의 삶과 괴리가 되지 않을 수 없다.

화엄華嚴사상에서는 성기론性起論[355]을 제기하고, 여러 경정들 속에서는 수도에 의한 증오성불證悟成佛과 달리 본래성불本來成佛을 논하기도 한다. 그러나 본래 모든 중생이 부처라면 부처가 다시 성불成佛할 필요도 없고, 더구나 증오성불이나 본래성불이라는 말 자제노 필요가 없다.

---

355 『대방광불화엄경』 33권(ABC, K0079 v8, p.236b15-b17), "如來性起正法 一切如來平等智慧光明所起 一切如來一味智慧 出生無量無邊功德"

어떤 사람은 선불교는 교종과 달라서 중생이 본래 부처이기 때문에 부처의 삶을 살아가라고 말한다 할지도 모른다. 그러면 그들은 왜 승단이라는 일상의 삶과 다른 단체를 만들어서 일상의 삶과 다른 삶을 살아가는가? 만약 지금 여기의 내가 부처이고, 지금 여기의 나의 삶이 부처의 삶이라면 굳이 중생과 부처를 구분하여 부처의 삶을 논할 필요조차도 없다.

여섯째는 주역에서는 형이상적인 본성과 물리적 생명을 말하지만 중지곤괘의 괘사와 효사에서 확인할 수 있는 것처럼 궁극적인 삶은 국가, 천하에서 살아가는 삶이다. 그렇기 때문에 이상적인 삶도 역시 국가를 다스리고, 천하를 다스리는 삶으로 제시하고 있다.

물리적 생명의 사회적 측면을 강조할 때 개인적 측면이 사라지게 된다. 그것은 모든 문제가 사회적 측면에서 제시되고 해결되어야 한다면 개인의 역할이나 삶은 없음을 뜻한다. 따라서 개인적 수기, 수행, 수도는 성립할 수 없게 된다.

수도를 사회적 측면에서 강조할 때 도통道統 개념이 형성된다. 그것은 한 사회를 이끌어 가는 중심적인 지도자와 그의 지도를 따르는 대중을 엄격하게 구분하여 나타냄을 뜻한다. 이러한 사회는 개인의 자유가 사라진 전체주의全體主義로 흘러가게 된다.

유학, 도교, 불교를 막론하고 각각의 도통을 제시할 뿐만 아니라 동일한 불교, 유학, 도교 안에서 여러 파가 갈라지면서 각각의 도통을 세운다. 그 과정에서 서로의 정통성을 제기하여 다른 파를 이단異端으로 배격하는 극단적인 행태를 보인다.

맹자는 당시의 사회가 극단적인 이기주의와 극단적인 전체주의로 빠지는 것에 대하여 비판을 가하였다. 그는 극단적인 유아주의자唯我主義者인 양주楊朱와 극단적인 전체주의자인 묵적墨翟을 하나를 붙들고 나머지를 모두 배격하는 것[356]이라고 비판하였다. 그것은 주역의 괘효사에서 보여 주는 사상적 특성이 중국사회에서 그대로 드러나고 있음을 보여 준다.

송대宋代 이후의 중국의 사상사가 유불도 삼교三教의 합일合一을 추구하는 과정의 연속이었음을 보아도 그 점을 확인할 수 있다. 그러면 우리가 주역의 괘효사와 십익의 내용을 침소봉대針小棒大한 것인가?

그렇지 않다. 중국적 사유의 특징은 중국유학, 중국불교, 중국도교를 막론하고 그대로 전승된다. 그러면 지금부터는 중국적 사유를 그대로 잘 드러내고 있는 전적은 유가儒家의 전적인 예기禮記를 통하여 중국적 사유의 특성을 살펴보자.

예기 가운데서 성리학자들과 심학자들이 가장 중요하게 여겼던 전적은 예기 가운데 한 편인 『대학』이다. 이를 통하여 우리는 주역은 물론 후대의 학자들에 의해서도 중국적 사유가 그대로 계승되고 있음을 확인할 수 있다.

물건은 본말이 있고, 사건은 종시가 있다. 그 선후하는 것을 알면 곧 도에 가깝다.[357]

위의 내용을 보면 세계를 물건과 사건 곧 시간과 공간의 관점에서 사물로 제시하고 있음을 알 수 있다. 그리고 물건의 내용을 근본과 지말로 나타내고, 사건의 내용을 종시로 나타내고 있다. 이때 종시는 시종과 다르다. 주역에서는 종시와 시종의 관계를 다음과 같이 밝히고 있다.

---

356 『맹자』 진심장구상盡心章句上, "子莫執中 執中爲近之 執中無權 猶執一也 所惡一者 爲其賊道也 擧一而廢百也"
357 『예기』 대학, "物有本末 事有終始 知所先後 則近道矣."

종시를 크게 밝히면 육위가 때에 따라서 이루어진다.[358]

위의 내용은 종시원리가 하나의 중괘를 구성하는 육효에 의하여 시종의 여섯 시위로 나타남을 나타낸 것이다. 따라서 종시가 시종으로 드러나기 때문에 종시는 시종과 다른 차원이면서 시종의 근거임을 알 수 있다. 그런데 시종은 시간적 측면에서 사건을 나타내고, 종시는 사건의 근거가 되는 존재이다. 따라서 종시는 시간성을 나타내는 개념임을 알 수 있다.

이제 대학에서 제시하고 있는 도에 이르는 범주 또는 도가 자신을 드러내는 범주 곧 도가 현현顯現하는 범주가 시간과 공간, 사건과 물건임을 알 수 있다. 그리고 물건의 근본과 지말, 사건의 종시와 시종의 모두 선후의 관계임을 알 수 있다. 그러면 도에 이르는 것은 무엇인가?

먼저 물건적 관점에서 지말을 벗어나서 근본에 이른다. 그리고 물건적 관점에서 사건의 관점으로 전환하여 시종에서 종시에 이른다. 그것은 지말에서 근본에 이르고 다시 근본을 시종의 차원에서 이해하고, 그것을 다시 종시의 차원에 이르는 방법이다.

그런데 이때 선후를 파악하는 문제를 앎으로 규정하고 있다. 따라서 이 부분은 물건적 관점에서 시작하여 도에 이르는 역방향이 『대학』에서 제시하고 있는 학문의 방법, 수기의 방법인 동시에 앎의 문제가 그 중심 내용임을 나타낸다. 그러면 우리가 주역을 다른 관점에서 이해하는 방법 곧 미래를 앎의 문제가 아닌 창조의 문제로 이해하는 구체적인 방법은 무엇인가?

그것은 주역에서 전제로 하고 있는 괘체卦體의 세계, 순방향의 세계

---

358 『주역』중천건괘 단사, "大明終始 六位時成"

와 효용交用의 세계, 역逆방향의 세계가 합일된 세계, 순과 역으로 구분하여 양자로 나타내기 이전의 세계, 천지의 도가 하나가 된 차원에서 인도인 성명을 고찰하는 방법이다. 그러면 구체적으로 그 내용을 살펴보자.

주역은 성명을 주체로 실천하는 문제 곧 우리의 일상의 삶을 나타내는 것이 아니라 우리가 삶을 살아가기 위하여 어떤 것을 목표로 해야 하는지, 우리가 지향해야 할 이상적인 삶은 무엇인지를 제시하는 것을 목적으로 하고 있다.

우리가 주역을 저작한 목적, 내용 그리고 저작자, 주역을 이용하는 방법에 대하여 설명하고 있는 설괘를 보면 "옛날에 성인이 주역을 지어서 장차 후세의 사람들로 하여금 성명의 이치에 순응하도록 하였다."[359]고 하여 옛날의 성인과 후세의 군자로 작자와 독자를 구분하여 나타내고 있다.

설괘의 내용은 성명이라는 어떤 것이 있어서 성인이 먼저 그것을 깨달아서 주역이라는 저작을 통하여 나타내었기 때문에 후세의 군자라는 이상적인 인격체의 삶에 목표를 두고 살아가는 사람들이 주역을 통하여 성명을 파악한다는 구조이다.

그런데 우리가 성명을 통하여 지금 여기의 나를 나타낼 때 그대로 드러내지 않고 미래적 관점에서 나타내면 지금은 아니지만 앞으로 그렇게 되어야 할 나, 이상적인 나를 나타내게 된다. 미래적인 나, 내가 장차 이루어야 할 나이기 때문에 비록 나와 무관한 깃은 아니지만 지금 여기의 나는 아니라는 데 문제가 있다.

우리는 미래적 이상으로서의 장차 되어야 할 나를 논할 수 있다고 생

---

359 『주역』설괘 제이장, "昔者聖人之作易也, 將以順性命之理."

각한다. 그러나 그것도 지금 여기의 내가 생각하고, 내가 아는 이상일 뿐이다. 그럼에도 불구하고 그것을 미래적 사건으로 나타내면 지금 여기의 나와 무관한 하나의 실체적 존재가 된다.

만약 성명이 지금 여기의 나의 문제 곧 지금 여기의 나를 나타내지 않는다면 그것은 나와 무관한 문제이다. 나와 무관하다는 것은 나와 독립된 실체로서의 성명이 있다면 설사 내가 그것을 알아도 여전히 나의 소유물로서의 기억, 저장된 정보, 지식일 뿐으로 나와 하나가 아님을 뜻한다.

우리가 지혜와 지식을 구분하는 것은 실천이다. 지혜는 삶의 과정에서 끊임없이 새롭게 나타난다. 그러나 지식은 지혜를 시간상으로 정지시켜서 나로부터 떼어내서 나타낸 것이다. 따라서 지식으로서의 성명은 나의 것이 아니어서 단지 정보, 지식으로 소유하고 있을 뿐이다.

우리가 자신을 지금 여기의 나를 중심으로 이해하지 않고, 과거화하여 물건적 실체로 대하는 과학적 관점에 서거나 미래화하여 하나의 법칙이나 원리, 도道로 나타내거나를 막론하고 실체적 존재로 여기게 된다.

우리가 자신을 과거화하여 물건적 존재로 이해하거나 미래화하여 형이상의 초월적 존재로서의 도, 상제, 천과 같은 존재로 이해하거나를 막론하고 나와 둘이 되어 실체적 존재로 알게 되면 자신을 비롯하여 세계는 물론 모든 존재를 소유하여 자기 삶의 수단으로 사용하고자 한다.

오늘날 소수의 공산정권이 다수의 국민들을 억압하고 통제를 하는 정치 행태가 바로 맹자가 염려했던 유물론적 세계관, 실체적 인간관에 의하여 이루어지는 극도의 개인주의와 전체주의로 나타나는 이기주의이다.

오늘날의 중국의 공산당은 선진先秦 시대에 공자, 맹자를 비롯하여 노자, 장자와 같은 수많은 선각자들에 제시된 전통사상을 거부하고 오로지 유물론적인 사고에 빠져서 자신들의 정체성을 스스로 확립하지 못하고 있다.

그들은 미국이나 러시아, 유럽의 여러 나라와 같은 큰 나라는 물론 작은 나라를 막론하고 남의 나라를 자신들과 동등하게 대하고, 설사 작은 잘못이라도 너그럽게 포용하여 관대하게 대하지 못하고, 오로지 남의 나라를 무력으로 침탈하여 모든 문화, 사상, 종교, 예술, 과학, 기술을 소유하려고 한다.

남들로부터 추앙을 받는 개인이나 오랜 역사를 가진 국가를 보면 그들이 언제나 바르고 당당한 삶을 살아서라기보다는 항상 자신의 과거를 돌아보고, 역사를 돌아보아 겸손하고, 반성할 수 있는 여유로움이 있기 때문이다. 그것이 개인과 국가를 막론하고 스스로의 중심을 세우고 당당하게 살아가는 사람, 국가의 모습이다.

사람이나 국가 또는 어떤 사회에 대한 비판은 관심과 사랑의 표현이다. 왜냐하면 비판은 비난과 달리 대상이 스스로 발전하기를 바라는 사랑의 마음을 담아서 대안을 제시하기 때문이다. 만약 남이나 다른 국가의 비판을 받아들일 마음의 여유가 없고, 자기를 돌아볼 수 있는 마음의 여유가 없는 개인이나 국가는 반드시 멸망滅亡하게 된다. 그러면 어떻게 할 것인가?

우리는 여기서 비로소 도와 기를 구분하고, 성과 명을 구분하여 양자의 합일을 추구하고, 다양한 방법을 제시하였을 뿐만 아니라 다양한 방법들을 대상으로 시비를 논하고, 이단과 정통을 나누어서 배척과 수호를 하는 주체가 무엇인가의 문제에 도달하였다.

도와 기, 성과 명을 나누는 것도 지금 여기의 나의 마음이며, 양자를 합일하는 것도 지금 여기의 나의 마음이다. 그리고 시비, 이단과 정통을 구분하여 수호와 배척을 하는 것도 지금 여기의 나의 마음에 의하여 이루어진다. 그러면 지금 여기의 나의 마음이 무엇인가?

지금 여기의 나는 고정된 것이 아니다. 그렇기 때문에 지금 여기의 나는 과거, 미래와 구분되는 현재로서의 지금이 아니고, 천상과 지하와 구분되는 여기가 아니며, 남과 구분되고, 천지와 구분되며, 만물과 구분되는 내가 아니다.

그리고 과거의 마음, 미래의 마음과 구분되는 지금의 마음이 아니고, 대인의 마음, 소인의 마음과 구분되는 다른 마음이 아니며, 천지, 만물의 마음과 다른 마음이 아니다.

영원한 현재를 나타낸 개념이 마음이다. 따라서 영원한 현재의 관점에서 마음을 통하여 합일, 수도를 이해하는 것이 필요하다. 그러면 영원한 현재적 관점에서 마음을 통하여 이루어지는 합일은 어떻게 하는가?

그 문제는 간단하다. 성명의 문제를 지금 여기의 나의 관점에서 이해하는 것이다. 그것은 우리가 말하고자 하는 앎의 문제를 중심으로 주역과 십익을 접근할 것이 아니라 내가 삶의 주인이 되어 삶을 창조하는 주체적 관점에서 주역을 이해하는 방법이다. 그러면 구체적으로 우리가 어떻게 주역을 이해할 것인가?

우리가 주역의 주인이 되어 주역을 운용하는 방법은 괘체卦體의 관점에서 주역을 이해하는 것이다. 그것은 괘체卦體가 다른 것이 아니라 우리 자신을 나타내기 때문에 지금 여기의 나의 본성을 주체로 이루어지는 생명의 창조 현상을 중심으로 이해하는 것이다.

지금 여기의 나의 성명을 나타내는 텍스트로서의 주역은 괘효와 언사를 통하여 나타내고 있지만 사실은 지금 여기의 나에 의하여 이루어지는 삶을 통하여 이해된다. 그렇기 때문에 주역을 삶 가운데서 실천을 통하여 이해하는 것이 바로 창조적인 관점에서 주역을 이해하는 것이다. 그러면 구체적으로 주역이 주인이 되어 창조적인 관점에서 운용하는 방법은 무엇인가?

우리는 주역을 마음으로 읽고, 마음으로 이해하고, 마음으로 설명하며, 마음으로 창조해야 한다. 만약 우리가 마음을 형이하의 물질적인 차원을 중심으로 사용하면 형이하에 얽매여서 삶을 살아가고, 주역을 이해하면 점의 의미가 미래를 아는 실천과 괴리된 앎의 문제로 전락한다.

만약 우리가 형이상의 도의 차원에서 우리의 마음을 쓰면 주역은 글자 그대로 주周나라라는 특정한 시대의 특정한 장소에서 잠시 있어선 한 국가사회에 속했던 사람이 구성한 하나의 물건으로서의 책이 아니라 두루 변화하여 항상 새롭게 드러나고 점점 진화하여 무엇으로 규정할 수 없음의 의미가 된다.

그러나 우리의 마음이 형이하와 형이상의 어떤 것에도 걸림이 없이 자유로울 때 우리의 삶은 끊임없이 새롭게 창조되면서 모든 사람은 물론 모든 존재를 이롭게 하는 공생, 공존, 공영의 삶이 되고, 서로가 서로의 중심이 되고, 근본이 돼서 서로를 살리고, 서로를 더욱 완전하게 하는 진화의 삶이 된다. 그러면 주역이 연원이 되어 전개되는 중국적 사고, 중국적 사고에 의하여 형성된 중국사상이 가치가 없는가?

그렇지 않다. 어떤 한 사람의 사상이나 한 국가의 사상, 문화는 모두 본성이 드러남이다. 그렇기 때문에 언제 어디서 어떻게 나타나더라도 모두 가치가 있고, 의미가 있다. 그것은 언제 어디서 어떻게 나타나거나를 막론하고 모든 문화, 모든 사상은 가치상의 우열이 없는 평등한 사상이고 문화임을 뜻한다. 그러면 서로 다른 사상, 문화를 인정하면 될 뿐으로 굳이 비판을 하고, 특성을 밝혀내는 까닭은 무엇인가?

아무리 수많은 인류에 의하여 생성되는 수많은 사상, 문화일지라도 하나이기 때문에 그 결과는 인류가 공유하게 된다. 그것은 하나의 사상, 문화가 생성의 주체만의 문제가 아니라 그대로 인류의 문제이자 우주의 문제임을 뜻한다. 그렇기 때문에 우리는 하나의 사상, 문화를 형성하고 향유할 때 조심하지 않을 수 없다.

의식에 의하여 남과 나를 구분하고, 나와 세상을 구분하여 개인의 이익, 국가의 이익을 위하여 개인이기주의, 집단의기주의의 표출로서의 사상, 문화는 자신은 물론 주변과 인류를 병들게 하는 원인이 된다. 그것은 인류가 중심인 지구의 미래는 인류가 함께 결정하고, 인류사회의 발전과 퇴보가 모두 인류가 함께 만들어 감을 뜻한다.

우리는 앞에서 이미 개인이 스스로 본성과 물리적 생명의 조화를 통하여 개인과 사회, 인간과 자연, 인간과 세계의 조화로운 삶을 추구한 것이 주역에서 제시한 성명합일, 천인합일 사상임을 살펴보았다. 그렇기 때문에 중국인들이 자신들의 전통사상을 바탕으로 중국인답게 살아가는 것이 가장 세계적인 삶이고, 인류를 위한 삶이며, 천지와 함께하는 삶이고, 만물과 함께하는 삶이다.

그러나 성명합일, 천인합일을 추구할 때 그것이 유위법에 그쳐서는 안 된다. 그것은 성명합일, 천인합일이 장차 해야 할 일 곧 지금 나와는 둘인 사건에 그쳐서는 안 됨을 뜻한다. 만약 우리가 오로지 역방향에서 성명합일, 천인합일을 추구하기만 하면 결국은 천인합일의 삶을 살아갈 수 없다.

중국유가에서 천도, 천명을 설정하고 지성, 지천을 통하여 천도, 천명과 하나가 되는 합일을 추구하고, 중국불교에서 시각과 본각을 합일하여 구경각에 이르고, 성품을 보아 부처를 이루는 견성성불을 추구하며, 도교에서 정기신의 수련을 통하여 도와 하나가 되는 연허합도를 추구하듯이 오로지 하나가 되는 삶을 추구할 때 나타날 수 있는 병폐가 극도의 이기주의이다.

맹자는 이미 형이상과 형이하, 도와 기, 이와 사, 성과 상, 본과 말을 분별하여 지말인 형이하의 기로부터 출발하여 성, 도를 찾아서 하나가 되는 합일의 수행이 가질 수 있는 폐단에 대하여 경고하였다.

그는 중국사상이 현상의 만물에서 출발하여 그 근원을 찾아가면 단순하게 현상을 벗어나거나 현상에 매몰되어 현상 내에서 근원, 근본을 찾는 어리석음을 범할 수 있음을 염려하였다. 그는 성인의 도를 자각하여 실천하는 성왕이 나타나지 않으면 나타나는 현상을 다음과 같이 밝힌다.

> **성왕이 흥작하지 않기 때문에 제후들이 방자하며, 처사들이 망령되게 국정에 대하여 논의를 하고, 양주와 묵적의 말들이 천하에 가득 차서 천하의 말들이 양주로 돌아가지 않으면 묵적으로 돌아간다.**[360]

성인의 도를 깨달아서 도로 천하를 제도하고자 하는 왕이 나타나지 않기 때문에 지방을 다스리는 제후들이 방자하고, 관직이 없는 초야의 사람들이 정치에 대하여 왈가왈부하는 세상이 되자 양주와 묵적의 말들이 세상에 가득 차서 모든 사람들의 말이 양주 아니면 묵적으로 돌아간다. 그러면 양자와 묵적은 어떤 주장을 하는가?

> **양주는 오로지 자기를 위하기 때문에 군주가 없고, 묵적은 오로지 겸애를 주장하기 때문에 부모가 없다. 부모가 없고, 군주가 없는 것은 금수이다. 공명의가 말하기를 "푸줏간에는 기름진 고기가 있고, 마구간에는 살찐 말이 있음에도 불구하고 백성들이 주**

---

360 『맹자』 등문공장구하, "聖王不作 諸侯放恣 處士橫議 楊朱墨翟之言盈天下 天下之言不歸楊則歸墨"

린 기색이 만연하고, 들판에는 굶어 죽은 시체들이 널려 있으면 이는 짐승들을 끌고 사람을 먹도록 하는 것과 같다."[361]

양주는 오직 자신의 이익만을 추구하는 개인 이기주의를 나타내고, 묵적은 오로지 집단의 이익을 추구하는 집단 이기주의자이다. 양주와 묵적이 모두 개인의 이익을 추구하고, 집단의 이익을 추구하는 극단적인 이기주의를 띄는 까닭은 그들이 모두 육신을 자신으로 여기기 때문이다.

육신을 중심으로 개체의 측면에서 오로지 자기의 이익을 추구하는 양주의 이기주의가 나타나고, 이와 달리 개체들이 모여서 형성된 집단으로서의 사회적 측면에서 이기주의를 추구하면 집단 이기주의 형태로 나타난다.

사람은 특정한 집단을 구성하는 요소로의 구성원으로 존재하거나 집단을 형성하는 기본 단위로서의 개체로 존재하지 않는다. 왜냐하면 사람은 표면의 육신적인 측면이 있지만 더불어 내면의 나 아닌 나의 측면이 있기 때문이다. 그렇기 때문에 사람을 오로지 육신을 중심으로 이해하는 전도견顚倒見에 의하여 개체적 존재에 가치를 두는 삶의 태도는 공존共存이 없는 고립된 삶을 낳는다.

현대의 세계 각국의 문화를 연구하는 학자들이나 세계의 미래를 예측하는 국제경영학을 연구하는 학자들 그리고 각국의 지역 환경학을 연구하는 학자들이 일시에 세계적인 찬란한 문명을 가졌던 나라들이 사라진 여러 가지 원인을 내세운다.

---

361 『맹자』 등문공장구하, "楊氏爲我 是無君也 墨氏兼愛 是無父也 無父無君 是禽獸也 公明儀曰 庖有肥肉 廐有肥馬 民有飢色 野有餓莩 此率獸而食人也"

그들은 환경파괴, 기후변화, 적대적 이웃, 우호적 무역 상대, 사회 구성원의 반응을 한 국가를 붕괴시키는 원인으로 제시한다.[362]

학자들이 현상적 측면에서 한 국가를 붕괴로 이끌어 가는 원인으로 제시한 여러 요소들을 한마디로 나타내면 국가 이기주의에 의한 인류, 환경, 국가와의 고립이라고 할 수 있다.

오늘날 중국이 보여 주는 행태는 오로지 자국의 이익을 추구하는 국가 이기주의와 국민들의 한족을 내세우는 민족 이기주의가 결합된 중화주의이다.

그들은 자국민이 세계 최고의 민족이고, 자국이 세계 최고의 국가로 여기고 모든 민족, 모든 국가 위에 군림하려고 한다. 그들은 스스로 자국의 민족을 세계의 다른 민족과 분리하여 고립시키고, 자국을 세계의 다른 나라들과 구분하여 고립시킨다.

국제관계학을 연구하는 학자들이나 정치학자들이나 경제학자들과 같은 다양한 분야의 학자들은 중국은 강성해 가는 강대국이 아니라 이미 정점을 찍고 몰락해 가는 나라라고 말한다.[363] 그러면 어떻게 해야 하는가?

중지곤괘의 괘사에서는 육신을 자신으로 여기고, 육신을 중심으로 삶을 영위하려는 전도견과 내 안의 나인 성품을 주체로 살고자 하는 정견을 나누어서 정견에 의하여 살아야 함을 밝히고 있다.

군자는 갈 바를 둠이 이롭다. 앞서면 미혹되고, 뒤로하면 주체를 얻어서 이롭다.[364]

---

362 재레드 다이아몬드 지음, 강주헌 옮김, 『문명의 붕괴』, 김영사, 2019, 493-517쪽.
363 피터 자이한 지음, 홍지수·정훈 옮김, 『21세기 미국의 패권과 지정학』, 김앤김북스, 2018, 406-448쪽.
364 『주역』 중지곤괘 괘사, "君子有攸往 先迷 後得主 利"

앞선다는 것은 맹자가 말한 소체를 주체로 여기고 살아감을 뜻하며, 뒤를 따름은 대체를 주체로 함을 뜻한다. 그것은 육신이 갖는 기능인 의식과 본성, 성품을 중심으로 양자의 관계를 통하여 대인의 삶, 군자의 삶이 무엇인지를 밝힌 것이다.

군자는 대체인 본성을 주체로 살아야 한다. 그래야 비로소 소체인 육신을 주체로 여기고 살아가는 소인의 삶을 살아가지 않는다. 소인은 소체인 육신을 자신으로 여기기 때문에 오로지 육신이 갖는 물리적 생명의 보존을 삶의 목적으로 삼는다.

그러나 육신이라는 물질은 생사가 분명하여 태어나면 반드시 죽게 된다. 그렇기 때문에 죽지 않기 위하여 또는 생명을 보존하기 위하여 다른 생명을 수단으로 삼는 개인과 집단의 다양한 형태로 나타내는 이기주의를 견지하게 된다.

맹자는 성인이 밝힌 대인, 군자의 삶만이 이기적인 삶에서 벗어날 수 있다고 하였다. 그리고 그것이 맹자 자신이 여러 제후들을 만나서 끝없이 요구하고, 제자들을 가르치는 목적이라고 하였다.

양주와 묵적의 말이 사라지지 않고, 공자의 도가 드러나지 않으면 삿된 말이 백성들을 속이고, 인의가 꽉 막히게 한다. 인의가 꽉 막히면 짐승들을 끌고 사람들을 먹게 하여 끝내는 사람들이 서로를 먹게 한다.[365]

맹자는 양주, 묵적이 보여 주는 개인과 집단의 다양한 형태로 드러나는 이기주의에 의하여 인의가 행하여지는 사람다운 삶이 이루어지지

---

365 『맹자』 등문공장구하, "楊墨之道不息 孔子之道不著 是邪說誣民 充塞仁義也 仁義充塞 則率獸食人 人將相食"

못하고, 짐승들이 사람을 먹고, 더 나아가서 사람과 사람이 서로 먹는 사회가 될까 염려하였다. 그러면 어떻게 할 것인가?

맹자가 드러내고자 한 공자의 도, 성인의 도는 주역과 십익에서 제시하고 있는 내 안의 참 나를 발견하여 나 아닌 나와 하나가 되어 살아가는 삶이다.[366] 그것은 맹자가 제시한 대체를 주체로 살아가는 대인의 삶이다.

그런데 대인과 소인으로 구분하여 나타내는 대인의 도와 소인의 도는 본래 둘이 아니다. 그렇기 때문에 대인과 소인을 구분하고, 대인의 삶과 소인의 삶을 달리 하여 나타내는 대인의 도와 소인의 도를 분별하는 물건적 접근 자체를 바꾸어야 한다. 그러면 어떻게 할 것인가?

주역과 십익에서 제시하고 있는 물건적 관점에서 역방향을 중심으로 순역의 합일을 추구하는 방법 자체에 대한 전환이 있어야 한다. 우리가 자신과 세계의 전모를 파악하기 위해서는 물건적 접근이 아닌 사건적 관점에서 우리 자신과 세계를 이해하는 것과 더불어 도, 본성, 원각을 찾아서 하나가 되어 대인, 성인, 부처가 되고자 하는 것이 아니라 대인, 부처의 관점에서 그대로 대인의 삶을 살고, 부처의 삶을 사는 것이 필요하다. 그러면 어떻게 해야 하는가?

주역과 십익의 사상을 이해하기 위하여 필요한 관점의 전환은 한국역학, 한국사상에서 얻을 수 있다. 한국역학, 한국사상에서는 나와 세계의 분별이 없는 도 자체의 관점에서 그것이 매 순간의 다양한 모습으로 현현하는 측면에서 인간을 이해하고, 세계를 이해한다.

한국사상의 연원인 조고선사상을 보면 시간성을 중심으로 인간과 세계를 이해함으로써 끊임없이 변화하는 사건을 통하여 나타내고 있다.

---

366 『맹자』진심장구상, "盡其心者知性, 知性則知天"

그것은 환웅이 단군을 거쳐서 웅호로 드러나는 도생역성의 순방향의 변화와 웅호가 단군을 거쳐서 환웅이 되는 역생도성의 역방향의 변화를 통하여 나타내고 있다.[367]

시간성을 중심으로 끊임없이 시간으로 화하는 현상화와 더불어 나타난 시간이 다시 시간성으로 돌아가는 시간성의 시간화를 통하여 인간과 세계를 나타내는 생성적 관점의 세계관, 가치관, 인간관은 한국사상을 관통한다.

우리가 조선의 초기에 이루어진 한글의 창제創製원리를 보면 그 점을 분명하게 알 수 있다. 한글의 창제원리는 천지인의 삼재적인 구조를 통하여 설명할 수 있다. 첫소리와 끝소리를 나타내는 자음과 중간소리를 나타내는 모음은 그 위치와 역할이 다르다. 첫소리를 나타내는 자음은 천도를 나타내고, 끝소리를 나타내는 자음은 지도를 나타내며, 중간소리를 나타내는 모음은 인도를 나타낸다.

첫소리와 끝소리가 동일한 자음으로 사용되는 것은 천도가 지도로 드러남을 나타낸다. 그리고 첫소리의 자음과 끝소리의 모음을 하나로 연결하여 한 글자를 형성하도록 하는 역할을 하는 모음은 인간에 의하여 천도와 지도가 합일됨을 나타낸다. 따라서 한글의 창제원리는 천지인의 삼재의 세계가 인간에 의하여 합일된 세계를 나타낸다.

그런데 한글은 매 글자 각각이 삼재의 합일된 상태를 나타낸다. 그러므로 여러 글자가 합하여 하나의 문장을 만들고, 문장들이 모여서 글을 만드는 형태를 통하여 천지인의 합일된 세계라는 고정된 것이 있는 것이 아니라 매 순간 다양하게 드러나는 변화의 세계가 그대로 삼재가 합일된 세계임을 나타낸다.

---

367 이현중『고조선 철학』, 문진, 2019, 313-446쪽.

우리는 첫소리에서 시작하여 끝소리에서 끝나는 천도와 그와 반대로 끝소리에서 시작하여 첫소리에 끝나는 지도가 인간을 나타내는 모음에 의하여 하나가 됨을 통하여 하나의 상태가 계속되는 것이 아니라 두 측면에서 나타낼 수 있는 변화의 세계가 삼재의 합일이라는 구조의 형태로 표현되었음을 안다.

조선의 초기에 이루어진 한글의 창제는 조선의 사상적 특성을 그대로 보여 준다. 한글을 통하여 드러난 천지와 지도 그리고 인도가 하나가 되어 이루어지는 조선사상은 중기를 거치면서 천도 중심의 역학과 지도 중심의 서학, 도교, 도가와 인도 중심의 성리학, 심학, 불교가 하나가 되면서 말기에 이르면 신도적神道的인 조선사상이 완성된다.[368]

우리는 한국사상과 중국사상의 특성과 관계를 통하여 그 어떤 사상이나 종교, 이념, 문화가 결코 우연히 나타나거나 다른 사상과 무관하게 형성될 수 없음을 볼 수 있다. 그것은 현상적인 측면에서 인류 안의 어떤 나라들도 홀로 존재할 수 없음을 보면 알 수 있다.

시간성이 바탕이 되어 천도와 지도 그리고 인도가 현현顯現하는 신도神道 사상이 한국사상이다. 그러므로 지도地道를 바탕으로 형성된 인도人道 중심의 중국사상은 한국사상을 근원으로 하여 형성되었다. 따라서 중국사상을 이해하기 위해서는 한국사상을 바탕으로 하지 않을 수 없다.

한국사상은 시간성과 시간을 통하여 영원한 현재적 관점에서 인간과 세계를 이해하지만 중국사상은 영원한 현재를 미래화여 하나의 이치나 대인, 부처와 대상적 존재로 물건화하여 나타낸다.

물건적 세계는 사건을 대상화하여 형성되고, 사건의 세계는 시간성

---

368 이현중『정역사상과 창조의 삶』, 지식과감성#, 2021, 313-343쪽.

에 의하여 현현되기 때문에 시간성의 차원에서 영원한 현재를 중심으로 인간과 세계를 이해할 때 비로소 물건적 차원에서 현상을 올바로 이해할 수 있다. 그러면 우리가 주역, 십익을 통하여 무엇을 얻을 수 있는가?

오늘날 한국인으로서의 우리가 중국사상의 연원인 주역과 십익을 고찰한 이유는 일차적으로는 한국인은 반드시 한국사상을 통하여 자기 정체성을 파악하는 일이 필요함을 제기하기 위함이다.

여러 언어를 통하여 표현되는 다양한 사상은 모두 내 안의 나 아닌 나의 현현이다. 그렇기 때문에 우리가 주역과 십익을 통하여 나라와 역사, 민족은 다르지만 인간으로서의 우리 자신을 경험할 수 있다.

그러나 궁극적인 목적은 한국인이나 중국인 더 나아가서 어떤 인종을 막론하고 인류가 보편적으로 제기하는 "나는 누구인가?"의 답을 찾는 방법을 주역과 십익을 통하여 제시하려는 것이다.

주역과 십익은 일종의 계룡산을 나타내는 지도와 같고, 우리가 살기 위하여 먹은 음식을 요리하는 방법을 나타내는 것과 같다. 이 책의 의미 역시 일종의 지도, 요리의 방법을 나타내는 요리책이라는 점에 있다.

주역과 십익의 저자와 이 책의 저자 그리고 이 책을 읽는 독자들이 둘이 아니다. 주역과 십익의 저자들이 저작을 하고, 필자가 저작을 하며, 독자가 이 책을 읽는 것이 모두 각자의 삶의 과정이다.

만약 독자들이 주역과 십익을 읽고, 그리고 이 책을 읽고 나서도 여전히 나와 남을 둘로 보고, 도와 나를 둘로 보며, 만물과 나를 둘로 본다면 주역과 십익을 올바로 활용하고, 이 책을 올바로 활용했다고 할 수 없다.

우리의 삶에서 지도와 같고, 요리책과 같은 주역과 십익은 우리가 어떻게 활용하느냐에 따라서 그 가치가 결정된다. 지도를 따라서 계룡산다고 할 수 없다. 그러면 성명합일, 천인합일과 대인의 삶은 아무런 의미가 없는가?

성명합일, 천인합일, 대인의 삶은 모두가 행복한 사람다운 세상, 아름다운 삶을 위한 하나의 방편이다. 우리가 본래 어떤 것에도 걸림이 없이 자유롭게 살아가고 있음을 알도록 하기 위하여 다양한 말들을 했을 뿐이다.

지금 여기의 나에게 가장 필요한 일은 자신을 믿고 모두가 행복한 사람다운 세상, 아름다운 삶을 살고자 하는 뜻을 세우는 입지立志, 서원誓願이다.

입지, 서원은 현상에 대한 긍정으로부터 출발하여 본래의 경계로 돌아가는 부정을 통하여 출발점이 본래의 자리임을 알고 자신으로 살아가는 대긍정의 삶의 과정으로 나타난다.

주역, 십익에서는 대긍정의 삶을 성명합일, 천인합일의 합일合一[앎]과 분생分生[실천]의 두 측면으로 나누어서 합일을 중심으로 나타낸 것이다. 따라서 지금 우리에게 필요한 것은 성명합일을 통하여 지금 여기의 나의 본래면목을 파악하여 나 아닌 나로 살아가는 실천이다.

우리는 매 순간 안팎에서 일어나는 모든 일들을 내 안의 나 아닌 나에게 맡기는 회향, 역생도성逆生倒成과 더불어 그 자리에서 일어나는 나툼을 지켜보는 도생역성倒生逆成을 통하여 공체共體, 공심共心으로 공식共食하고, 공용共用하면서 공생共生한다. 그것이 천인합일의 삶, 억음존양의 심법, 자유로운 삶, 창조와 진화의 삶, 한마음의 계발이다.

억음존양의 심법은 역학, 유학의 관점에서 마음을 자유롭게 활용하는 방법을 나타낸 것이며, 관법은 불교의 관점에서 마음을 자유롭게 활용하는 방법을 나타낸 것이다.

주역과 십익에서는 내 안의 나 아닌 나가 있으며, 내 안의 나가 참 나이고, 내 안의 나는 나의 근원인 동시에 온 우주의 근원이며, 만물의 근원일 뿐만 아니라 영원하고, 있지 않는 곳이 없음을 밝히고 있다. 그리고 내 안의 나를 주체로 하는 성명합일에 의한 도기합일, 천인합일이 주역, 십익에서 제시하는 이상적인 인간인 대인의 삶임을 살펴보았다.

그런데 지금까지 살펴보았던 주역, 십익의 역도에 관한 다양한 논의와 주역, 십익의 논의에 관한 이 책의 논의가 모두 지금 여기의 나를 바탕으로 전개되고 있음을 놓치지 않는 것이 중요하다.

만약 지금 여기의 내가 없다면 어떤 고상한 이론이나 높은 진리 그리고 아름다운 이론체계도 아무런 의미가 없다. 따라서 반드시 지금 여기의 나에 대한 긍정을 출발점으로 삼아야 한다.

이 책의 모든 논의는 지금 여기의 나를 대상으로 우리가 알고 있는 일상의 나를 벗어나서 내 안의 내가 있음을 파악하고, 그 나는 남과 둘이 아니고, 온 우주와 둘이 아니며, 온 세계의 모든 존재와 둘이 아님을 파악하기 위하여 전개되었다.

그리고 지금 여기의 나의 삶은 그대로 온 우주의 모든 존재와 둘이 아니게 이루어질 뿐만 아니라 매 순간 끊임없이 다양하게 드러나고, 매 순간 새롭게 나타나는 영원한 현재의 삶이다.

지금 여기의 나와 나의 삶이 고정되지 않기 때문에 내 안의 나 아닌 나도 마음에 의하여 나타낸 개념일 뿐이며, 성명합일, 도기합일, 천인합일도 하나의 개념일 뿐으로 항구하여 불변하는 실체적인 사건이나 물건을 나타내지 않는다. 따라서 대인이나 이상적인 삶도 고정되게 있음을 나온 본래의 자리로 돌려놓음이다.

마음을 내기 이전으로 돌려놓는 회향이 이루어지기 위해서는 내 안의 나 아닌 나가 나의 근원으로서의 참 나인 동시에 만물의 근원이며, 영원할 뿐만 아니라 온 우주에 있지 않음이 없음을 믿는 믿음이 필요하다.

우리가 육신과 마음이라고 여기는 물리적 생명 현상과 의식은 마치 나무의 잎과 같아서 뿌리와 같은 내 안의 나 아닌 나에 의하여 매 순간 다양하게 드러난다. 내 안에서 일어나는 사고, 분별, 인식, 의지와 같은 현상들과 생리적인 모든 현상들 그리고 밖에서 일어나는 현상들이 모두 내 안의 나 아닌 나를 근원으로 한다.

마음을 내기 이전의 자리인 내 안의 나 아닌 나에게 돌려놓으면 마치 용광로에 던져 넣는 것과 같아서 모든 근심, 걱정, 두려움, 고통이 녹는다.

그리고 안팎에서 일어나는 모든 현상을 내 안의 나에게 믿고 맡겨서 회향하면 내 안의 나가 드러나는 나툼이 이루어진다. 나툼은 마치 용광로에 넣어서 불순물을 제거하여 새로운 물건을 만드는 것과 같다.

매 순간에 만나는 안팎의 모든 일들을 내 안의 나에게 회향하여 그 자리의 나툼을 지켜보면서 삶을 살아가는 관법觀法[369]은 성품이 그대로 드러나는 억음존양抑陰尊陽의 심법心法이다.

억음은 회향을 통하여 육신과 의식을 자신으로 여기는 전도견을 버리는 작업이며, 존양은 정견으로 내 안의 나 아닌 나의 나툼을 지켜보는 작업이다. 그러므로 정역에서 제시한 억음존양의 심법이 대행선사에 의하여 제시된 관법觀法과 둘이 아니다.

억음존양의 심법은 성리性理의 도道가 그대로 드러나는 성리의 현현顯現이다. 그리고 관법은 한마음의 나툼과 회향을 가리키는 개념이다.

---

[369] (재)한마음선원, 『한마음요전』, (재)한마음선원, 1993, 483-598쪽.

에 올라가야 하고, 요리책을 따라서 요리를 해서 자신도 배가 부르고, 남도 배가 불러야 한다. 그러면 우리는 어떻게 해야 하는가?

주역과 십익이 우리에게 진리를 가르쳐 주는 것이 아니라 주역과 십익을 통하여 우리 자신이 어떤 존재이며, 어떻게 살아갈 것인가를 스스로 파악하고 살아간다. 그러면 성명합일, 천인합일을 말하고, 한국사상과 중국사상을 말하며, 한국인과 인류를 말하는 주체는 무엇인가?

주역과 십익의 저작도 마음에 의하여 이루어지고, 도와 기, 성명을 구분하는 것도 마음이며, 양자를 합일하는 것도 마음이고, 주역과 십익을 연구하는 것도 마음이고, 합일과 분생을 하는 것도 마음이다. 따라서 합일과 분생은 마음을 어떻게 사용하느냐의 문제이다. 그러면 마음을 어떻게 써야 하는가?

마음은 고정되지 않아서 규정할 수 없다. 그렇기 때문에 마음대로 쓰는 것이 마음이다. 따라서 마음을 형이상의 도와 형이하의 기, 형이상과 본성과 형이하의 물리적 생명, 양자의 합일과 분생, 유와 무의 어떤 것에도 얽매임이 없이 자유롭게 사용해야 한다.

그럼에도 불구하고 사람들은 오랜 세월 이것과 저것을 구분하고, 앎과 모름, 삶과 죽음, 옳음과 그름, 선과 악과 같은 수많은 분별에 의하여 마음을 마음대로 사용하지 못하고 살아간다.

그것은 마음을 하나로 모아서 용도에 따라서 나누어서 사용하는 합일과 분생이 자유롭지 못함을 뜻한다. 따라서 우리는 마음을 모아서 하나로 하는 합일合一과 용도에 따라서 나누어서 사용하는 분생分生을 자유롭게 해야 한다. 그러면 자유롭게 마음의 합일하고 분생하기 위해서 어떻게 해야 하는가?

우리가 마음을 자유롭게 사용하기 위해서는 먼저 마음을 내기 이전의 나 아닌 나에게 모든 것을 맡기는 회향回向이 필요하다. 회향은 마